Carl S. Ehrlich • Bi

PVER
VALA
ERNG
LAGO

Carl S. Ehrlich

# Bibel und Judentum

Beiträge aus dem christlich-jüdischen Gespräch

Die Deutsche Bibliothek – Bibliographische Einheitsaufnahme

Die Deutsche Bibliothek verzeichnet diese Publikation in der Deutschen
Nationalbibliographie; detaillierte bibliographische Daten sind im Internet über
<http://dnb.ddb.de> abrufbar.

ISBN 3-907576-50-0

2004 Pano Verlag

Dem Andenken meiner Großeltern gewidmet


Helene Ehrlich geb. Fischgrund
(Budzów 1899 – Vancouver 1996)


Josef Ehrlich
(Tarnów 1883 – Chicago 1950)


Ernestine Schwarz geb. Schwitkis
(Wien 1897 – Longmeadow/MA 1991)


Ernst Schwarz
(Wien 1888 – New York 1948)

# Inhaltsverzeichnis

# Vorwort

In den Jahren 1991–1996 und 2000–2001 hielt ich mich hauptberuflich in Deutschland auf; fünf Jahre lang unterrichtete ich an der Hochschule für Jüdische Studien in Heidelberg und je ein Semester lang als Gast an der Humboldt Universität Berlin und an der Kirchlichen Hochschule Wuppertal. Während dieser Zeit war ich des Öfteren als Referent unterwegs, hauptsächlich im jüdisch-christlich Rahmen. Das wiederholt ausgesprochene Interesse, schriftliche Ausführungen meiner verschiedenen Vorträge zu erhalten, hat mich nun dazu bewegt, diese Sammlung von Aufsätzen einem breiteren Publikum zu präsentieren.

Da dieses Buch nicht nur an meine Fachkollegen gerichtet ist, sondern auch dieses breitere Publikum erreichen soll, habe ich versucht, fachspezifische Abkürzungen zu vermeiden. Die einzigen Abkürzungen, die öfters vorkommen, sind «TB» vor Traktaten des Babylonischen Talmuds und «TJ» vor Traktaten des Jerusalemer Talmuds. Deutsche Übersetzungen dieser zwei Grundschriften des rabbinischen Judentums sind in Lazarus Goldschmidt (Hg.), *Der Babylonische Talmud*, 3. Auflage, Königstein/Taunus ab 1930, und in Martin Hengel/Peter Schäfer/Hans-Jürgen Becker/Frowald Hüttenmeister (Hg.), *Übersetzung des Talmud Yerushalmi*, Tübingen ab 1975, zu finden.

Ohne Einladungen und ohne Zuhörer wären die folgenden Aufsätze nie verfasst worden. Sie beruhen z.T. auf Vorträgen, die u.a. in den folgenden Städten von A(achen) bis Z(ürich) gehalten wurden: Aachen, Arnoldshain, Augsburg, Bad Boll, Bendorf/Rhein, Bergkirchen, Bonn, Dresden, Essen, Frankfurt/Main, Hamburg, Heidelberg, Heilbronn, Kempen, Kiel, Köln, Landau/Pfalz, Leipzig, Malsch bei Heidelberg, Minden/Westfalen, Mülheim/Ruhr, Schwetzingen, Stuttgart, Walldorf, Wilhelmsfeld, Wiesloch, Wuppertal, Zürich.

Um meine Vorträge in Aufsätze umzugestalten und bereits publizierte Aufsätze zu überarbeiten, habe ich mich im Sommer 2002 einige Wochen lang in der Bibliothek der Hochschule für Jüdische Studien verschanzt. Beim damaligen Rektor der Hochschule, Prof. Dr. Michael Graetz, und den Mitarbeiterinnen der dortigen Bibliothek, Margaretha Boockmann und Dorit Kadury, möchte ich mich für ihre Gastfreundschaft und Hilfe bedanken. Meine Reise nach Deutschland wurde mit Hilfe eines Forschungsstipendiums des «Social Sciences and Humanities Research Council of

Canada» von der York University unterstützt. Danken möchte ich auch dem Schweizerischen Israelitischen Gemeindebund (SIG) und dem Kirchenrat der Evangelisch-Reformierten Landeskirche des Kantons Zürich, die den Druck des vorliegenden Bandes durch großzügige Druckkostenbeiträge ermöglicht haben.

Mein Dank gebührt auch meinem ehemaligen Heidelberger Kollegen Prof. Dr. Konrad Schmid für die Aufnahme dieses Bandes in das Programm des Pano Verlags und Dr. Annette Schellenberg für ihre Betreuung des Manuskripts. Dr. Annette Böckler hat das Projekt unterstützt und einen inzwischen leicht geänderten Titel vorgeschlagen.

Obwohl das Deutsche meiner Mutter (und meines Vaters) Sprache ist, ist es nicht meine Muttersprache. Freundlicherweise haben sich viele Leute bereit erklärt, meine Essays durchzulesen, um mein Deutsch zu korrigieren – ihnen sei mein herzlichster Dank ausgesprochen. Unter ihnen sind die Folgenden besonders hervorzuheben: Die Mitarbeiterinnen der Hochschule für Jüdische Studien, Ursula Beitz, Irene Kaufmann geb. Rosenberg und Angelika Stabenow; meine Hilfswissenschaftlichen Assistenten bzw. «Hiwis», Eva Frenzen, Esther Graf geb. Haber, Vanessa Kluge, Annette Kuhn, Sabina Lüdemann, Philip Rothe und Isabel Senn, die mir auch bei der Beschaffung von Sekundärliteratur unentbehrlich gewesen sind; und last, but certainly not least, meine Eltern, Dr. Edith Ehrlich geb. Schwarz und Prof. Dr. emeritus Leonard H. Ehrlich.

Meine Aufenthalte in Deutschland wären nicht möglich gewesen, hätte sich meine Frau, Rabbi(nerin) Michal Shekel, nicht damit einverstanden erklärt, von mir (zu) oft auf längere Zeit als Strohwitwe zurückgelassen zu werden. Wir sind nicht nur als Mann und Frau miteinander verbunden, sondern auch durch unsere Liebe zum Judentum und zum jüdischen Volk. Ihr Anteil an diesem Buch ist sehr groß.

Dieses Buch ist dem Andenken meiner Großeltern gewidmet. Leider erlebten meine Großväter meine Geburt nicht mehr und meine väterliche Großmutter wohnte so weit weg, dass ich sie nie richtig kennen lernte. Einzig meine mütterliche Großmutter, die wir Enkel und Urenkel «Goch» nannten, kannte ich näher. Sie teilte mit mir die Liebe zur Opernmusik. Dafür bin ich ihr ewig dankbar.

CSE
Toronto, Ontario
Chanukka 5764 (2003)

# Die Juden im Zeitalter des ersten Tempels[1]

Jedes Kind kennt die biblische Geschichte vom Ursprung Israels: Der Hebräer Abram, der Urgroßvater der Israeliten und Urahne der Juden, zog auf Gottes Geheiß mit seinen Familienangehörigen aus Mesopotamien in das Gelobte Land, das zukünftige Israel. Dort spielte sich das Schicksal seiner Familie ab: Dort vermehrten sich die Generationen, Isaak und Rebekka, Jakob, Lea und Rachel, Joseph und seine Brüder, war Abraham bereit, seinen Sohn zu opfern, und starb seine Frau Sara. Als eine Hungersnot ausbrach, zogen Jakob und seine Söhne, die zwölf Stammesväter der Israeliten, nach Ägypten, wo Joseph, inzwischen zum zweitmächtigsten Mann im Lande geworden, für seine Familie sorgen konnte. Doch dann erhob sich ein Pharao, ein König, der Joseph nicht kannte und die Israeliten aus Angst versklavte. Durch schwere Arbeit und eine frühe Art von Genozid sollten die Israeliten ausgerottet werden. Doch dann, am tiefsten Punkt der damaligen Geschichte, offenbarte sich Gott ein zweites Mal. Moses hieß der auserwählte Retter der Israeliten. Nach zehn furchtbaren Plagen konnten Moses und seine Geschwister Aaron und Miriam Israel aus Ägypten herausführen. Nach der Gesetzgebung am Berge Sinai wanderten die Israeliten vierzig Jahre lang durch die Wüste, bis sie – nachdem die Generation der ehemaligen Sklaven ausgestorben war – unter Josuas Führung das gelobte Land Israel eroberten. Mit ihrer Ansiedlung im Land waren Gottes Verheißungen an Abraham und seine Nachkommen endlich in Erfüllung gegangen.

Bis ins 19. Jh. gab es keinen Grund, diese in der Bibel tradierte Geschichte in Frage zu stellen[2]. Doch eine Revolution in unserem Wis-

---

[1] Dieser Titel benützt den Begriff «Juden» auf eine anachronistische Weise. Im strengen Sinne gab es bis zur Zeit des Königreichs Judas keine Juden, und dann nur als ethnische Bezeichnung für die Einwohner dieses Reiches. Besonders in der christlichen Theologie versucht man, streng zwischen den Israeliten der Hebräischen Bibel und den späteren Anhängern der jüdischen Religion zu unterscheiden, und nennt die Bewohner des biblischen Südreichs allenfalls Judäer. Nichtsdestoweniger müssen alle Geschichten der Juden logischerweise mit dem biblischen Zeitalter anfangen. Und da kommt es manchmal vor, dass man die Proto-Juden anachronistisch als Juden bezeichnet. Für eine tiefere Diskussion dieser Problematik siehe Brettler, Judaism, der zum Schluss kommt, dass die Benutzung von «Juden» in Bezug auf die biblische Zeit doch nicht ganz unberechtigt ist. Zur Frage nach dem Verhältnis zwischen jüdischer Identität und der Bibel siehe Magonet, Biblical Roots.

sen in Fächern wie Archäologie, Anthropologie, Soziologie, Ethnologie, Literaturwissenschaft, Sprachwissenschaft, vergleichende Religionsgeschichte und Semitistik führte zu einem Wandel: Unzählige Texte aus dem antiken Orient sind gefunden worden, die unser Bild der Welt der (Hebräischen) Bibel in ein differenzierteres Licht stellen. Wo wir vor 150 Jahren mit der Hebräischen Bibel nur *eine* (und tendenziöse) Quelle für die Geschichte und Religion Israels hatten, steht uns heute eine Vielfalt an Primärquellen zur Verfügung[3]. Der moderne Historiker steht demzufolge den Aussagen des biblischen Textes wesentlich skeptischer und kritischer gegenüber als seine Vorgänger[4]. Ganz besonders trifft dies für die Urgeschichte Israels zu.

Alle Versuche, Abraham und seine Familie in irgendeiner Epoche zu lokalisieren, sind gescheitert[5]. In der positivistischen amerikanischen Forschung war es lange Zeit üblich, jede neue Erkenntnis über das späte 3. oder das frühe 2. Jahrtausend v.d.Z. mit der patriarchalischen Zeit zu vergleichen. Vergebens aber wurde nach außerbiblischen Quellen gesucht, in denen Personen, die in der Genesis auftreten, erwähnt werden. Nicht einmal die Könige, von denen die Geschichten erzählen, sind in irgendeiner anderen Quelle aufgetaucht. Und dies, obwohl uns abertausende Texte aus dem 2. und 3. Jahrtausend bekannt sind. Jedes Mal, wenn eine neue Textsammlung z.B. aus Nuzi, Mari oder Ebla gefunden wurde, gab es Forscher, die auf Grund der in den Texten erwähnten Namen oder der geschilderten Bräuche bereit waren, die Zeit der Texte als diejenige der Urväter und -mütter Israels zu verstehen. Nach dem ersten Aufruhr aber hat man immer gemerkt, dass man voreilig gewesen war[6]. Stets stellte es sich heraus, dass dieselben Namen und/oder Bräuche auch zu anderen Zeiten vorgekommen sind.

---

[2]  Für eine ausführliche Geschichte der Bibelforschung bis in das späte 20. Jh. siehe Kraus, *Geschichte*.

[3]  Für eine ausgezeichnete und umfangreiche Sammlung von Primärquellen aus dem antiken Orient sei auf Kaiser, *Texte aus der Umwelt des Alten Testaments* (= *TUAT*), verwiesen.

[4]  Zum modernen «Historikerstreit» in der biblischen Wissenschaft und der Aufteilung der Wissenschaftler in «Maximalisten» und «Minimalisten» siehe u.a. die Aufsätze zum Thema von Philip R. Davies, William G. Dever, Norman K. Gottwald, und Charles David Isbell auf der Webseite «The Bible and Interpretation» (http://www.bibleinterp.com/).

[5]  Siehe Finkelstein/Silberman, *Bible Unearthed*, S. 27–47. 319–325.

[6]  Als Beispiel hierfür darf man David Noel Freedmans Versuch erwähnen, Genesis 14 aufgrund der Ebla-Texte aus dem späten 3. Jahrtausend v.d.Z. als historischen Bericht einzuordnen. Seinen Vorschlag musste er schon vor der Veröffentlichung seines Aufsatzes zurückziehen. Siehe Freedman, *Real Story*. Vgl. auch Bermant/Weitzman, *Ebla*, S. 146–167.

Kein Wissenschaftler würde das Buch Genesis, in dem die Vätergeschichten enthalten sind, in seiner Endgestalt wesentlich früher als in
die Mitte des 1. Jahrtausends v.d.Z. datieren, also mehr als ein Jahrtausend nach der Zeit der dort erzählten Geschichten[7]. Es ist möglich, dass
es in diesen Geschichten historische Anklänge an wirkliche Personen
gibt, doch die Zusammenhänge sind uns im Laufe der Entwicklung der
Geschichten bzw. Legenden über diese Gestalten verloren gegangen.
Was sie uns jetzt vermitteln, ist das Selbstverständnis Israels in biblischer Zeit sowie sein Verständnis seiner Beziehungen zu anderen Völkern.

Wenn wir die Geschichten über Abraham, Isaak und Jakob sorgfältig lesen, merken wir, dass diese drei mit verschiedenen Orten verbunden sind: Abraham hält sich hauptsächlich in der Umgebung von
Hebron und Jerusalem, also im Territorium des Stammes Jehuda (Juda),
auf, Isaak finden wir in Beer-Seba (bzw. Beerschewa) und im nördlichen Negev, also südlich von Abrahams Territorium, und Jakob, der
den Namen Israel erhielt, bewegt sich zwischen Sichem, dem modernen
Nablus, und Bethel, also im ephraimitischen Hügelland nördlich von
Jerusalem. Die Vermutung liegt nahe, dass jeder der Stämme, die sich
um das Jahr 1200 v.d.Z. zu Israel vereint haben, seine eigenen Legenden gehabt hatte, aus denen im Laufe der Zeit ein gemeinsamer Natio-
nalepos entstand[8]. Die ungefähr zwölf Stämme bekamen einen
gemeinsamen Vater, Jakob bzw. Israel, der der Nation seinen Namen
gab. Es ist also kein Zufall, dass das ursprüngliche Siedlungsgebiet
Israels im ephraimitischen Gebirge liegt[9]. Der Stamm Juda, der in späteren Zeiten zum bedeutendsten wurde, konnte es durchsetzen, dass sein
Urahne Abraham zum Urvater der ganzen Nation wurde. Die Beziehung
zwischen den Stämmen, die sich zu Israel zusammengeschlossen hatten,
wird als Familienbeziehung dargestellt, genauso wie Israels Beziehungen zu den umliegenden Völkern[10]. Ähnlich werden Israels Rivalen in
Transjordanien, Edom und Moab, durch die Blutschande von Abrahams
Neffen Lot geschaffen[11] und die Araber durch Abrahams Nebenfrau
Hagar zu seinen Kindern[12]. Die Vätergeschichten spiegeln also eine

---

[7] Zur Entstehung und Datierung der biblischen Texten siehe u.a. Friedman, *Bibel*;
Zenger, *Einleitung*, bes. S. 46–75; Levin, *Alte Testament*.
[8] Zum Thema Epos in der Bibel siehe insbesondere die Werke von Cross, *Canaanite Myth*; ders., *Epic*, S. 3–70.
[9] Zum Ursprung der Israeliten in genau dieser Gegend siehe Finkelstein/Silberman,
*Bible Unearthed*, S. 97–122.
[10] Siehe z.B. Genesis 10.
[11] Genesis 19,36–38.
[12] Genesis 25,12–18.

ethnische Selbstbetrachtung, als Geschichte im Sinne von Treitschkes aber kann man sie nicht bezeichnen.

Ähnlich ist die Situation bei der Knechtschaft in Ägypten und dem damit verbundenen Auszug: In den vielen ägyptischen Texten aus der Zeit, in der sie sich abgespielt haben soll, wird nichts erwähnt, was in irgendeiner Weise auf eine Versklavung der Israeliten in Ägypten hindeuten könnte. Der Pharao des Auszugs trägt in der Bibel keinen Namen, doch aus Andeutungen im Text können wir auf Ramses II. (1279–1213 v.d.Z.) oder eventuell auf seinen Nachfolger Merenptah als den geeignetsten Kandidaten schließen[13]. Ramses aber war einer der mächtigsten Pharaonen aller Zeiten, und die Flucht einer großen Gruppe von Sklaven oder die Niederlage seines Heeres am Schilfmeer scheinen in seiner langjährigen Regierungszeit keinen Platz einzunehmen. Auch die Zahl der geflüchteten Israeliten – aus 600'000 Kriegern und ihren Angehörigen bestehend, also ungefähr 2 bis 3'000'000 Menschen insgesamt – wirkt phantastisch, ist sie doch größer als die gesamte Bevölkerungszahl Kanaans zu jener Zeit. Wissenschaftler neigen dazu, den Auszug aus Ägypten als Legende zu betrachten. Es ist möglich, dass ein kleiner Teil der Vorfahren Israels eine Erinnerung an eine Zeit der Sklaverei in Ägypten pflegte und diese Erinnerung zu einem festen Bestandteil der Entstehungslegende dieser Leute wurde. Als diese Gruppe nach Kanaan kam und sich dort mit anderen Stämmen zu einem Ethnos Israel entwickelte, machte das neu entstandene Volk diese Erinnerung zu einem Kernpunkt der gemeinsamen Gründungslegende.

Ich bin ein Positivist, indem ich akzeptiere, dass es einen Moses gegeben hat, der einen starken Einfluss auf seine und die nachfolgenden Generationen gehabt hat. Das Faktum, dass er einen ägyptischen und keinen hebräischen Namen trug, deutet auf eine Beziehung zu Ägypten. Wer er aber war und was er tat, bleibt uns verborgen. Dem Glauben nach war er der Befreier seines Volkes, dessen Gesetzgeber und derjenige, der den Israeliten das Wissen von dem einen Gott vermittelt hat. Diese Wirkungsgeschichte ist das Wesentliche an seiner Person; nicht was er war, sondern was er bedeutet bzw. was aus ihm geworden ist[14].

Mit der Geschichte Josuas und der Eroberung und der Besiedlung des Landes befinden wir uns im Morgengrauen der israelitischen Geschichte, allerdings nicht, weil wir konkrete Informationen über Josua gefunden oder Spuren seiner Eroberungen ausgegraben hätten. Ganz im Gegenteil: Die archäologischen Hinterlassenschaften deuten

---

[13] So z.B. de Vaux, *Histoire*, S. 365–368; Seltzer, *Jewish People*, S. 17–61. Anders Görg, *Beziehungen*, S. 63–67, der Sethnacht (1190–1187 v.d.Z.) als «Pharao der Vertreibung» betrachtet.

[14] Siehe Ehrlich, Moses.

nicht auf einen großen Eroberungskrieg, wie er im Buch Josua beschrieben ist. Jericho z.b., die Stadt, die als erste von Josua erobert wurde, nachdem ihre Mauern einstürzten, war zu jener Zeit ein Dorf und keine ummauerte Großstadt. Auch in der Bibel selbst finden wir noch eine andere Darstellung der Besiedlung des Landes, und zwar am Anfang des Richterbuchs: Hier sehen wir die Israeliten in mehr oder weniger friedlichen Verhältnissen mit den Kanaanäern zusammenwohnen. Trotz dieser Unsicherheiten jedoch lassen uns einige Faktoren ein Bild – ein ungenaues allerdings – von der Welt entwerfen, in der Israel ohne Zweifel ins Leben getreten war.

In seinem fünften Regierungsjahr zog Ramses' II. Nachfolger Merenptah mit seinem Heer nach Kanaan. In seiner Siegesinschrift hat er uns die Namen der von ihm eroberten Völkern aufgezählt[15]. Unter ihnen finden wir die erste Erwähnung des Namens Israel, nicht als ein Land oder eine Stadt, sondern als ein im ephraimitischen Hügelland angesiedeltes halbnomadisches Volk. In den ungefähr ein Jahrhundert älteren Amarna-Briefen der kanaanäischen Fürsten an den Pharao Echnaton wird Israel nicht erwähnt. Israel muss demnach kurz vor seiner Erwähnung in Merenptahs Inschrift auf der Weltbühne aufgetreten sein[16].

Die Zeit um 1200 v.d.Z. war für die ganze östliche Mittelmeerwelt eine verhängnisvolle Zeit[17]: Große und alte Reiche waren am Einstürzen. In der Ägäis zogen die Griechen nach Troja in einem Krieg, der mit dem Ende der mykenischen Kultur in Verbindung zu bringen ist. Das hethitische Reich in Anatolien, das mittelassyrische Reich in Mesopotamien, das neue Königreich in Ägypten. Sie alle waren bedroht und stürzten oder wurden geschwächt. Die Seevölker aus der Ägäis oder Anatolien, unter ihnen die Philister, zerstörten Ugarit an der syrischen Küste und versuchten eventuell sogar, Ägypten selbst zu erobern[18]. Gemäß seiner Inschriften konnte Ramses III. sie aus seinem Land halten und siedelte sie stattdessen an der Südwestküste Kanaans an. Die Ägypter verloren allerdings ihre alte Vorherrschaft in Kanaan und das alte Stadtstaatensystem der mittleren und späten Bronzezeit Kanaans löste sich langsam auf.

Gerade in dieser Zeit des Umbruchs und der Zerstörung in den Jahren zwischen 1200 und 1000 v.d.Z. finden wir einen starken Anstieg in

---

[15] Siehe *TUAT*, Band 1, S. 544–552.

[16] Es besteht allerdings die Möglichkeit, dass wir in der sozialen Schicht der Habiru bzw. Hapiru aus der Amarna-Briefen eine mit den späteren Israeliten bzw. Hebräern verwandte Gruppierung zu tun haben. Siehe Greenberg, *Hab/piru*; Weippert, *Landnahme*, S. 66–102; Lemche, Habiru.

[17] Siehe z.B. Drews, *End*; Gitin/Mazar/Stern, *Mediterranean Peoples*.

[18] Siehe Helck, *Beziehungen*, S. 132–149; Noort, *Seevölker*, S. 53–112.

in der Zahl der kleinen Siedlungen im zentralen Hügelland Israels[19]. In der biblischen Terminologie war das die Zeit der Richter, die Zeit also, in der sich Israel im Hügelland mit den kanaanäischen Städten in den Tälern und mit den Philistern in der Küstenebene auseinandersetzen musste. Aus dieser hügelländischen Dorfkultur entwickelte sich Israel. Wie und wann genau dies vor sich ging, ist uns unbekannt. Die archäologischen Funde sagen uns nichts über Religion oder ethnische Zugehörigkeit. Aus dem Zeugnis der Bibel und der Archäologie können wir aber schließen, dass wenigstens ein Teil der Dörfer im Hügelland von den Urisraeliten bevölkert war. Der Bibel können wir auch entnehmen, dass Israel sich nur langsam zu dem bekannten Gefüge von zwölf Stämmen entwickelte. Dass dieser Prozess in den Jahren vor 1'000 v.d.Z. stattfand, kann nicht bezweifelt werden – endlich befinden wir uns also kurz vor der historischen Ära.

Die Philister mit ihrer Ansiedelung im südwestlichen Küstenstreifen wurden schon erwähnt. Als sie sich ins Binnenland ausdehnten, kamen sie mit dem geschwächten Rest der kanaanäischen Zivilisation und mit den Israeliten in Berührung, die sich gleichzeitig in Richtung Täler und Küste bewegten. Auseinandersetzungen zwischen den Philistern und den Israeliten waren unvermeidlich. Die technisch und kulturell weiter entwickelten Philister waren Israel so lange überlegen, bis sich die selbständigen israelitischen Stämme entschieden, sich unter der Herrschaft eines Königs zu vereinigen[20].

Der erwählte König war ein mächtiger Krieger namens Saul vom Stamm Benjamin. Obwohl seine Regierungszeit voller Hoffnung mit militärischen Siegen begann, scheiterte Saul auf tragische Weise. Er verlor die Unterstützung des leitenden religiösen Oberhauptes Israels, des Propheten Samuel, und verfiel in paranoide Angst vor seinem General und Schwiegersohn David. Verlassen von Samuel, der die Königswürde von ihm an David weitergereicht hatte, und von David, der ein Vasall von Israels Erzfeinden, den Philistern, geworden war, starb Saul schließlich im Kampf gegen die Philister[21].

David, der die Zeit als philistäischer Vasall genutzt hatte, um sich unter seinen Stammesgenossen aus Juda populär zu machen, wurde zum König über das südliche Juda gesalbt. Im Norden des Landes aber, in Israel, wurde ein Sohn Sauls zum Nachfolger seines Vaters. In krasser Weise begegnet uns hier die Spannung zwischen den zwei Hälften des

---

[19]  Siehe Finkelstein, *Archaeology*.
[20]  Zum Stand der Forschung zur Geschichte und Literatur der Zeit Sauls und Davids siehe Dietrich/Naumann, *Samuelbücher*. Zur Gründung der israelitischen Staaten siehe Fritz/Davies, *Origins*.
[21]  Zu Saul siehe demnächst die Aufsätze in Ehrlich/White, *Saul*.

Landes, welche die Geschichte der Israeliten zur Zeit des ersten Tempels kennzeichnet. Israel und Juda waren nur kurze Zeit vereint[22]. Der südlichste Stamm Israels hieß Benjamin, «der Südländer», was darauf hindeutet, dass der Stamm zu der Zeit, als er den Namen erhielt, der südlichste Stamm der Israeliten war. Juda, der Stamm, der im Laufe der Geschichte der wichtigste wurde und von dem die Juden ihren Namen ableiten, gehörte ursprünglich also höchstwahrscheinlich überhaupt nicht zu Israel.

Nachdem David ungefähr sieben Jahre lang in Hebron, der Hauptstadt von Juda, regierte, konnte er sich dem Haus Sauls gegenüber behaupten. Gesandte aus Israel kamen zu David und unterwarfen sich ihm. Israel war wieder unter einem König vereinigt. Und jetzt tat David etwas Geniales: Er eroberte eine kanaanäische Stadt, die genau zwischen Israel und Juda lag und keinem der Stämme gehörte – Jerusalem. Diese Stadt machte er zum Sitz seiner Regierung und zum zentralen Heiligtum der Israeliten, indem er die Bundeslade, das alte Symbol, dorthin bringen ließ. Er war ein glänzender Politiker, der das Land nicht nur durch seine Person, sondern auch durch seine Politik der Gleichbehandlung Israels und Judas vereinigen konnte. Dazu setzte er zwei Hohepriester ins Amt, einen aus dem Norden und einen aus dem Süden[23]. In der Bibel wird er als ein sehr religiöser und gleichzeitig fortschrittlicher Mensch beschrieben, der in den meisten Fällen ein feines Gefühl dafür hatte, wie weit er alte Bräuche ändern konnte und wo er Grenzen zu setzen hatte[24]. Er wusste ein neues zentrales Heiligtum mit alten Symbolen auszustatten, wagte es aber nicht, das Zeltheiligtum durch einen großen Tempel zu ersetzen. Dies überließ er seinem Nachfolger[25].

Davids Erfolge waren nicht nur auf den innenpolitischen Bereich beschränkt: Die Philister, die David unterstützten, solange er ihr Vasall war und Israel geteilt blieb, griffen an, sobald sie merkten, dass David Israel vereint hatte und dabei war, ein Großreich zu gründen. David schlug seine ehemaligen Lehnsherren und beendete somit die Zeit der

---

[22] Wenn sie überhaupt je vereint gewesen sind. Die sogenannten Minimalisten würden diese Geschichten als anachronistische Rückblicke von wesentlich späteren historischen Ereignissen und Zuständen verstehen. Siehe z.B. Thompson, *Early History*, S. 401–423.

[23] Siehe Cross, *Canaanite Myth,* S. 207–215.

[24] Leider traf das auf sein Familienleben nicht immer zu.

[25] Vgl. Meyers, David, die in diesem Aufsatz zu zeigen versucht, dass David eigentlich vorhatte, einen Tempel zu bauen, und die Materialien dafür schon zusammengestellt hatte, durch Zufall aber davon abgehalten wurde, eine Tatsache, welche die Bibel durch verschiedene Erklärungen theologisch zu deuten versucht.

philistäischen Ausdehnung[26]. Danach nutzte er das internationale Machtvakuum seiner Zeit aus, unterwarf die meisten umliegenden Völker und verbündete sich mit den Stadtstaaten der phönizischen Küste.

So erfolgreich David in seinem politischen und militärischen Leben war, so intrigenreich und tragisch war sein Familienleben. Mord, Vergewaltigung, Aufstand und Manipulation waren sein nicht ganz unverdientes Los. Schließlich starb er alt, entkräftet und allein.

Bis vor kurzem hätte man behaupten können, dass David eine Erfindung der biblischen Autoren gewesen sei. In den Sommern 1993 und 1994 aber fanden Archäologen bei Tel Dan im Norden Israels Fragmente einer aramäischen Inschrift aus dem 9. Jh. v.d.Z., in der das Land *Bêt-David*, «das Haus Davids», erwähnt wird[27]. Mit dieser Bezeichnung ist mit höchster Wahrscheinlichkeit das Land Juda gemeint, denn Israel steht parallel zu ihr. Offenbar wurde David in seiner Umwelt als so wichtiger Dynastiegründer betrachtet, dass man das Land sogar noch über ein Jahrhundert nach seinem Tod nach seinem Königshaus benannte. Da wir keine außerbiblische Quellen besitzen, können wir nur Vermutungen anstellen über das, was David in seinem Leben erreicht hat. Das vorher Behauptete scheint sich allerdings innerhalb der Grenzen des Wahrscheinlichen zu bewegen, auch wenn der historische David höchstwahrscheinlich längst nicht so mächtig gewesen ist, wie ihn die Bibel darstellt[28].

Es ist die Ironie der Geschichte, dass der blutrünstige Tyrann Salomo als weisester aller weisen Könige zur Legende geworden ist. Fast einziger Verdienst Salomos war es, dass er der Sohn Davids war[29] und in seiner Regierungszeit einem echten altorientalischen Hof vorstand. Sein Hof mag prunkvoll gewesen sein, doch sicher nicht in dem Maße, in dem die Bibel ihn beschreibt[30]. Verglichen mit den Hochkulturen Ägyptens und Mesopotamiens nämlich war Israel immer ein armes Land gewesen. Salomo bedeutete für die überwiegende Mehrheit der Bevölkerung eine Katastrophe: Er ließ alle möglichen Gegner ermorden, verbannte einen der zwei Hohenpriester, nämlich denjenigen aus Israel, legte der Bevölkerung des Nordens hohe Steuern auf und bürdete dem Volk einen schweren Arbeitsdienst auf. Angeblich baute er einen

---

[26] Siehe Ehrlich, *Philistines*, S. 23–41.

[27] Siehe Biran/Naveh, Aramaic Stele; dies., Tel Dan Inscription; Ehrlich, *bytdwd-Inscription*.

[28] Für neuere und differenziertere Darstellungen des geschichtlichen Davids siehe Halpern, *David's Secret Demons*; McKenzie, *König David*.

[29] Halpern allerdings vertritt, dass Salomo eigentlich ein Usurpator gewesen sei, der sich als Sohn Davids darstellen ließ. Siehe Halpern, *David's Secret Demons*, S. 401–406.

[30] Zum Zeitalter Salomos, siehe Handy, *Age of Solomon*.

großen Palast mit einer königlichen Kapelle, dem sogenannten ersten Tempel, und ließ Gotteshäuser für die Gottheiten seiner zahlreichen Frauen bauen. Selbst die Bibel – nachdem sie ihn als weisen Herrscher dargestellt hat – scheut sich nicht, Salomo wegen seiner vielen Frauen zu kritisieren, und beschreibt, wie gegen Ende seiner Amtszeit verschiedene seiner Untertanen im In- und Ausland abgefallen sind. Um den Prunk seines Hofes zu erhalten, musste Salomo das Land ausbeuten[31]. Sein Stamm Juda wurde reicher, Israel – und damit die Mehrheit der Bevölkerung – aber verarmte.

Salomo erlebte die Spaltung des Reiches nicht mehr. Rehabeam, würdiger Sohn seines Vaters, der am reichen Hof Salomos aufgewachsen war, führte dessen Politik der Ausbeutung weiter und verursachte die endgültige Teilung Israels: Als er sich weigerte, die Last der Bevölkerung des Nordens zu lindern, spaltete sich sein Land in zwei Staaten: Juda unter der Herrschaft der davidischen Dynastie im Süden und Israel unter der Herrschaft Jerobeams, eines ehemaligen Hofbeamtens, im Norden. Zu Juda gehörten zwei Stämme, Juda und Simeon, während sich die übrigen zehn Stämme in Israel befanden. Ungefähr zwei Jahrhunderte lang existierten Juda und Israel nebeneinander, manchmal verbündet, des Öfteren aber verfeindet. Israel war das größere, reichere und bedeutsamere Land; weil die Bibel aber von den Nachkommen der Judäer überliefert ist, betont sie die Geschichte und das Schicksal Judas. Das biblische Bild von Israel ist damit durch die Perspektive seines Rivalen Judas geprägt; Objektivität Israel gegenüber ist in der Bibel damit nicht zu finden. Selbst diejenigen Bücher der Bibel, die wir als Geschichtsbücher beschreiben, sind nicht Geschichtswerke im modernen Sinn. Die Bibel bietet uns eine religiös bedingte Interpretation der Geschichte aus der Sicht der davidischen Anhänger des Jerusalemer Kultes.

Als Jerobeam mit Unterstützung der Propheten König über Israel wurde, war er mit einem ernsten Problem konfrontiert: David und Salomo hatten Jerusalem zum zentralen Heiligtum der Nation gemacht; Jerusalem aber blieb dem Haus Davids treu und diente Juda als Hauptstadt. Weil Jerobeam nicht wollte, dass seine Staatsangehörigen weiterhin nach Jerusalem pilgern mussten, um ihre Kultverpflichtungen zu erfüllen, ließ er zwei alte israelitische Heiligtümer im Norden (Dan) und im Süden (Bethel) seines Landes wieder aufleben und errichtete dort zwei altisraelitische Kultsymbole. Nachdem Salomo für seinen Tempel die syrische und phönizische Cherubenikonographie als Symbolik des Gottesthrones gewählt hatte, wählte der religiös konservativere Jero-

---

[31] Zur vermutlichen Legende eines prachtvollen davidischen und salomonischen Reiches siehe Finkelstein/Silberman, *Bible Unearthed*, S. 123–168.

beam die im Lande verwurzelte Ikonographie des mächtigen Stieres[32].
(Fälschlicherweise werden diese jungen Stiere in voller Blüte ihrer
Kraft in vielen Übersetzungen als Kälber bezeichnet.) Die Bibel wirft
Jerobeam Abtrünnigkeit und Götzendienst vor und spricht von der
Sünde Israels. Nichts könnte der Wahrheit weniger entsprechen: Aus
der Bibel können wir ableiten, dass Jerobeam ein treuer Diener des
Gottes Israels war. Seine einzige «Sünde» war, dass er Heiligtümer
außerhalb Jerusalems errichtete, und wir wissen, wer ihn dazu gezwun-
gen hatte! Einzig weil die Israeliten keine Judäer waren, verurteilt die
Bibel – ein judäisches Propagandawerk – das Land Israel und einen
jeden seiner Könige *a priori*.

Als hätte Salomos Sohn Rehabeam nicht genug andere Probleme
gehabt, griffen ihn die Ägypter an und plünderten Jerusalem. Dies war
ein (auf Dauer nicht erfolgreicher) Versuch ihrerseits, die alte ägyptische Vorherrschaft über Kanaan wiederherzustellen[33]. Aus der Sicht der
Bibel viel gefährlicher war im 9. Jh. die Wiederbelebung des alten
kanaanäischen Baalskultes unter dem Einfluss von König Ahabs phöni-
zischer Frau Isebel. In eindrucksvoller Weise wird der Kampf der got-
testreuen Propheten Elia und Elisa gegen diese Gefahr im Königsbuch
beschrieben. Der General Jehu, der im Auftrag des Propheten Elisa
einen blutigen Aufstand gegen die Baalsverehrer anführte, tötete den
Nachfolger Ahabs und Isebels und machte sich so zum König über
Israel. Die Bibel beschreibt ihn als treuen Jahwisten, weil er aber König
über *Israel* und nicht über *Juda* wurde, wird schließlich auch er verurteilt. Jehu ist übrigens der erste Israelit in der Bibel, von dem wir eine
Abbildung besitzen: Auf dem schwarzen Obelisken des assyrischen
Königs Salmanassar III., der heute im Londoner British Museum steht,
wird Jehu dargestellt, wie er sich vor dem Großkönig bis zum Boden
verneigt.

Auf Salmanassars Obelisk wird das Land, aus dem Jehu stammt, als
«Omri-Land» bezeichnet. Omri, dem Vater Ahabs und dem Gründer
sowohl einer Dynastie als auch Samarias, der Hauptstadt Israels, wid-
met die Bibel genau sechs Verse. In keiner Weise wird diese kurze Darstellung seinem Einfluss auf sein Land und auf die Menschen von
damals gerecht. Von einigen Wissenschaftlern wird heute sogar
behauptet, dass Omri der erste wahre König der israelitischen
Geschichte gewesen sei[34]. Selbst nachdem Jehu Omris Dynastie
ausgerottet hatte, trug sein Land noch immer seinen Namen.

---

[32] Zur Stierikonographie siehe u.a. Borowski, *Every Living Thing*, S. 78.
[33] Siehe Mazar, *Early Biblical Period*, S. 139–150; Kitchen, *Third Intermediate
Period*, S. 89–92.
[34] So z.B. Finkelstein/Silberman, *Bible Unearthed*, S. 169–195.

Die Gräueltaten seines Sohnes und Nachfolgers Ahab werden in der Bibel in all ihren Einzelheiten beschrieben. Das Bild, das wir von ihm gewinnen, ist das eines schwachen und leicht beeinflussbaren Mannes. Ganz ein anderes Bild dieses Königs liefert uns die Archäologie. Hätten wir nur die Bibel als Zeuge, wüssten wir weder, dass Ahab seine Hauptstadt Samaria mit prächtigen Bauten versehen und mit wunderschönen Elfenbeinschnitzereien verziert hat, noch dass er der Leiter einer mächtigen Koalition gewesen ist, die zu den wenigen zählte, die sich eines Sieges über die Assyrer rühmen konnten[35]. Die archäologischen Funde aus seiner Zeit verdeutlichen, wie reich und wichtig Israel damals war[36], und wie arm und unbedeutend Juda blieb.

Trotzdem oder vielleicht gerade deswegen fiel Israel den Machtverhältnissen im alten Vorderasien anderthalb Jahrhunderte früher als Juda zum Opfer. Das Machtvakuum konnte nicht ewig dauern: Sowohl die Ägypter als auch die Aramäer versuchten, die Oberherrschaft in Kanaan zu gewinnen, ihre Erfolge blieben allerdings bloß verübergehende. Erst in der zweiten Hälfte des 8. Jh. konnte sich das neuassyrische Reich unter der Führung von Tiglatpileser III. (745–727 v.d.Z.) behaupten und große Teile des antiken Orients erobern[37]. Zusammen mit einer Reihe anderer Staaten fielen Israel und Juda unter die Oberherrschaft der Assyrer. Juda, klein und abgelegen, wagte es nicht, einer von Israel und Aram geführten Koalition beizutreten und sich der Revolte anzuschließen. Als Israel und Aram Juda zu dieser Koalition zu zwingen versuchten, sprach der Prophet Jesaja Juda in der Immanuel-Prophezeiung Mut zu. Juda blieb standhaft und verschont, Aram wurde zerstört und das Land Israel wurde kleiner[38]. Die Propheten erkannten die Übermacht Assyriens an[39], nicht aber Israel. Nach einem letzten Aufstand wurde es im Jahre 721 v.d.Z. endgültig zerstört. Die Assyrer verschleppten einen Großteil der Bevölkerung, der sich danach zerstreute und im assyrischen Reich verschwand. Die vielleicht größte Nachwirkung Israels in der Geschichte ist die Legende von den zehn verlorenen Stämmen. Dass Israel gegen Ende seiner Existenz nicht nur militärisch, sondern auch moralisch

---

[35] Obwohl die Assyrer selbst behaupteten, einen großen Sieg errungen zu haben, scheint die Tatsache, dass ihr Vormarsch aufgehalten wurde, darauf zu deuten, dass das Ergebnis der Schlacht nicht unbedingt zugunsten der Assyrer ausgefallen ist. Siehe Ben-Sasson, *Geschichte*, Erster Band, S. 151–152; *TUAT*, Band 1, S. 360–362.

[36] Siehe Tappy, *Archaeology*, Vol.1 und 2.

[37] Siehe Tadmor, *Inscriptions*. Zum neuassyrischen Reich im Allgemeinen siehe Kuhrt, *Ancient Near East*, S. 473–546.

[38] Siehe Irvine, *Isaiah*.

[39] Siehe Machinist, *Assyria*.

geschwächt war, wird uns durch die Werke der ersten Schriftpropheten Amos und Hosea verdeutlicht. Die Zeit nach dem Tod eines mächtigen Herrschers ist die übliche Zeit für einen Aufstand gegen die Oberherrschaft. Wenn diese Zeit von Aufständen und Streitigkeiten zwischen verschiedenen Prätendenten begleitet wird, umso besser! Genau eine solche Situation nutzte Judas König Hiskia um das Jahr 701 aus und wagte es, gegen den Rat Jesajas einer anti-assyrischen Koalition beizutreten.

Hiskia war einer der am höchst geschätzten Herrscher Judas in biblischer Zeit. Er zentralisierte den Kult in Jerusalem und war ein gottesfürchtiger Mann[40], dessen offensichtlich wunderbare Rettung der Stadt Jerusalem der davidischen Dynastie eine Aura der Beständigkeit und der göttlichen Auserwählung verlieh.

Sowohl die Bibel wie auch die Zeugnisse der Archäologie bieten ein eindruckvolles Bild der Maßnahmen, die Hiskia zur Verteidigung seiner Hauptstadt unternahm. Unter anderem ließ er eine sieben Meter dicke Mauer um die neuen Stadtviertel des durch die Zuwanderung von Flüchtlingen aus dem Norden vergrößerten Jerusalem errichten. Seine erstaunlichste Tat war, dass seine Arbeiter durch den Urfelsen unterhalb der Stadt einen Wasserversorgungskanal von 600 Meter Länge ausgehoben haben, eine fast unglaubliche Leistung. Dank diesem Kanal war es ihm möglich, die Wasser der Gihon-Quelle in das Innere der Stadt Jerusalem zu leiten[41].

Wie erwartet kam es zu einem Angriff der Assyrer gegen die Rebellen. Für die Geschichte dieses Krieges besitzen wir nicht nur das Zeugnis der Bibel und der Archäologie, sondern auch den Feldzugsbericht des Assyrerkönigs Sanherib (705–681 v.d.Z.), der sich rühmte, «Hiskia wie einen Vogel in seinem Käfig [in Jerusalem] eingesperrt» zu haben[42]. Das Land wurde verwüstet. Die zweitgrößte Stadt Judas wurde nach einer blutigen Belagerung erobert[43], Jerusalem selbst wurde belagert. Hiskia musste den Assyrern ein beträchtliches Bußgeld zahlen. Jerusalem aber wurde nicht eingenommen und Hiskia durfte König über ein Land bleiben, das wahrscheinlich aus nur wenig mehr als dieser einen Stadt bestand. Warum Sanherib die Stadt nicht erobert hat, wissen

---

[40] Für eine sozialgeschichtliche Besprechung der hiskianischen Kultreformen siehe Lowery, *Reforming Kings*, S. 142–168.

[41] Für eine Übersetzung der Siloa-Inschrift, die meistens mit Hiskias Verteidigungsmaßnahmen in Verbindung gebracht wird, siehe *TUAT*, Band 2, S. 555–556.

[42] Eigene Übersetzung. Für eine Übersetzung Sanheribs Inschriften, die mit dem Feldzug gegen Juda und der Belagerung Jerusalems zu tun haben, siehe *TUAT*, Band 1, S. 388–391. Siehe auch Gallagher, *Sennacherib's Campaign*.

[43] Siehe dazu Ussishkin, *Conquest of Lachish*.

wir nicht[44]. Es mag sein, dass er abberufen wurde, dass er sich mit Hiskias Tributzahlung begnügte oder dass eine Seuche seine Armee dezimierte. Im Gegensatz zur Bibel schweigen die assyrischen Texte darüber. Die Autoren der Bibel hingegen sahen in der Errettung Jerusalems ein göttliches Wunder, denn welches Land konnte im Kampf gegen Assyrien bestehen? Nach der Bibel hat ein Engel das assyrische Heer geschlagen[45]. Die Heiligkeit Jerusalems als Sitzes Gottes und die Heiligkeit der davidischen Dynastie als Gottes auserwählte Herrscher wurden somit bestätigt. Doch bei all dem dürfen wir nicht vergessen, was der furchtbare Preis dieses «Wunders» war: Juda war nur noch ein Stadtstaat.

Hiskia, dessen Amtszeit mit der Verwüstung seines Landes endete, wird in der Bibel als exemplarischer Herrscher dargestellt. Ganz anders sein Sohn und Nachfolger Manasse, während dessen Herrschaft das Land Frieden und Ruhe genoss: Er wird in der Bibel als der ärgste König in Judas verhältnismäßig langer Geschichte verurteilt. Er soll derart schlecht und abtrünnig gewesen sein, dass das Königsbuch die Zerstörung des Landes über ein halbes Jahrhundert nach seinem Tod als Folge seiner Sünden betrachtet[46]. Wie wir sehen, stimmen realpolitische und religiöse Urteile nicht immer überein. Nicht einmal mehr die Gottestreue und Güte seines Enkels Josias, der als zweiter David eingeschätzt wurde und eine durchgehende religiöse Erneuerung herbeiführte, konnte in der Sicht des Königsbuchs mehr erreichen, als dass die verdiente Zerstörung erst einige Jahre nach seinem Tod stattfand.

Die Wiederbelebung des davidischen Imperiums, welche die Autoren der Bibel durch Josia erfüllt zu sehen hofften, fand nie statt. Josia fiel im Kampf gegen Ägypten, die letzte Blütezeit des biblischen Israels war vorbei. Eine neue und fast genauso furchtbare Macht ersetzte das gehasste assyrische Reich: Die Levante fiel unter die Oberherrschaft des neubabylonischen Reiches unter der Führung des mächtigen Nebukadnezars (605–562 v.d.Z.)[47]. Wieder rebellierte ein judäischer König. Diesmal, d.h. im Jahr 597 v.d.Z., wurde die Stadt Jerusalem eingenommen, doch zerstört wurde sie nicht. Der junge König Jojachin, dessen Vater den Aufstand gegen Babylon angeführt hatte, wurde zusammen mit den Obersten seines Landes, unter ihnen auch der Prophet Ezechiel, nach Babylon ins Exil verschleppt. Sein Onkel Zedekia wurde von den Babyloniern als König eingesetzt. Aber auch er versuchte, das Joch

---

[44] Verschiedene Thesen werden ausführlich in Aubin, *Rescue of Jerusalem*, besprochen.
[45] Siehe 2. Könige 19,35; 2. Chronik 32,21.
[46] Siehe 2. Könige 23,26.
[47] Zum neubabylonischen Reich siehe Kuhrt, *Ancient Near East*, S. 573–622.

Babylons zu brechen. Diesmal zeigte Nebukadnezar keine Gnade: Jerusalem wurde zum Trümmerhaufen, der Tempel Salomos zerstört. Zedekia wurde geblendet, nachdem er den Tod seiner Söhne mitansehen musste[48]. Und ein großer Teil der Bevölkerung wurde verschleppt. Juda war nicht mehr!

Allen Gesetzen der damaligen Zeit gemäß hätten die Zerstörung Judas und die Verschleppung vieler seiner Bewohner bedeuten müssen, dass sowohl die nationale Identität Judas als auch seine Religion verschwanden. Denn wenn ein Staat besiegt wurde, bedeutete dies, dass die Götter der Sieger stärker waren als diejenigen der Besiegten. Doch die Judäer bzw. – wie wir sie nun ohne Zweifel nennen können – die Juden, hatten einen neuen religiösen Gedanken entwickelt, der es ermöglichte, dass die Gemeinschaft ihre Identität nicht verlor: Den Glauben, dass ihr Gott der einzige Gott der Welt und der Geschichte sei[49]. Die Zerstörung Judas wurde nicht als die Niederlage des Gottes Israels verstanden, sondern als Bestrafung der Juden durch ihren Gott. Ermutigt von ihren Propheten Jeremia und Ezechiel, glaubte eine Anzahl der Juden, dass sie ihr Land wieder bewohnen würden, nachdem die Zeit ihrer Strafe zu Ende gegangen war. Die größten Mächte ihrer Zeit, Assyrien und Babylonien, sind von der Weltbühne verschwunden, so auch das Reich der Perser, das antike Griechenland, das römische Reich und viele andere mehr. Die Juden aber haben all das überlebt. Wie ihnen das nach der Zerstörung des ersten Tempels gelang und was aus ihnen geworden ist, soll im nächsten Kapitel besprochen werden[50].

---

[48] 2. Könige 25,7.

[49] Zur Entwicklung des monotheistischen Gedankens, der sich erst in dieser Zeit richtig entfaltete, siehe u.a. Albertz, *Religionsgeschichte*, S. 431–446; Smith, *Early History*, bes. S. 145–160; Weippert, Synkretismus.

[50] Andere noch nicht zitierte Gesamtdarstellungen in deutscher Sprache zur Geschichte Israels in biblischer Zeit sind Clauss, *Alte Israel*; ders., *Geschichte Israels*; Donner, *Geschichte des Volkes*; Gunneweg, *Geschichte Israels*; Herrmann, *Geschichte Israels*; Soggin, *Einführung*

# Die Juden im Zeitalter des zweiten Tempels

Mit der Zerstörung Jerusalems und des ersten Tempels durch die Babylonier hätte eigentlich auch die nationale und religiöse Identität der Bewohner Judas von der Weltbühne verschwinden sollen. Angeregt aber durch ihre Propheten, konnten diese ihre Identität bewahren, indem sie ihr furchtbares Schicksal als Gottes Bestrafung für ihre kollektiven Sünden betrachteten. Ein wichtiger Teil der Überlebenden war davon überzeugt, dass die Zeit der Erlösung nach einer Sühnenfrist eintreffen würde. Die Katastrophe wurde nicht als ein Zeichen der Übermacht der Babylonier oder ihrer Götter gedeutet, sondern als gerechte Strafe, die eine direkte Folge des menschlichen Handelns war.

Dreimal wurden Angehörige der oberen Schichten – Regierende, Höflinge, Priester, Handwerker usw. – ins Exil nach Babylonien verschleppt: Das erste Mal nach der Eroberung Jerusalems im Jahre 597 v.d.Z., als König Jojachin abgesetzt wurde, das zweite Mal, als Juda 586 endgültig zerstört wurde, und das dritte Mal, nachdem fanatische Anhänger des davidischen Hauses den von den Babyloniern eingesetzten Statthalter Judas ermordet hatten[1]. Bis heute wirken diese Ereignisse in der jüdischen Geschichte und in der Praxis des Judentums nach: Seit dem babylonischen Exil ist das Judentum – nach dem ehemaligen Staat Juda benannt – eine Diaspora-Religion, d.h. eine Religion (und auch ein Volk), das zerstreut unter den Völkern der Welt lebt. Viele Texte der Bibel und der nachbiblischen Literatur, wie z.B. die Klagelieder, setzen sich mit den Themen der Zerstörung und der Zerstreuung auseinander. Zwei Fasttage im jüdischen Jahr erinnern an die Ereignisse der damaligen Zeit: der 9. Tag des Monats Aw (*Tischa be-Aw,* תשעה באב), der an die Zerstörung des Tempels erinnert, und der Fasttag Gedalijas (*Zom Gedalja,* צום גדליה), der das Andenken an den ermordeten Statthalter Judas bewahrt.

Bevor wir uns mit den Problemen des Exils auseinander setzen, soll hier erwähnt werden, dass das Exil laut moderner Wissenschaft eine unglaublich kreative Zeit gewesen ist: Ein Großteil der biblischen Bücher wurde in dieser Zeit entweder geschrieben oder redigiert, da die exilierten Juden ihre Traditionen lebendig zu halten versuchten. Dem Rat des Propheten Jeremia folgend, ließen sie sich in den Gemeinden ihrer Zerstreuung nieder, bauten Häuser und bewohnten sie, legten Gärten an und beteten für das Wohl der Stadt, in die sie von Gott weg-

---

[1] Siehe 2. Könige 24,8–25,26.

geführt wurden[2]. Mit diesem Rat hat Jeremia für das jüdische Leben ein
Muster hinterlassen, das seine Gültigkeit bis in unsere Tage hinein nicht
verloren hat, ein Muster, wie man als Jude ein treuer Bürger seines
Heimatstaates sein und gleichzeitig die Verbundenheit zum Ursprungs-
land aufrecht erhalten kann. Keilschriftdokumente aus Babylonien
bezeugen, wie sich die Juden in ihrer neuen Heimat vollkommen integ-
riert hatten[3].

Trotzdem blieb die Hoffnung auf eine Rückkehr in das verheißene
Land bei vielen lebendig. Daraus entstand eine Spannung, die leider
auch für das heutige Judentum kennzeichnend ist: die Spannung zwischen den Juden des Landes Israel und denen der Diaspora. Zum ersten
Mal begegnen wir dieser Spannung bei Jeremia[4]. Seine Worte der
Ermunterung für die Exulanten des Jahres 597 sind mit solchen der Ver-
urteilung für diejenigen verbunden, die im Land geblieben sind. Denn
diejenigen, die im Land blieben, nachdem die Obersten des Staates verschleppt wurden, übernahmen deren frei gewordenen Posten. Sie wurden die neue Oberschicht des Landes und nahmen auch die herrenlosen
Güter und Ländereien an sich. Die Zurückgebliebenen glaubten, dass die
Exulanten von Gott für *ihre* eigenen Sünden ins Exil getrieben wurden,
und hofften, dass die Vertriebenen nie wieder in ihr Land zurückkehren
würden. Die Exulanten hingegen wollten ihren Anspruch auf ihre Stellen und ihre Güter aufrechterhalten. Dass es da zu einer Auseinandersetzung zwischen den zwei Gruppen kommen musste, ist nicht weiter
verwunderlich. Um ihre Ansprüche auf ihr Land und alles, was damit
verbunden war, aufrechtzuerhalten, mussten die Exulanten die gängige
Theologie, wonach die Exilierten bestraft wurden, abändern. Glücklicherweise – auf jeden Fall für die Exulanten – erhob sich im babylonischen Exil der Prophet Ezechiel, der in seinen drastischen Prophezeiungen immer wieder betonte, dass Gott im Exil weile, und nicht mehr in
seinem Tempel zu Jerusalem[5]. Nur diejenigen, die durch die Erfahrung
des Exils geläutert würden, verdienten es, in ihr Land zurückgeführt zu
werden, um ein neues Jerusalem und einen neuen Tempel aufzubauen.
Auch nach der Zerstörung des Tempels beharrte Ezechiel darauf, dass
die judäische Gemeinde ihr Recht auf das Land und auf ihren Gott verwirkt habe und dass die Gemeinde der babylonischen Exulanten –
inzwischen gab es auch eine solche in Ägypten – in der Zukunft ihren
alten Besitz als Belohnung zurückerhalten würde. Diese Spannung

---

[2]  Siehe Jeremia 29,4–7.
[3]  Siehe *TUAT*, Band 1, S. 412–418.
[4]  Siehe Jeremia 24 und 29.
[5]  Siehe Ezechiel 1,1–3,15; 8–11; 43,1–5.

zwischen den verschiedenen jüdischen Gemeinden sollte noch lange anhalten.

Im antiken Israel gab es viele Propheten. Den wahren Propheten von einem falschen zu unterscheiden[6], ist ein wichtiges Thema der Hebräischen Bibel. Natürlich war eine solche Unterscheidung nur im Nachhinein möglich. Ein Prophet, der sich als wahrer bewährt hat, war Jeremia, u.a. weil er voraussagt hatte, dass das Exil 70 Jahre dauern würde[7]. Wenn man es genau nimmt, dauerte dieses zwar etwa zehn Jahre kürzer, aber die Bibel ist halt kein mathematisches Werk.

Das mächtige neubabylonische Reich Nebukadnezars überlebte diesen um kaum zwei Jahrzehnte. Um das Jahr 550 v.d.Z. erkannte ein anonymer Prophet des Exils, der in seinen Prophezeiungen an das Buch des Propheten Jesaja aus dem 8. Jh. anknüpft und dem wir deshalb den Namen Deutero-Jesaja geben, dass Kyros, der Perserkönig, Babylon zum Sturz bringen würde. Für Deutero-Jesaja war Kyros ein «Messias», ein von Gott zu einem bestimmten Zweck Gesalbter oder Auserwählter – und dies, obwohl Kyros den Gott Israels überhaupt nicht kannte[8]. Geschwächt nach Jahren der schlechten Verwaltung, öffnete Babylon dem Perserkönig 539 v.d.Z. ohne Kampf seine Tore, denn selbst die Babylonier betrachteten Kyros als Erlöser.

Das Perserreich unterschied sich wesentlich von seinen assyrischen und babylonischen Vorgängern, indem es nicht eine grausame, sondern eine wohlwollende Herrschaft ausübte[9]. Im Gegensatz zu ihren Vorgängern, welche die nationale Identität der von ihnen Eroberten durch Verschleppung und Neuansiedlung zu verwischen versuchten, ließen die Perser die Verschleppten nach Hause zurückkehren und ihre zerstörten Städte und Tempel wiedererrichten. So ging im Jahre 538 von Kyros ein Erlass aus, der diese milde Politik fortsetzte[10]. Eine auf die Juden bezogene Fassung ist am Ende des Chronikbuchs und am Anfang des Esrabuchs zu finden[11].

Damals aber war es wie heute: Die Juden waren zufrieden in den Ländern, in denen sie wohnten, und nur die wenigsten waren bereit, ihre neuen Heimatländer zu verlassen, um in das abgelegene und arme Juda zu ziehen. Eine kleine Gruppe nur ist mit Seschbazar, einem Nach-

---

[6]  Zum Phänomen der Prophetie im alten Israel siehe u.a. Blenkinsopp, *Geschichte der Prophetie*; Fishbane, *Biblical Prophecy*; Heschel, *Prophets*; Neumann, *Prophetenverständnis*; Rofé, *Prophetical Stories*; Uffenheimer, *Early Prophecy*.

[7]  Jeremia 25,11–12; 29,10. Zu Jeremias Einfluss auf Sacharja und den Chronisten, welche die Zahl 70 zitieren, siehe u.a. Holladay, *Jeremiah 2*, S. 89–90.

[8]  Siehe Jesaja 44,28–45,7.

[9]  Zur Geschichte des Perserreichs siehe Wiesehöfer, *Persien*; Briant, *Cyrus*.

[10]  Siehe *TUAT*, Band 1, S. 407–410.

[11]  Esra 1,1–4; 2. Chronik 36,22–23.

kommen des davidischen Hauses, aus Babylon in das Heilige Land gezogen[12]. Vielleicht errichteten die Rückkehrer dort, wo einmal der Tempel stand, einen Altar. Mehr aber konnten sie nicht erreichen. Erst als eine zweite kleine Gruppe unter der Führung des Davididen Serubabel und des Hohenpriesters Josua zurückkehrte, konnte die Arbeit am zweiten Tempel beginnen. Ermutigt durch die Propheten Haggai und Sacharja, konnte der zweite Tempel im Jahre 515 v.d.Z. nach fünfjähriger Arbeit eingeweiht werden[13]. Serubabel, auf den als Nachfolger Davids messianische Hoffnungen gesetzt wurden, ist sang- und klanglos aus der Geschichte verschwunden, vielleicht weil die Perser ihn als Gefahr betrachtet hatten, vielleicht weil die priesterliche Fraktion ihn als weltlichen Herrscher beseitigt hatte. Damit endete die Dynastie Davids.

Obwohl ein neuer Tempel gebaut wurde, der Jahrhunderte lang stehen sollte, war das Leben in Juda bzw. «Jehud», wie es die Perser nannten, nicht einfach. Das Land war arm und von Feinden umgeben. Im Grunde bestand Juda aus Jerusalem und der nahen Umgebung. Die Stadt selbst war seit der Zeit des ersten Tempels wesentlich geschrumpft und nicht mehr mit einer Verteidigungsmauer umgeben. Vielleicht wäre Juda und sein Volk untergegangen, hätte es nicht zwei Männer gegeben, die das Schicksal Judas gewendet haben.

Obwohl ihre Beziehung zueinander, zeitlich wie auch persönlich, in der Forschung umstritten ist, scheint es am wahrscheinlichsten, dass der Priester Esra als erster nach Jerusalem gekommen ist. Eine jüdische Tradition besagt, dass Esra es verdient hätte, Israel Gottes Gesetz zu vermitteln, wenn es keinen Moses gegeben hätte[14]. Eine gewisse Wahrheit steckt in dieser Aussage. Viele Wissenschaftler gehen davon aus, dass sich die religiöse Auffassung der Juden während des Exils in Juda und Babylon unterschiedlich entwickelt hatte. Als Esra vermutlich um das Jahr 458 v.d.Z. aus Babylon in das Land kam, entrechtete er die im Land Verbliebenen. Er warf ihnen vor, sie hätten sich mit den Völkern der Länder vermischt, und versuchte diejenigen, die nicht-israelitische Frauen geheiratet hatten, zu zwingen, ihre Frauen und deren Kinder zu verwerfen[15]. Das wahre und reine Israel sei die Gemeinschaft derer, die aus dem Exil in das Land zurückgekehrt waren. Als Gesetz des Landes brachte er auch ein Buch der Weisung, der Tora mit. Es ist umstritten, inwieweit diese Schriftrolle der späteren jüdischen Tora entsprach[16].

---

[12]  Esra 1,8–11; 5,14–16.

[13]  Zu dieser Zeitperiode der Rückkehr nach Zion siehe die biblischen Bücher Haggai, Sacharja, Esra und Nehemia, sowohl wie auch Ackroyd, *Exile and Restoration*; Grabbe, *Judaism*, S. 27–145; Sacchi, *History*, S. 114–151.

[14]  BT Sanhedrin 21b.

[15]  Siehe Esra 9–10; Nehemia 13,23–28.

[16]  Siehe Blum, Esra.

Falls die biblische Tradition Recht hat und Esra vor Nehemia zu datieren ist, scheinen die Bemühungen dieses strengen Priesters letztlich nicht erfolgreich gewesen zu sein. Es bedurfte eines weltlichen Herrschers, um die jüdische Auffassung der Exilsgemeinde und die Selbstbewahrung Judas durchzusetzen.

Nehemia, der ein hoher Beamter am persischen Hof war, wurde von seinem Bruder über den schlechten Zustand im Land seiner Vorfahren informiert. Daraufhin wurde er 445 vom Perserkönig Artaxerxes I. beauftragt, die Zustände in Juda in Ordnung zu bringen. Durch die Macht, die in ihm durch die Unterstützung des Perserreichs verliehen wurde, und dank seiner eigenen Hartnäckigkeit konnte Nehemia seine Ziele erreichen. Diejenigen, die sich dem Kult der Exulanten nicht unterwarfen, wurden verworfen, ebenso wie diejenigen, die nicht rein israelitischer bzw. judäischer Abstammung waren. Die winzige Stadt Jerusalem wurde in einer raschen Aktion zum Schutz gegen ihre Feinde wieder ummauert und mittels einer Lotterie unter der Landbevölkerung zwangsweise wiederbevölkert[17]. Der Triumph der Gemeinde der Exulanten war vollkommen, denn ab diesem Zeitpunkt hatten sie die Kontrolle sowohl über die politischen Strukturen als auch über den Kult.

Trotzdem aber gab es noch Streitpunkte: Die Spannungen zwischen Esra, Nehemia und ihren Feinden, unter ihnen auch die Vorläufer der Samaritaner[18], spielten sich auch auf der Ebene der Exilgemeinde und den – oft als Nichtisraeliten dargestellten – im Land Gebliebenen ab. Zudem gab es neben Mesopotamien noch andere jüdische Diasporagemeinden, vor allem in Ägypten. Eine große Sammlung von Dokumenten der jüdischen Militärkolonie auf der Nilinsel Elephantine bei Assuan gibt uns einen Einblick in das Leben einer jüdischen Gemeinde weit entfernt von Jerusalem[19]. Wir sind informiert über ihren Alltag, ihre Hochzeiten und Scheidungen, aber auch über die Ausübung ihrer Religion. Die Juden von Elephantine bauten sich einen Tempel, in dem sie den jüdischen Gott (und vielleicht auch einige andere Götter!) verehrten und ihm Tiere opferten. Den deuteronomistischen Gesetzen zufolge, konnte nur in Jerusalem geopfert werden, nach Auslegung der Elephantiner Gemeinde war diese Begrenzung des Opferkultes auf Jerusalem aber offenbar nur im Land Juda selbst gültig. Doch ausgerechnet der Opferkult wurde für die Juden in Elephantine zum Verhängnis, denn das Opfern von Tieren war für die Ägypter etwas Abscheuliches und so wurde der jüdische Tempel in Elephantine im Jahre 410 von Anhängern des ägyptischen Gottes Chnum zerstört. Obwohl die Juden von

---

[17] Nehemia 11.
[18] Zu den Samaritanern siehe Sacchi, *History*, S. 152–159.
[19] Zur jüdischen Militärkolonie auf Elephantine siehe Porten, *Archives*.

Elephantine den Hohenpriester in Jerusalem in einem Brief um Unterstützung für den Wiederaufbau ihres Tempels baten, blieb dieser Brief unbeantwortet, vermutlich weil der Hohepriester einerseits einen Opferkult außerhalb Jerusalems nicht gutheißen wollte, andererseits aber die Ausübung der jüdischen Religion in der Diaspora auch nicht untersagen wollte. Letztendlich durfte die Gemeinde ihren Tempel in Ägypten wieder errichten, doch das Opfern von Tieren wurde von der ägyptischen Obrigkeit verboten[20].

Das Perserreich, das auch von den Juden hoffnungsvoll als wohlwollende Monarchie begrüßt worden war, geriet in eine lange Periode des Abstiegs. Der kulturelle Einfluss der griechischen oder hellenistischen Welt hatte sich schon lange bemerkbar gemacht, noch bevor Alexander der Große von Makedonien im Jahre 332 v.d.Z. die Levante eroberte. Der Sturz des persischen Reiches wurde von den Juden begrüßt, ebenso wie Alexanders milde Behandlung der eroberten Völker. In der talmudischen Literatur gibt es viele schmeichelhafte Legenden über Alexander[21] und sein Name war wie derjenige des Kyros im Laufe der Zeit unter den Juden verhältnismäßig weit verbreitet.

Leider starb Alexander im jungen Alter und das Heilige Land wurde zum Kriegsschauplatz in den Kämpfen zwischen den Nachfolgern Alexanders, den sogenannten Diadochen (διαδοχοι). Für Palästina wurden v.a. Ptolemaios aus Ägypten und Seleukos aus Syrien wichtig: Im Jahre 301 siegte Ptolemaios und Juda blieb in der Folge hundert Jahre lang unter der Oberherrschaft der Ptolemäer. Obwohl wir über die Geschichte der Juden in diesem Jahrhundert kaum etwas wissen, ist es nicht zu bezweifeln, dass ein Prozess der andauernden Hellenisierung im Gange war. Städte wurden als hellenistische *poleis* umorganisiert und der Einfluss des synkretistischen Hellenismus war in allen Lebensbereichen zu erkennen[22]. Da unser historisches Wissen über diese Zeit so mangelhaft ist, besteht heute unter gewissen Wissenschaftlern die Tendenz, so viele biblische Texte wie nur möglich in das «schwarze Loch» dieses Jahrhunderts zu datieren. Aus diesen Texten kann man dann hypothetisch

---

[20] Siehe *TUAT*, Band 1, S. 254–258.
[21] Einige davon sind in praktischer Weise in Bialik/Ravnitzky, *Book of Legends*, S. 166–168, zusammengestellt.
[22] Zur hellenistischen Periode in der jüdischen Geschichte siehe u.a. Ben-Sasson, *Geschichte*, Zweiter Band, S. 231–248; Bickerman, *From Ezra*, S. 41–90; ders., *Jews*; Feldman, *Jew and Gentile*; Grabbe, *Judaism*, S. 147–220; Hengel, *Judentum und Hellenismus*; Maier, *Geschichte*, S. 15–42; Schalit, *Hellenistic Age*; Schäfer, *Geschichte*, S. 17–93; Schiffman, *From Text to Tradition*; Tcherikover, *Hellenistic Civilization*.

mehr über diese Zeit rekonstruieren, wobei dieselben Texte dafür dann allerdings für die frühere Geschichte fehlen[23].

Genau ein Jahrhundert nachdem sich die ptolemäische Oberherrschaft in der Levante behauptet hatte, fiel Juda unter die Oberherrschaft der syrischen Seleukiden. Am Anfang hatte dieses Ereignis neutrale oder sogar positive Auswirkungen auf die Juden: Ihr Recht auf Religionsausübung wurde vom Seleukidenkönig Antiochus III. bestätigt. Gewisse Spannungen unter den Juden selbst aber führten zu einer Krisensituation.

Die jüdische Einstellung gegenüber einer Assimilierung an die hellenistische Kultur scheint nicht einhellig gewesen zu sein. Die hellenistische Kultur war durch Toleranz gekennzeichnet, besonders in Fragen der Religion. Es gab im hellenistischen Pantheon immer Platz für zusätzliche Götter. Und darin lag das Problem: Denn das strenge Judentum, die Religion des einen und einzigen Gottes, war nicht bereit, anderen Göttern Platz zu machen. Einige hellenisierte Juden waren jedoch bereit, ihren Gott mit gewissen anderen Göttern zu identifizieren. Dies führte dazu, dass die Juden in ihrer Einstellung zum hellenistischen Synkretismus gespalten waren. Wie so oft in der Weltgeschichte war dabei die Stadtbevölkerung «fortschrittlicher» gesinnt als die Landbevölkerung. Diese religiösen Spannungen unter den Juden, die wohl vergleichbar sind mit heutigen Auseinandersetzungen im Judentum, waren gefährlich genug. Und da ließ sich der neue Seleukidenkönig Antiochus IV. zusätzlich noch auf ein riskantes Spiel ein: Zweimal innerhalb von wenigen Jahren verkaufte er das Hohenpriesteramt. Die alten Traditionen der Ernennung der Hohenpriester wurden abgeschafft. Diese unhaltbaren Zustände führten zu einer Kampagne gegen die Seleukiden, die sich zu einem Guerillakrieg sowohl gegen die radikalen Hellenisten unter den Juden als auch gegen die korrupte Oberherrschaft der Seleukiden ausdehnte.

Die Widerstandsbewegung wurde von einer Familie aus dem Dorf Modi'in angeführt. Der Patriarch Mattathias aus dem Stamm der Hasmonäer war der Ideologe des Aufstands. Die militärische Leitung aber hatte der älteste seiner fünf Söhne inne; Judas, genannt der Makkabäer, wurde der Anführer des Aufstands, nachdem sein Vater kurz nach dessen Beginn starb[24].

---

[23] Für Beispiele solcher Ansätze siehe die Arbeiten der biblischen «Minimalisten» wie z.B. Davies, *Search*; Lemche, *Ancient Israel*; Thompson, *Early History*.

[24] Zur Geschichte des Makkabäischen Aufstands siehe u.a. Bar-Kochva, *Judas Maccabaeus*; Ben-Sasson, *Geschichte, Zweiter Band*, S. 249–268; Bringmann, *Hellenistische Reform*; Fischer, *Seleukiden und Makkabäer*; Grabbe, *Judaism*, S. 221–299; Sacchi, *History*, S. 214–249; Schäfer, *Geschichte*, S. 43–77; Schalit, *World History*, S. 115–182. Für die Zeit vom makkabäischen Aufstand bis zum

Wohl als Reaktion gegen diesen Widerstand griff Antiochus zu scharfen Maßnahmen. Er verbot die traditionelle Ausübung der Riten und Bräuche des Judentums. Beschneidung, Schächten und Tora-Studium – alles wurde untersagt. Ein heidnisches Standbild wurde im Tempel zu Jerusalem errichtet und die Juden wurden gezwungen, unkoscheres Fleisch bzw. Schweinefleisch zu essen. Seine Hoffnung war es, den Widerstandswillen der Makkabäer zu brechen und die radikalen Hellenisten zu stärken. Aber Antiochus rechnete nicht mit der Kraft der jüdischen Hartnäckigkeit und Treue den alten Traditionen gegenüber. Zusätzlich scheint Judas ein genialer General gewesen zu sein. Jede Armee, die geschickt wurde, den Aufstand niederzuschlagen, wurde von Judas und seinen Widerstandskämpfern zu Fall gebracht. Schließlich eroberten sie Jerusalem bis auf die seleukidische Festung, die Akra. Somit war auch der Tempel nach dreijährigem Kampf in den Händen der antihellenistischen Partei der Makkabäer.

Am 25. Tag des Monats Kislew des Jahres 164 v.d.Z., nachdem die Makkabäer den Tempel und seinen Altar, auf dem in der Zwischenzeit Zeus Schweine geopfert worden waren, gereinigt hatten, wurde der Tempel wieder eingeweiht. Dieses Fest der Einweihung, auf Hebräisch Chanukka (חנוכה) genannt, gehört zu den wenigen nachbiblischen Feiertagen, die noch heute von Juden in aller Welt gefeiert werden. Obwohl jedes moderne jüdische Kind weiß, dass Chanukka acht Tage lang gefeiert wird, weil damals das Öl in wunderbarer Weise nicht nur einen, sondern acht Tage lang gebrannt hatte, finden wir diese volkstümliche Erklärung erst hunderte Jahre nach dem Ereignis[25]. Die ältesten Quellen erklären die Länge des Feiertags damit, dass die Makkabäer ihren neuen Feiertag als Nachahmung des wochenlangen Laubhüttenfests bzw. Sukkot konzipiert hatten[26]. Wie bei allen Feiertagen (z.B. Weihnachten), die in die Jahreszeit fallen, in der die Tage kurz sind, spielt auch bei Chanukka das Licht eine große Rolle.

Obwohl die Makkabäer den Krieg gewonnen zu haben schienen, war ihr Sieg nur vorübergehend. Die Seleukiden schlugen zurück und im Jahr 160 v.d.Z. fiel Judas im Kampf. Seine überlebenden Brüder und ihre Anhänger befanden sich in der Defensive. Erst als sein Bruder Jonathan es verstand, die verschiedenen syrischen Prätendenten gegeneinander auszuspielen, leuchtete der Stern der Makkabäer wieder auf. Als Belohnung für seine Unterstützung erhielt Jonathan vom Sieger des

---

Aufstand Bar-Kochbas siehe den Klassiker Schürer, *Geschichte des Jüdischen Volkes.*

[25] TB Schabbat 21b.

[26] 1. Makkabäerbuch 4,36–59; 2. Makkabäerbuch 10,1–8. Siehe Kümmel, *Jüdische Schriften,* Band 1, S. 249–250. 316–317.

Machtkampfes zwischen den Prätendenten den Posten des Hohenpriesters. Endlich hatten die Makkabäer Erfolg, und zwar dadurch, dass sie sich die Hohepriesterschaft durch ihre militärische und politische Unterstützung erkauften – genau wegen dieser Art des Handelns um das Hohenpriestertum aber hatte ihr Aufstand damals begonnen!

Jonathan und seine Nachfolger nutzten die Schwächen des Seleukidenreiches aus, um ihr eigenes Land unabhängig zu machen und ihr Territorium wesentlich auszudehnen. Letztendlich herrschte die Dynastie der sogenannten Hasmonäer über ein Königreich, das fast so groß war wie die (wahrscheinlich fiktiven) biblischen Grenzen des Landes Israel[27]. Andere Länder wurden dem Reich einverleibt und – wie etwa die Idumäer, die Nachkommen der biblischen Edomiter – unter Zwang zum Judentum bekehrt. Zum ersten Mal in der jüdischen Geschichte war der weltliche Herrscher der Juden zugleich auch das religiöse Oberhaupt. Da die Hasmonäer nicht davidischer Abstammung waren, wagten sie es lange nicht, sich Könige zu nennen, erst Aristobul benutzt im Jahre 104 v.d.Z. diesen Titel, obwohl *de facto* auch seine Vorgänger schon lange Könige waren. Es ist Ironie der Geschichte, dass die Hasmonäer, die ursprünglich zur Fraktion der reaktionären Antihellenisten gehörten, letztendlich für die Integration der hellenistischen in die jüdische Kultur sorgten; sie versuchten, die zwei Welten zu vereinen. Ein prägnantes Beispiel bieten die Münzen, die sie prägen ließen: Der letzte Hasmonäer, Mattathias Antigonus (40–37 v.d.Z.) z.B. ließ sich auf der einen Seite seiner Münzen in griechischer Schrift mit griechischem Namen und Titel als König bezeichnen und auf der anderen Seite in althebräischer Schrift mit hebräischem Namen und Titel als Hoherpriester[28].

Der Untergang ihres Reiches ist den Hasmonäern selbst zuzuschreiben. Als sich die Söhne von Alexander Jannai und dessen Frau Salome Alexandra, die selbst neun Jahre lang als Königin regierte, nicht einigen konnten, wer von ihnen nach ihrem Tod herrschen sollte, suchten sie bei der neuen Weltmacht, dem römischen Reich Unterstützung. Die Römer jedoch nutzten die Situation aus, um das Land unter ihre Oberherrschaft zu bringen. General Pompeius marschierte ein und eroberte Jerusalem. Der eine Bruder (Hyrkan II.) wurde zum Hohenpriester ernannt, der andere (Aristobul II.) eingekerkert. Die eigentliche Macht im Lande übten von diesem Zeitpunkt an die Römer und ihre Klienten aus.

---

[27] Zur späteren Geschichte der Hasmonäer siehe ferner Ben-Sasson, *Geschichte*, Zweiter Band, S. 269–294; Grabbe, *Judaism*, S. 299–311; Sacchi, *History*, S. 250–283; Schäfer, *Geschichte*, S. 79–93; Schalit, *World History*, S. 183–297.

[28] Zur hasmonäischen Münzprägung siehe Kindler, *Coins*, S. 9–26; Meshorer, *Jewish Coins*, S. 41–63. 18–126. Taf. II–V.

Es ist eine viel diskutierte Frage, ob die römische Periode in der Geschichte des Heiligen Landes mit der Eroberung durch Pompeius im Jahre 63 v.d.Z. oder mit dem Ende des letzten Versuchs eines Hasmonäers, als König über Judäa zu regieren, im Jahre 37 angefangen hat[29]. Oft werden die beiden Daten als Anfang bzw. Ende eines Prozesses angegeben. Die letzten Hasmonäer, die sich mit dem Partherreich gegen Rom alliierten, wurden von einem gewissen römischen Klienten namens Herodes geschlagen. Dieser Herodes war einer der faszinierendsten Gestalten in der langen Geschichte des Heiligen Landes[30]. Ein Halbjude, Sprössling einer idumäischen Familie, die mit Gewalt zum Judentum bekehrt worden war, versuchte er, sowohl als jüdischer als auch römischer König über ein Land, das aus verschiedenen Bevölkerungsgruppen bestand, zu regieren. Herodes war ein Opportunist. Obwohl ursprünglich ein enger Freund und Verbündeter von Marcus Antonius, konnte er nach dessen Niederlage bei Actium Octavian, dem späteren Cäsar Augustus, Treue schwören. Erstaunlicherweise hat Octavian seinen früheren Feind als Verbündeten akzeptiert! Herodes hat das Bild Judäas durch seine prachtvollen Bauten grundlegend verändert[31]. Im ganzen Land wurden Städte restauriert und andere neu gegründet. Für die verschiedenen religiösen Sekten ließ er Tempel bauen, wofür er nicht nur im eigenen Land, sondern im ganzen römischen Reich bekannt war.

Doch in zwei Bereichen hatte er keinen Erfolg: Obwohl er den Tempel zu Jerusalem prunkvoll renovierte und somit zu einem der schönsten und berühmtesten Gebäude seiner Zeit gemacht hatte, wurde er von den meisten seiner jüdischen Untertanen nie als ebenbürtiger Jude akzeptiert. Für sie repräsentierte er die unterdrückende Macht des heidnisch-römischen Imperiums. Zur Zeit der Zerstörung des ersten Tempels hatten sich die Edomiter mit den Babyloniern alliiert und erhielten auf diese Weise einen erheblichen Teil des ursprünglich judäischen Territoriums. Biblische Texte wie z.B. die Klagelieder, das kurze Buch des Propheten Obadja oder Jesaja Kapitel 63 bezeugen, wie tief die Juden ihre Nachbarn und Vettern, die Edomiter, für diesen Verrat gehasst haben. Edom selbst wurde in der reichhaltigen nachbiblischen jüdischen Literatur zum Sinnbild des Feindes und Unterdrückers. Rom wird in den

---

[29] Zur römischen Periode in der jüdischen Geschichte siehe u.a. Baltrusch, *Juden*; Ben-Sasson, *Geschichte*, Zweiter Band, S. 295–373; Feldman, *Jew and Gentile*; Grabbe, *Judaism*, Band 2; Noethlichs, *Judentum*; Sacchi, *History*, S. 284–302; Schäfer, *Geschichte*, S. 95–175; Smallwood, *Jews*.

[30] Zu Herodes siehe Schalit, *König Herodes*.

[31] Für die archäologischen Hinterlassenschaften der Herodianischen Zeit siehe Hachlili, *Ancient Jewish*, S. 11–64; Kuhnen, *Palästina*, S. 88–299; Netzer, *Paläste*, S. 32–123; Roller, *Building Program*.

talmudischen Texten des Öfteren mit Edom identifiziert[32]. Kein Wunder, dass es hier einem Idumäer, einem Nachkommen der Edomiter, schwer fiel, von den Juden als König anerkannt zu werden.

Herodes litt zudem unter einem massiven Verfolgungswahn. Jeden, der ihm in irgendeiner Weise als Feind hätte erscheinen können, ließ er hinrichten. Egal ob politische Gegner, Freunde oder Feinde, alle ließ er töten. Selbst seine eigene Familie war vor ihm nicht sicher. Nicht nur Mitglieder seiner weiteren Familie ließ er hinrichten, sondern auch seine eigenen Frauen und Kinder. Zwei seiner Söhne verloren ihr Leben nur wenige Tage vor seinem eigenen natürlichen aber qualvollen[33] Tod im Jahre 4 v.d.Z. Um sich vor eventuellen Aufständen gegen seine Tyrannei zu schützen, ließ Herodes auch mächtige Festungen wie Herodion und Massada in abgelegenen Orten bauen. Er wusste, dass die Bürger seines Landes mehr als genug Gründe hatten, ihn zu hassen.

Gehasst haben die Juden auch die römischen Präfekten und Prokuratoren, die das Land seit dem Jahre 6 bzw. 44 n.d.Z., nachdem Judäa eine römische Provinz geworden war, regierten. Mit wenigen Ausnahmen nutzten diese Statthalter der Römer ihr Amt aus, um das Land während ihrer Amtszeit auszubeuten und sich selbst zu bereichern. In der Folge wuchs die Abscheu der Juden vor den Römern ins Unermessliche.

Das Judentum der damaligen Zeit war allerdings kein einheitliches Gebilde, die Juden unter sich waren gespalten. Es gibt eine Tendenz in der modernen Forschung, nicht mehr über das *Judentum* jener Zeit zu sprechen, sondern über die *Judentümer*[34]. Obwohl es Forscher gibt, die diesen Sprachgebrauch ablehnen, weil sie die Ähnlichkeiten der verschiedenen Bewegungen und Strömungen untereinander betonen[35], bestreitet niemand, dass sich das Judentum der damaligen Zeit in einer Situation des Aufruhrs befand.

Die Spannungen zwischen Hellenisten und Antihellenisten wurden schon erwähnt. In der Hasmonäer- und Römerzeit entstand eine ganze Vielfalt von jüdischen Gruppen, die in der Literatur gerne als «Sekten» bezeichnet werden, obwohl es sich bei ihnen eher um religiöse Strömungen als um Sekten im modernen Sinn handelt. Unter den fast unzähligen Sekten verdienen die folgenden besondere Erwähnung[36]:

---

[32] Siehe Herr, Edom.

[33] Siehe Kokkinos, Herod's Horrid Death.

[34] Siehe z.B. den Titel von Neusner/Green/Frerichs, *Judaisms and Their Messias at the Turn of the Christian Era.*

[35] Z.B. Schiffman, *From Text to Tradition*, S. 4–5.

[36] Zu den jüdischen Sekten im Altertum siehe u.a. Grabbe, *Judaism*, Band 2, S. 463–554; Maier, *Judentum*, S. 215–226; Neusner, Varieties; Neusner/Green, *Pharisees*; Otzen, *Judaism*, S. 109–156; Soggin, *Einführung*, S. 242–251.

Die *Sadduzäer* waren die Sekte der oberen Schichten und der Pries-
terschaft am Tempel. Ihr Name ist wahrscheinlich von Zadok, dem
Urahnen der Priester, abzuleiten. Sie unterstützten den *status quo* und
glaubten daran, dass der Mensch seinen Lohn in dieser Welt erhalten
werde.

Die *Pharisäer*, die als die Ahnen des rabbinischen und daher auch
des modernen Judentums anzusehen sind, waren wohl diejenigen, die
bei dem unterdrückten Volk am populärsten waren. Ihrer Meinung nach
war ihre mündliche Tradition, die später in der Mischna niedergeschrieben wurde, genauso wichtig bzw. gottgegeben wie die schriftliche
Lehre, die Mose am Berg Sinai erhalten hatte. Weil sie erkannten, dass
die Welt ungerecht ist, hofften die Pharisäer auf einen gerechten Lohn in
der kommenden Welt.

Mitte des 2. Jh. v.d.Z. zog eine Gruppe von Priestern in die Wüste,
da sie die Oberherrschaft der hasmonäischen Hohenpriester nicht
akzeptieren wollten, weil diese nicht von einem dazu berechtigten priesterlichen Geschlecht abstammten. Dort in der Wüste warteten sie auf
ihre kommende Wiedereinsetzung. Als diese ausblieb, wandten sie sich
immer mehr der Apokalyptik zu, die zu jener Zeit unter dem Volk weit
verbreitet war. So ist der Ursprung der Sekte zu erklären, die sich in
Qumran am Toten Meer niedergelassen hatte, in dessen Siedlungsgebiet
die weltberühmten Schriften vom Toten Meer gefunden wurden. Viele
Wissenschaftler identifizieren diese Sekte mit den *Essenern*, die uns aus
den Schriften des jüdischen Historikers Joseph ben Mattitjahu bzw.
Josephus Flavius und anderen bekannt sind, andere allerdings lehnen
diese Gleichsetzung ab[37].

Wie schon erwähnt, spielten apokalyptische Endzeitgedanken im
jüdischen Denken um die Zeitenwende eine wichtige Rolle. Die Apokalyptik, die darauf hoffte, dass Gott in die menschliche Geschichte
intervenieren und einen göttlichen Stellvertreter oder Messias aus dem
Haus Davids und dem Haus Josephs senden wird, war für die macht-
losen und politisch unterdrückten Juden jener Zeit oft die einzige
Zuflucht[38]. Die schriftlichen Quellen berichten von einer Vielzahl von
gescheiterten jüdischen Messiassen und wunderwirkenden Rabbinern,
unter ihnen auch von Jesus von Nazareth. Die Tatsache, dass Jesu
Anhänger ihn nach seinem erbärmlichen (damals aber leider nicht unge-

---

[37] Zur Qumrangemeinde und den Essenern siehe u.a. Flint/Vanderkam, *Dead Sea
Scrolls*; Magness, *Archaeology of Qumran*; Maier, *Qumran-Essener*; Schiffman,
*Reclaiming the Dead Sea*; Stegemann, *Essener*; Talmon, *Jewish Civilization*, S.
94–257; Vermes, *Introduction*; Wise/Abegg/Cook, *Schriftrollen*.

[38] Zur Entwicklung des apokalyptischen Gedankens im Judentum siehe Rowley,
*Apokalyptik*; Hanson, *Dawn of Apocalyptic*; Collins, *Apocalypticism*.

wöhnlichen) Tod als Messias betrachteten, war nicht das, was das Christentum vom Judentum jener Zeit unterschied. Selbst in unseren Tagen gibt es Juden, die auf das zweite Kommen ihres Rabbiners und dessen Enthüllung als Messias warten[39]. Zu einer Trennung zwischen Judentum und Christentum kam es vielmehr durch die langsame Entwicklung der Judenchristen weg von ihren jüdischen Wurzeln, der Ablehnung des Gesetzes und der Traditionen sowie der Verwischung der Grenzen zwischen dem Menschlichen und dem Göttlichen[40].

Eine Kombination von verschiedenen Faktoren, unter ihnen die Spaltungen innerhalb des Judentums und die brutale Herrschaft Roms, führte dazu, dass Judäa ein hochexplosives Gebilde war, bei dem man nie wusste, wie lange die Ruhe halten sollte. Zu einer Explosion kam es unter dem Prokurator Gessius Florus, als dieser sich im Jahre 66 n.d.Z. den Tempelschatz anzueignen versuchte. Die Krawalle, die seine Handlungen verursachten, erweiterten sich zu einem jüdischen Aufstand gegen Rom. Am Anfang trieben die Juden die Römer aus Jerusalem, danach verbreitete sich der Aufstand im ganzen Land. Doch welches Land und welches Volk konnte sich zu jener Zeit gegen Rom behaupten? Es war nur eine Frage der Zeit, bis Rom den Aufstand niederschlug: Der römische General Vespasian eroberte Galiläa. Jerusalem aber wurde noch eine Zeitlang verschont, als sich Vespasian nach dem Tod des Kaisers Nero in die römische Politik einmischte. Bis Vespasian römischer Kaiser wurde und seinen Sohn Titus an seiner Stelle nach Judäa schickte, hätten die Juden über ein Jahr lang Zeit gehabt, ihre Lage zu stärken und sich auf eine Belagerung Jerusalems vorzubereiten. Statt dessen bekämpften sich die verschiedenen Fraktionen untereinander. Messianische Gestalten wurden von Anhängern anderer messianischer Gestalten niedergemetzelt. Militaristische *Zeloten*[41] ließen ihre Brüder und Schwestern im Stich, als andere die leitenden Stellungen erhielten. Noch bevor die Römer unter Titus die Stadt belagerten, waren die Verteidiger daher bereits sehr geschwächt.

Unter diesen Umständen war das Ende der Geschichte vorprogrammiert: Im Jahre 70 n.d.Z. eroberte Rom Jerusalem. Obwohl Titus – nach den Schriften des Apologeten Josephus – den prachtvollen Tempel nicht zerstören wollte[42], wurde der Tempel mitsamt seinen letzten jüdischen Verteidigern niedergebrannt. Zwar gab es noch einige vereinzelte Nester

---

[39] Siehe Berger, *Rebbe*; Wolf, Habad's Dead Messiah.

[40] Zur Trennung zwischen Judentum und Christentum siehe u.a. Baron, *Social and Religious History*, S. 57–88; Horbury, *Jews and Christians*, S. 11–14; Parkes, *Conflict*, S. 21–120; Winkelmann, *Geschichte*, S. 34–52.

[41] Siehe Hengel, *Zeloten*.

[42] Siehe Josephus, *Der jüdische Krieg*, 6.236–266 (Deutsche Übersetzung: Clementz, *Geschichte des jüdischen Krieges*, S. 428–432).

des Widerstands – z.B. die Verteidiger auf dem Felsen Massada[43] –, trotzdem aber war der Aufstand mit der Zerstörung Jerusalems vollkommen niedergeschlagen. Den Triumphzug der Römer mit den Tempelgeräten kann man noch heute am Titusbogen in Rom bewundern.

Obwohl der moderne Mensch den Grund für die Zerstörung des zweiten und letzten jüdischen Tempels in der Überlegenheit der Römer sehen würde, nennt uns die jüdische Tradition einen anderen Grund: Nach den jüdischen Quellen wurde der Tempel aus «nutzlosem Hass» (*sinat chinam*, שנאת חנם) zerstört[44]. Und zum Teil stimmt das auch.

Aber auch diesmal bedeutete die Zerstörung des Tempels nicht das Ende des Judentums. Denn schon zu Zeiten des zweiten Tempels wurde die Grundlage für ein erneuertes Judentum geschaffen. Als Diasporareligion musste das Judentum neue Institutionen entwickeln, um seine Religion auch entfernt vom zentralen Heiligtum ausüben zu können[45]. Die Institution der Synagoge war schon bekannt[46], und so konnte das pharisäische bzw. rabbinische Judentum das Ritual des Tempels in dasjenige des alltäglichen jüdischen Lebens umwandeln[47]. Im Grunde genommen war der Tempel damit überflüssig geworden.

Das so verschiedene Schicksal der zwei Juden, die im Nachhinein als die bedeutendsten Juden jener Zeit gelten würden, sagt viel über die spätere Entwicklung des Judentums und dessen Selbstverständnis aus: Der eine war am Anfang des Aufstands ein General, der andere ein Gelehrter. Beide liefen im Laufe der Rebellion auf die römische Seite über; der eine um sein Leben zu retten, der andere um eine jüdische Akademie zu gründen. Der eine ist nach Rom gezogen, wo er ein Apologet sowohl des Judentums als auch Roms geworden ist, der andere zog in ein kleines Dorf – Jawne –, in dem er sein Lehramt ausübte. Der erste, Flavius Josephus, blieb unter den Juden für Jahrhunderte vergessen, obwohl er für die Geschichte des Judentums seiner Zeit unsere

---

[43]  Zur herodianischen Festung auf Massada und der römischen Belagerung des Felsens siehe Hadas-Lebel, *Massada*; Yadin, *Masada*. Zur Bedeutung von Massada in der Ideologie des modernen israelischen Staates siehe Ben-Yehuda, *Massada Myth*.

[44]  TB Joma 9b.

[45]  Siehe Barclay, *Jews*.

[46]  Zur Geschichte und Entwicklung der frühen Synagoge, siehe Levine, *Ancient Synagogue*.

[47]  Zur Wiedergeburt und Umgestaltung des Judentums nach der Zerstörung siehe u.a. Agus, *Judentum*; Moore, *Judaism*; Neusner, *Judentum*; Neusner/Green, *History*; Stemberger, *Judentum*; ders., Umformung. Die ausführlichste Darstellung der rabbinischen Theologie findet man bei Urbach, *Sages*.

wichtigste Quelle ist[48]; der zweite, Jochanan ben Zakkai, ist der Gründer des rabbinischen Judentums und damit der Retter des Judentums überhaupt[49]. Denn nach dem gescheiterten Aufstand kehrte sich das Judentum in sich und bewaffnete sich nunmehr mit Büchern und Wissen. Die Mehrzahl der führenden Persönlichkeiten des Judentums erkannte, dass sie das Judentum nur durch Friedfertigkeit und Gelehrsamkeit am Leben erhalten konnten. Natürlich war dies eine Erkenntnis, die sich nicht über Nacht herausgebildet und durchgesetzt hatte. In den Jahren zwischen 132 und 135 gab es noch einen weiteren Versuch, das Joch der verhassten Römer abzuwerfen. Doch auch der sogenannte Bar Kochba Aufstand, der wieder messianische Hoffnungen mit sich trug, wurde nach anfänglichen Erfolgen auf brutale Weise niedergeschlagen[50]. Die Juden wurden aus Jerusalem verbannt, Jerusalem selbst wurde in eine heidnische Stadt namens Aelia Capitolina verwandelt. Um die Beziehung der Juden zu ihrem Land ganz auszulöschen, haben die Römer Judäa in Palaestina umbenannt, nach den Philistern also, den ehemaligen Feinden der Israeliten.

Doch nicht alle Juden rebellierten damals gegen die Römer. Archäologische Ausgrabungen bezeugen, dass Galiläa von Zerstörungen verschont blieb, obwohl etwa die Gegend um Jerusalem herum grausam zerstört wurde. Grund dieser Verschonung war die Tatsache, dass sich die Mehrzahl der Rabbinen von Galiläa nicht am antirömischen Aufstand beteiligt hatte. Sie wussten, dass es einen anderen Weg gab, um sich zu behaupten, nämlich denjenigen einer introspektiven Auseinandersetzung mit den eigenen Traditionen und der eigenen Identität. Damit verschob sich das Zentrum des jüdischen Lebens nach Norden. Wie unzählige Reiche vorher und nachher ist auch das römische Reich schon lange untergegangen – die Erben des rabbinischen Judentums aber leben weiter.

---

[48] Zu Josephus siehe Bilde, *Flavius Josephus*; Feldman/Hata, *Josephus*. Siehe auch Mason, *Flavius Josephus*.

[49] Zu Jochanan ben Zakkai siehe Neusner, *Life*. Für einen Vergleich dieser zwei Persönlichkeiten und ihres Handelns siehe Bohrmann, *Flavius Josephus*.

[50] Zum Bar Kochba Aufstand siehe Schäfer, *Bar Kokhba-Aufstand*; Yadin, *Bar Kochba*; Yadin/Greenfield/Yardeni/Levine, *Documents*.

# Die Bibel im Judentum

*Bemerkungen zum Torakommentar von Plaut*

Die zahlreichen Übersetzungen, die in den letzten Jahren für den Gebrauch in den progressiven jüdischen Gemeinden angefertigt wurden, sind ein Indiz für den Erfolg des Aufbaus eines liberalen Judentums im deutschsprachigen Raum. Aus dieser wachsenden Bibliothek, die großenteils von Dr. Annette Böckler übersetzt und ediert wurde, befasst sich dieser Aufsatz mit dem Torakommentar des Rabbiners Gunther Plaut[1]. Dies soll jedoch nicht im Sinne einer einfachen Buchbesprechung geschehen[2], vielmehr gilt es, Plauts Kommentar in einen breiteren Horizont des jüdischen Verständnisses der Tora, der Bibel und der Geschichte und Methoden der jüdischen Auslegung zu stellen, um somit die Wichtigkeit und wissenschaftliche Stellung des neuen Torakommentars zu verdeutlichen.

Schon das Wort *Tora* (תורה) ist vieldeutig. Des Öfteren wird Tora als «Gesetz» übersetzt, obwohl «Weisung» oder «Lehre» den Sinn des Wortes wohl besser zum Ausdruck bringen. Im Sinne des Torakommentars von Plaut bezieht sich Tora auf die fünf Bücher Mose, die den ersten Teil der jüdischen und auch christlichen Bibel – hier Pentateuch genannt – ausmachen. Diese fünf Bücher werden in der deutschen Sprache oft in etwas unpoetischer Weise als 1. Mose, 2. Mose usw. bezeichnet. Auf Hebräisch werden sie nach dem ersten kennzeichnenden Wort genannt, nämlich *B^ereschit* (בראשית) «am Anfang», *Sch^emot* (שמות) «Namen», *Wajiqra'* (ויקרא) «er rief», *B^emidbar* (במדבר) «in der Wüste» und *D^ewarim* (דברים) «Worte». Die uns bekannten Namen, die von der griechischen Übersetzung der Hebräischen Bibel abgeleitet sind, nämlich *Genesis* «Ursprung», *Exodus* «Auszug», *Leviticus* «bezüglich der Levitischen Priester», *Numeri* «die Zahlen» und *Deuteronomium* «das zweite Gesetz», sind eher als Beschreibungen des Inhalts des jeweiligen Buchs zu verstehen.

Das Wort Tora bezieht sich in erster Linie auf diese Sammlung der fünf Bücher, wie immer diese auch genannt werden. Doch können mit diesem Wort auch die handgeschriebenen Torarollen der einzelnen Syn-

---

[1] Plaut, *Tora*. Bis Herbst 2003 sind die ersten vier Bände (Bereschit בראשית Genesis, Schemot שמות Exodus, Wajikra ויקרא Leviticus und Bemidbar במדבר Numeri) erschienen.

[2] Siehe z.B. Liss, Rezension.

agogengemeinden bezeichnet werden, die reich geschmückt im Toraschrein zu finden sind. Nach dieser Definition bedeutet das Wort Tora
nicht eine Sammlung von Büchern, sondern ein religiöses Objekt der
Verehrung innerhalb der Synagoge. In den amerikanischen Reformgemeinden scherzt man, dass Plaut der Verfasser der Tora ist. Plauts
Tora ist nicht als eine einfache Sammlung der fünf Bücher Mose zu verstehen, vielmehr beinhaltet sie in typisch jüdischer Weise einen Kommentar. Wenn man im jüdischen Rahmen die Tora liest und studiert,
wird sie nie in Absehung von der jüdischen Auslegungsgeschichte gelesen. Die Parole der protestantischen Reformation in Sachen Bibel war
«*sola scriptura*», womit ausgedrückt wurde, dass nur das geschriebene
Wort Gottes, so wie es in der Bibel vorkommt, gedeutet werden sollte,
ungeachtet seiner langen Auslegungtradition. Dem traditionellen
Judentum ist ein solches hermeneutisches Prinzip völlig fremd, da die
Bibel hier nur im Lichte ihrer Auslegungsgeschichte gelesen werden
soll. Im Judentum führte dies mancherorts zu einer Abwertung des
Bibelstudiums an und für sich, im Plaut'schen Sinne aber bezieht sich
das Wort Tora sowohl auf den Text als auch seine Auslegung. Hier
haben wir also eine dritte und erweiterte Definition des Wortes.

Manchmal wird das Wort Tora in einem noch weiteren Sinn
gebraucht, und zwar als Bezeichnung nicht nur für den ersten Teil der
Hebräischen Bibel, sondern *pars pro toto* als Bezeichnung für die ganze
dreiteilige jüdische Bibel.

Das Wort Tora kann aber auch in einem engeren Sinne gebraucht
werden. Die Rabbinen haben aus der Tora 613 Gebote abgeleitet, angefangen im ersten Kapitel der Genesis mit «seid fruchtbar und vermehret
euch und füllet die Erde»[3]. Diese Gebote, die das Grundgesetz des
rabbinischen und nachrabbinischen Judentums bilden, werden auf Hebräisch als *tarjag mizwot* (תרי"ג מצות)[4], «die 613 Gebote» bezeichnet. Und
es sind diese Gebote, um welche die Rabbinen ihre berühmten Zäune
der *mizwot* gebaut haben. In diesem engeren Sinne also kann sich das
Wort Tora nicht auf die eigentlichen Bücher der Tora, sondern auf die
begrenzte Zahl ihrer Gebote beziehen. Tora wird dann als das Wesentliche *in* der Tora verstanden.

Eine historische Analyse der Begebenheiten, die dazu führten, dass
ausgerechnet das rabbinische oder pharisäische Judentum zum Vorläufer
des modernen Judentums wurde[5], würde den Rahmen dieser Arbeit

---

[3]  Genesis 1,28.
[4]  Das Wort *tarjag* (תרי"ג) besteht aus den Buchstaben ת = 400, ר = 200, י = 10 und
     ג = 3. Für eine Aufzählung der Gebote siehe Wengrov, *Séfer haḤinnuch*, Band 1,
     S. 6–51.
[5]  Siehe hierzu u.a. Gafni, Historical Background.

sprengen. Immerhin aber sei bemerkt, dass es eine kreative literarische Fiktion war, durch die das Wort Tora eine neue und tiefere Bedeutung gewann, die bei der erfolgreichen Durchsetzung des rabbinischen Judentums eine wichtige Rolle spielte: Denn die Rabbinen behaupteten, dass es nicht nur *eine* Tora, sondern zwei gebe. Die erste ist die uns schon bekannte schriftliche Tora, die *Tora sche-bichtaw* (תורה שבכתב), die von Moses auf Gottes Diktat niedergeschrieben wurde. Die zweite Tora ist die mündliche Tora, die *Tora sche-b<sup>e</sup> 'al peh* (תורה שבעל פה), womit die Rabbinen ihre eigene Auslegungstradition meinten[6]. Moses soll die mündliche Tora am Berg Sinai gleichzeitig mit der schriftlichen direkt von Gott erhalten haben. Jede religiöse Bewegung im allgemeinen und jede jüdische im besonderen hat ihre eigene Auslegungstradition. Die große Neuerung des rabbinischen Judentums jedoch, dass sie ihre eigene Auslegungstradition der Tora nicht nur *de iure* der schriftlichen Tora gleichsetzten, sondern *de facto* sogar über die schriftliche Tora erhoben. Ein paar Stellen aus dem Talmud[7] dürften diese Behauptung verdeutlichen:

Am Anfang der Mischna Awot (bzw. Aboth) wird diese ungebrochene Linie der mündlichen Lehre bis in die rabbinische Zeit verfolgt: «Mose[s] empfing die Weisung [d.h., die Tora] vom Sinai und überlieferte sie Josua und Josua den Ältesten und die Ältesten den Propheten, und die Propheten überlieferten sie den Männern der Großen Versammlung» usw. bis «Hillel und Schammai [sie von ihnen empfingen]».[8] Somit wird eine feste und nahtlose Linie der Überlieferung von Gott über Moses, den größten der Propheten, bis in die früh-rabbinische Zeit gezeichnet.

Nach einem der Grundprinzipien der modernen orthodoxen Auslegung der jüdischen Tradition, gibt es einen Abstieg der Generationen, eine *j<sup>e</sup>ridat ha-dorot* (ירידת הדורות), der zufolge jede Generation, die von Gottes Offenbarung am Berg Sinai weiter entfernt ist, unwürdiger als die vorherige ist und deshalb weniger imstande, die Gebote richtig zu deuten. Das Judentum hat es der radikalen Erneuerung der Theologie durch die Rabbinen zu verdanken, dass es trotz Auseinandersetzungen mit der hellenistischen und römischen Welt als Diasporareligion weiterhin blühen und gedeihen konnte. Dieses rabbinische Wissen um die eigenen radikalen Änderungen der bisherigen Überlieferungen wird in dem Midrasch verdeutlicht, in dem Moses von Gott in die Schule des berühmten Rabbiners Akiwa (bzw. Akiba) aus dem 2. Jh. n.d.Z. ge-

---

[6] Zur geschriebenen und mündlichen Tora siehe TB Schabbat 51a; TB Eruwin 54b; TB Gittin 60b. Siehe auch Safrai, Oral Tora.
[7] Zum Talmud siehe Stemberger, *Talmud.*
[8] Aus Mischna Awot I, 1–15. Siehe Mayer, *Talmud,* S. 365–67.

bracht wird: Moses setzte sich hin und lauschte. «Er verstand aber nicht, was sie sagten. Da verlor er seine Fassung. Als er [Akiwa] zu einer bestimmten Sache kam, sagten seine Schüler zu ihm: Meister, woher hast du das? Er sagte zu ihnen: Es ist eine Lebensregel an Moses vom Sinai. Da beruhigte sich sein [d.h., Moses'] Sinn»[9]. Diese Geschichte erzählt, dass selbst Moses eine Besprechung seiner *eigenen* Tora nicht verstehen konnte, jedoch verstanden habe, dass die rabbinische Auslegung, obwohl ihm fremd, ein Teil von Gottes Plan war. Man könnte also behaupten, dass die Rabbinen ihre eigene Auslegungstradition *vor* die schriftliche Tora setzten.

Ein charmantes Beispiel dieser rabbinischen Überheblichkeit, oder – auf gut Hebräisch gesagt – *chuzpa* (חוצפה), liefert uns die bekannte Geschichte des Schlangenofens[10]. Eines Tages diskutierte eine Gruppe von Rabbinen einen esoterischen Punkt des Gesetzes. Alle bis auf Rabbi Elieser waren sich einig. Dieser ließ sich aber von der Mehrheit nicht überzeugen und rief als Beweis der Richtigkeit seiner Interpretation einen Johannisbrotbaum herbei, der sich daraufhin einige Ellen weit versetzte, sowie Wasser, das in eine andere Richtung floss, und ließ die Wände des Lehrhauses fast einstürzen. Die anderen Rabbinen jedoch blieben unbeeindruckt. Schließlich ertönte eine Stimme vom Himmel und fragte: «Was habt ihr mit Rabbi Elieser? Die geltende Norm ist auf jeden Fall, [so] wie er sagt. Da stellte sich Rabbi Jehoschua auf ... und sagte: *Nicht im Himmel ist sie*[11]. Was bedeutet: *Nicht im Himmel ist sie*? Rabbi Jirmeja sagte: Dass die Weisung [d.h., Tora] schon am Berge Sinai gegeben worden ist. Wir kümmern uns nicht um eine [himmlische] Stimme, denn schon am Berge Sinai hast du [bzw. Gott] in die Weisung geschrieben: *Sich zur Mehrheit neigen*»[12]. Nicht einmal auf Gott also hörten die Rabbinen in ihrem Eifer, ihre eigene Auslegungstradition als die einzig richtige und normative im Judentum darzustellen. Und hat sich Gott über ihre Hybris geärgert? Nein! Denn die Geschichte geht weiter: «Rabbi Natan traf [den Propheten] Elia und sagte zu ihm: Was tat der Heilige, gelobt sei er, in dieser Stunde? [Elia] sagte zu ihm: [Gott] lächelte und sprach: Meine Söhne haben mich besiegt, meine Söhne haben mich besiegt». Auf diese Weise haben die Rabbinen ihrer selbständigen Auslegungstradition göttlichen Segen verliehen.

---

[9] Aus TB Menachot 29b. Übersetzung aus Mayer, *Talmud*, S. 429–430.
[10] TB Bawa (Baba) Mezia 29a–b. Übersetzung aus Mayer, *Talmud*, S. 312–313.
[11] Deuteronomium 30,12.
[12] Exodus 23,2. Mayer, *Talmud*, S. 312, fügt richtigerweise hinzu: «Das Zitat ist hier verkürzt, und in dieser Form besagt der Text das Gegenteil von dem, was er im biblischen Zusammenhang sagen will».

Langer Rede kurzer Sinn: Um ihre Auslegungstradition zu begründen, haben die Rabbinen das Wort Tora neu gedeutet. Tora war von nun an mehr als eine Schriftrolle, mehr als die fünf Bücher Mose, mehr als die 613 Gebote, mehr als die ganze Hebräische Bibel. Von nun an gab es eigentlich zwei Toras, die schriftliche und die mündliche, von denen die Letztere die wichtigere war, mit der schriftlichen allerdings zugleich eine neue Einheit bildete und die Gesamtheit der rabbinischen und nachrabbinischen Literatur und Auslegungstradition mit einbezog.

Im Lichte der Vielfalt der Deutungen des Wortes «Tora» sollte es nicht verwundern, dass auch der Begriff «Bibel» nicht eindeutig ist. Das Wort selbst ist wahrscheinlich vom Namen der libanesischen Stadt Byblos abzuleiten und wurde ursprünglich in der Mehrzahl *ta biblia* (τα βιβλια), «die Bücher», als Bezeichnung für die griechische Übersetzung der Hebräischen Bibel der Juden Alexandriens gebraucht[13]. Diese Übersetzung der Bibel, bekannter unter dem Namen Septuaginta, war die erste sozusagen autorisierte Bibelübersetzung. Als die griechischsprechende frühchristliche Kirche sie jedoch als offizielle Fassung ihres Alten Testaments annahm, lehnte die jüdische Gemeinde die Septuaginta ab und machte an ihrer Stelle die etwas jüngere aramäische Übersetzung zur offiziellen jüdischen Übersetzung der Bibel[14].

Diese wohl ursprüngliche Bedeutung des Wortes Bibel als Bezeichnung für die Heilige Schrift des Judentums geriet mit der Abwertung der Septuaginta in der jüdischen Gemeinschaft in Vergessenheit und lebte in verändertem Sinne in den christlichen Gemeinden weiter – als Bezeichnung für ein neues und erweitertes Werk, das aus dem Alten und dem Neuen Testament bestand und in dem das Alte Testament bestenfalls als Einleitung zum Neuen verstanden wurde. Da die jüdische Gemeinschaft ihre Heilige Schrift nicht als veraltet betrachtet und die Bezeichnung «Altes Testament» negativ konnotiert ist, ist es in unseren Tagen im interreligiösem Gespräch wie auch im wissenschaftlichen Bereich üblich geworden, das sogenannte Alte Testament als Hebräische Bibel zu bezeichnen. Zwar gibt es Teile des Werkes, die nicht auf Hebräisch, sondern auf Aramäisch verfasst sind[15], doch bietet uns der Ausdruck «Hebräische Bibel» eine theologisch neutrale Bezeichnung, die sowohl von Juden als auch von Christen gebraucht werden kann. Nebenbei soll in diesem Zusammenhang bemerkt werden, dass es in einigen christli-

---

[13] Siehe Sarna, Bible; Beckwith, Formation, S. 40.
[14] Zu den griechischen und aramäischen Übersetzungen der Hebräischen Bibel siehe Alexander, Aramaic Translations; Tov, Septuagint; ders., *Text*, S. 112–126.
[15] Genesis 31,47b; Jeremia 10,11; Esra 4,8–6,18; 7,12–26; Daniel 2,4b–7,28.

chen Kreisen üblich geworden ist, das chronologisch frühere Alte Testament jetzt «Erstes Testament» zu nennen[16].

Im jüdischen Rahmen gibt es einige «hauseigene» Bezeichnungen für die Heilige Schrift, unter ihnen das Wort Tora in seiner allgemeineren Bedeutung. Ein zweites weitverbreitetes Wort für die Schrift ist das hebräische Wort *Miqra'* (מקרא), «das Vorgelesene», das auf die Funktion der Schrift in der jüdischen Gemeinde verweist und im Grunde genommen das gleiche Wort ist wie das Arabische *Qur'an*. Eine dritte Bezeichnung ist das künstliche Wort *Tanach* (תנ"ך), das aus den Anfangsbuchstaben der Namen der drei Teile der Hebräischen Bibel besteht, nämlich der *Tora*, der *N^ewi'im* (נביאים = «Propheten») und der *K^etuwim* (כתובים = «Schriften»).

Die Tora im Sinne der fünf Bücher Mose und ihr Inhalt wurden schon angesprochen. Die prophetischen Bücher beinhalten Werke, die hauptsächlich zwei literarischen Gattungen anzugehören scheinen, im Judentum als «frühere» und «spätere Propheten» bzw. *N^ewi'im Rischonim* (נביאים ראשונים) und *N^ewi'im Achronim* (נביאים אחרונים) bezeichnet werden. Die Bücher der späteren Propheten, nämlich Jesaja, Jeremia und Ezechiel sowie das Buch der zwölf «kleineren» Propheten sind eindeutig als prophetische Werke zu erkennen. Hingegen erweisen sich die Bücher der früheren prophetischen Schriften der Hebräischen Bibel, nämlich Josua, Richter, Samuel und Könige, eher als Erzählungen denn als Prophetie, und werden daher des Öfteren als historische Bücher bezeichnet[17]. Diese Unstimmigkeit wird von den Rabbinen gelöst, indem sie die These aufstellen, dass die Propheten Josua, Samuel and Jeremia die Autoren der früheren Propheten gewesen seien. Damit sind die Newi'im Rischonim zwar keine prophetischen Bücher, doch Bücher, die von Propheten verfasst wurden[18].

Die Ketuwim sind etwas schwieriger einzuordnen, denn sie beinhalten eine Vielfalt literarischer Gattungen. Unter ihnen finden wir sowohl Gedichte (Psalmen), wie auch Weisheitsliteratur (Hiob, das Hohelied, Qohelet, das Klagelied und die Sprüche), daneben aber auch Bücher der apokalyptischen Prophetie (Daniel) sowie geschichtliche Bücher (Ruth, Esther, Esra, Nehemia und das Buch der Chronik). Man hat die These aufgestellt, die Zusammensetzung der Hebräischen Bibel sei ein Abbild des Prozesses ihrer Kanonisierung: Die Tora wurde wahrscheinlich um

---

[16] Siehe z.B. Zenger, *Einleitung*, S. 14–16. 28–33. Der Verfasser muss allerdings gestehen, dass er als geschiedener Mann, der seine erste Frau am liebsten vergessen möchte, diese Umbenennung nicht unbedingt als etwas Positives empfindet.

[17] Zu den literarischen Gattungen in der Hebräischen Bibel siehe u.a. Amit, *Biblical Narratives*; Berlin, *Biblical Parallelism*; Fisch, *Poetry*; Fokkelman, *Biblical Narrative*; Kratz, *Komposition*; Kugel, *Biblical Poetry*.

[18] Siehe TB Bawa Batra (Baba Bathra) 14b–15a.

das 5. Jh. v.d.Z. kanonisiert, die Newi'im im Laufe der nächsten Jahrhunderte und die Ketuwim in den ersten Jahrhunderten unserer Zeitrechnung.

Eine andere Reihenfolge jedoch finden wir in der Septuaginta, die thematisch organisiert ist. In ihr wird die Hebräische Bibel in vier Teile unterteilt: Der erste Teil ist wie immer die Tora bzw. der Pentateuch. Der zweite Teil beinhaltet die sogenannt historischen Bücher, der dritte Teil die Bücher der Weisheit und der vierte Teil die Bücher der Prophetie. Diese Reihenfolge wird im christlichen Alten Testament beibehalten. Aus christlicher Sicht könnte man behaupten, dass die Reihenfolge eine Steigerung der Bedeutung der alttestamentlichen Bücher darstellt. Die Reihenfolge der Bücher in der Hebräischen Bibel, ihre Einteilung in drei Teile und ihre Stellung in der Synagoge, vermitteln demgegenüber eine ganz andere theologische Bewertung der relativen Bedeutsamkeit der Bücher im jüdischen Kontext: Im Gegensatz zur ansteigenden theologischen Stellung der Bücher im Christentum finden wir hier eine absteigende Bewertung. Obwohl alle Teile der Tora oder vielleicht sogar der Bibel offiziell von gleicher Bedeutung sind, wird in der jüdischen Praxis ziemlich deutlich zwischen den Teilen unterschieden.

Ohne Zweifel ist die Tora die grundlegende Schrift des Judentums. Alles andere «fließt» aus ihr heraus. Es ist die Tora, die man vorne in der Synagoge findet und aus der man den Wochenabschnitt, die *Paraschat ha-Schawua*, liest. Dem Ende und dem Anfang des Zyklus der Toralesungen wird ein besonderes Fest, *Simchat Tora* (שמחת תורה = «Freude in der Tora»), gewidmet. Es ist die Tora, die der Totalität der jüdischen Tradition ihren Namen verliehen hat. Die Newi'im dienen als Quelle der *Haftarot* (הפטרות), der Lesungen, welche die wöchentliche Toralesung ergänzen. Die Ketuwim bzw. die sogenannten *Mᵉgillot* (מגילות) oder kleineren «Schriftrollen» dienen als Quelle der besonderen Lesungen an den Feiertagen *Sukkot* (סוכות = «Laubhüttenfest»), an dem das Buch Qohelet (קהלת = der «Prediger») gelesen wird, *Purim* (פורים), an dem das Buch Esther (אסתר) gelesen wird, *Pessach* (פסח = «Ostern»), an dem das Hohelied gelesen wird, *Schawuʾot* (שבועות = «Wochenfest»), an dem das Buch Ruth gelesen wird, und *Tischa be-Aw* (תשעה באב = «der neunte Tag des Monats Aw»), an dem das Klagelied gelesen wird. Natürlich wird in der jüdischen Literatur und in der Liturgie aus allen Teilen der Bibel reichlich zitiert, doch es ist die Tora, die im jüdischen Leben die wichtigste Rolle spielt.

Wie schon angedeutet, wird die Bibel im jüdischen Kontext nicht isoliert studiert, sondern immer im Rahmen der jüdischen Auslegungsgeschichte. Wenn man eine rabbinische Bibel, die sogenannte *Miqraʾot Gᵉdolot* (מקראות גדולות) oder «große Bibel», betrachtet, fällt sofort auf, dass der eigentliche biblische Text auf jeder Seite nur einen Teil eines bunten Mosaiks darstellt[19]. Allerdings nimmt er in diesem Mosaik den zentralen Platz ein. Dieser hebräische Bibeltext wird von der aramäischen Übersetzung begleitet, die eigentlich schon als erster Kommentar verstanden werden soll. Diese zwei Fassungen des biblischen Textes werden von einer Anzahl mittelalterlicher und in manchen Fällen sogar verhältnismäßig neuzeitlicher Kommentare umrahmt, von denen der älteste üblicherweise Raschis Kommentar aus dem späten 11. Jh. ist. Durch die Gegenüberstellung der verschiedenen Kommentare aus verschiedenen Zeiten und Ländern und mit verschiedenen Meinungen wird man dazu eingeladen, sich an einem die Generationen übergreifenden Gespräch zu beteiligen[20]. Dieses Schema kommt übrigens in der deutschen Ausgabe von Plauts Tora wesentlich besser zum Ausdruck als in der englischen.

Was aber sind die Methoden der jüdischen Auseinandersetzung mit der Bibel und wie kommen sie in Plauts Torakommentar zum Ausdruck? Wie Michael Fishbane von der University of Chicago in einigen Studien gezeigt hat, begann die Auslegung der Bibel schon zu biblischen Zeiten[21]. Ältere Texte wurden umgedeutet und überlieferte Erzählungen neu geschrieben. Denn Stärke und Überlebungskraft des Judentums lagen seit eh und je darin, dass es die Fähigkeit besitzt, sich den sich immer wieder verändernden historischen und sozialen Umständen anzupassen[22]. Bis zur rabbinischen Zeit hatten sich zwei Hauptmethoden der jüdischen Auslegung der Tora im weiteren Sinne entwickelt: P\u1d49schat (פשט) und D\u1d49rasch (דרש)[23]. Peschat bezieht sich auf die einfache Bedeutung des biblischen Textes, Derasch bedeutet die homiletische Interpretation. Diese beiden Begriffe, die ursprünglich eine ganz andere Bedeutung hatten, sind in der Praxis oft schwer zu unterscheiden, insbesondere bei Raschi, der, obwohl er Peschat vorzog, in seinen Kommentar auch

---

[19]  Für eine Besprechung der auch *Biblia Rabbinica* genannten «rabbinischen Bibel» siehe Krochmalnik, *Exodus*, S. 9–32.

[20]  Als Beispiel und Erklärung einer Seite aus den Miqra'ot Gedolot siehe Radday/ Schultz, *Auf den Spuren der Parascha*, Einleitung (ohne Seitenzahlen). Raschi, Akronym für Rabbi Schlomo Jizchaki, lebte von 1040 bis 1105 – abgesehen von einem Studienaufenthalt in Worms – im französischen Troyes. Zu den verschiedenen traditionellen jüdischen Kommentatoren siehe Melammed, *Bibelkommentatoren*.

[21]  Siehe Fishbane, *Biblical Interpretation*. Zum Übergang von einer biblischen zu einer rabbinischen Auslegungstradition siehe Harris, Inner-Biblical Interpretation. Eine kurze Besprechung der Methoden der traditionellen jüdischen Schriftauslegung findet man in Krochmalnik, *Genesis*, S. 9–20.

[22]  Das war die Hauptthese des Gründers des «Reconstructionist» Judentums. Siehe Kaplan, *Judaism*.

[23]  Zu diesen Methoden siehe Kasher, Interpretation.

viel Derasch einfügte[24]. Die Anwendung der Methodik des Derasch führte zu einer Literatur, der man den Namen *Midrasch* (מדרש) gegeben hat, ein Wort, das von der gleichen Wurzel abgeleitet ist und die Bedeutung von «suchen» oder «auslegen» hat[25].

Die midraschische Literatur wiederum kann man in zwei Hauptgattungen aufteilen: Die *Midrasch Halacha* (מדרש הלכה), die eine Auslegungen der Gebote darstellt, und die wesentlich beliebtere *Midrasch Aggada* (מדרש אגדה), die Legenden und andere Erzählungen der Rabbinen beinhaltet. Unter Einfluss der jüdischen Mystik oder Kabbala wurden im Mittelalter zwei weitere Methoden hinzugefügt: einerseits *Remes* (רמז), die allegorische Deutung des Textes, die ursprünglich von Philo von Alexandrien aus der hellenistischen Hermeneutik für die Bibelauslegung übernommen wurde[26], und anderseits *Sod* (סוד), die mystische Deutung. Das Akronym dieser vier Methoden der Peschat, Remes, Derasch und Sod haben die Mystiker des Mittelalters als PaRDeS (פרד"ס), das «Paradies», verstanden[27]. So bedeuteten die Schichten der Auslegungsmethoden für die Kabbalisten bzw. jüdischen Mystiker den Eingang ins Paradies[28].

Bevor diese Methoden anhand einiger Beispiele verdeutlicht werden sollen, gilt es zunächst noch, das grundlegende Prinzip der halachischen Interpretation des rabbinischen Judentums darzulegen. Dieses hermeneutische Prinzip finden wir im Mischna Traktat Awot in brisanter Weise ausgedrückt: «Errichtet einen schützenden Zaun um die Tora»[29]. Die Rabbinen wollten die 613 Gebote der Tora mit schützenden Zäunen von zusätzlichen Geboten umgeben, um zu vermeiden, dass man gegen auch nur ein einziges der Kerngebote der Tora verstößt. In der Theorie war es weniger schlimm, gegen den Zaun um die Kerngebote zu verstoßen, als gegen die Tora selbst. In der Praxis jedoch wurden die «Zaungebote» des Öfteren zu Kerngeboten. Ein Beispiel dafür bietet uns die bekannte jüdische Trennung zwischen milchigen und fleischigen Gerichten. Dieses Speisegebot beruht auf dem Vers in der Tora, wonach

---

[24] Zur Auslegungsmethode von Raschi siehe Banitt, *Rashi*.

[25] Zum Midrasch und zur midraschischen Literatur siehe Stemberger, *Einleitung*; ders., *Midrasch*. In ihrem Aufsatz «Midrash in the Bible or Midrash on the Bible? Critical Remarks about the Uncritical Use of a Term» greift Lieve Teugels die – in ihren Augen – zu häufige Verwendung des Begriffs an.

[26] Zur Auslegungsmethode von Philo siehe Siegert, Early Jewish Interpretation, S. 162–189.

[27] Für eine Besprechung dieses Akronyms und seiner Bedeutung siehe Krochmalnik, *Exodus*, S. 22–29.

[28] Zur Kabbalah und zur jüdischen Mystik siehe u.a. Idel, *Kabbalah*; Maier, *Kabbalah*; Scholem, *Jüdische Mystik*; ders., *Kabbala*.

[29] TB Mischna Awot (Pirke Aboth) 1,1.

man das Böcklein nicht in der Milch seiner Mutter kochen darf. Obwohl
die genaue Bedeutung dieses Satzes in der wissenschaftlichen Diskussion noch umstritten ist[30], haben die Rabbinen richtig erkannt, dass er
dem alten Israel sehr wichtig gewesen sein muss, findet er sich doch als
einziger dreimal in der Tora[31]. Aus diesem Grund haben die Rabbinen
schützende Zäune um dieses Gebot errichtet. An erster Stelle haben sie
eine Trennung in der *Substanz* eingeführt; man durfte nicht mehr Milch
und Fleisch zusammen kochen. Dann haben sie durch die Einführung
von zwei Geschirr-Garnituren, einer für milchige Speisen und einer für
fleischige, eine *räumliche* Trennung vorgeschrieben. Und drittens haben
sie durch die Einrichtung einer Wartezeit zwischen dem Verzehren von
Milch und Fleisch eine *zeitliche* Trennung eingeführt. Obwohl Rabbi
Isaac Meyer Wise, einer der Gründer des Hebrew Union College,
behauptet hat, dass das Judentum keine Küchenreligion sei[32], haben
Speisegebote, wie diejenigen der Trennung zwischen milchig und fleischig, in der Bildung einer jüdischen Identität eine nicht unerhebliche
Rolle gespielt.

Oben wurde Raschi als Anhänger der Peschat-Interpretation dargestellt. Seine Vorliebe kommt z.B. in seiner Auslegung von Genesis 38
zum Ausdruck[33]. Dort steht geschrieben, dass Juda, der Sohn Jakobs,
nach Timnah hinaufging[34]. Ein moderner Leser würde dieser Stelle
keine besondere Bedeutung beimessen. Raschi aber, der die Bibel wohl
so gut wie auswendig kannte, merkte, dass es sich hier um einen Widerspruch handelt. Denn gemäß Richter 14,1 ging man nach Timna *hinab*.
Um den anscheinenden Widerspruch zu beseitigen und die Textstellen
zu harmonisieren, hat Raschi den Schluss gezogen, dass Timna an einem
Abhang lag, so dass man von der einen Seite nach Timna hinauf- und
von der anderen hinabsteigen konnte. Sein Versuch, den einfachen Text,
so wie er geschrieben steht, zu deuten, wäre also ein Beispiel für seine
Vorliebe für Peschat-Interpretationen. Andererseits konnte er auch
Derasch anwenden, wenn es ihm passte. Ein Beispiel dafür liefert uns
seine Auslegung von 1. Samuel 19. In diesem Kapitel entblößt sich Saul,
der erste König Israels, in prophetischer Ekstase[35]. Raschi, der wie die
Rabbinen vor ihm, die Gestalten der Bibel als Proto-Rabbiner betrachtete, konnte sich nicht vorstellen, dass ein großer König Israels sich in
aller Öffentlichkeit entblößen würde. Demnach konnte er in diesem Fall

---

[30] Siehe z.B. Labuschagne, You shall not; Sasson, Ritual Wisdom.
[31] Exodus 23,19; 34,26; Deuteronomium 14,21.
[32] Siehe Sorin, *A Time for Building,* S. 171–172.
[33] Für eine deutsche Übersetzung von Raschis Kommentar zur Tora siehe Bamberger, *Raschis Pentateuchkommentar.*
[34] Genesis 38,12.
[35] 1. Samuel 19,24.

dem Peschat, der einfachen Bedeutung des Textes, nicht folgen. Stattdessen musste er die Auslegung, die er bevorzugte, in den Text hinein-
lesen, gemäß den Regeln des Derasch. Raschi hat die Aussage, dass sich
Saul öffentlich auszog, als Kurzschrift für seine Interpretation verstanden: Nach ihm zog Saul, als er unter die Propheten ging, seine königlichen Gewänder aus und diejenigen eines Lernenden an. Durch diesen
Derasch konnte er postum die Ehre und Würde Sauls retten! Raschi
haben wir auch die Rehabilitierung einiger *sonot* (זונות) d.h. «Prostituier-
ten» der Bibel zu verdanken, die er als *masinot* (מזינות) d.h. «Wirtinnen»
auslegte[36].

Eines der berühmtesten Beispiele der traditionellen Auseinandersetzung mit dem Text findet sich am Ende der Tora. Deuteronomium 34
erzählt vom Tod Moses und bietet dem Leser ein Epitheton des größten
aller Propheten. Angesichts der traditionellen Überlieferung, der zufolge
die Niederschrift der ursprünglichen Fassung der Tora von Moses selbst
geschrieben wurde, könnte man es als störend empfinden, dass dieser
bescheidenste aller Menschen solch ein Kapitel vermutlich nach seinem
Tod geschrieben hat! Raschi war längst nicht der erste, der sich mit den
Paradoxien dieses Kapitels auseinandersetzen musste. Die erste Lösung,
die er vorschlägt, stammt wohl von ihm selbst und ist ein Beispiel seiner
Peschat-Interpretation. Nach ihr hat Moses nur die ersten vier Verse des
Kapitels geschrieben, während ab Vers 5, in dem vom Tod Moses
berichtet wird, Josua die Niederschrift vollendet hat. Aber das letzte
Wort überlässt der demütige Raschi der midraschischen Tradition, die
behauptet, dass Moses kurz vor seinem Tod auf Gottes Geheiß die letzten Verse, mit Tränen in seinen Augen, schreiben musste. Den Rationalisten Abraham Ibn Esra (1089–1164), der in der Zeit nach Raschi lebte,
störte es, dass Moses im ersten Vers des Kapitels allein auf den Berg
steigt. Wie hätten die Israeliten unter diesen Umständen dann die Tora
erhalten können? So vermutete er, dass das letzte Kapitel der Tora in
seiner Gesamtheit von Josua geschrieben wurde, der als Prophet von
Gott inspiriert wurde, über den Tod Moses zu schreiben, obwohl kein
Mensch Zeuge dieses Ereignisses war.

Es war übrigens Ibn Esra, der als erster erkannt zu haben gerühmt
wird, dass in Genesis 12,6, wo es heißt, dass «die Kanaanäer *damals* im
Lande» waren, mit der traditionellen Überlieferung etwas nicht stimmen
kann. Der Peschat des Textes würde bedeuten, dass der Text aus der
Perspektive eines Menschen geschrieben wurde, der viele Jahrhunderte

---

[36] Siehe z.B. seinen Kommentar zu Josua 2,1, wo er der Auslegung der aramäischen
Übersetzung, dem sog. Targum Jonathan, folgt. Radak bez. Rabbi David Kimchi
(ca. 1160–1235) setzt sich in seinem Kommentar mit dieser Interpretation von
Josua 2,1 wie auch von Richter 11,1 auseinander.

nach Moses lebte. Nach Ibn Esras Meinung müsste der Text entweder bedeuten, dass «die Kanaanäer damals *schon* im Lande waren» oder dass hinter diesem Text ein Geheimnis steckt, und «der, der es versteht, schweige [würde]»! Obwohl es möglich ist, dass Ibn Esra mit «Geheimnis» bzw. Sod irgendeine mystische Erklärung im Sinne hatte, ist es wahrscheinlicher, dass er erkannte, dass es Stellen in der Tora gibt, die Moses nicht geschrieben hat. Natürlich hatte Ibn Esra den göttlichen Ursprung der Tora nie bezweifelt, noch dass Moses die erste Fassung der Tora geschrieben hat. Doch die Tatsache, dass er (und später andere) vereinzelte Worte und Verse nicht mehr Moses zuschrieben, hat im Laufe der Zeit die Tür für eine kritische Einstellung dem Text der Bibel gegenüber geöffnet, eine, wie sie auch in Plauts Tora zu finden ist.

Das Judentum hatte bisher ein gespanntes Verhältnis zur wissenschaftlichen Kritik an der Hebräischen Bibel[37]. Es war ein Jude, Baruch (Benedikt) Spinoza, der als erster den Vorschlag machte, die Bibel wie ein normales, d.h. von Sterblichen verfasstes Werk der Literatur zu lesen und zu deuten, woraufhin er von seiner Amsterdamer Gemeinde exkommuniziert wurde[38]. Spinozas methodologische Voraussetzung ist zum Grundsatz der modernen Bibelkritik geworden[39]. Doch diese hat sich bis vor kurzem nicht innerhalb, sondern außerhalb der jüdischen Gemeinschaft entwickelt. Die moderne Bibelkritik ist im Gedankengut der Aufklärung verwurzelt. Maßgebend für sie war die liberale deutsche evangelische Theologie des 19. Jh.; sowohl die Fachausdrücke wie auch die Fragestellungen der Wissenschaft standen von Anfang an unter dem Einfluss der evangelischen Theologie. Seit dem späten 19. Jh. ist die Bibelkritik untrennbar mit dem Namen Julius Wellhausen verbunden[40]. Obwohl sich Wellhausen wegen seiner kritischen Haltung dem Text der Bibel gegenüber verpflichtet fühlte, seinen theologischen Lehrstuhl aufzugeben und sich der Arabistik zu widmen, blieb seine Auslegung der Entwicklung der israelitischen Religion durch eine anti-jüdische Theo-

---

[37] Siehe u.a. Alter, Reform Judaism; Bechtoldt, *jüdische Bibelkritik*; Elman, *Hebrew Bible*; Greenstein, Biblical Studies; Kalimi, Religionsgeschichte Israels; Levenson, *Hebrew Bible*; Sperling, *Students of the Covenant*; Uffenheimer, Reflections.

[38] Spinoza, *Theologisch-Politischer Traktat*. Dieses grundlegende Werk erschien 1670 unter dem Titel *Tractatus theologico-politico*. Zu Spinoza, seinem Leben, seiner Philosophie und seinem Verhältnis zum Judentum siehe u.a. Bartuschat, *Baruch de Spinoza*; Levy, *Baruch Spinoza*; Pines, Spinoza's Tractatus Theologico-Politicus; Wolfson, *Philosophy of Spinoza*; Yovel, *Spinoza*.

[39] Zur Geschichte und Methodik der modernen Bibelforschung siehe u.a. Friedman, *Wer schrieb die Bibel?*; Kraus, *Geschichte*; Oeming, *Biblische Hermeneutik*.

[40] Wellhausens Meisterwerk im Bereich der Hebräischen Bibel war sein Buch *Prolegomena zur Geschichte Israels*. Siehe auch sein Buch *Israelitische und jüdische Geschichte*. Zu Wellhausen siehe Knight, *Julius Wellhausen*.

logie durchdrungen. Als christlicher Theologe störte es ihn, dass die gesetzgebenden Teile der Bibel zu den frühesten gehörten, wie es sowohl von der religiösen Tradition als auch vonseiten der damaligen Wissenschaft vertreten wurde. Erst als er von der These Wilhelm Grafs erfuhr, der die These aufstellte, die sogenannte Priesterschrift des Pentateuchs sei erst in die spätbiblische Zeit zu datieren, konnte Wellhausen die Relevanz des Alten Testaments für seine religiöse Empfindung wieder anerkennen. Er schloss aus Grafs These, dass die prophetische Religion der Israeliten die ursprüngliche war, und dass die Gesetzesreligion des Judentums eine späte und entartete Form dieser Religion sei. Aus moderner wissenschaftlicher Sicht hatte Wellhausen mit seiner Datierung zwar wahrscheinlich recht, nicht aber, und das sei wohl gemerkt, mit der Logik seiner Argumentation. Es ist daher gut zu verstehen, warum Juden den Früchten der modernen Bibelwissenschaft skeptisch gegenüberstanden. Auch abgesehen vom Antijudaismus, der bis in unsere Tage hinein mehr oder weniger explizit in der «objektiven» wissenschaftlichen Diskussion zu finden ist[41], haben viele Juden die Bibelkritik als einen kaum versteckten Angriff auf das Judentum und seine Integrität verstanden. Kein Wunder, dass Solomon Schechter, der Verfechter des konservativen Judentums and Leiter des Jewish Theological Seminary in New York, um die vorletzte Jahrhundertwende das kritisch-wissenschaftliche Studium der Bibel an seinem Seminar nicht zugelassen hat. Das verdammende Urteil dieses Urgroßvaters des Paten des jüngeren Sohnes des Verfassers war: «Höhere Kritik, höherer Antisemitismus»[42].

Im Kontext des orthodoxen Judentums war und ist es aus theologischer Sicht einfach nicht möglich, die Bibel wie jedes andere literarische Werk zu betrachten und die Methoden der Literaturkritik und der Religionswissenschaften auf sie anzuwenden[43]. Erstaunlich aber ist, dass die liberalen Erben der Wissenschaft des Judentums unter allen literarischen Fächern ausgerechnet dieses eine Werk wissenschaftlich zu erforschen nicht imstande waren. In den ersten Jahrzehnten des Jewish Theological Seminary und des Hebrew Union College haben weder an dem einen noch an dem anderen ausgebildete Bibelwissenschaftler die Bibel unterrichtet[44]. Wenn die Bibelwissenschaft nebst den wichtigeren Kernfächern wie Talmud oder Geschichte studiert wurde, wurde sie von Dozenten gelehrt, die eigentlich auf anderen Gebieten ausgebildet waren

---

[41] Siehe Hayes/Prussner, *Old Testament Theology*, S. 276–279.
[42] Siehe Sperling, *Students of the Covenant*, S. 42 und S. 61 Anm. 81.
[43] Zur Orthodoxie und Bibelkritik siehe Levy, On the Periphery; Ekstein, Rabbi Mordechai Breuer.
[44] Sperling, *Students of the Covenant*, S. 39–54.

und die Bibel nur im Lichte anderer Fächer betrachten konnten. Auch
außerhalb der Rabbinerseminare gab es nur wenige Juden, die an der
Erforschung der Bibel teilnahmen, obwohl es vereinzelte Ausnahmen
gab. Einer der Gründe dafür war, dass die Bibel hauptsächlich im Rahmen der christlichen Theologie unterrichtet wurde und Juden zum Studium der christlichen Theologie nicht zugelassen waren. Juden haben
allerdings biblische Nebenfächer wie Semitistik und Archäologie studiert und auf diesen Gebieten erhebliche Beiträge geleistet.

Allmählich jedoch fingen auch Juden an, die Bibel aus kritischer
Sicht zu betrachten und sie an den liberalen Rabbinerseminaren zu
unterrichten. Viele – aber längst nicht alle – der frühen jüdischen Versuche, sich an der kritischen Diskussion zu beteiligen, hatten mehr als nur
einen Anhauch des Apologetischen[45]. Zwei wichtige Anstöße zur jüdischen Beteiligung an der modernen wissenschaftlichen Diskussion
waren die Einführung des Studiums der Bibel an öffentlichen und säku-
laren Fakultäten in Nordamerika und der Aufbau des Staates Israel.
Besonders in Anbetracht der Rückkehr nach Zion gewann das Studium
der Bibel an Bedeutung, da die frühen Zionisten ihre Ablehnung der
Literatur des Exils durch ein reges Interesse an *dem* Buch ersetzten, das
die Geschichte der Juden in ihrem Land darstellte[46]. Israelis wurden zu
leidenschaftlichen Bibelkennern und Archäologen und an jeder Universität wurden Fakultäten für das bibelwissenschaftliche Studium einge-
richtet. In der Generation des Verfassers dieses Buchs, wenn nicht schon
in der vorherigen, sind jüdische Wissenschaftler sehr oft zu renommierten Teilnehmern an der internationalen wissenschaftlichen Diskussion
um die Hebräische Bibel geworden. Jüdische Gelehrte liefern wichtige
Beiträge in internationalen Zeitschriften, an Tagungen, in Nachschlage-
werken und in Kommentarreihen. Zusätzlich gibt es wenigstens zwei
jüdisch-biblische Kommentarreihen, die internationalen Rang erreicht
haben[47].

Was aber hat diese wissenschaftliche Beschäftigung mit dem jüdischen Gemeindeleben, in dem die Tora oft wöchentlich studiert wird, zu
tun? In der Orthodoxie lautet die Antwort leider «nicht sehr viel». Zwar
gibt es in der Art Scroll Reihe einen neuen Bibelkommentar, dieser aber
will weder mit der nicht-jüdischen Welt noch mit der modernen etwas
zu tun haben und liest die Tora nur im Lichte der überlieferten Tradition. So liefern die Art Scroll Bände zwar gute Zusammenfassungen der

---

[45] Siehe z.B. Segal, *Pentateuch*, S. 1–170.
[46] Siehe unten, S. 97–100.
[47] The JPS (= Jewish Publication Society) Torah Commentary (aus den Vereinigten
Staaten) und *Mikra Leyisra'el* (מקרא לישראל; «Die Schrift für Israel»; aus
Israel).

traditionellen Kommentatoren, vermitteln aber gleichzeitig das Wissen der Welt *vor* der Aufklärung. Ähnliches kann man auch von der ortho- doxen israelischen Kommentarreihe *Da'at Miqra'* (דעת מקרא), «Wissen der Schrift», behaupten, in der die Ergebnisse der biblischen Archäolo- gie nur insofern von Interesse sind, um schöne Bilder für diese Bibel- ausgabe zu liefern. Von den Folgerungen der modernen Wissenschaften will man nichts wissen.

In meiner Kindheit gab es in der englischsprachigen wie auch in der deutschsprachigen Welt einen nicht-hebräischen Kommentar zur Tora, den man zum Zweck des Torastudiums in der Synagoge verwenden konnte: die Tora mit Kommentar von Joseph Herman Hertz, dem in Ungarn gebürtigen orthodoxen Oberrabbiner des britischen Imperiums und Absolventen des Jewish Theological Seminary in New York[48]. Obwohl Hertz bereit war, aus nicht-jüdischen Quellen zu zitieren, tat er dies nur, wenn diese seine vorgefasste traditionelle Meinung unterstütz- ten, oder aber, um sie aufs schärfste zu verurteilen. Man kann den soge- nannten Hertz *Chumasch* (חומש) bzw. «Pentateuch» schwer lesen, ohne den Eindruck zu gewinnen, dass er ein Werk der schärfsten Apologetik darstellt. Wie dem auch sei, der Kommentar von Hertz wird vom rech- ten Flügel der Orthodoxie abgelehnt, weil er es wagte, Information auch außerhalb der jüdischen Tradition zu suchen. Glücklicherweise hat die Konservative Bewegung in den Vereinigten Staaten vor kurzem einen neuen, wegen seiner wissenschaftlich kritischen Ansätze allerdings nicht unumstrittenen, Torakommentar veröffentlicht[49].

Seit 1981 aber gibt es eine reform-jüdische Alternative zum Hertz Chumasch, nämlich die Tora von Plaut[50]. Diese englische Ausgabe benützt als Grundlage den hebräischen Text der Tora und der Haftarot sowie die verhältnismäßig neue Übersetzung ins Englische der Jewish Publication Society[51]. Kommentare wurden von den Rabbinern Plaut, einem der letzten Studenten der Hochschule für die Wissenschaft des Judentums in Berlin, und dem verstorbenen Bernhard Bamberger ver- fasst. Ihr Kommentar versucht auf lobenswerte Art, die Einsichten der traditionellen jüdischen Auslegung der Tora mit den neuesten Erkennt- nissen aus den Bereichen der Bibelforschung, der Archäologie, der Alt- orientalistik und anderer Bereiche zu kombinieren. Die allgemeinen wissenschaftlichen Einführungen schrieb Prof. Dr. William W. Hallo von der Yale University, der Sohn des Kunsthistorikers und Mitarbeiters von Franz Rosenzweig Rudolf Hallo aus Kassel. Somit bedeutet dieser

---

[48] Hertz, *Pentateuch.*
[49] Lieber, *Etz Hayim.*
[50] Plaut, *Torah. A Modern Commentary.*
[51] *Tanakh.*

Kommentar einen eklektischen Versuch, das Studium der Tora durch
alle möglichen jüdischen und nicht-jüdischen Mittel zu bereichern, ohne
Angst vor der modernen Welt und Wissenschaft. Wissenschaftlich
schlägt er zwar keine neuen Wege ein, durch seinen Versuch aber, einen
wissenschaftlichen Konsens zu erreichen, leistet er einen wichtigen
Beitrag, um den jüdischen Umgang mit der Tora in die Moderne zu
bringen.

Nichtsdestoweniger gibt es einige Schönheitsfehler in der englischen
Erstausgabe von Plauts Tora. Um die Kosten des Torakommentars nied-
rig zu halten – eine Sorge, welche die deutschsprachige Welt anscheinend nicht teilt – und den ganzen Kommentar in einem Band veröffent-
lichen zu können, ist der Kommentar auf ziemlich dünnem Papier
gedruckt. Wesentlich ärgerlicher noch ist das Layout des Kommentars,
das sich nicht an die *Paraschijjot* (פרשיות) bzw. die «Wochenabschnitte»
der Tora hält und daher die Benutzung der Tora zum Studium der *Parascha* (פרשה) bzw. des «Wochenabschnitts» ziemlich schwierig macht.
Und schließlich entspricht der Kommentar, der vor einer Generation
erschien, auch nicht mehr dem jetzigen Stand der Wissenschaft.

All diese Probleme sind in der neuen deutschen Ausgabe der Plauti-
schen Tora beseitigt. Der deutsche Plaut ist ein wunderschönes Beispiel
der bibliographischen Kunst (und leider auch der Preise des zentraleuropäischen Büchermarkts!). Die Paraschijjot sind klar und deutlich mar-
kiert. Und dank Dr. Böcklers Überarbeitung bietet der deutsche Plaut
einen Kommentar für die jüdischen Gemeinden und andere Interessen-
ten im deutschsprachigen Raum, der wissenschaftlich auf den neuesten
Stand gebracht worden ist. Zusätzlich beinhaltet der Torakommentar
zwei neue Aufsätze, die sich mit der Stellung des Pentateuchs im Christentum und im Islam befassen. Was dem Leser, der den englischen Plaut
kennt, zuerst ins Auge springt, sind die Bilder, mit denen die deutsche
Ausgabe – anders als die englische – reichlich geschmückt ist. Im Zeitalter des Fernsehens tragen diese Bilder viel dazu bei, die Bibel und ihre
Welt lebendig werden zu lassen. Statt die englische Übersetzung der
Jewish Publication Society zu benützen, was in einer deutschen Ausgabe
ja auch sinnlos wäre, wurde eine überarbeitete Fassung der ersten
deutsch-jüdischen Übersetzung der Bibel gewählt, nämlich diejenige
von Moses Mendelssohn[52]. Leider hat der deutsche Plaut gegenüber dem
englischen m.E. auch einen Nachteil und zwar im Hinblick auf den hebräischen Drucksatz, der nicht sehr scharf und für «mittelalterliche»
Augen deshalb nur schwer zu lesen ist. Aber wie behauptet schon Joe E.
Brown am Ende von Billy Wilders Film «Manche mögen's heiß»:
«Niemand ist vollkommen»!

---

[52] Zur vollständigen Bearbeitung dieser Übersetzung siehe Böckler, *Tora*.

# «Als Mann und Frau schuf er sie»

*Die Stellung der Menschheit in den Schöpfungsgeschichten der Genesis*

## 1. Einleitung – Die Schöpfung im Kontext der Bibelkritik

Seit Jean Astruc, Leibarzt des Königs Ludwig XV. von Frankreich, vergeblich zu beweisen versuchte, dass Moses der Autor des Pentateuchs
war, und in der Folge als erster vorschlug, in der Tora verschiedene
Quellen zu unterscheiden, gilt es innerhalb der kritischen biblischen
Forschung als unumstritten, dass am Anfang des Buchs Genesis zwei
verschiedene Schöpfungsgeschichten stehen[1]. Astruc stützte seine
Unterscheidung der Quellen auf die Erkenntnis, dass im Pentateuch ganz
verschiedene Bezeichnungen für Gott gebraucht werden. Die bedeutendsten unter ihnen sind *ᵉlohim*, welches der Gattungsbegriff für einen
Gott oder Gott ist, sowie das Tetragramm *JHWH,* der persönliche Name
Gottes, aus vier Buchstaben bestehend, der im traditionellen Judentum
als unaussprechbar gilt, von prä-modernen Forschern aber als Jehova
und von modernen als Jahwe vokalisiert wird[2].

Nach dem Tode Astrucs wurden seine Theorien übernommen, modi-
fiziert und weiterentwickelt. Sie bewiesen gerade das Gegenteil dessen,
was er ursprünglich eigentlich zu demonstrieren beabsichtige: Dass der
Pentateuch, in der Tat die ganze Hebräische Bibel, ein Dokument ist,
das im Laufe einer sehr langen Zeitspanne entstanden ist und an dem
eine große Anzahl von – meist anonymen – Autoren, Schreibern und
Redaktoren gearbeitet hatten. Die Quellenkritik des 19. Jh., welche die
Methodologie der homerischen Forschung übernahm, kulminierte in

---

[1]  Jean Astruc, der seine Arbeit zu verschiedenen Quellen in der Tora 1753
veröffentlichte, war der erste, dessen These dank ihrer Verbreitung durch Johann
Gottfried Eichhorn an ein breiteres Publikum gelangten. Eigentlich aber war
Hennig Bernhard Witter der erste, schlug er doch bereits 1711 vor, den Pentateuch aufgrund der Gottesbezeichnungen in verschiedene Quellen aufzuteilen.
Sein Beitrag wurde allerdings nicht wahrgenommen, bis er 1925 wiederentdeckt
wurde. Siehe dazu Kraus, *Geschichte,* S. 95–97. 137–143.

[2]  Zur Aussprache von JHWH siehe Cross, *Canaanite Myth,* S. 60–75; Freedman/
O'Connor, יהוה *YHWH,* S. 501–513; Albertz, *Religionsgeschichte,* S. 80–85;
Weippert, *Jahwe,* S. 35–44. Für eine kritische Auseinandersetzung mit der üblichen wissenschaftlichen Benützung der Variationen in der Gottesbezeichnung als
literarkritisches Kriterium siehe Blum, *Komposition,* S. 471–475.

Julius Wellhausens klassischer Einteilung des Pentateuchs in vier Hauptquellen, die wir unter den Siglen J, E, D und P kennen.[3]

Diese Siglen sind nicht willkürlich gewählt, sondern drücken die wesentlichen Charakteristika der durch sie gekennzeichneten Dokumente oder Quellen aus: «J» bezeichnet jene Quelle, die von allem Anfang an das Tetragramm gebraucht, schon bevor dieser Name Moses im Exodusbuch geoffenbart wurde[4]. Diese «jahwistische» Quelle wurde mit dem Land Juda in Verbindung gebracht, dem südlichen Königsreich nach der Spaltung der davidisch-salominischen Monarchie um 925 v.d.Z. Die J-Quelle wird als die älteste der Pentateuch Quellen angesehen. Ähnlich ist «E» diejenige Quelle, die sich für Gott des Namens *ᵉlohim* (אלהים) bedient. Sie wurde mit dem nördlichen Königreich von Israel in Verbindung gebracht, das aus der biblischen Poesie als «Ephraim» bekannt ist. Unter den Quellen des Pentateuchs ist E am schwersten zu fassen und am fragmentarischsten, weshalb ihre Existenz seit einiger Zeit massive in Frage gestellt wird. «D» ist diejenige Quelle, aus der das Buch Deuteronomium besteht. Sie wird mit dem Programm der religiösen Reform des Königs Josia (640–609 v.d.Z.) in Verbindung gebracht und gehört damit ins späte 7. Jh. v.d.Z. «P» bezieht sich auf die priesterliche Quelle. Diese befasst sich mit kultischen Problemen und enthält auch die berüchtigten «A zeugte B, B zeugte C...»-Listen, welche die Lektüre des Pentateuchs für Uneingeweihte manchmal so abschreckend machen. Obwohl Jecheskel (Yehezkel) Kaufmann und seine Schule den Versuch unternahmen, die P-Quelle mit den kultischen Reformen des Hiskia im späten 8. Jh. v.d.Z. in Verbindung zu bringen[5], datieren die meisten Forscher P in die exilische oder sogar nachexilische Zeit, d.h. etwa zwei Jahrhunderte später; in jener Zeit war die Erhaltung der Tradition angesichts der Zerstörung des ersten Tempels und des Exils für das damals aufkommende Judentum eine existentielle Notwen-

---

[3] Siehe Wellhausen, *Prolegomena*. Zu Wellhausen siehe die Beiträge in Knight, *Wellhausen*. Von besonderem Interesse ist Silberman, *Wellhausen and Judaism*, eine Untersuchung Wellhausens Anteil an der antijüdischen Kultur seiner Zeit. In der Tat ist es Wellhausens offenkundige Herabwertung des Judentums, die verhältnismäßig viele Juden davon abhielt, sich ernsthaft mit den literarischen und religionsgeschichtlichen Fragen auseinander zu setzen, die er so brisant formuliert hatte. Für eine neuere und gut leserliche Neuformulierung der klassischen Quellenhypothese siehe Friedman, *Wer schrieb die Bibel?*

[4] Vergleiche Exodus 3 mit Genesis 4,26, einem J-Text, der behauptet, dass das Tetragramm schon zur Zeit der Enkel der ersten menschlichen Generation bekannt gegeben wurde.

[5] Für eine Besprechung von Kaufmanns Datierung und seinen Einfluss auf andere Wissenschaftler siehe Krapf, *Priesterschrift*, besonders S. 6–66. 210–303.

digkeit. Der durchgehende Gebrauch des Tetragramms erfolgt bei P, wie auch bei E, erst ab dem Exodusbuch.

Die Quellenhypothese in ihrer klassischen Formulierung durch Wellhausen hat das Gebiet der pentateuchischen Studien über ein Jahrhundert lang dominiert. In den letzten Jahren ist sie jedoch in zunehmendem Masse angegriffen worden[6]. Diese Angriffe erfolgten allerdings nicht von Seiten der biblischen Literalisten oder Fundamentalisten, welche die Resultate von über zwei Jahrhunderten Bibelforschung leugnen und abweisen wollten. Im Gegenteil: Methodologische Verfeinerungen und neue Methodologien, die aus den Sozialwissenschaften und der Literaturkritik hergeleitet sind, führten zu neuen Modellen, die auf ihre Art noch komplexer sind als Wellhausens Rekonstruktion.

Gestützt auf ältere Arbeiten[7], sondern diese neueren Modelle das Buch Deuteronomium vom Rest des Pentateuchs ab und schaffen auf diese Weise einen Tetrateuch. Das Deuternonomium wird mit dem sogenannten Deuternonomistischen Geschichtswerk in Verbindung gebracht, das in den vorderen Propheten des hebräischen Kanons, den Büchern Josua, Richter, Samuel und Könige, gesehen wird. Übrig bleibt uns die Tora, bestehend aus einem ursprünglichen Tetrateuch, nämlich den Büchern Genesis, Exodus, Leviticus und Numeri[8]. Nach Wellhausens Formulierung würden diese in der Hauptsache aus den J-, E- und P-Quellen bestehen. Eine Anzahl moderner Wissenschaftler zieht es jedoch vor, von Traditions- oder Erzählkomplexen zu sprechen, die im Laufe der Zeit gesammelt und zunächst zum Tetrateuch, unter Hinzunahme des Deuteronomiums sodann zu unserem Pentateuch bzw. der Tora wurden[9]. In ihren Rekonstruktionen ist P die einzige klar identifizierbare «Quelle», welche zudem auch die Schule gewesen sein könnte, welche die diversen Komplexe schließlich zu einem Ganzen

---

[6] Für eine Zusammenfassung der Lage bis ca. 1980 siehe Knight, Pentateuch. Ein neuerer Überblick findet sich in Blenkinsopp, *Pentateuch*, S. 1–30. Siehe auch Rendtorff, Paradigm.

[7] Vgl. grundlegend Noth, *Überlieferungsgeschichtliche Studien*.

[8] Andere, die Gerhard von Rad folgen, gehen davon aus, dass sich die ursprüngliche Erzählung vom Buch Genesis bis zum Buch Josua erstreckte und damit einen Hexateuch bildet. Nach ihnen wurde dieses Gebilde später mit priesterlichem Stoff verknüpft und durch die Hinzufügung des deuteronomistischen Geschichtswerks zu einen Eannateuch. In einem sehr späten redaktionellen Stadium wurde der Eannateuch nach dieser Theorie in zwei geteilt, um somit den Pentateuch und die vorderen Propheten des Masoretischen Textes zu bilden. Für eine Neuformulierung dieser These, siehe Kratz, *Komposition*, S. 99–330.

[9] Zu diesen neuen Ansätzen siehe Zenger, *Einleitung*, S. 69–75. Siehe auch Blum, *Komposition*, S. 461–477; ders., *Studien*; Carr, *Genesis*; Rendtorff, *Überlieferungsgeschichtliche Problem*, besonders S. 142–173; Seters, *Abraham*; ders., *Moses*.

vereinte. Dementsprechend wird in der literarkritische Unterscheidung
der Texte im Tetrateuch nur noch zwischen «P» und «nicht-P» Material
unterschieden[10].

Wie dem auch sei: In den ersten drei Kapiteln der Genesis liegen
uns zwei verschiedene Versionen der Schöpfungsgeschichte vor. Die
erste finden wir in Genesis 1,1–2,4a. Sie zeigt alle Merkmale der P-
Quelle: Sie ist erhaben, gut geordnet und sorgfältig strukturiert. Die
zweite Geschichte, die Eden-Erzählung in Genesis 2,4b–3,24, steht dazu
in scharfem Kontrast. Wegen ihres Gebrauchs des Tetragramms würde
die traditionelle Quellenkritik sie der J-Quelle zuschreiben; auf jeden
Fall ist sie ganz bestimmt «nicht-P». Sie besteht klar aus zwei Hälften,
nämlich einer Erzählung, die sich auf die Schöpfung der Menschheit
konzentriert (Kapitel 2), sowie einer ätiologischen Erklärung der Lage
des Menschen in seiner Welt (Kapitel 3). Diese zweite Schöpfungsgeschichte passt nicht in die Struktur der vorhergehenden P-Erzählung,
sondern liest sich viel eher wie ein traditionelles Volksmärchen[11]. Im
Folgenden möchte ich zu zeigen versuchen, wie sich diese zwei Erzählungen in ihrem Weltbild, ihrer Ideologie, ihrer Theologie und ihrem
sozialen Kontext voneinander unterscheiden.


2. Die Schöpfung der Welt gemäß P – Eine kontextuelle Lesung

Das Schöne an biblischen Texten ist, dass sie eine Vielfalt an Interpre-
tationsmöglichkeiten zulassen. Wie die Rabbinen vor fast zwei Jahrtausenden sagten, hat «die Tora ... siebzig Gesichter»[12]. Eine Interpretation
schließt eine andere nicht aus, vielmehr steigert jeder neue Zugang zum
Text unser Verständnis. Eine jüdisch orientierte Interpretation weicht
selbstverständlich von einer christlichen ab, eine säkular humanistische
von einer theologischen und eine feministische von einer androzentrischen. An dieser Stelle möchte ich die erste Schöpfungsgeschichte der
Genesis, die sogenannte priesterliche Schöpfungserzählung, aus einer
kontextuellen Perspektive betrachten.

Das Wissen, dass diese Geschichte der P-Quelle zugeschrieben werden soll, beeinflusst unser Verständnis der Erzählung und ihrer Absicht
von Grund auf. Das Hauptanliegen des Erzählers liegt darin, die Welt
als eine ordentliche und – wenn ich einen anachronistischen Ausdruck
benutzen darf – logische Schöpfung eines einzigen und überlegenen

---

[10] Für die verschiedenen aktuellen Vorschläge zur Entstehung des Pentateuchs siehe
die hilfreiche Tabellen in Zenger, *Einleitung*, S. 69. 74.
[11] Siehe Niditch, *Oral World*, S. 28–33.
[12] Numeri Rabba 13,15.

göttlichen Wesens darzustellen. Grundstein des erzählerischen Rasters ist die heilige Zahl Sieben, die in der gesamten altorientalischen Welt als literarisch-organisatorisches Prinzip bekannt ist[13]. Die Schöpfungsgeschichte wird im Rahmen eines siebentägigen Rasters erzählt, das aus zwei parallelen dreitägigen Einheiten besteht, auf die als Höhepunkt ein einzelner und siebter Ruhetag folgt. Als mathematische Formel könnte man die narrative Struktur der Erzählung mit der Gleichung $3 + 3 + 1 = 7$ darstellen. Am ersten Tag kreiert Gott das Licht und die Finsternis, doch erst am parallelen vierten Tag werden Sonne, Mond und Sterne erschaffen. Am zweiten Tag kreiert Gott die Luftblase zwischen den Wassern, in der unsere Welt ihren Ort hat, erst am parallelen fünften Tag aber werden die Kreaturen, welche die Luft und das Wasser bevölkern, ins Leben gerufen. Am dritten Tag kreiert Gott das Trockenland und seine Vegetation, erst am parallelen sechsten Tag aber werden Mensch und Tier ins Leben gerufen, die das Trockenland bevölkern und seine Früchte genießen. Das Motiv der Ruhe am siebten Tag setzt den Sabbat (Schabbat) als integralen und kulminativen Bestandteil von Gottes kosmischem Plan fest.

Doch die Erzählung ist mehr als eine einfache Kosmogonie: Sie beinhaltet eine polemische und theologische Botschaft, die allerdings erst auf Grund eines Verständnisses des Kontexts der geschichtlichen Lage des Autors oder der Autoren begriffen werden kann. Das alte Israel ist in einer polytheistischen Welt geboren und groß geworden. Obwohl das überwiegende Zeugnis der archäologischen Entdeckungen in der biblischen Welt die Vorstellung in Frage stellt, dass das biblische Israel *ab initio* rein monotheistisch gewesen ist, bzw. zeigt, dass dies nicht so gewesen ist[14], bleibt es doch hilfreich, Kaufmanns Definition der Unterschiede zwischen monotheistischen und polytheistischen Religionen im Auge zu behalten[15]. Kaufmann zeigt auf, dass nach einer strengen Definition von Monotheismus die meisten oder sogar alle Religionen, die sich selbst als monotheistisch bezeichnen, eigentlich anders klassifiziert werden müssten, finden sich in ihnen doch Engel, Dämonen, Teufel und ähnliche göttliche Wesen. Er folgert daraus, dass die Einheit des Göttlichen für eine Unterscheidung zwischen Monotheismus und Polytheismus kein geeignetes Kriterium ist. Statt dessen schlägt er vor, die unterschiedlichen Religionssysteme – wenn man weitere Unterscheidungen wie Monolatrie oder Henotheismus mal außer Acht lässt – auf Grund ihrer unterschiedlichen Auffassungen des Göttlichen voneinander

---

[13] Siehe Friberg, Numbers.

[14] Siehe unzählige neuere Arbeiten wie z.B. Smith, *Early History*; Keel/Uehlinger, *Göttinnen, Götter und Gottessymbole*; Miller, *Religion*, S. 1–45.

[15] Siehe Kaufmann, *Religion*, besonders S. 21–121.

zu unterscheiden. Nach Kaufmann ist das Göttliche in einer polytheistischen Religion in der Natur immanent, höheren Gesetzen untergeordnet und amoralisch (wohlgemerkt, nicht unmoralisch!), während es in einer monotheistischen Religion der Natur transzendent ist, keinen anderen Kräften unterliegt und die Quelle von Moral und Ethik ist. Ausgehend von dieser Definition, kann man die erste Schöpfungsgeschichte in der Genesis als Paradigma einer monotheistischen Äußerung betrachten: Der Gott, der allein mit seinem Wort erschafft, ist über seine Schöpfung erhaben. In Genesis 1 trifft man auf den Kaufmann'schen Monotheismus in reinster Form, trotz der problematischen Mehrzahl in Genesis 1,26 («Lasst uns Menschen machen als unser Abbild ...»)[16]. Damit ist der erste Schöpfungsbericht als Polemik gegen ein polytheistisches Verständnis der natürlichen Welt und ihrer Beziehung zum Göttlichen zu verstehen.

Diese Beobachtungen gewinnen an Gewicht, wenn man die Datierung der P-Quelle in Betracht zieht: Die traditionelle wissenschaftliche Datierung von P verortet diese Quelle ins 6. Jh. v.d.Z.[17], in die Blütezeit des neobabylonischen Reiches also, das von Nabopolassar, dem Vater Nebukadnezars (605–562 v.d.Z), des Eroberers Jerusalems und Zerstörers des ersten Tempels, gegründet wurde. Von daher ist es sicherlich kein Zufall, dass sich die Schöpfungsgeschichte von P, deren Weltbild fest im babylonischen und allgemein altorientalischen Kontext verwurzelt ist[18], als einen vielseitigen Angriff auf die zeitgenössische babylonische Theologie erweist, wie sie z.B. aus dem babylonischen Schöpfungsmythos, dem *Enuma Elisch* bekannt ist[19].

---

[16] Die meisten Bibelzitate in diesem Kapitel stammen aus der Einheitsübersetzung.

[17] Wie oben schon bemerkt, datieren Kaufmann und seine Schule die P-Quelle in die Zeit Hiskias, d.h. ins 8. Jh. v.d.Z. Siehe z.B. Friedman, *Bible*, S. 188–216. Dennoch spricht Kratz, *Komposition*, S. 248, der diese Tendenz in der Wissenschaft entweder nicht kennt oder einfach außer Acht lässt, davon, dass es in der wissenschaftlichen Diskussion bezüglich der Datierung von P in die exilische bzw. nachexilische Zeit einen Konsens gibt.

[18] Diese Verwurzelung bezieht sich auch auf die Kosmologie von P. Siehe die hilfreichen Tabellen in Sarna, *Understanding Genesis*, S. 5; Wakeman, *God's Battle*, S. 23. 41. Die Diagramme in Samuelson, *First Seven Days*, S. 156, hingegen sind eher für das Weltbild Athens im 5. und 4. Jh. v.d.Z. kennzeichnend und spiegeln weniger die Welt des antiken Orients wider. Interessanterweise hat Thales, der ionische Philosoph des 6. Jh. v.d.Z., seine Kosmologie höchstwahrscheinlich von den gleichen altorientalischen Vorbilder abgeleitet wie die Genesis. Siehe dazu West, *Early Greek Philosophy*, S. 115. Siehe auch Cross, «Olden Gods», S. 334–336.

[19] Siehe Heidel, *Babylonian Genesis*; Hallo/Younger, *Context of Scripture*, Volume 1, S. 390–402. Das Enuma-Elisch-Epos ist dank seiner verhältnismäßig frühen Entdeckung Mitte des 19. Jh. die bekannteste der verschiedenen mesopotami-

Dieser Schöpfungsmythos erzählt davon, wie sich die Urgottheiten des Süßwassers Apsu und des Salzwassers Tiamat vermischten[20], um die ersten Göttergenerationen zu erzeugen. Als ihre Kinder ihre Ruhe durch Lärm zu sehr störten, entschied sich Apsu, sie zu vernichten, doch diese erfuhren von seinem Plan und töteten ihn. In der Folge wollte sich Tiamat mit Hilfe ihres neuen Mannes Kingu rächen und forderte die emporgekommenen Götter heraus. Diese suchten daraufhin verzweifelt einen neuen Held, der sie erretten würde. Nur Marduk, der junge Sturm- und Stadtgott von Babylon, erklärte sich bereit, gegen Tiamat in den Kampf zu ziehen, allerdings nur unter der Bedingung, dass die anderen Götter ihn zum König machten. Da sie keinen anderen Ausweg sahen, erkannten diese ihn als ihren König an, und Marduk zog in den Kampf gegen Tiamat. Als die inzwischen drachenartige Tiamat ihren Mund öffnete, um ihn zu verschlingen, trieb er seine Winde in sie hinein, hielt somit ihren Mund offen und blähte ihren Bauch auf. Mit einem Pfeil, den er in ihren Mund schoss, gelang es Marduk schließlich, Tiamat zu töten – die Götter waren gerettet. Danach nahm Marduk ihren Körper und zerteilte ihn wie eine Muschel, um den Himmel und die Erde zu schaffen. Die Götter, die Tiamat unterstützt hatten, mussten nun den siegreichen Göttern dienen. Als sie sich aber wegen der schweren Arbeit beklagten, nahm Marduk Kingu, den gefangen genommenen Liebhaber der Tiamat, und ließ ihn töten, um aus seinem mit Erde vermischten Blut die Menschen als Sklaven der Götter zu erschaffen. Die Erzählung setzt mit der Erbauung Babylons und der dortigen Gründung eines Tempels für Marduk fort und endet mit der Huldigung Marduks durch die anderen Götter.

Im Grunde genommen verbindet das Enuma-Elisch-Epos die Schöpfung mit einem Konfliktmythos. Eine solche Verbindung ist auch aus anderen Kulturen, etwa der kanaanäischen Mythologie[21], bekannt. Selbst in der Hebräischen Bibel, gibt es einige Textstellen, in denen eine ähnliche Verbindung von Schöpfung und urzeitlichem Konfliktmythos zu erkennen ist[22]. Im ersten Schöpfungsbericht der Genesis jedoch wird solch eine Darstellung der Urzeit explizit abgelehnt. Wissenschaftler

---

schen Schöpfungsgeschichten. Siehe die wichtige Sammlung von Aufsätze in Hess/Tsumura, «*I Studied Inscriptions*», insbesondere die Aufsätze von Richard S. Hess (S. 3–26), David Toshio Tsumura (S. 27–57), W. G. Lambert (S. 96–113), A. R. Millard (S. 114–128) und Thorkild Jacobsen (S. 129–142). Siehe auch Batto, Creation Theology.

[20] Tiamat erscheint später in der Erzählung als Drache.

[21] Siehe Coogan, *Stories*, S. 75–115.

[22] Siehe z.B. Jesaja 51,9–11; Psalmen 74,12–17; 89,6–15; Hiob 26,7–14. Siehe zum Thema auch Wakeman, *God's Battle*; Day, *God's Conflict*; Kloos, *Yhwh's Combat*.

sprechen deswegen in diesem Zusammenhang von einem Prozess der Entmythologisierung.

Einige haben darauf hingewiesen, dass sich am Anfang der ersten Schöpfungsgeschichte Anspielungen sowohl auf Tiamat als auch auf Marduk finden, allerdings in einer entgöttlichten und entpersonifizierten Gestalt. Genesis 1,2 spricht von einer Finsternis, die «über der Urflut [lag]». Das Hebräische Wort für Urflut ist *t$^e$hom*, das mit dem Akkadischen Wort *ti'amat* verwandt ist, da beide von der gleichen semitischen Wortwurzel abzuleiten sind[23]. *T$^e$hom* wird in dem Text, den wir hier diskutieren, ohne Artikel geschrieben, eine Tatsache die eventuell darauf deutet, dass das Wort hier als Eigenname und nicht als einfaches Substantiv zu verstehen ist[24]. Doch dieses *t$^e$hom* ist nur ein Gegenstand, der von Gott manipuliert wird. Er besitzt keine eigene Kraft oder Persönlichkeit[25]. Im darauf folgenden «und Gottes Geist [bzw. Wind] schwebte über dem Wasser» könnte man vielleicht eine versteckte Anspielung auf Marduk erkennen, reduziert allerdings auf sein Grundelement[26].

Die Polemik und Abneigung gegen die babylonische Mythologie wird sodann v.a. in Vers 16 greifbar, wo Sonne und Mond erwähnt werden. Beide werden hier nicht mit ihren üblichen Namen bezeichnet, sondern vielmehr als das größere und das kleinere Licht. Sowohl die Sonne, nämlich Schamasch, als auch der Mond, nämlich Sin, zählten zu den wichtigsten mesopotamischen Göttern. Durch seine Umschreibung versuchte der P-Autor[27], jeden möglichen Anklang an den Polytheismus zu

---

[23] Obwohl es in der neueren wissenschaftlichen Diskussion eine Tendenz gibt, eine direkte literarische Abhängigkeit der P-Schöpfungsgeschichte vom Enuma-Elisch-Epos zu bestreiten, scheint die Wahl des Wortschatzes und der Bildsprache doch eine besondere theologische Botschaft zu beinhalten. Zur ersten Auffassung siehe Tsumura, *Earth and Waters*.

[24] Die Bedeutung des Fehlens des definitiven Artikels wird u.a. von Westermann, *Genesis 1–11*, S. 105, bestritten. Siehe auch die Diskussion in Tsumura, *Earth and Waters*, S. 45–65.

[25] Niditch hat darauf aufmerksam gemacht, dass die Schöpfungsgeschichte in der Genesis keine Gestalt einer Muttergöttin beinhaltet und die Schöpfung in ihr nicht mit dem Tod einer Göttin in Zusammenhang gebracht wird. Siehe Niditch, *Genesis*, S. 13.

[26] Siehe Cross, «Olden Gods», S. 335, der darauf hinweist, dass man in der Genesis auf Anspielungen auf «the theogonic pairs: wind and watery chaos, heaven and earth, darkness and light» trifft, die auch im Enuma-Elisch-Epos und in Hesiods Theogonie zu finden sind.

[27] Obwohl die Möglichkeit vorgeschlagen wurde, dass der Autor von J eigentlich eine *Autorin* gewesen sei (siehe Friedman, *Bible*, S. 85–86; Rosenberg/Bloom, *Book of J*, S. 9–55), scheint dies auf dem Hintergrund des androzentrischen israelitischen Priestertums bzw. des Autors von P höchst unwahrscheinlich. Ohne die partriarchalische Natur der biblischen Gesellschaft und Schriften zu bestreiten, ist

vermeiden. Nebenbei sei bemerkt, dass diese Babylon-kritische Thematik die Urgeschichte von Genesis 1–11 einrahmt, denn auch in der Geschichte des Turmbaus zu Babel[28], in der Gott die Sprache der Menschen verwirrt (im Hebräischen ein Wortspiel mit dem Namen Babel) und diese über die ganze Welt zerstreut, wird Babylon nochmals kritisiert, ebenso wie auch ihr heiliger Bezirk mit seinem berühmten Tempelturm oder Ziggurat, den wir unter dem Namen Etemenanki kennen[29].

Anders als im Enuma-Elisch-Epos, in dem die Menschen nachträglich und als Sklaven für die Götter erschaffen werden, erreichen die sechs Tage der aktiven Schöpfung in der Schöpfungserzählung der Genesis in der Erschaffung der Menschheit ihren Höhepunkt. Um die Bedeutung des Menschen in Gottes Plan zu betonen, wird der Mensch als «Ebenbild Gottes» bezeichnet[30]. Diese Aussage löste eine rege Diskussion bezüglich Gottes körperlichem Aussehen in der vermutlich bildlosen israelitischen und jüdischen Tradition aus[31], allerdings verlangt der Kontext der Aussage eher eine metaphorische Auslegung des Ausdrucks «Ebenbild Gottes». Jedes Mal, wenn das «Ebenbild Gottes» in der Priesterschrift erwähnt wird, wird es von der Aussage begleitet, dass die Menschheit erschaffen ist, um über die Welt und die Kreaturen, die in der Welt leben, zu regieren[32]. Wir können somit die folgende Analogie erstellen:

Gott : (geschaffenes) Universum – Menschheit : (bevölkerte) Welt

In seiner Aufgabe des Regierens über und des Sorgens für Gottes Schöpfung erfüllt der Mensch seine Funktion als *imitatio dei in loco dei*.

---

doch die Beobachtung bedeutsam, dass Frauen in der Hebräischen Bibel manchmal als Richterin (Debora), Prophetin (Hulda), Königin (Athalia) und Führerin (Miriam) fungieren. Die einzige Rolle, die ganz in Männerhand geblieben ist, ist diejenige des Priesters. Siehe Henshaw, *Female and Male*, S. 24–26. Zur Behauptung, dass in der biblischen Erzählung eine frühe weibliche priesterliche Schicht gefunden (erfunden?) werden kann, siehe Teubal, *Sarah the Priestess*, besonders S. 96–109.

[28] Genesis 11,1–9.

[29] Siehe Oates, *Babylon*, S. 156–159.

[30] Genesis 1,26–27.

[31] Unter den vielen Studien zur Frage der Bildlosigkeit im alten Israel siehe Mettinger, *No Graven Image?*, der dieses im breiteren altorientalischen Raum verfolgt; sowie Eilberg-Schwartz, *God's Phallus*, der vermutet, dass sich die israelitische und später jüdische Bildlosigkeit aus einer männlichen heterosexuellen Abneigung gegen die Darstellung von einem verkörpertem männlichen Gott als Liebhaber entwickelt hat.

[32] Genesis 1,26–28. Für eine Besprechung der Implikationen und Begrenzungen dieser Aufgabe siehe Sarna, *Genesis*, S. 12–13.

Welch ein enormer Unterschied zum Göttersklaven der babylonischen Schöpfungserzählung[33]!

Oben schon wurde der problematische Vers 26 erwähnt, in dem Gott den Menschen «als unser Abbild» macht. Obwohl es in der traditionellen jüdischen Auslegung dieses Verses eine Tendenz gibt, diesen Plural als Plural der Majestät zu betrachten, gibt es auch eine midraschische Tradition, gemäß der Gott an dieser Stelle die göttlichen Boten bzw. Engel anspricht. Ohne Zweifel steht diese zweite Interpretationsmöglichkeit dem antiken Verständnis dieses Verses näher[34]. Ziemlich oft wird Gott in der Hebräischen Bibel als «Herr der Heerscharen» (*JHWH ts$^e$wa'ot*) tituliert. Das Wort «Heerscharen» bezeichnet dabei den göttlichen Hof bzw. die Boten und Engel, mit denen Gott sich umgibt[35]. Es gibt eine Anzahl biblischer Stellen, in denen Gott thronend in seinem Hof und umgeben von seinen Höflingen beschrieben wird. In 1. Könige 22 erscheint Gott dem Propheten Micha in einer prophetischen Vision als König, umgeben von den himmlischen Heerscharen. Eine ähnliche Vision hat auch der Prophet Jesaja während seiner Berufung in Jesaja 6. Und im Buch Hiob wird die Handlung durch eine Wette zwischen Gott und einem seiner Höflinge, nämlich dem Widersacher, einer Art göttlichem Ankläger, der später den Namen Satan erhielt, in Gang gesetzt[36].

Einer der interessanten Aspekte der Menschenschöpfung in Genesis 1 ist das simultane und deswegen vermutlich gleichgestellte Schaffen beider Geschlechter[37]. «Gott schuf also den Menschen als sein Abbild; als Abbild Gottes schuf er ihn. Als Mann und Frau schuf er sie. Gott segnete sie, und Gott sprach zu ihnen: Seid fruchtbar, und vermehret euch, bevölkert die Erde, [und] unterwerft sie euch»[38]. Viele behaupten, dass diese Gleichstellung der Geschlechter in Genesis 1 deren unterschiedlichen Stellung in Genesis 2 widerspricht. Aber sind die Texte tatsächlich so zu deuten?

---

[33] Siehe Alter, *Biblical Narrative*, S. 29–32, der auch einen «radically different sense of literary form» (S. 29) zwischen dem biblischen und dem babylonischen Erzähler identifiziert.

[34] Genesis Rabba 8,5. Siehe aber Cohen, *Self, Struggle & Change*, S. 18–19, der es vorzieht, die midraschische Anspielungen auf Engel in einer figurativen Weise als Anspielungen auf verschiedene Eigenschaften Gottes zu verstehen.

[35] Siehe Miller, *Genesis 1–11*, S. 9–20.

[36] Es gibt ein ziemlich frauenfeindlicher Midrasch, der behauptet, dass Satans Schöpfung mit derjenigen der Frau zusammenhängt (Genesis Rabba 17,6). Zum «Wiedersacher» in der Hebräischen Bibel siehe Day, *An Adversary in Heaven*.

[37] Für eine detaillierte Diskussion dieser Fragen (mit einer etwas anderen Folgerung) siehe Bird, «Male and Female».

[38] Genesis 1,27–28a.

## 3. Die Schöpfung in der Eden-Erzählung – Eine literarische Lesung

Der Halbvers Genesis 2,4a, «Das ist die Entstehungsgeschichte von Himmel und Erde, als sie erschaffen wurden», ist schwer zu klassifizieren. Die mittelalterliche christliche Einteilung des Textes in Verse verbindet diesen Halbvers mit dem folgenden Satz («Zur Zeit, als Gott, der Herr, Erde und Himmel machte»). Auch die jüdische Einteilung der Tora in Wochenabschnitte bzw. *paraschijjot* (פרשיות), die weiter in Aufrufe zur Tora bzw. *'alijot* (עליות) unterteilt sind, verbindet diesen Halbvers mit dem folgenden Abschnitt, indem die zweite *'alija* der Tora am Anfang von Genesis 2,4 anfängt. Durch diese Einteilung fungiert Genesis 2,4a als Einleitung oder Überschrift zur zweiten Schöpfungsgeschichte. Dieses Verständnis wird durch die Lücke bzw. *p^etucha* (פתוחה) im hebräischen Text vor dem betreffenden Vers betont.

Es gibt aber auch die Möglichkeit, den Platz und die Funktion des Verses Genesis 2,4a anders zu interpretieren. Sowohl die Syntax als auch der Wortschatz dieses kurzen Textes deuten klar darauf hin, dass wir es hier mit einem P-Text zu tun haben: Der Vers fängt wie so viele andere P-Listen mit «das ist die Entstehungsgeschichte» bzw. «das sind die Generationen von ...»[39] an; das Wort «Entstehungsgeschichte» bzw. «Generationen» (Hebräisch *tol^edot* תולדות, von *jalad* ילד) ist ein Kennzeichen der priesterlichen Schicht des Pentateuchs und die Verbalwurzel des Wortes «kreieren» bzw. «schöpfen», nämlich *bara'* (ברא), begegnet uns in den Schöpfungsgeschichten der Genesis nur in P-Texten. Offenbar also gehört dieser Halbvers zur P-Quelle[40].

Da unter das Profil, das die moderne Wissenschaft von der P-Quelle herausgearbeitet hat, sowohl Texte eines Autoren als auch solche eines Redaktoren zu rechnen sind[41], ist es denkbar, dass es hier der Redaktor war, der dem Text diesen Halbvers zugefügt hatte, um damit zwei ursprünglich selbständige Erzählungen (die eine von P, die andere von J) miteinander zu verbinden. Denkbar ist aber auch noch eine andere Möglichkeit: Trotz der formelhaften Benutzung dieser Redewendung als übliche *Einleitung* einer Genealogie in der P-Quelle, kann es sein, dass sie hier als polemischer *Abschluss* der ersten Schöpfungsgeschichte benutzt wird. Im Gegensatz zu den göttlichen Paarungen der Naturphänomene, die im Enuma-Elisch-Epos oder auch in Hesiods Theogonie eine so wichtige Rolle spielen, ist der Gott von Genesis 1 asexuell und

---

[39] Eigene Übersetzung.

[40] Für eine entgegengesetzte Meinung siehe Cassuto, *Genesis*, Part I, S. 96–99.

[41] Auch diese zweite Funktion beinhaltet einen kreativen Aspekt, da die Endredaktion der Tora ohne Zweifel mehr bedeutet als eine einfache Zusammensetzung ihrer Quellen. Siehe Blum, «P» and the Editing of the Pentateuch.

benimmt sich auch dementsprechend. Gott schafft durch sein Wort und nicht durch eine sexuelle Beziehung zu einer Partnerin. Das Fehlen von geschlechtlichen Bildern und Anspielungen in dieser ersten Schöpfungserzählung ist auffallend. Um diese nicht anthropomorphe Darstellung des Schöpfungsprozesses zu unterstreichen, hält Genesis 2,4a explizit fest, dass «das [...] die Entstehungsgeschichte von Himmel und Erde [ist]», und nicht die geschlechtlichen Paarungen, die für die polytheistischen Schöpfungsgeschichten charakteristisch sind. Wenn damit die Eden-Erzählung (erst) mit Vers 2,4b beginnt, wird sie mit einem temporalen Nebensatz eröffnet, ähnlich wie die erste Schöpfungsgeschichte der Genesis – wenigstens nach einer gängigen Interpretation[42] –, das Enuma-Elisch-Epos und das babylonische Atramhasis-Epos[43].

Die Eden-Erzählung unterscheidet sich im Ton wesentlich von der priesterlichen Schöpfungsgeschichte[44]. Das Herstellen einer Ordnung in einem formlosen Universum durch einen transzendenten Gott steht hier nicht zur Diskussion[45], vielmehr konzentriert sich dieser Text in erster Linie auf die Situation der Menschheit in dieser Welt; sie vermittelt eine Interpretation der *conditio humana* und fungiert somit als ätiologische Erzählung[46]. Moderne Leser und Leserinnen werden bei einer Erzählung dadurch gefesselt, dass ihnen der Schluss unbekannt ist: Wie werden die im Text enthaltenen Probleme gelöst? Wer einen antiken Text wie die

---

[42] Zu den möglichen Übersetzungen des Anfangs des Buches Genesis siehe Sarna, *Genesis*, S. 5.

[43] In jüngerer Zeit wird oft vertreten, dass die Eden-Erzählung in literarischer Weise vom Atra(m)hasis-Epos abhängt. Siehe Carr, *Reading the Fractures*, S. 240–246.

[44] Für eine Besprechung der neuen und tiefgreifenden Botschaft, die der Autor bzw. Redaktor durch die Gegenüberstellung dieser zwei Schöpfungsberichte geschaffen hat, siehe Alter, *Biblical Narrative*, S. 140–147, der auf Analogien in der Filmkunst (Sergei Eisenstein) und der bildenden Kunst (post-kubistische Malerei) verweist.

[45] Niditch, *Creation to Cosmos*, S. 11–22, identifiziert in der Urgeschichte von Genesis 1–11 zwei übergreifende literarische Themen: Das erste Thema ist die Bewegung vom Chaos zur Ordnung, das sie in den beiden Schöpfungsgeschichten Genesis 1,1–2,4a und 2,4b–25 erkennt. Das zweite Thema ist die Bewegung von der idealen Ordnung zur Realität, das sie in Genesis 3,1–24 findet. Im Gegensatz zur Klassifizierung von Niditch, nach der sich beide Schöpfungsgeschichten mit der Entstehung von Ordnung beschäftigen, sehe ich zwischen der P-Erzählung (Genesis 1,1–2,4a) und der Eden-Erzählung (Genesis 2,4b–3,24) einen stärkeren literarischen und theologischen Bruch.

[46] Meyers, *Discovering Eve*, S. 79, bringt die Erzählung von Genesis 2–3 sowohl mit der Gattung der Schöpfungsgeschichte als auch mit derjenigen des ätiologischen Volksmärchens in Zusammenhang. Weiter findet sie in Genesis 3 auch Fragmente der Weisheitstradition.

Eden-Erzählung mit einer solchen Einstellung liest, hat unter Umständen Probleme mit der linearen Entwicklung der Geschichte. Um diese Behauptung an einem persönlichen Beispiel zu verdeutlichen: Egal wie oft ich Homers Ilias lese, stelle ich jedes Mal die Unweigerlichkeit des Todes Hektors und der Niederlage Trojas in Frage. Ähnlich könnte man im Fall der Eden-Erzählung die Unweigerlichkeit des Verlustes des Paradieses in Frage stellen. Doch dies ist letztlich eine verkehrte Logik: Troja wurde von den Griechen erobert und die Menschen leben in dieser Welt. Die antiken Zuhörer von Homer und der Hebräischen Bibel kannten beide das Ende ihrer jeweiligen Geschichten; sowohl für den Erzähler als auch für den Zuhörer war es vorgegeben. Die Kunst des Erzählers lag darin, wie er dem Pfad folgte, der zum vorgegebenen Ende der Erzählung führt, und in den Lehren, die er daraus zog.

Die Eden-Erzählung beschäftigt sich nicht mit Kosmologie. Gott erschafft zwar, der Schwerpunkt der Erzählung aber liegt beim Menschen und bei dem, womit er in seinem Leben in Kontakt kommt. Die Sonne, der Mond, die Sterne, das Gewölbe und die Urwasser spielen hier keine Rolle. Diese Erzählung interessiert sich nicht für Entmythologisierung oder Entanthropomorphisierung. Der Gott dieser Erzählung ist deswegen ein wesentlich anderer als derjenige von Genesis 1: Dieser Gott formt, gestaltet und experimentiert; er atmet und spricht. Gott geht im Garten spazieren und macht Lärm. Er ist ein zugänglicher Gott, der keine Angst hat, sich seine Hände schmutzig zu machen.

In den beiden Erzählungen wird die Schöpfung nicht *in toto* als eine *creatio ex nihilo* verstanden. In Genesis 1 sind Wasser und das Rohmaterial der Erde vorhanden, bevor die Schöpfung mit der Erschaffung des Lichts und der darauffolgenden Ordnung des Universums anfängt. In Genesis 2 steigt ein Dunst aus der öden Erde, bevor Gott die Schöpfung mit der Erschaffung des ersten Menschen anfängt, um danach das Tier- und Pflanzenreich zu schaffen. Kapitel 2 schließt mit der Aufteilung des Menschen in zwei Geschlechter; die Entdeckung der Sexualität jedoch wird bis zum Ende des 3. Kapitels aufgeschoben[47].

Übersetzungen der Hebräischen Bibel können die verwickelten Wortspiele des Originals nicht immer adäquat wiedergeben[48]. In der Eden-Erzählung werden zwei Wörter für Erde benutzt. Das erste, *'erets* (ארץ), bedeutet Erde im Sinne von Welt, das zweite, *'adama* (אדמה), bezieht sich auf die Substanz, die auf der Erdoberfläche liegt. Das erste

---

[47] Eilberg-Schwartz, *God's Phallus*, S. 88, lässt die Frage offen, ob das Urpaar im Paradies geschlechtliche Beziehungen hatte oder nicht. Amit, *Biblical Narratives*, S. 41–45, deutet darauf hin, dass die zwei Menschen im Garten solche Beziehungen nicht hatten.

[48] Zu den Wortspielen in der Eden-Erzählung siehe Bechtel, Rethinking, S. 95–98.

Wort wird dann benutzt, wenn es um die Totalität der göttlichen Schöpfung geht; das zweite Wort wird im Kontext der Erschaffung des Men-
schen als Wortspiel gebraucht: *'adam* (אדם), als Anspielung auf die
Erde, aus welcher der Mensch kommt, die er für seinen Lebensunterhalt
bebauen muss und zu der er am Ende seines Leben wieder zurückkehren
muss[49]. Die Beziehung zwischen *'adam* und *'adama* bleibt in vielen
Übersetzungen verborgen, wenn diese etwa von der Erschaffung des
«Menschen aus Erde vom Ackerboden» (Genesis 2,7) sprechen[50].
Deswegen muss man Übersetzungen begrüßen, die versuchen, *'adam* als
«Erd-Kreatur» (earth-creature) oder «Erdling» (earthling) wieder-
zugeben, auch wenn solche Begriffe wahrscheinlich stärker an Star
Wars oder Raumschiff Enterprise erinnern als an die Heilige Schrift[51].

In einem der ersten Beiträge der modernen feministischen Bibelforschung versuchte Phyllis Trible in den frühen 70-Jahren zu zeigen,
dass der erste Mensch in der Eden-Erzählung bis zu seiner Zweiteilung
mit großer Wahrscheinlichkeit als geschlechtsneutral oder als zwei-
geschlechtig zu verstehen ist, und nicht *ab initio* als ein Mann[52].

## 4. Mann und Frau im Paradies – Eine geschlechtsneutrale Lesung

Seit langem ist die Eden-Erzählung aus Frauenperspektive ein proble-
matischer Text. Im Laufe der Jahrhunderte wurde sie des Öfteren dazu
benutzt, die untergeordnete Stellung der Frau in der partriarchalischen
Gesellschaft zu rechtfertigen. Während Genesis 1 keinen Zweifel daran
offen lässt, dass Mann und Frau gleichzeitig erschaffen wurden, konnte
man aus der Eden-Erzählung die Schlüsse ziehen, dass der Mann *vor* der
Frau erschaffen wurde und die Frau dazu da sei, dem Mann als Unterta-
nin zu dienen und als Quelle allen Unheil in der Welt anzuschauen sei.

---

[49] Für eine Besprechung des sogenannten *'adama*-Motivs in der biblischen Urgeschichte siehe Miller, *Genesis 1–11*, S. 37–42.

[50] Ronald Simkins hat behauptet, dass «The male *hā'ādām* comes from the female
*hā'ādāmâ* like a fetus from its mother. The wordplay between *hā'ādām* and
*hā'ādāmâ* establishes the relationship between the man and the arable land to be
like that of a child and his mother». Siehe Simkins, Gender Construction, S. 44.

[51] Siehe z.B. Eilberg-Schwartz, *God's Phallus*, S. 203 («earthling»); Trible, *God
and the Rhetoric of Sexuality*, S. 75 ff. («earth creature»).

[52] Nicht alle feministischen WissenschaftlerInnen würden dieser Behauptung
zustimmen. Einige würden Tribles angeblich theologisch bedingte naïveté angrei-
fen und behaupten, dass die patriarchalische Weltsicht der Text impliziert, dass
der erste Mensch gemäß Genesis ein Mann gewesen ist. Siehe z.B. Milne, Patriarchal Stamp, und die dort angegebene Literatur, sowie Simkins, Gender Construction, S. 40 Anm. 30.

Dementsprechend soll Paulus gemäß dem ersten Brief an Timotheus geschrieben haben: «Eine Frau soll sich still und in aller Unterordnung belehren lassen. Dass eine Frau lehrt, erlaube ich nicht, auch nicht, dass sie über ihren Mann herrscht; sie soll sich still verhalten. Denn zuerst wurde Adam erschaffen, danach Eva. Und nicht Adam wurde verführt, sondern die Frau ließ sich verführen und übertrat das Gebot»[53].

Es ist das große Verdienst Tribles, die traditionellen androzentrischen und patriarchalischen Lesungen von Genesis 2–3 in Frage gestellt und neue Ansätze zum Lesen von biblischen Texten vorgeschlagen zu haben, die von einer feministischen Perspektive geprägt sind[54]. Eine ganze Generation von Bibelforschern, sowohl Männer als auch Frauen, ist ihr Dank schuldig. Es mutet seltsam an, dass sich Elizabeth Koltun an eine christliche Theologin, nämlich Trible, wenden musste, als sie vor über einem Vierteljahrhundert für einen Sammelband zum Thema der jüdischen Frau einen Beitrag zur Frau in der biblischen Erzählung aus einer früh-feministischen Sicht suchte[55]. Heutzutage würde Koltun mehr als genug jüdische Kandidatinnen für solch einen Auftrag finden[56], was zum großen Teil Tribles grundlegender Arbeit zu verdanken ist. Von daher ist es angemessen, die Frage zu stellen, in wie weit ihre Arbeit unser Verständnis des biblischen Textes geändert hat.

Als Erstes darf man dank Trible die gängige Interpretation der Reihenfolge der Schöpfung von Mann und Frau in der Eden-Erzählung in Frage stellen. Paulus Auslegung wurde schon zitiert[57]. Sie bildete für

---

[53] 1. Timotheus 2,11–14 (Einheitsübersetzung).

[54] Trible, Depatriarchalizing. Dieser Aufsatz diente später in etwas ausgearbeiteter Form als Basis für Kapitel 4 (Genesis 2–3) und 5 (das Hohelied) in Tribles *God and the Rhetoric of Sexuality*. In *God and the Rhetoric of Sexuality*, S. 73, zählt Trible elf frauenfeindliche Annahmen auf, die in den traditionellen Auslegungen der Eden-Erzählung vorkommen. In ähnlicher Weise setzt sich auch Schüngel-Straumann mit der Rezeption der Genesis Erzählungen von der Erschaffung von Mann und Frau im Kontext der christlichen Bibel auseinander, vgl. Schüngel-Straumann, On the Creation, insbesondere S. 55–64.

[55] Siehe Koltun, *The Jewish Woman*.

[56] Nicht alle Feministinnen, die über die Hebräische Bibel schreiben, sind Bibelwissenschaftlerinnen, ihre Auslegungen und hermeneutischen Ansätze sind z.T. sehr verschieden und es sind auch nicht alles Frauen (siehe z.B. Eilberg-Schwartz). Unter den vielen jüdischen feministischen Autorinnen, die sich zur Hebräischen Bibel geäußert haben und noch nicht erwähnt wurden, siehe Antonelli, *In the Image*; Frankel, *Five Books*; Goldstein, *ReVisions*; dies., *Women's Torah Commentary*; Pardes, *Countertraditions*; Plaskow, *Und wir stehen*. Für eine religiös-traditionellere doch literarische Perspektive siehe Zornberg, *Genesis*; dies., *Exodus*. Siehe weiter auch den Sammelband Rawitzki, *Lesen ab dem Anfang*.

[57] Für eine kritische Auseinandersetzung mit Auslegungen von 1. Timotheus siehe Bal, *Lethal Love*, 109 ff.

Jahrhunderte die Grundlage der kirchlichen Auslegung. Anders als die christliche bietet die jüdische Tradition zwei konträre Antworten auf die Frage der Priorität von Mann und Frau: Die erste dieser Antworten würde mit Paulus übereinstimmen, indem sie den Mann als erstgeschaffen betrachtet[58]. Der erste Mensch wäre nach ihr also ein Mann namens Adam gewesen. Daneben gibt es eine zweite Auslegungstradition, welche die Eden-Erzählung (Genesis 2–3) in kontextueller Weise zusammen mit der priesterlichen Schöpfungsgeschichte (Genesis 1) liest[59]. So vermutete etwa Rabbi Jeremia ben Eleasar, dass der erste Mensch ein Hermaphrodit, also sowohl männlich als auch weiblich, gewesen sei, da Genesis 1,27 davon berichtet, dass Gott den Menschen als Mann und Frau erschaffen hat, es in Genesis 2 zunächst aber nur einen Mensch gibt, bis Gott einen zweiten formt. Rabbi Samuel bar Nachman übernahm diese These und führte sie weiter: In einer Beschreibung, die nicht nur der Hebräischen Bibel sondern auch Platons Symposion verpflichtet scheint[60], vertrat er die Meinung, der erste Mensch habe aus einer männlichen und einer weiblichen Hälfte bestanden, bis Gott ihn entzwei geteilt hat, um Mann und Frau zu erschaffen.

Andere Wege geht Trible in diesem Zusammenhang, wenn sie auf zwei Eigenschaften der Sprache von Genesis 2 hindeutet: Erstens ist das Hebräische keine geschlechtsneutrale Sprache, alle Nomina sind entweder männlich oder weiblich. Da es kein Neutrum gibt, können maskuline und feminine Formen dessen Funktionen übernehmen. Zweitens erscheint das Wort 'adam in der Eden-Erzählung bis zur Aufteilung der Menschen in Geschlechter am Ende von Kapitel 2 durchgehend mit dem Artikel, wird damit also als Gattungssubstantiv «Mensch» und nicht als Eigennamen «Adam» benutzt[61]. Trible schließt daraus, dass der Urmensch von Genesis 2 als geschlechtsneutral betrachtet werden muss. Der Mann ist somit nicht älter als die Frau, vielmehr sind die beiden Altersgenossen.

Man könnte allerdings auch vertreten, dass es in dieser Erzählung eine Neigung zu Gunsten des Mannes und seiner vorrangigen Stellung gibt, weil die Kreatur, aus welcher der Mann werden wird, am *Anfang* der Eden-Erzählung erschaffen wird, während die Frau erst am *Ende* des

---

[58] Siehe z.B. Genesis Rabba 17,4; 18,2. Zu Eva bzw. der ersten Frau in der rabbinischen Literatur siehe Baskin, *Midrashic Women*, S. 44–87.

[59] Siehe Genesis Rabba 8,1.

[60] Jedoch ohne die androzentrische Homoerotik und den Weiberhass (Misogynie) von Aristophanes.

[61] Einzig Genesis 2,20, wo die Masoreten $ul^e$'adam («aber für 'adam/Adam») lesen, scheint dem zu widersprechen. Eine Umpunktierung des Textes in ula'adam («für den Menschen») könnte diese scheinbare Schwierigkeit im Text allerdings beseitigen.

zweiten Kapitels geformt wird. In solch einer geradlinigen Lesung der Geschichte wäre die Schöpfung ein Prozess des Niedergangs, der nach dem Höhepunkt der Erschaffung des Mannes zu derjenigen der Tier- und Pflanzenwelt und schließlich der Frau abfiele. Trible erwähnt zwei Argumente gegen solch eine Lesung: Zunächst weist sie darauf hin, dass man die Schöpfungsgeschichte in Genesis 1 als eine Steigerung lesen kann, die gegen Ende in der Erschaffung der Menschheit gipfelt[62], die Erschaffung der Frau am Ende der Eden-Erzählung demnach in analoger Weise als Höhepunkt (und nicht als Niedergang) interpretiert werden könnte. Wenn man wollte, könnte man so sogar zum Schluss kommen, dass die Frau gemäß der Bibel dem Mann eigentlich überlegen ist. Doch Tribles Beweisführung ist wesentlich differenzierter: In ihrem zweiten Argument gegen eine geradlinige Interpretation dieser Textstelle identifiziert sie eine erzählerische Ringstruktur in der Eden-Erzählung. Die Geschichte fängt bei ihrem ersten Höhepunkt, der Schöpfung des geschlechtsneutralen Urmenschen an, bewegt sich dann durch einen in der Mitte liegenden Morast, in dem die Einsamkeit des Urmenschen betont wird, und mündet dann in ihren zweiten Höhepunkt, der Schöpfung einer geschlechtlichen und gepaarten Menschheit. Nach dieser Auslegung ist der Mensch nicht vollkommen, bis er eine zweigeschlechtliche Einheit bildet. Die Ringstruktur der Erzählung würde also die ergänzende Natur von Mann und Frau betonen, ohne die die Menschheit unvollendet bliebe[63].

Während der Zeit, in welcher der Urmensch einsam und allein war, fiel es Gott auf, dass «es [...] nicht gut [ist], dass der Mensch allein bleibt»[64]. Deswegen beschloss er, dem Menschen «eine Hilfe» zu machen. Die entsprechende hebräische Bezeichnung ist *'ezer k^enegdo* (עזר כנגדו). Übersetzungen, die diese im Sinne von «Hilfe» wiedergeben, deuten an, dass die Frau zum Dienst des Mannes gemacht wurde. Doch Trible versucht zu zeigen, dass damit der Sinn des Hebräischen verdreht wird. *'ezer* kann zwar im Hebräischen durchaus «Hilfe» bedeuten, daneben aber auch «Kraft»[65]. Das Wort impliziert nicht unbedingt eine

---

[62] Andererseits könnte man auch behaupten, dass die Erzählung ihren Höhepunkt erst am 7. Tag erreicht, dort, wo die Ruhe zum integralen Teil der göttlichen Schöpfung wird.

[63] Siehe auch die Auslegung von Frymer-Kensky, *In the Wake*, S. 141–143, in der sie vertritt, dass sich Mann und Frau in den Schöpfungserzählungen der Genesis, anders als nach der mesopotamischen Weltanschauung, nur aufgrund ihrer Geschlechtsorgane unterscheiden, und nicht aufgrund irgendwelcher grundlegender Charakterunterschiede.

[64] Genesis 2,18.

[65] Die hebräische Wortwurzel *'zr* (עזר) besteht eigentlich aus zwei ursemitischen Wortwurzeln. Die erste bedeutet «Hilfe», die zweite kann man als «Kraft» über-

zweitrangige Stellung innerhalb einer Hierarchie; dazu gäbe es im Hebräischen bessere Wörter. *'ezer* ist vielmehr ein Wort, das oft im Zusammenhang mit Gott als Helfer und Retter der Menschheit gebraucht wird. So etwa in einer Anzahl poetischer Texte, unter denen man den Anfang von Psalm 121 zitieren könnte: «Ich hebe meine Augen auf zu den Bergen: Woher kommt mir Hilfe? Meine Hilfe kommt vom Herrn, der Himmel und Erde gemacht hat»[66]. Auch Namen wie Asarja («Ja [= JHWH] ist meine Hilfe/Kraft») oder Elieser («Gott ist meine Hilfe/Kraft») oder ihre Kurzform Esra bestätigen diesen Gebrauch des Wortes. Offenbar ist das Verständnis von *'ezer* in der Hebräischen Bibel ein erhabenes. Im Gegensatz zu Gott dem Helfer, der übermenschlich ist, soll die «Hilfe» hier in Genesis *kᵉnegdo* sein, nämlich eine, die dem Menschen angemessen und ebenbürtig ist; eine passende Partie sozusagen[67]. In diesem Sinn qualifiziert die Bezeichnung der Frau als «Hilfe» diese nicht als eine, die dem Urmenschen, aus dem sie von Gott gemacht wurde[68], unterlegen ist, sondern als eine ebenbürtige und passende Partnerin des Mannes[69]. So gelesen, beschreibt der Text nicht die Zweitrangigkeit und Untertänigkeit der Frau, sondern die Ebenbürtigkeit und Zusammenarbeit der zwei Geschlechter, die zusammen die Menschheit bilden – zumindest im Paradiesgarten.

---

setzen. In diesem Kontext ist es egal, ob man *'ezer kᵉnegdo* als «gleichwertige Hilfe» oder als «gleichwertige Kraft» übersetzt, denn in beiden Fällen impliziert das Wort *'ezer* in keiner Weise eine untergeordnete Stellung der Frau gegenüber dem Mann. Siehe Freedman, Woman, A Power Equal to Man.

[66] Psalm 121,1–2.

[67] Es gibt eine rabbinische Tradition, nach der die betreffende Phrase in Bezug auf die Beziehungen zwischen Mann und Frau sowohl in positiver als auch in negativer Weise gelesen wird: So lange der Mann es verdient, wird die Frau sein *'ezer* oder seine «Hilfe» sein. Sollte er sich aber als unwürdig erweisen, wird die Frau *kᵉnegdo* oder «seine Gegnerin» sein. Siehe TB Jewamot (Jebamot) 63; Genesis Rabba 17,3; Rashi *ad loc.*; und Cohen, *Self, Struggle & Change*, S. 28–29. In ähnlicher Weise übersetzt Brenner die Phrase als «eine Helferin gegen ihn» («a helper against him») und macht darauf aufmerksam, dass die biblische Verwendung dieser Phrase eine ambivalente Einstellung Frauen gegenüber zum Ausdruck bringt, siehe Brenner, *Israelite Woman*, S. 126–127.

[68] Trible, Depatriarchalizing, S. 223, betont, dass der Mann keinen Anteil an der Schöpfung der Frau hat. Wie des Öfteren schon beobachtet, kann das oftmals als «Rippe» übersetzte Wort auch als «Seite» übersetzt werden. Bal vermutet, dass dieses Wort hier als Euphemismus für «Gebärmutter» benutzt wird, ohne allerdings irgendwelche einschlägigen Beweise für ihre Behauptung zu liefern. Siehe Bal, *Lethal Love*, S. 115.

[69] Wenn man *'ezer* in diesem Text als «Kraft» oder «Macht» übersetzt, könnte dieser Text bedeuten, dass Mann und Frau *gemeinsam* über Gottes Schöpfung regieren sollen.

Sobald sich die zwei Menschen gegenüber stehen, bemerken sie sowohl ihre Ähnlichkeiten untereinander als auch ihre Unterschiede voneinander. So stellt der Mann fest, dass sie beide aus der gleichen Substanz stammen («Bein von meinem Bein und Fleisch von meinem Fleisch»[70]), und kennt ihre verschiedene Geschlechter an, indem er von «Mann und Frau» – 'isch (אִישׁ) und 'ischah (אִשָּׁה) – spricht. Der Erzähler fügt an dieser Stelle die vorhersagende (proleptische) Beobachtung hinzu, dass diese Nähe es ist, die den Mann dazu zwingt, seine Eltern zu verlassen und sich an seine Frau zu binden, um die verlorene Einheit wieder zu gewinnen[71]. Auch hier fühlt man sich wieder an Aristophanes erinnert.

5. Der «Fluch» – Kontext und Geschlecht

Am Ende von Genesis 2 wird erzählt, dass das Urpaar nackt war, sich dabei aber nicht schämte. Die Menschen waren also offenbar in Geschlechter aufgeteilt, hatten ihre Sexualität aber noch nicht entdeckt[72]. Erst als Folge ihres Essens vom Baum der Erkenntnis wurden ihre Augen geöffnet und sie wurden sich ihrer Sexualität gewahr[73]. In der Tat heißt es dann auch im ersten Vers nach der Vertreibung aus dem Paradiesgarten: «Der Mann bzw. Adam erkannte seine Frau Eva, und sie

---

[70] Genesis 2,23.

[71] Zum im Text impliziten Verständnis, dass menschliche Sexualität sich auf monogame und exogame Heterosexualität («monogamous exogamous heterosexuality») beschränkt, siehe Fewell/Gunn, Shifting the Blame, insbesondere S. 23.

[72] Siehe die Diskussion um die Ausdrücke Geschlecht («gender») und Sex in Eilberg-Schwartz, *God's Phallus*, S. 22–27, der zwischen sexueller Anatomie (d.h. Sex) und kulturell bedingten Eigenschaften, die mit den Geschlechtern (d.h. Geschlecht) assoziiert werden, unterscheidet. Ausgehend von diesem Unterschied, vertritt er, dass die israelitischen Gottesvorstellungen Gott zwar ein Geschlecht zuschreiben, sich aber davor hüten, Gott in menschlicher Form mit menschlichen Geschlechtsteilen zu denken: «God is a masculine deity whose maleness is repressed and avoided» (S. 25). Siehe auch die Darstellung einer Konstruktion eines Geschlechtsbilds («gender construction») in Simkins, Gender Construction, S. 35–39. Im vorliegenden Aufsatz wird in Bezug auf Genesis 2–3 in vereinfachender Weise nur zwischen sexuellen Eigenschaften, ob körperlichen oder kulturellen (d.h. Sex und Geschlecht), und dem Wissen um die Sexualität (Sexualität) unterschieden.

[73] Dadurch, dass ich zwischen Genesis 2 (Sex/Geschlecht) und Genesis 3 (Sexualität) differenziere, unterscheide ich mich von Tribles Darstellung, gemäß der Sexualität bzw. Eros schon in Genesis 2,21–24 zu finden ist. Siehe Trible, Depatriarchalizing, S. 224; *God and the Rhetoric of Sexuality*, S. 94–105.

ward schwanger und gebar Kain»[74]. Sexuelles Wissen und Menschsein sind in der Genesis genauso eng verbunden wie im Gilgamesch-Epos, in dem der wilde Naturmensch Enkidu, der mit den Tieren lebt, durch eine sexuelle Beziehung humanisiert wird[75]. Leider ist eine ausführlichere Diskussion dieser Thematik im Rahmen dieses Aufsatzes nicht möglich.

Stattdessen möchte ich meine Ausführungen mit einer Diskussion eines der für die feministische Auslegung problematischsten Texte in der Eden-Erzählung schließen, nämlich mit einer Besprechung der Strafe, die Gott der Frau auferlegte, als sie gegen das göttliche Gebot verstieß, nicht vom Baum der Erkenntnis zu essen. Dieser Text ist für feministische Auslegungen seit eh und je der schwierigste in der Eden-Erzählung, wie ein Blick in das Inhaltsverzeichnis von Athalya Brenners Sammelband *A Feminist Companion to Genesis* verdeutlicht. Genesis 3,16 ist der Vers, der im Laufe der Zeit am häufigsten dazu benutzt wurde, Frauen unterzuordnen und ihnen in der patriarchalischen Gesellschaft eine dienende Rolle zuzuweisen. So kann sicherlich nicht bestritten werden, dass dieser Vers ein Produkt einer patriarchalischen Gesellschaft und ihres Gefüges ist, dennoch aber muss die Frage gestellt werden, ob der Text bislang richtig verstanden wurde oder nicht.

Zunächst muss in diesem Zusammenhang betont werden, dass Genesis 3,16 die Frau verurteilt und bestraft, nicht aber verflucht[76]. Nach dem Vergehen im Paradiesgarten spricht Gott sein Urteil über die Schlange[77], die Frau und den Mann, wobei sich in diesem Urteil die Realität des tagtäglichen Lebens im alten Israel widerspiegelt. Die Schlange ist die einzige, die verflucht wird; das Motiv des Fluches taucht nur noch im Urteil gegen den Mann auf, um dessentwillen die Erde verflucht wird, aus welcher der Urmensch stammt und die der Mann nun bearbeiten muss, um das Überleben der Menschheit zu sichern[78]. Wenn man die Frau als verflucht darstellt, liest man etwas in den Text herein, das in ihm nicht zu finden ist. Frau zu sein ist nicht das Ergebnis eines Fluches.

---

[74] Genesis 4,1abα, eigene Übersetzung.

[75] Zum Gilgamesh-Epos siehe u.v.a. Hallo/Younger, *Context of Scripture*, Volume 1, S. 458–460; Heidel, *Gilgamesh Epic*; Pritchard, *Ancient Near Eastern Texts*, S. 72–99; Sandars, *Epic of Gilgamesh*; Tigay, *Gilgamesh Epic*; Maier, *Gilgamesh*; Foster, *Epic of Gilgamesh*. Siehe auch Eilberg-Schwartz, *God's Phallus*, S. 90–91.

[76] Siehe von Rad, *Genesis*, S. 90; Bledstein, Are Women Cursed. Gegen Otwell, *And Sarah Laughed*, S. 17–18.

[77] In einem Gespräch schlug mir Professor Dr. Michael Wyschogrod vor, der Grund für den Verrat der Schlange an den Menschen sei als Rache für *ha'adam*s Ablehnung der Tierwelt als *'ezer kᵉnegdo* zu verstehen.

[78] Genesis 3,17[–19].

Wenn wir uns jetzt der Arbeit von Carol Meyers widmen, schließen wir den Kreis[79]. Ihre Arbeit ist sowohl durch Aufmerksamkeit und Sorgfalt den traditionellen kritischen Methoden gegenüber gekennzeichnet als auch durch Anwendung von Methoden, die aus den Sozialwissenschaften übernommen sind; ihre Fragestellung ist sowohl feministisch als auch literaturwissenschaftlich orientiert. Damit gelingt es ihr, auf dem von Trible gelegten Fundament aufzubauen, ohne den Sitz im Leben der biblischen Texte außer Acht zu lassen[80].

Meyers' Verständnis von Genesis 3,16 hängt von ihrer Beobachtung ab, dass die Eden-Erzählung – unabhängig davon, ob wir den Text einer vermeintlichen J-Quelle zuschreiben oder nicht – die Interessen einer israelitischen Hochlandkultur widerspiegelt. Im Gegensatz zur priesterlichen Schöpfungsgeschichte in Genesis 1, die eine mesopotamische Perspektive widerspiegelt, ist die Eden-Erzählung in Kanaan zu Hause. Laut Meyers bringt sie die Anliegen der frühen Israeliten zum Ausdruck, die im unfruchtbaren Zentralhügelland Kanaans um ihre Existenz kämpfen mussten. Nach ihr widerspiegeln die gegen Mann und Frau gesprochenen Urteile mit ihrer Thematik von Arbeit und Fruchtbarkeit die tagtägliche Realität des Lebens in der Frühen Eisenzeit ca. 1200–1000 v.d.Z.

Meyers' Übersetzung von Genesis 3,16 spiegelt ihre gesellschaftliche Analyse wider und eröffnet eine ganz neue Interpretation dieser Textstelle, deren Auslegung mehr oder weniger festgelegt zu sein schien. Meyers zeigt auf, dass in Genesis 3,16 bislang einige entscheidende Worte und Konzepte falsch verstanden wurden. Oft wird die Stelle ungefähr wie folgt übersetzt:

> «Ich werde sehr schwer machen
> deine Wehen bei der Geburt;
> mit Schmerzen sollst du Kinder gebären.
> Doch sollst du nach deinem Mann verlangen,
> Und er wird über dich herrschen.»

Das Hebräische Wort *'itsavon* (עצבון) kommt in Gottes Ansprache sowohl an die Frau als auch an den Mann vor. Im Fall des Mannes wird *'itsavon* üblicherweise als «Arbeit» oder «Mühe» übersetzt, im Fall der Frau hingegen oft als Anspielung auf die Geburtswehen verstanden. Meyers schlägt eine analoge Übersetzung vor. Sie plädiert dafür, dass das herkömmlicherweise mit «Geburt» übersetzte Wort *heron* (הרון), von der Wortwurzel *hara* (הרה), eigentlich als «Empfängnis» o.ä. über-

---

[79] Meyers, *Discovering Eve*, S. 95–121. Siehe auch dies., Gender Roles.
[80] Siehe Pardes' Kritik von Tribles «ahistorical examination of the Bible» in ihrem Buch *Countertraditions*, S. 2–3. 20–25.

setzt werden sollte. Dieser Vorschlag ist derart plausibel, dass es erstaunt, warum das Wort so oft anders übersetzt werden kann[81]. Im Blick auf den Ausdruck «mit Wehen» weist Meyers darauf hin, dass das entsprechende hebräische Wort *'etsev* (עצב) mit *'itsavon* verwandt ist. Deswegen schlägt sie vor, dass man es als Anspielung auf die Frauen-arbeit in der israelitischen Gesellschaft und nicht als Geburtsschmerzen verstehen sollte. Im Blick auf die Aussage über die Frau, die sowohl nach ihrem Mann verlangt als auch von ihm regiert wird, nimmt Meyers schließlich ein Thema aus der mittelalterlichen jüdischen Auslegungs-tradition auf und betont, dass das Regieren des Mannes im Kontext des Verlangens der Frau nach ihrem Mann zu verstehen ist[82]. Auf dem Hintergrund der hohen Sterblichkeitsrate bei Geburten im alten Israel – die Geburt war die Haupttodesursache der israelitischen Frau – interpre-tiert sie diese Aussage als tiefgründige Reflexion über die Spannung zwischen dem Wunsch der einzelnen Frau, am Leben zu bleiben, und dem Bedürfnis der Gesellschaft nach Nachkommen. So kommt Meyers schließlich zur folgenden Übersetzung von Genesis 3,16:

> «Ich werde deine Arbeit und deine Schwangerschaften vermehren;
> Mit Mühe wirst du Kinder gebären.
> Denn dein Verlangen gilt deinem Mann,
> Und er wird über dich die Oberhand haben»[83].

Meyers legt diesen Text so aus: «Frauen müssen schwer arbeiten und viele Kinder haben, wie die ersten zwei Zeilen verraten; ihr Widerstre-ben sich anzupassen, das nicht explizit genannt wird, auf Grund der biologischen und gesellschaftlich-wirtschaftlichen Realitäten des anti-

---

[81] Wenn man einen Blick in die üblichen Wörterbücher wirft (wie z.B. Köhler/ Baumgartner, *Hebräisches und aramäisches Lexikon zum Alten Testament* [= *HALAT*]), sieht man, dass das Wort *heron* in diesem Text schon lange entweder als Synonym oder als Fehler für das übliche Wort für Empfängnis (nämlich *herajon*) betrachtet wurde. In der Tat findet sich diese zweite Lesung im samaritanischen Pentateuch. Nichtsdestoweniger versucht *HALAT* (S. 246a), diese zwei Worte zu unterscheiden, und übersetzt *heron* als «Schwangerschaft» und *herajon* als «Empfängnis». Trotz eines oftmals impliziten Eingeständnisses, dass diese beiden Wörter eigentlich synonym sind, übersetzen Wissenschaftler oftmals weiterhin so, wie es ihnen die Tradition vorschreibt. Ein Beispiel dafür bietet Speiser, *Genesis*, S. 24, der den Ausdruck «deine Wehen bei der Geburt» als hendyadioin versteht. Unterwarteterweise versteht Speiser die wortwörtliche Bedeutung von *heron* als «Gebären» und deutet seine idiomatische Bedeutung als «Schwangerschaft». Sogar Raschi verstand, einer midraschischen Tradition folgend, das Wort bereits im 11. Jh. als «Empfängnis/Schwangerschaft».

[82] Siehe den Kommentar von Nachmanides *ad loc.* Siehe auch Antonelli, *In the Image*, S. 12.

[83] Meyers, *Discovering Eve*, S. 118. Siehe auch Korsak, Genesis, S. 50–51.

ken Palästinas aber rekonstruiert werden kann, musste überwunden werden. Die Zeilen 3 und 4 sagen uns auf welche Weise: Das weibliche Widerstreben wird durch die Leidenschaft überwunden, die sie für ihre Männer fühlen, und die es ihnen ermöglicht, den männlichen sexuellen Annäherungen zuzustimmen, obwohl sie sich dessen bewusst sind, dass das Ergebnis eine ungewollte Schwangerschaft (mit deren Risiken) sein kann»[84].

Meyers versteht den biblischen Text offenbar als eine theologische Begründung der biologischen Realität. Die Bibel bestraft die Frau nicht mit den Schmerzen der Geburt, sondern versucht im Gegenteil darzustellen, wie weit die gesellschaftliche Wirklichkeit einer israelitischen Frau von einem Paradies ohne Arbeit und Mühe entfernt ist. So vertrat Mary Korsak, dass das Kindergebären, obwohl schmerzhaft und gefährlich, im alten Israel nicht als etwas Negatives, sondern als etwas Positives betrachtet wurde[85], weil von ihm doch das Überleben der Gemeinschaft abhing.

Susan Niditch sieht in der Eden-Erzählung – obwohl der Mensch nicht mehr im Paradies lebt – einen tröstenden Aspekt und verweist auf ähnliche Geschichten aus anderen Kulturkreisen. Tröstlich ist die Erzählung, insofern sie der gegenwärtigen Realität einen tieferen Sinn verleiht und dem Menschen die Hoffnung eröffnet, irgendwann ins verlorene Paradies zurückzukehren[86].

Die erste Handlung nach Gottes Urteil über die Menschen war die Benennung der Frau durch den – jetzt endlich Adam genannten – Mann. Nach Trible[87] ist dies der Moment, in dem die Beziehung zwischen Mann und Frau in formeller Weise ungleich wird. Adams Fähigkeit, seiner Frau einen Namen zu verleihen, steht symbolisch für die Macht, die er über sie ausübt. Genauso wie das Herrschen der Menschheit über die Tierwelt durch das Benennungsmotiv in Kapitel 2 zum Ausdruck kommt, symbolisiert die Benennung der Frau durch den Mann die ungleichen Geschlechterrollen, die Männern und Frauen in einer patriarchalischen Gesellschaft zukommen[88].

---

[84] Meyers, *Discovering Eve*, S. 117 (eigene Übersetzung). Meyers findet in ihrer Auslegung Zustimmung von Bechtel, Rethinking, S. 104–106.

[85] Korsak, Genesis, S. 50–51.

[86] Niditch, *Chaos*, S. 29. Wie Niditch andeutet, ist diese Hoffnung stärker noch als in der biblischen Erzählung selbst in den Traditionen greifbar, die sich auf die Hebräische Bibel beziehen. Siehe ebd., S. 43.

[87] Trible, Depatriarchalizing, S. 228.

[88] Siehe Trible, *God and the Rhetoric of Sexuality*, S. 72–143; aber auch Sarna, *Genesis*, S. 29, der behauptet, dass «[t]he man's act is thus an affirmation of life.» Bechtel, Rethinking, S. 114, stimmt damit überein, dass das Benennungsmotiv nicht als etwas Negatives betrachtet werden soll. Pardes, *Countertraditions*,

*Nomen est omen*: «Adam [der Mann] nannte seine Frau Eva [Leben], denn sie wurde die Mutter aller Lebendigen»[89]. Die biologische Dimension, die Meyers im Text identifiziert, wird in diesem Vers offensichtlich. In ihm kann man die sofortige Erfüllung des Urteils über Mann und Frau erkennen, sowie – bereits *vor* der Vertreibung aus dem Paradies – die Festsetzung ihrer Rollen in der israelitischen Gesellschaft. Die Frage, wie die Beziehung zwischen den Geschlechtern zu deuten ist, die sich als Menschen so sehr ähneln, als Geschlechter aber so stark unterscheiden, ist eine, welche die Erben der biblischen Tradition seit den Anfängen der hermeneutischen Diskussion bis in unsere Tage hinein beschäftigt. Sie wird vermutlich so lange dauern, wie diese Texte im Sinne «heiliger Archetypen» gelesen werden.

---

S. 39–59, macht darauf aufmerksam, dass die biblische Urgeschichte in Genesis 4,1.25 mit Evas Gebären und Benennen ihrer Söhne weitergeht, womit sie sich am Vorgang der Schöpfung beteiligt und wie Adam die Fähigkeit besitzt, Namen zu verleihen. Wie Shekel, Lech Lecha, gezeigt hat, war Hagar die erste Person, die von Gott selbst benannt wurde (Genesis 16,13). Siehe auch Jarrell, Birth Narrative, S. 10–11.

[89] Genesis 3,20.

# «Du sollst dir kein Gottesbildnis machen»

*Das zweite Gebot im Judentum*

Die Rabbinen haben alle Gebote der Tora gezählt und sind auf die Zahl 613 gekommen. In ihrer Gesamtheit werden sie als die *tarjag mizwot* (תרי"ג מצות), die «613 Gebote», bezeichnet. Sie gliedern sich in 248 positiv formulierte Gebote nach der Form «du sollst» und in 365 negativ formulierte nach der Form «du sollst nicht»[1]. Da nach jüdischem Glauben nichts in der Tora Zufall ist, haben diese Zahlen eine Bedeutung. Die Zahl 365 repräsentiert – wie allgemein bekannt – die Tage des Sonnenjahres, während die Zahl 248 nach rabbinischer Ansicht die Anzahl der Knochen des menschlichen Körpers darstellt[2]. Die 613 Gebote verteilen sie sich somit symbolisch auf das ganze Jahr bzw. ganze Leben und werden auch zum Grundstoff des jüdischen Menschen.

Aus dieser Sammlung von 613 Geboten werden 10 hervorgehoben. Diese Zehn Gebote werden in der jüdischen Tradition allerdings nicht als solche bezeichnet. Vielmehr sind sie «die Zehn Worte», *'asseret ha-dibrot* (עשרת הדברות), die Gott direkt gesprochen hat. Nach den Rabbinen beinhalten diese Zehn Worte alle übrigen 603 Gebote. Ihre Zentralität als Symbol für die Gebote, die das Zeichen des Bundes zwischen Gott und Israel sind, wird durch ihre ikonographische Bedeutung im jüdischen Rahmen betont: Im Laufe der Jahrhunderte hat sich der synagogale Brauch entwickelt, in oder an die in Gebetsrichtung nach Jerusalem orientierte Wand einen Toraschrein anzubringen, in der die reichlich geschmückten Torarollen der Synagoge aufbewahrt werden. In den meisten Fällen wird der Toraschrein mit einer Abbildung der zwei Gesetzestafeln, die gewöhnlicherweise unten rechteckig und oben gerundet sind, verziert. Auf diesen Tafeln sind entweder die ersten zehn hebräischen Buchstaben oder die ersten Worte der Gebote zu sehen. Im Gegensatz zu den üblichen christlichen Aufteilungen der Gebote werden die Zehn Worte auf den Tafeln im jüdischen Kontext in zwei Grup-

---

[1] Das Wort *tarjag* (תרי"ג) besteht aus den Buchstaben ת = 400, ר = 200, י = 10 und ג = 3. Für Aufzählungen und Auslegungen der Gebote siehe Chill, *Mitzwot*; Maimonides, *Sefer Ha-Mitzvot*; Wengrov, *Séfer haḤinnuch*.

[2] Zur Zahl der Knochen siehe u.a. Midrasch Tehillim 104,2 (deutsche Übersetzung: Wünsche, *Midrasch Tehillim*, S. 113).

pen von je fünf Worten dargestellt[3]. Somit fungieren die Worte stellvertretend für alle Gebote der Tora. Dieses künstlerische Motiv findet man
des Öfteren auch als Verzierung der Außenwände der Synagogen-
gebäude. Die Gesetzestafeln sind wohl zusammen mit dem sog. Davids-
stern und der Menora das häufigste und erkennbarste jüdische Symbol[4].

Die Bedeutung der Zehn Worte spiegelt sich auch in der Liturgie
wider: Dreimal im Jahr werden sie in der Synagoge gelesen, die ersten
zwei Male als Teil der wöchentlichen Lesung aus der Tora, wenn im
Laufe der jährlichen Lesung der ganzen Tora die Kapitel Exodus 20 und
Deuteronomium 5 an die Reihe kommen, das dritte Mal beim Wochenfest, *Schawu'ot* (שבועות), das an die Gesetzgebung am Berg Sinai sieben
Wochen nach dem Auszug der Israeliten aus Ägypten erinnert. Das
genaue Datum der Gesetzgebung ist der Tradition nicht bekannt,
woraus geschlossen werden kann, dass die Gebote zeitlich nicht
begrenzt sind[5]. Um die besondere Bedeutung der Zehn Worte zu
betonen, ist es bei den aschkenasischen Juden gebräuchlich, bei deren
Lesung zu stehen[6].

In der Tatsache, dass es in der Tora zwei Fassungen der Zehn Worte
gibt, die in Einzelheiten voneinander abweichen, sieht die Tradition
einen Beweis für den göttlichen Ursprung der Offenbarung. So heißt es
im bekanntesten Sabbat-Lied *Lecha Dodi* («Komm, mein Freund») in
Bezug auf das vierte, das Sabbatgebot:

שמור וזכור בדבור אחד
השמיענו אל המאוחד

---

[3]   Zur evangelischen Aufteilung in vier «theologische» und sechs «ethische» Gebote
    siehe u.a. das Inhaltsverzeichnis bei Schmidt, *Zehn Gebote*, S. v–vi. In Anlehnung
    an die Aufteilung des Kirchenvaters Augustin, der die Gebote in zwei zahlen-
    mäßig ungleiche Gruppierungen aufteilte, hat sich in der katholischen Kirche der
    Brauch durchgesetzt, die nach christlicher Sicht ersten drei Gebote, die auf die
    Beziehung zwischen Gott und Mensch Bezug nehmen, auf der ersten Tafel darzu-
    stellen und die letzten sieben Gebote, welche die Beziehungen zwischen Mensch
    und Mensch behandeln, auf der zweiten Tafel abzubilden (siehe dazu Sarfatti,
    Tablets of the Law, S. 410f.). In der jüdischen Tradition wird das fünfte Gebot der
    ersten Gruppe zugeordnet, da die Eltern die Vermittler der Ehrfurcht Gottes sind,
    sozusagen *in loco dei* stehen und in der Erziehung der Kinder die Partner Gottes
    sind, siehe Mechilta Jithro (Bachodesch) 8 (deutsche Übersetzung: Winter/Wün-
    sche, *Mechilta*, S. 217–219); siehe auch Greenberg, Decalogue, 1442. 1444 und
    die dort angegebene Literatur; Plaut, *Torah*, S. 537. 556f. 559).

[4]   Zum Davidstern, dem sog. Magen David (מגן דויד, wortwörtlich «Davidsschild»),
    siehe Scholem, Magen David.

[5]   Siehe TB Schabbat 86b; Chacham, *Exodus*, S. 399; Sarna, *Exploring Exodus*,
    S. 141f.

[6]   Siehe Plaut, *Torah*, S. 538.

*schamor we-sachor[7] be-dibbur 'echad,*
*hischmijanu 'el ha-m[e] 'uchad*

«Hüte und gedenke (des Sabbats)» in einem Wort
ließ (am Sinai) der einzige Gott uns vernehmen[8].

Die jüdische Tradition erklärt also die Abweichungen zwischen den
beiden Fassungen im Exodusbuch und im Deuteronomium als Versuch,
die Vielfalt und den Reichtum des göttlichen Wortes in menschlicher
Sprache wiederzugeben.

Es fällt auf, dass die Zehn Worte, obwohl sie theologisch von
höchster Bedeutung sind, im Kontext des alltäglichen oder wöchentlichen Rituals nicht vorkommen. Zwar gehörte das Rezitieren der Zehn
Worte zur Zeit des zweiten Tempels zu Jerusalem zum täglichen Ritus,
die Rabbinen aber haben diesen Brauch außerhalb des Tempels verboten, um die Behauptung von Sektierern zu widerlegen, dass nur die
Zehn Worte göttlichen Ursprungs seien, oder vielleicht auch, um zu
zeigen, dass alle Teile der Tora von gleicher Bedeutung sind[9]. Rabbi
Levi erklärte, dass der Dekalog im täglichen Gottesdienst nicht vorkommt, weil alle Gebote im *Sch[e]ma*-Gebet, dem zentralen jüdischen
Glaubensbekenntnis, enthalten sind. Das zweite Wort mit seinem Verbot der Verehrung anderer Götter wäre im *Sch[e]ma* durch die Aussage
gedeckt, dass Gott einzig ist[10].

Im Kontext des interkonfessionellen Gesprächs ist es erforderlich,
nach dem Bezug der Zehn Worte in der jüdischen Tradition zu fragen.
Wenn man das rabbinische Judentum und seine Nachfolger als «norma-
tives Judentum» betrachtet, so ist die Antwort eindeutig: Die Zehn
Worte gehören untrennbar zur Offenbarung Gottes *an* und zu seinen
Bund *mit* Israel. Anders ausgedrückt: Die Zehn Worte sind ein sehr
zentraler Teil der Begegnung Israels mit seinem Gott. Sie beziehen sich

---

[7] Zur Bedeutung dieses Wortes im Judentum siehe Yerushalmi, *Zakhor.*
[8] Zitiert nach der Übersetzung von Bamberger, *Sidur Sefat Emet*, S. 84. «Hüte»
(Hebräisch *schamor*) kommt in Deuteronomium 5,12 vor, «gedenke» (Hebräisch
*sachor*) in Exodus 20,8. In der neuen deutschen Übersetzung von Annette
Böckler lautet das Zitat: «Bewahre...!» *(Dtn 5,12)* und «Gedenke...!» *(Ex 20,8)*, so
ließ Gott, der in seiner Einheit Anerkannte, in einem Wort es uns vernehmen
(Magonet, *Jüdische Gebete*, S. 16). Siehe Melammed, «Observe» and «Remember». In dieser Hinsicht kann man aus jüdischem Verständnis auch Psalm 62,12
zitieren: «Eines hat Gott gesagt, zweierlei habe ich gehört.»
[9] Siehe dazu TB Berachot 12a; Magonet, Dekalog II; Urbach, Ten Commandments.
[10] Siehe TJ Berachot 1,8/3, 3c (Schäfer/Becker, *Synopse*, S. 29; Horowitz,
*Berakhoth*, S. 28f.); Urbach, Ten Commandments, S. 167.

also ausschließlich auf Israel und erheben deswegen in traditioneller jüdischer Sicht keinen Anspruch auf Universalität[11].

Das heißt aber nicht, dass das Judentum kein System einer universalen Ethik ausgearbeitet hätte. Ganz im Gegenteil: Obwohl die Offenbarung am Berg Sinai an Israel gerichtet war, haben die Rabbinen aus anderen biblischen Stellen eine Aufzählung der Gebote zusammengestellt, die das jüdische Äquivalent einer Naturethik bildet; obwohl es aus traditionell jüdischer Sicht keine Naturethik geben kann, ist die Ethik doch von Gott gegeben. Es handelt sich um die sogenannten noachidischen Gesetze, die nach der Sintflut Noah (Noach), dem zweiten Vater der Menschheit, gegeben wurden[12]. Jeder Gerechte und jede Gerechte der Völker der Welt hat nach dieser Theologie der noachidischen Gebote einen Anteil an der kommenden Welt, der ʻolam ha-ba (עולם הבא). Nur Juden sind, um daran Anteil zu haben, verpflichtet, zusätzlichen Geboten zu folgen. Im Gegensatz zu den Zehn Worten, die hier zur Diskussion stehen, gibt es nach der jüdischen Theologie nur sieben noachidische Gebote, die für die gesamte Menschheit verpflichtend sind. Diese Gesetze bestehen aus den Verboten des Götzendienstes, der Gotteslästerung, des Blutvergießens bzw. Mordes, des sexuellen Vergehens, des Raubes und des Essens eines lebenden Tieres bzw. der Tierquälerei, sowie aus dem Gebot, Gerichtshöfe zu errichten.

Es ist offensichtlich, dass das ethische Interesse der sieben noachidischen Gebote sich nicht allzu sehr von demjenigen der Zehn Worte unterscheidet. Zwar repräsentieren die noachidischen Gesetze sowohl ein Minimum als auch ein Maximum an ethischen Erwartungen, die Juden traditionell an ihre Mitmenschen gestellt haben, nirgendwo aber steht geschrieben, dass Nichtjuden sich nicht mit den übrigen göttlichen Geboten auseinandersetzen dürften oder sollten. Im Gegenteil: Es gab im Laufe der Jahrhunderte immer Juden, die das gerne gesehen haben. Denn erstens dient ein gegenseitiges Verständnis dazu, Angst und Vorurteile abzubauen, und zweitens ist es für das Judentum eine Ehre, dass die Zehn Worte vom Sinai unter so vielen ethischen Systemen der Welt ihre Kraft, die menschliche Seele zu bewegen, nicht verloren haben. Eine interkonfessionelle Diskussion muss man deshalb begrüßen.

Ein Berührungspunkt zwischen den noachidischen Geboten, die in der Sicht des traditionellen Judentums für alle Menschen verpflichtend sind, und den zehn Worten, die dem Judentum in *jüdischer* Sicht eigen

---

[11]  Siehe dazu auch Crüsemann, Anfang, S. 20–21.

[12]  Siehe Rakover, «Law» and the Noahides. Zu den noachidischen Geboten und ihrer Rezeption im christlichen Kontext siehe Müller, *Tora für die Völker*; Marquardt, *Was dürfen wir hoffen?*, S. 200–335.

sind, ist das Verbot des Götzendienstes. Nach jüdischer Zählung ist es das zweite Gebot, von dem dieses Verbot abgeleitet wird[13].

Unter den Zehn Worten nehmen die ersten zwei eine besondere Stellung ein. Wenn man die Zehn Worte liest, so fällt es auf, dass die ersten zwei über Gott in der ersten Person sprechen, während ihn die übrigen in der dritten Person erwähnen. Es gibt eine Methodik in der jüdischen Mystik, den Zahlenwert von Worten auszurechnen, um damit zu theologischen Schlüssen zu gelangen. Diese Methodik, *Gematria* genannt, beruht darauf, dass jeder hebräische Buchstabe auch einen Zahlenwert hat. So ist der erste Buchstabe *Aleph* (א) eins, der zweite *Bet* (ב) zwei, usw. Das Wort Tora, bestehend aus den Buchstaben *Taw* (ת) bzw. 400, *Waw* (ו) 6, *Resch* (ר) 200 und *He* (ה) 5, hat einen Gesamtwert von 611, zwei weniger als die Zahl der Gebote der Tora. Wieso, fragt sich die Tradition, fehlen im Wort Tora zwei Gebote? Die Antwort findet sie in der Einsicht, dass von allen Geboten der Tora nur zwei, nämlich die ersten beiden der Zehn Worte, in der ersten Person von Gott direkt an Israel gegeben worden sind. Die übrigen wurden alle durch Mose an Israel vermittelt[14]. Nur im Fall dieser zwei Gebote hörte ganz Israel Gottes eigenes gesprochenes Wort.

Doch welches ist das zweite Wort? Und was besagt es?

Es sollte uns nicht wundern, dass Juden und Christen in ihrer Aufzählung und Abgrenzung der einzelnen Gebote miteinander nicht übereinstimmen. Selbst innerhalb der beiden Religionen gibt es in dieser Hinsicht Meinungsverschiedenheiten[15]. Soweit ich informiert bin, gehört der Vers Exodus 20,3 («Du sollst neben mir keine anderen Götter haben») in keiner christlichen Tradition zum zweiten Gebot. Vielmehr wird der Vers zusammen mit Exodus 20,2 («Ich bin der Herr, dein Gott, der dich aus Ägypten geführt hat, aus dem Sklavenhaus») gelesen. Nach dieser Interpretation ist der eben zitierte Vers eine Einleitung zum Dekalog, der mit dem Gebot, man solle keine anderen Götter haben, erst richtig seinen Anfang findet.

Diese Aufteilung wurde auch in einigen jüdischen Quellen gefunden. Sowohl Flavius Josephus, der berühmte jüdische Historiker des 1. Jh. n.d.Z., als auch der etwa eine Generation ältere Philosoph Philo Alexandrinus hielten sich an diese Aufteilung. Die Midraschsammlung zum vierten Buch Mose, *Sifre B^emidbar*, enthält ein ähn-

---

[13] Für eine grundlegende Analyse der jüdischen Abneigung gegen den Götzendienst siehe Halbertal/Margalit, *Idolatry*. Siehe auch Kochan, *Beyond the Graven Image*.

[14] Siehe TB Makkot 23b–24a; Plaut, *Torah*, S. 544.

[15] Siehe die sehr hilfreiche Darstellung der Unterschiede in Youngblood, Counting the Ten Commandments, S. 34–35.

liches Schema[16]. In unseren Tagen haben sich führende jüdische Bibel-forscher wie Moshe Greenberg und Moshe Weinfeld, aufgrund historisch- bzw. formkritischer und vergleichender Kriterien zur glei-chen Aufteilung bekannt[17]. Trotzdem hat sich im Judentum eine andere Aufteilung als die nor-mative durchgesetzt. Nach dieser steht die Gotteserklärung «Ich bin der Herr, dein Gott» usw. in Vers 2 allein als erstes Wort. Vers 3 («Du sollst neben mir keine anderen Götter haben») leitet das zweite Gebot ein, das mit dem Verbot des Götzendienstes in den Versen 3–6 seine Fortsetzung findet[18]. Dies ist die Aufteilung, die sich durchgesetzt hat und die skizzenhaft auf den Gesetzestafeln in der jüdischen Kunst zu finden ist. Diese zwei Befehle sind also nicht einfach als aneinander gereiht zu lesen, sondern bilden eine Einheit. Die Tatsache, dass sie nicht voneinander zu trennen sind, kann man nicht hoch genug bewer-ten. Das Verbot der fremden Götter wird zusammen mit dem Verbot des Götzendienstes gelesen. Damit wird ausgesagt, dass die Verehrung eines Wesens oder einer Gottheit außer dem Gott, der Israel aus der Sklaverei gerettet hat, dem Götzendienst gleichzusetzen ist.

Sehen wir uns jetzt dieses zweite Wort in der hebraisierenden Über-setzung von Martin Buber und Franz Rosenzweig an[19]:

«Nicht sei dir
andere Gottheit
neben meinem Angesicht.
Nicht mache dir
Schnitzwerk noch irgend Gestalt
des, was im Himmel ringsoben, was auf Erden ringsunten,
was im Wasser ringsunter der Erde ist,
wirf dich ihnen nicht hin,
diene ihnen nicht,
denn ICH dein Gott
bin ein eifernder Gott,
bedenkend Fehl von Vätern an Söhnen, am dritten und vierten Glied,
denen die mich hassen,
aber Huld antuend ins tausendste
denen die mich lieben und meine Gebote wahren».

---

[16] Siehe Kuhn, *Midrasch Sifre*, S. 330, zu Numeri 15,31; und Cassuto, *Exodus*, S. 251.

[17] Siehe Greenberg, Decalogue Tradition, S. 99; Weinfeld, Uniqueness, S. 6f. und Anm. 20.

[18] Nach Luther ist das das erste Gebot. Siehe Luther, *Kleiner Katechismus*, S. 18. 50.

[19] Zu dieser Übersetzung, siehe u.a. die Aufsätze von Talmon, Schottroff und Rad-day, in: Licharz/Schoneveld, *Neu auf die Bibel hören*, S. 15–100; sowie Britt, Romantic Roots.

*«Nicht sei dir andere Gottheit neben meinem Angesicht.»*
Viele Exegeten haben darauf aufmerksam gemacht, dass in diesem Befehl im Hebräischen das Verb im Singular und das Subjekt im Plural stehen. Eine dem Hebräischen wortwörtlich treue Übersetzung sollte also «nicht sei dir andere Gottheit*en* neben meinem Angesicht» lauten. Das Wort, das hier als Gottheit bzw. Gottheiten übersetzt wird, ist das hebräische Wort *ᵉlohim* (אלהים), eine Pluralform des Nomens *Gott*, die in der Hebräischen Bibel oft als Bezeichnung für den Gott der Israeliten benutzt wird. *ᵉlohim* kann also sowohl als singulare Bezeichnung für *Gott* benutzt werden als auch als plurale Bezeichnung für *Götter*, obwohl es für das Letztere auch eine andere Möglichkeit gibt, nämlich *'elim* (אלים). Obwohl es in der hebräischen Sprache der Bibel durchaus möglich ist, dass einem singularen Verb am Satzanfang ein Subjekt im Plural folgt, fragt sich die traditionelle jüdische Bibelauslegung, wieso ausgerechnet hier solch eine Form vorkommt. Es ist ein hermeneutisches Prinzip der jüdischen Auslegung, dass kein Buchstabe, kein Wort, keine Form in der Tora zufällig ist. Es muss eine tiefere Bedeutung dahinter liegen. Und so wird unter anderem daraus geschlossen, dass sogar die Verehrung *einer* anderen Gottheit zum Polytheismus führt[20] oder dass sowohl die Verehrung des *einen* anderen wie auch der *vielen* anderen verboten ist[21]. Der Text könnte auch aussagen, dass die Verehrung eines anderen *als* bzw. *anstelle von* Gott strengstens untersagt ist.

Die *Mechilta*, eine Sammlung Midraschim zum Buch Exodus, stellt sich die Frage, wieso hier von «anderen Göttern» die Rede ist, da der Prophet Jesaja diese schon als «Nicht-Götter» bezeichnet hatte[22]. Die Antwort findet sie darin, dass mit den «anderen Götter» diejenigen gemeint sind, die andere als Götter bezeichnen. Ebenfalls umstritten ist die Frage, wie die Wendung zu verstehen ist, die Buber und Rosenzweig als «vor meinem Angesicht» übersetzen. Oft wird sie als «außer mir» verstanden. Der berühmte deutsche evangelische Theologe Martin Noth hat in seinem Exoduskommentar zu dieser Stelle vertreten, dass das «vor mir» eine kultische Bedeutung habe[23]. Nach Noth durfte im Rahmen des israelitischen Kultes nur Gott verehrt werden, und da Gott nur im Rahmen des Kultes verehrt wird, ist damit die Verehrung anderer Götter *de facto* ausgeschlossen. Die mittelalterlichen jüdischen Kommentatoren Abraham Ibn Esra und Mosche ben Nachman (bekannt unter den Namen Nachmanides oder Ramban) haben «vor meinem

---

[20] Siehe Leibowitz, *Studies in Shemot*, S. 315, die in dieser Hinsicht Or ha-Hayyim zitiert.

[21] Cassuto, *Exodus*, S. 241.

[22] Jesaja 37,19; Mechilta Bachodesch 6 (deutsche Übersetzung: Winter/Wünsche, *Mechilta*, S. 209).

[23] Noth, *Exodus*, S. 130.

Angesicht» auch örtlich verstanden. Im Gegensatz aber zu Noth, der den Ort auf den Kult begrenzte, bezieht sich «vor meinem Angesicht» nach Ibn Esra und Nachmanides auf die ganze Welt, da Gott omnipräsent ist. Für die Mechilta, auf die sich Raschi, der berühmteste aller jüdischen Kommentatoren, bei der betreffenden Deutung stützt, hat «vor meinem Angesicht» eine zeitliche Dimension und bedeutet solange Gott existiert, d.h. auf immer und ewig[24].

*«Nicht mache dir Schnitzwerk noch irgend Gestalt des, was im Himmel ringsoben, was auf Erden ringsunten, was im Wasser ringsunter der Erde ist...»*
Bis ins 20. Jh. hinein galt es als absolut unumstritten, dass das Judentum auf Grund dieses Satzes seit eh und je eine anikonische Religion gewesen ist. Es wurde sogar behauptet, dass Juden deshalb keine ästhetischen Fähigkeiten besitzen. Selbst der große jüdische Religionsphilosoph Martin Buber vertrat, dass die alten Juden eher «Ohrenmenschen» als «Augenmenschen» waren[25]. Aber wie sah die Situation in Bezug auf ein Bilderverbot tatsächlich aus?

Erste Antworten auf diese Frage geben uns eine Anzahl biblischer Stellen, von denen ich nur ein paar erwähnen möchte[26]:

Nach der Bibel hätte Moses, der Gesetzgeber, besser als jeder andere wissen müssen, wie bedrohlich die Gefahr des Götzendienstes war. Vergessen wir nicht, wie er auf das goldene Kalb reagierte[27]. Doch Moses war es, der auf Gottes Befehl eine eherne Schlange, Nechuschtan genannt, als Heilmittel gegen Schlangenbisse herstellen ließ[28]. Erst der

---

[24] Siehe Mechilta Bachodesch 6 (deutsche Übersetzung: Winter/Wünsche, *Mechilta*, S. 210); Leibowitz, *Studies in Shemot*, S. 316–318.

[25] Buber, *Jüdische Künstler*, S. 7. Siehe auch Levenson, *Sinai and Zion*, S. 147–148, der in dieser allgemeinen Behauptung eine gewisse Wahrheit findet. Für kritische Auseinandersetzungen mit dieser Annahme siehe Künzl, *Jüdische Kunst*, S. 7–9; und zuletzt Bland, *Artless Jew*, der zum Schluss kommt, dass das Judentum nie eine anikonische Religion gewesen war. Zur Bewertung der vermeintlichen jüdischen Anikonie in der deutschen Gesellschaft siehe die Aufsätze von Bland (Anti-Semitism and Aniconism. The Germanophone Requiem for Jewish Visual Art) und Saltzman (To Figure, or Not to Figure. The Iconoclastic Proscription and Its Theoretical Legacy) in Soussloff, *Jewish Identity*, S. 41–66 und 66–84.

[26] Zur Bezalel Überlieferung und zum salomonischen Tempel siehe Gutmann, Prolegomenon, S. xxiff. Zum Bilderverbot in der Hebräischen Bibel siehe Dohmen, *Bilderverbot*.

[27] Exodus 32. Das hebräische Wort, das unglücklicherweise als Kalb übersetzt wird, bedeutet eigentlich einen jungen Stier in voller Blüte seiner Kraft.

[28] Numeri 21,6–9.

radikale Reformer Hiskia ließ die Schlange gegen Ende des 8. Jh. v.d.Z. wegen Verdachts des Götzendienstes zerstören[29]. In der Tora wird die künstlerische Begabung sogar als göttliches Geschenk dargestellt. In Exodus 31 wird Bezalel der Sohn Hurs – nach dem das berühmte moderne israelische Kunstinstitut genannt ist[30] – als Künstler mit Gottes Geist erfüllt. Welche Ironie, dass Salomo sich gezwungen fühlte, zu Tempelbau und -verzierung einen Künstler aus Tyros heranzuziehen, da es zu seiner Zeit keine dazu fähigen Israeliten mehr gab[31].

Als moderner bzw. kritischer Bibelwissenschaftler möchte ich nicht behaupten, dass diese Berichte der Tora der *historischen* Wirklichkeit entsprechen, doch die Tatsache, dass sie in der Tora zu finden sind, deutet auf gewisse Spannungen zwischen der Ausübung der israelitischen Religion und der Auslegung ihrer Traditionen.

Nach der Beschreibung der Bauarbeiten am ersten (salomonischen) Tempel in Jerusalem in 1. Könige 7 war der Tempel mit zahlreichen figürlichen Darstellungen geschmückt: Granatäpfel auf Säulen, ein ehernes Meer, das auf zwölf Rindern stand, Abbildungen von Löwen, Rindern, Keruben und Palmen; und im Allerheiligsten ruhte die Bundeslade zwischen zwei Keruben[32]. Mindestens zweimal wird Salomo in der Bibel kritisiert: Das erste Mal wohl in versteckter Weise in dem sog. Königsgesetz in Deuteronomium 17,14–20, das zweite Mal wegen seiner fremden Ehen in 1. Könige 11,1–8. Die erste Kritik ist politisch zu deuten, die zweite aber religiös. Denn um seiner Frauen willen ließ Salomo Kultstätten für ihre verschiedenen Gottheiten errichten. Nirgends wird er wegen der Ikonographie seines Tempels zu Ehren von Israels Gott kritisiert. Nur die Einführung von fremden Kulten wird ihm vorgeworfen[33].

Die Archäologie bietet uns ein buntes Bild der Ikonographie der biblischen Periode. Auf Siegeln und Siegelabdrücken findet man wunderschöne Darstellungen von Tieren, Pflanzen und anderen Objekten. Tonfiguren von nackten Frauen und von Pferden waren u.a. auch in Jerusalem weit verbreitet. In Samaria fand man eine der größten und feinsten Sammlungen reichverzierter Elfenbeinschnitzereien aus dem ganzen antiken Orient. In einer Karawanserei bei Kuntillet Adschrud

---

[29] 2. Könige 18,4.

[30] Siehe z.B. Manor, Biblical Zionism.

[31] 1. Könige 7,13–14.

[32] 1. Könige 8,6–7. Wie Ludwig Schmidt festhält, untersagte das zweite Gebot ursprünglich nur die bildliche Darstellung des Gottes Israels und nicht die bildliche Kunst im Allgemeinen. Siehe Schmidt, Du sollst dir kein Bildnis machen.

[33] Zur jüdischen Auslegungsgeschichte zur Frage der Fremdehen Salomos siehe Cohen, Solomon and the Daughter of Pharaoh.

auf der Sinai-Halbinsel wurden auf Tongefäßen sogar Abbildungen gefunden, die möglicherweise den israelitischen Gott darstellen. Und in dem einzigen ausgegrabenen israelitischen Tempel aus biblischer Zeit, in Arad, einer Stadt in der südlichen Negev-Wüste, wurden im Allerheiligsten zwei Kultsäulen gefunden[34]. Das Zeitalter der reichhaltigen Ikonographie in der Kunst Israels endete mit der Kultreform Hiskias im späten 8. und derjenigen Josias[35] im späten 7. Jh. v.d.Z. Das Ausmaß der Änderungen wird in den zwei folgenden Passagen aus dem Deuteronomium, einem Buch, das mit der Reformideologie Josias in Verbindung gebracht wird, deutlich[36]:

> Nehmt euch um eures Lebens willen gut in acht! Denn eine Gestalt habt ihr an dem Tag, als der Herr am Horeb mitten aus dem Feuer zu euch sprach, nicht gesehen. Lauft nicht in euer Verderben, und macht euch kein Gottesbildnis, das irgend etwas darstellt, keine Statue, kein Abbild eines männlichen oder weiblichen Wesens, kein Abbild irgendeines Tiers, das auf der Erde lebt, kein Abbild irgendeines gefiederten Vogels, der am Himmel fliegt, kein Abbild irgendeines Tiers, das am Boden kriecht, und kein Abbild irgendeines Meerestieres im Wasser unter der Erde[37].

> Du sollst neben dem Altar des Herrn, deines Gottes, den du dir baust, keinen Kultpfahl, keinerlei Holz einpflanzen. Du sollst kein Steinmal von der Art errichten, die der Herr, dein Gott, hasst[38].

Moshe Greenberg weist in Bezug auf den Tempelkult darauf hin, dass weder die *Verzierung* mit Pflanzen und Tieren verboten ist, noch die Darstellung von Gottes Gefolge bzw. der Keruben[39]. Doch die Reformen Hiskias und Josias waren nur von kurzer Dauer, was den Propheten Jeremia, Ezechiel und Deuterojesaia mehr als genug Anlass gab, den Götzendienst aufs Schärfste zu verurteilen. Es gibt nur den einen unsichtbaren und transhumanen Gott, und dieser lässt sich durch menschliches Vermögen nicht konkretisieren.

---

[34] Zur Archäologie der biblischen Periode siehe Fritz, *Einführung*. Wesentlich ausführlicher ist Weippert, *Palästina*. Zur religionsgeschichtlichen Auswertung der Ikonographie siehe u.a. Keel/Uehlinger, *Göttinnen, Götter und Gottessymbole*; Mettinger, *No Graven Image?*; sowie insbesondere Niehr, In Search of Yahweh's Cult Statue; Uehlinger, Anthropomorphic Cult Statuary. Eine differenzierte Auswertung der religiösen Symbolik des antiken Zweistromlandes findet sich in Jacobsen, Graven Image.

[35] Josia wird zusammen mit Hiskia von Konikoff als «puritanischer König» («puritan king») bezeichnet. Siehe Konikoff, *Second Commandment*, S. 47.

[36] Zitiert nach der Einheitsübersetzung (Stuttgart 1991).

[37] Deuteronomium 4,15–18.

[38] Deuteronomium 16,21–22.

[39] Greenberg, Decalogue Tradition, S. 100.

Einige Jahrhunderte später, während der hellenistischen Periode, verschärfte sich die Situation wieder. Die Juden waren unter sich gespalten, und zwar zwischen jenen, die bereit waren, die Kultur der Griechen anzunehmen, und jenen, welche die hellenistischen Kultur ablehnten. Der ikonoklastische Aufstand der Makkabäer jedoch mündete in das hellenisierte Reich der Hasmonäer.

Wie Joseph Gutmann es formulierte, stellen viele die Juden den Griechen gegenüber und vergleichen die Suche nach der «Schönheit der Heiligkeit» mit der Suche nach der «Heiligkeit der Schönheit»[40]. Gutmann weist allerdings darauf hin, dass diese Gegenüberstellung die Sachlage zu sehr vereinfacht. Seiner Meinung nach war das Judentum in der hellenistisch-römischen Periode nicht so anikonisch, wie bislang vermutet. Das damalige Judentum hatte zwar eine Abneigung gegen Kunst im Dienst des Kultes, nicht aber eine Abneigung gegen Abbildungen an und für sich. In dieser Hinsicht zitiert Gutmann auch die zwei bekanntesten jüdischen Autoren der Periode, Flavius Josephus und Philo Alexandrinus, die oftmals als Zeugen für eine ausgeprägte Anikonie des Judentums um die Zeitenwende erwähnt werden[41].

Im Fall von Josephus versucht Gutmann zu zeigen, dass dessen Behauptung, das Judentum interpretiere das zweite Gebot aufs Strengste, nur eine Funktion seines Versuchs war, die jüdische Geschichte und das jüdische Handeln in einer nicht antirömischen Weise auszulegen. Deshalb legte Josephus eine offensichtlich antirömische Handlung, wie das Abreißen des römischen Adlers vom Eingang zum Tempel wenige Tage vor dem Tod Herodes des Großen im Jahre 4 v.d.Z., als Ausdruck der uralten jüdischen Anikonie aus. Dass die führenden jüdischen religiösen Autoritäten sich nicht am Adler störten, spielt für Josephus keine Rolle. Um konsequent zu sein, musste er einzig Salomo wegen der Verzierung seines Tempels kritisieren. Andererseits konnte Josephus wegen seiner den Römern schmeichelnden Haltung die künstlerischen Geschenke, die Juden Römern schenkten, sowie die Kunstwerke im Palast des Herodes und die Plastiken der Töchter des Judenkönigs Agrippa nicht kritisieren.

Im Fall von Philo vertritt Gutmann, dass dessen Anikonie eher von seiner platonischen Philosophie als von einer jüdischen Abneigung gegen die bildenden Künste her stammte. Denn nach Platon hatten gewisse Künste im Idealstaat nichts zu suchen, da sie von der Suche nach der Wahrheit ablenkten[42].

---

[40] Gutmann, Second Commandment, S. 3.

[41] Gutmann, Second Commandment, S. 12–15.

[42] Seine Einstellung spiegelt sich in derjenigen des Maimonides im Mittelalter wider. Maimonides war ein Gegner der bildenden Kunst in der Synagoge, nicht

In den frühesten uns bekannten Synagogen aus der Zeit vor und
nach der Zerstörung des zweiten Tempels im Jahre 70 n.d.Z. sind allenfalls geometrische und Pflanzenmuster zu finden. Ein Fund aus einer
Höhle, in der sich die letzten Überlebenden des unglücklichen Bar-
Kochba Aufstandes der Jahre 132–135 n.d.Z. verschanzten, lässt erkennen, dass selbst die strengsten Juden mit Menschengesichtern verzierte
Gefäße benutzen konnten, nachdem sie diese durch das Ausstechen
oder Ausreiben der Augen als mögliche Idole entkräftet hatten[43].

In einer solchen Entkräftung der Funktion als mögliches Götzenbild
liegt auch der Schlüssel zum Verständnis der Geschichte der jüdischen
Auslegungen des zweiten Wortes vom Sinai. In Zeiten des Götzendienstes oder dessen, was in jüdischer Sicht als Götzendienst ausgelegt
wurde, distanzierte sich das Judentum von der ikonographischen Reprä-
sentation insbesondere des menschlichen Körpers in dreidimensionaler
Form[44]. In Zeiten, in denen die bildenden Künste nicht mehr als Gefähr-
dung der Religion betrachtet wurden, lockerte sich die jüdische Auslegung des zweiten Gebots. Auch die Einstellung der Umwelt, in der die
Juden leben, spielte oft eine entscheidende Rolle in der Entwicklung der
jüdischen Auslegungsgeschichte. So wurde das Aufstellen einer Statue
des römischen Kaisers Caligula im Jerusalemer Tempel im 1. Jh. als
Götzendienst gedeutet, die Errichtung einer Statue des Partherkönigs in
einer Synagoge in Nehardea im 3. Jh. hingegen nicht, denn die römische
Religion hatte – anders als die zoroastrische Religion der Parther –
einen Königskult[45].

Als die götzendienerischen Religionen der hellenistisch-römischen
Welt im Abstieg waren und Christentum und Judentum eher eine
Gefahr für die heidnische Welt bedeuteten als umgekehrt, konnte die
Synagoge ab dem 3. oder 4. Jh. anfangen, sich die verpönte Ikonographie der heidnischen Welt zu eigen zu machen[46]. Durch ihre Entmythologisierung konnte man jetzt auf die schönsten Mosaikfußböden
in Synagogen treten, die sowohl mit jüdischen Symbolen und Szenen
wie auch mit heidnischen Tierkreisen, menschlichen Darstellungen der
Jahreszeiten und dem Sonnengott Helios in seinem Wagen geschmückt
waren. Die Wände der Synagoge von Dura-Europos am Euphrat waren
mit Abbildungen biblischer Szenen reich bemalt.

Diese Freiheit in der künstlerischen Empfindung der Juden kam im
7. Jh. zu einem Ende, als der Islam mit seiner strengen *kultischen*

---

weil sie ein Verstoß gegen das zweite Gebot bedeutet, sondern weil schöne Bilder
von der Gebetskonzentration ablenkten. Siehe Gutmann, Prolegomenon, S. xx.

[43]  Yadin, *Bar-Kokhba*, S. 86–111.

[44]  Siehe Mann, *Jewish Texts*, S. 19–36.

[45]  Siehe TB Awoda Sara (Aboda Zara) 43b; Gutmann, Prolegomenon, S. xvif.

[46]  Zur antiken Synagogenkunst siehe u.a. Kanael, *Kunst*; Stähli, *Synagogenkunst*.

Anikonie den antiken Orient eroberte. Wieder passten sich die Juden dem kulturellen Empfinden der dominierenden Kultur an. In Zeiten der freizügigeren Interpretation des Bilderverbots im Islam kann man eine parallele Entwicklung im Judentum nachvollziehen. Auch unter den Juden im christlichen Europa kann man eine entsprechende Entwicklung erkennen. Oft reagierte das Judentum negativ auf die Ikonographie der Kirche, die in jüdischen Augen einen Hauch des Götzendienerischen beinhaltete. Trotzdem entwickelte sich in Europa eine wunderschöne jüdische Manuskript-Tradition, in der aber oft christliche Künstler die Abbildungen liefern mussten, da die jüdischen Gemeinden keine dazu ausgebildeten Künstler besaßen. Im Allgemeinen kann behauptet werden, dass die Auslegung des Bildverbots im Norden Europas etwas strenger ausgelegt wurde als im Süden. Ein allgemein bekanntes Manuskript, das die jüdischen Spannungen in Bezug auf die Frage der figürlichen Darstellungen in der Kunst sehr schön widerspiegelt, ist die sog. Vogelkopf-Haggadah, die auf dem Titelbild dieses Buchs zu sehen ist. In diesem Buchmanuskript, das die Geschichte des Auszugs der Israeliten aus Ägypten erzählt, werden alle menschlichen Gestalten mit Vogelköpfen versehen, um das Abbilden des Ebenbilds Gottes zu vermeiden. Gottes *menschliche* Hand wird jedoch bildlich dargestellt, und zwar an der Stelle, wo Moses die Gesetzestafeln von Gott erhält[47].

Obwohl man in der modernen jüdischen *religiösen* Kunst noch immer eine gewisse Zurückhaltung gegenüber menschlicher Darstellungen feststellen kann, muss man nur zur Synagoge auf dem Gelände des Hadassah-Krankenhauses in Jerusalem gehen, wo Chagalls Zwölfstämmefenster zu bewundern sind, um zu erkennen, dass die Darstellung von Figuren in einem Zeitalter ohne Götzendienst im jüdisch-religiösen Kontext nicht ausgeschlossen ist[48].

*«...wirf dich ihnen nicht hin, diene ihnen nicht...»*
Vom berühmten Rabbiner Rab, dem Gründer der Talmud-Akademie in Sura in Babylonien, wird erzählt, dass er einmal als Gast in eine Synagoge kam, in der es einen Mosaikfußboden gab. In dieser Synagoge beteiligte er sich am Gottesdienst und las sogar aus der Tora. Als die Gemeinde sich aber im Gottesdienst niederbeugte, blieb er aufrecht stehen. Der Grund dafür war der mit figürlichen Darstellungen ge-

---

[47] Gottes Hand wurde auch in den antiken Synagogen wie z.B. Bet-Alpha und Dura-Europos abgebildet, siehe Prudký, You Shall Not, bes. S. 49–51. Die Vogelkopf-Haggadah kann man im Israel Museum in Jerusalem bewundern.

[48] Zur jüdischen Kunstgeschichte siehe u.a. Cohn-Wiener, *Jüdische Kunst*; Roth, *Kunst der Juden*; Künzl, *Jüdische Kunst*.

schmückte Fußboden. Dass es solche Abbildungen in einer Synagoge gab, störte Rab nicht; sich aber über sie zu verbeugen, würde so aussehen, als ob er sich vor einem Götzenbild verbeugte und nicht vor dem unsichtbaren Gott. Der Kontext also war das Ausschlaggebende[49].

Eine ähnliche Geschichte wird von Rabbi Gamaliel erzählt, der in der Stadt Akko in ein öffentliches Bad ging, in der eine Statue der Göttin Aphrodite aufgestellt war. Als man ihn fragte, ob dies nicht gegen das Bilderverbot verstoße, antwortete er, dass die Statue ihre Funktion als Götzenbild verloren habe, da man vor einem religiösen Objekt weder nackt bade noch uriniere. Er betrachtete das Standbild nur als Verzierung und nicht als Götzenbild. Da die Statue der Aphrodite in seinen Augen keine religiöse Funktion mehr hatte, bedeutete sie auch keinen Verstoß gegen seinen Glauben[50].

*«...denn ICH dein Gott bin ein eifernder Gott...»*
Seit der Zeit des Propheten Hosea im 8. Jh. v.d.Z. wird die Beziehung zwischen Gott und Israel in der jüdischen Gemeinde als Ehe betrachtet. In der Mechilta wird eine Tradition festgehalten, welche die zwei Gruppierungen von je fünf Worten miteinander paart und sie parallel liest[51]. So wird das erste Wort mit dem sechsten, das zweite mit dem siebten usw. gelesen. Nach jüdischer Zählung ist das siebte Wort: «Du sollst nicht die Ehe brechen». Wenn man das zweite Wort mit dem siebten zusammen liest, wird der Götzendienst dem Ehebruch gleichgesetzt. Anderen Göttern zu dienen, bedeutet, gegen das Ehebündnis mit Gott zu verstoßen.

Der mittelalterliche jüdische Bibelexeget Joseph Bechor Schor hat formuliert, dass das Bilderverbot existiert, weil Gott keine Form hat, sondern nur das, was man auf Deutsch eventuell als «Geist» bezeichnen könnte. Dass man sich vor einem Standbild nicht verbeugen soll, ist für den Fall bestimmt, dass ein Götzendiener ein Götzenbild hätte machen lassen. Das eine folgt aus dem anderen, um jede Möglichkeit des Götzendienstes, sei er auch unbeabsichtigt, zu vermeiden[52].

---

[49] Siehe TB Megilla 22b.

[50] Siehe TB Awoda Sara 44b; und die Besprechung von Krochmalnik, Philosoph, S. 146f.

[51] Mechilta Bachodesch 8 (deutsche Übersetzung: Winter/Wünsche, *Mechilta*, S. 220).

[52] Siehe Albeck, Ten Commandments, S. 266.

*«...bedenkend Fehl von Vätern an Söhnen, am dritten und vierten*
*Glied, denen die mich hassen, aber Huld antuend ins tausendste denen*
*die mich lieben und meine Gebote wahren».*
Diejenigen, die fälschlicherweise den «alttestamentlichen» Gott der
Juden dem «neutestamentlichen» Gott der Christen gegenüberstellen,
als ob es in den sog. abrahamitischen Religionen mehr als nur einen
Gott gäbe, finden in diesem Vers eine Bestätigung für ihr Bemühen. Sie
lesen den Abschnitt außerhalb des Kontexts und behaupten, hierin einen
Beweis für die übertriebene Gerechtigkeit des «Alten Testaments» zu
finden, da die Söhne auch für die Sünden der Väter büßen müssen. Was
sie dabei aber außer Acht lassen, ist, dass dieser Brauch in eine Zeit zu
datieren ist, in der eine patriarchalische Familie ein in sich geschlosse-
nes Gebilde war[53]. Gott würde *nur* die damals lebenden und nach den
Gesetzen der *damaligen* Zeit Verantwortlichen bestrafen, alle anderen
aber in Frieden lassen. Gegenüber Gottes gerechtem und vorübergehen-
dem Zorn steht die *ewige* Huld, die Gott dem Gerechten und seinen
Nachkommen erweist[54].
   Philip Hyatt hat betont, dass das, was im Dekalog einzigartig ist,
erstens die Verehrung von nur *einem* Gott ist und zweitens das Verbot
des Götzendienstes[55]. *Beides* ist hier im zweiten Wort von Sinai zu finden. Damit ist aber die Frage noch nicht beantwortet, *wieso* es ein Verbot des Götzendienstes und -bildes gibt.
   Auf diese Frage gibt es viele Antworten. Martin Noth hat eine feti-
schistische Erklärung gefunden, dass es nämlich im alten Israel ein Bilderverbot gab, damit Israel durch eine Abbildung Gottes nicht die
Übermacht über Gott gewinne[56]. Dagegen hat Umberto (Moshe David)
Cassuto argumentiert, dass das Bilderverbot nicht als Folge einer pri-
mitiven Anikonie zu verstehen ist, sondern als Widerspiegelung der
Transzendenz Gottes und als Reaktion auf die theriomorphische religiöse Ikonographie Ägyptens[57]. Neuerdings hat Howard Eilberg-Schwartz
in provozierender Weise behauptet, dass das Bilderverbot eine Folge
der Angst sei, sich mit der Frage der Sexualität Gottes auseinander zu
setzen[58].
   Die traditionelle jüdische Antwort auf die Frage wurde aber schon
von Joseph Bechor Schor gegeben: Es gibt nur einen Gott und dieser

---

[53] Schon zu Zeiten der Propheten Jeremia und Ezechiel gab es einen Wandel in der
   Frage, ob nur der Einzelne für seine eigenen Taten verantwortlich ist oder die
   ganze Sippe (siehe Jeremia 31,27–30; Ezechiel 18).
[54] Siehe Plaut, *Torah*, S. 542.
[55] Hyatt, *Exodus*, S 209.
[56] Noth, *Exodus*, S. 130f.
[57] Cassuto, *Exodus*, S. 242.
[58] Siehe Eilberg-Schwartz, *God's Phallus*, bes. S. 116–121.

Gott ist sozusagen Geist und nicht Mensch. Obwohl der Mensch sich der menschlichen Sprache bedienen muss, um Gott zu beschreiben, bedeutet dies nicht, dass Gott so zu erfassen ist. Um Missverständnisse zu vermeiden, wird die leibliche Darstellung Gottes strengstens untersagt. Denn Gott lässt sich in seinen Taten in der Geschichte erblicken. Er steht über der Welt, die er geschaffen hat und ist nicht an sie gebunden. Andere Religionen haben Naturphänomene, Menschen und die Arbeit ihrer eigenen Hände vergöttlicht. Dies wird dem Judentum unmöglich gemacht[59].

Als Rabbi Gamaliel gefragt wurde, warum Gott nur Gebote gegen den Götzendienst gegeben hat, anstatt den Götzendienst selbst aus der Welt zu schaffen, antwortete er, dass der Mensch die Sonne, den Mond, die Sterne, die Planeten, Tierkreisbilder, Berge, Hügel, Wasserbehälter und sogar Menschen anbetet – sollte Gott diese alle vernichten[60]?

Am Ende ihrer Ausführungen zum zweiten Wort stellt sich Nechama Leibowitz die Frage, ob dieser Text in der modernen Welt noch eine Relevanz habe[61]. Denn ihrer Meinung nach bedeutet der Götzendienst im Sinne des Polytheismus heute keine Gefahr mehr und ist einfach nicht mehr aktuell. Wie ist nun dieses zweite Wort zu deuten? Hier greift Leibowitz auf die Schriften von Franz Rosenzweig zurück. In seinem Buch über den Dichter Jehuda Halevi kommt Rosenzweig zum Schluss, dass sich der Polytheismus in der modernen Welt als Götzendienst an «Kultur und Zivilisation, Volk und Staat, Nation und Rasse, Kunst und Wissenschaft, Wirtschaft und Klasse, Ethos und Religiosität» usw. auswirkt[62], in einer Vergöttlichung von flüchtigen Werten und vergänglichen Gegenständen also, die doch Gott unterstellt sind. Leibowitz kommt zum Schluss, dass das zweite Wort vom Sinai als Ansporn, dem Dienst am Vergänglichen zu widerstehen, in der Moderne keineswegs an Geltungskraft verloren hat.

---

[59] Siehe auch Sarna, *Exploring Exodus*, S. 145.
[60] Mechilta Bachodesch 6 (deutsche Übersetzung: Winter/Wünsche, *Mechilta*, S. 212).
[61] Siehe Leibowitz, *Studies in Shemot*, S. 320–321.
[62] Rosenzweig, *Jehuda Halevi*, S. 64f.

# Josua und das Judentum[1]

Vor vielen Jahren hörte ich eine vermutlich apokryphe Geschichte über Dame Kathleen Kenyon, die Rangälteste der biblischen Archäolog(inn)en und Ausgräberin von Jericho in den 50er und von Jerusalem in den 60er Jahren. Soweit ich mich erinnern kann, wollte Dame Kathleen, die als Anti-Zionistin bekannt war, irgendwann während ihrer Karriere ein Essay mit dem Titel «Von Jericho nach Der-Jassin» schreiben, in dem sie einen Vergleich zwischen den antiken und modernen jüdischen Eroberungen des Landes anstellen wollte, das u.a. als Kanaan, Israel, Juda, Judäa, Palästina und Heiliges Land bezeichnet wird. In jüngerer Zeit hat Keith Whitelam ein Buch veröffentlicht, in dem er unterstellt, die moderne europäische imperialistische zionistische Bewegung habe ihr Vorbild in der Eroberungstradition des Buchs Josua, eine Sachlage die seiner Ansicht nach dazu geführt hat, dass die Geschichte der Palästinenser und ihr legitimer Anspruch auf ihr Land wieder einmal zum Schweigen gebracht wurden[2]. So vergleicht Whitelam die völkermordenden Israeliten der Zeit Josuas mit den angeblich rassistischen Zionisten des 19. und 20. Jh. sowie die antiken Kanaanäer mit den modernen Palästinensern[3], die er als unschuldige Opfer eines Schriftjudentums bezeichnet, das von einem bibelzentrischen Christentum unterstützt wird. Unabhängig davon, wie man Kenyons und Whitelams Einstellung dem Judentum und seinem politischen Ausdruck gegenüber beurteilt, stellen ihre Ansichten über das Buch Josua und seiner – wenn man es so ausdrücken kann – genoziden Erzählung über die Eroberung des Landes, das Israel als sein eigen betrachtet, sicherlich eine klare

[1] An dieser Stelle möchte ich vielen danken: An erster Stelle meiner Frau, Rabbi(nerin) Michal Shekel, für ihre unentbehrliche Hilfe bei der Forschung und dem Schreiben dieses Aufsatzes. Mein Kollege, Prof. Dr. Martin I. Lockshin (York University), las und kommentierte einen Entwurf dieser Arbeit. Prof. Dr. Derek Penslar (University of Toronto) empfahl mir einige Quellen zur modernen israelischen Politik. Meine Arbeit an diesem Aufsatz wurde vom Centre for Jewish Studies (York University) finanziell unterstützt. Allen sei mein Dank gesagt.

[2] Whitelam, *Invention*. Für eine kritische Auseinandersetzung mit Whitelams Methodologie und Ansichten siehe Dever, Archaeology, Ideology, S. 44–46.

[3] Zur politischen Benutzung des Exodusbuchs, dem Motiv der Eroberung in der Hebräischen Bibel und den verschiedenen Versuchen, sich mit den Eroberern/ Geretteten oder mit den Opfern/zum Schweigen Gebrachten zu identifizieren siehe Schwartz, *Curse of Cain*, S. 153–159.

Herausforderung für das Judentum dar. Es stellt sich die Frage, wie sich die jüdische Gemeinschaft mit diesen grundlegenden Erzählungen auseinandersetzt und -gesetzt hat, die davon berichten, dass die Israeliten mit Gewalttaten anderer gegenüber eingedrungen sind. Die Tatsache, dass die überwiegende Mehrzahl der modernen Wissenschaftler diese Geschichten als fromme Erfindungen der deuteronomistischen Schule betrachtet[4], ändert nichts daran, dass sie einen integralen Bestandteil der religiösen Literatur des Judentums bilden. Was also war und was ist die Stellung dieser Erzählungen im Kontext des Judentums?

Wie die oben angebrachten Beispiele verdeutlichen, wurde und wird der Inhalt bzw. die Theologie des Buchs Josua auch heute noch als starke ideologische Waffe gegen das Volk gebraucht, dem das Buch Josua als Gründungstext gehört[5]. In den letzten Jahren erhoben sich auch jüdische Stimmen, die Aspekte der jüdischen Tradition in Frage stellen, die im Kontext eines liberalen westlichen intellektuellen Klimas kaum mehr akzeptabel sind[6]. Die Frage, wie man sich mit traditionellen Texten auseinandersetzt, die den Gebrauch von Gewalt gegenüber denjenigen vorschreiben, die sich von denen unterscheiden, welche die Texte geschrieben haben, egal ob sie Ausländer, Frauen, Homosexuelle usw. sind, führt zu einer kritischen Auseinandersetzung mit dem Textkorpus der geerbten Tradition[7]. Im Lichte der (jüdischen und nichtjüdischen) Kritik am Buch Josua und seiner Ideologie stellt sich die Frage, welche Rolle das Buch im Kontext der historischen Entwicklung des Judentums gespielt hat und ob jüdische Autoritäten sich mit den beunruhigenden Aspekten des Textes auseinandergesetzt haben.

---

[4] Siehe z.B. Rowlett, *Joshua and the Rhetoric of Violence*.

[5] Siehe Baron, Ancient and Medieval Periods, S. 23–24, der bespricht, wie der Josua-Text dazu benutzt wird, um zu zeigen, dass Juden von Natur her zum Völkermord neigen. Aufmerksamkeit ist dabei insbesondere der sowjetischen antizionistischen Propaganda gewidmet.

[6] Siehe z.B. Schwartz, *Curse of Cain*. Eine interessante literarische Widerspiegelung dieser Spannung kann man in Alicia Suskin Ostrikers Gedicht «The Story of Joshua» finden, in dem sie das Gebot, den Fremden in seiner Mitte zu lieben (Exodus 23,9; Deuteronomium 10,19), der gewaltigen Eroberung im Josuabuch gegenüberstellt. Siehe Ostriker, *Nakedness*, S. 155–157. Max Apple stellte Josua als einen dar, der große Zweifel daran hatte, die Kanaanäer zu töten, nur um die Israeliten vom Götzendienst fernzuhalten. Siehe Apple, Joshua.

[7] Hawk, Problem, macht auf die eingebaute Ambivalenz im Josuabuch und der deuteronomistischen Tradition aufmerksam, die einerseits «an ancient program of ethnic cleansing» (ebd., S. 53) gegen die Kanaanäer vorschreiben und andererseits Erzählungen beinhalten, in denen sie aus gewissen Kanaanäern Halbisraeliten machen, wie im Fall von Rahab und ihrer Familie (Josua 6,25) oder demjenigen der Gibeoniter (Josua 9).

Unter den modernen jüdischen Exegeten, die aus verschiedenen religiösen Perspektiven für ein jüdisches Publikum geschrieben haben, wird den beunruhigenden Aspekten des Buchs Josua größtenteils mit Stillschweigen begegnet. Die ethischen Probleme des Textes übergehend, begnügte sich etwa der ehemalige Oberrabbiner des Britischen Imperiums, Joseph Herman Hertz, damit, seine Leser mit einfachen Plattitüden über den «hervorragenden Charakter»[8] Josuas abzufertigen. Vom anderen Ende des jüdischen Spektrums her reduzierte Rabbiner Gunther Plaut in seinem *Haftara*-Kommentar die Botschaft Josuas auf den Spruch «Tu Gottes Wille, und das Land wird euch gehören»[9]. Er umgeht in diesem Kontext eine Stellungsnahme zur Frage der Gewalt, die in der Eroberungserzählung beheimatet ist, indem er betont, dass moderne Wissenschaftler das Buch Josua nicht mehr als zuverlässige historische Quelle betrachten[10]. Andererseits setzt sich Plaut in seinem Torakommentar mit der «Ethik der Eroberung» auseinander, zieht dabei allerdings den Schluss, dass «die moralische Seite der gewaltsamen Verdrängung der Kanaanäer [...] in der Tora niemals verhandelt» wird, «ebenso wenig wie die Moral des Krieges als solchem»[11]. Sidney Hoenig ist einer der wenigen verhältnismäßig modernen Kommentatoren, der aus einer traditionellen jüdischen Einstellung heraus schreibt und dabei auch die Frage nach der Ethik der Gewalt im Josuabuch anspricht, allerdings nur, um sie als Folge eines gottgewollten heiligen Krieges zu rechtfertigen[12]. Das Stillschweigen der zeitgenössischen Quellen zum Thema der Gewalt im Josuabuch bzw. die oberflächliche Behandlung des Buchs in der jüdischen Auslegungstradition im Allgemeinen[13] deutet darauf, dass dem Inhalt des Buchs Josua im Judentum mit einem großen Maß an Verlegenheit begegnet wird. Dass diese Verlegenheit nicht nur eine moderne Erscheinung ist, soll auf den folgenden Seiten verdeutlicht werden.

---

[8] «Outstanding character». Hertz, *Pentateuch and Haftorahs*, S. 635.

[9] «Do God's will, and the land will be yours». Plaut, *Haftarah*, S. 536.

[10] Plaut, *Haftarah*, S. xxxi.

[11] Plaut, *Tora. Band IV*, S. 137.

[12] «Sensitive readers are concerned about the brutality shown in Joshua, but one should not forget that it is a story of a war – of a holy war. The theme is the obliteration of historically hated pagans and the battle is only in honor of God» (Hoenig, *Joshua*, S. viii). Obwohl der Eroberungskrieg im Josuabuch als heilig betrachtet wird, betont der ikonoklastische Yeshayahu Leibowitz, dass «this war, with its immortal victories, is not commemorated by any day of remembrance, festival, thanksgiving day, or day of prayer, despite the fact that it was waged at God's behest by a servant of the Lord» (Leibowitz, *Heroism*, S. 367).

[13] Siehe Sandmel, *Enjoyment*, dessen ganze Besprechung des Josuabuchs sich auf nur ein wenig mehr als eine Seite verteilt (ebd., S. 157f).

Eine statistische Analyse der Anzahl der *Haftarot* (הפטרות), der
wöchentlichen Lesungen aus den prophetischen Büchern im synagogalen Gottesdienst, die aus dem Buch Josua genommen werden, unterstreicht die verhältnismäßige Unwichtigkeit des Buchs im Rahmen der
jüdischen Liturgie[14]. Unter den 54 Haftarot, welche die *Paraschijjot*
(«Wochenabschnitte», פרשיות), der Toralesungen begleiten, sind nur
zwei dem Buch Josua entnommen. Die einzigen Bücher, die in ihrem
Mangel an Aufmerksamkeit als Quellen von Haftarot damit zu vergleichen sind, sind Richter und Samuel, die je drei Haftarot liefern[15]. Es
wäre falsch, daraus zu schließen, dass erzählende Bücher als Quellen für
Haftarot in der Regel vermieden werden, sind doch elf Haftarot aus dem
Königebuch genommen. Dieses steht damit an zweiter Stelle nach dem
Jesajabuch, das für 15 Haftarot als Quelle dient. Sieben Haftarot stam-
men aus dem Jeremiabuch, sechs aus dem Ezechielbuch und sieben aus
den zwölf kleinen Propheten. Keine einzige der Haftarot für die neun
Sondersabbats kommt aus dem Josuabuch, dieses fehlt auch in den fünf
Lesungen für die Hohen Feiertagen im September/Oktober sowie in
denjenigen für die drei öffentlichen Fasttage im jüdischen Kalender.
Nichtsdestoweniger dient das Josuabuch als Quelle für zwei der zwölf
Haftarot während der Pilgerfeste *Pessach* («Osternfest», פסח), *Schawu'ot* («Wochenfest», שבועות) und *Sukkot* («Laubhüttenfest», סוכות). Da
eine dieser Haftarot einer der wöchentlichen Lesungen gleicht, kommt
hier also nur eine zusätzliche Lesung aus dem Buch Josua hinzu. Von
den 82 verschiedenen Anlässen, an denen Haftarot gelesen werden,
stammen somit insgesamt nur drei aus dem Buch Josua. Dies entspricht
weniger als 4% (genauer gesagt 3,7%), obwohl das Josuabuch einen
Achtel bzw. 12,5% der möglichen Quellen für Haftarot bildet. Rechnet
man nach Kapiteln und nicht nach Büchern, fällt das Potential des Buchs
Josua als Quelle von 12,5% (eins aus acht Büchern) auf 6,4% (24 aus
376 Kapiteln), selbst nach dieser Rechnung also bleibt es (mit seinen
3,7%) deutlich untervertreten[16]. Diese bescheidene Summe teilt Josua
mit dem Buch der Richter, das sich ebenfalls mit nur drei Haftarot zu
begnügen hat.

---

[14] Die Tora bzw. der Pentateuch wird in wöchentliche Abschnitte geteilt, die man
als *Paraschijjot* bezeichnet. Nach der Lesung der *Parascha* wird als Ergänzung
zu dieser ein Abschnitt aus einem der prophetischen Bücher (Josua, Richter,
Samuel, Könige, Jesaja, Jeremia, Ezechiel oder dem Buch der zwölf kleinen Propheten) gelesen. Dabei gibt es immer eine thematische oder literarische Verbindung zwischen der Tora- und der Haftaralesung.

[15] Diese statistische Analyse basiert auf der aschkenasischen Tradition. Obwohl es
in der sephardischen Tradition kleine Varianten in den Lesungen gibt, bleibt die
Anzahl der Lesungen aus dem Josuabuch die gleiche.

[16] Diese letzte Rechnung verdanke ich Professor Lockshin.

Dieser Mangel an Aufmerksamkeit, die dem Buch Josua in der Wahl der Haftarot entgegengebracht wird, überrascht besonders, wenn man sich daran erinnert, wie viele Parallelen es zwischen dem Leben und Handeln Moses' und Josuas gibt[17]. Eine große Anzahl dieser Parallelstellen hätten so als Quellen für die Verbindung gewisser Erzählungen über Moses im Pentateuch mit ähnlichen Geschichten über Josua dienen können. Die erste Haftara, die aus dem Josuabuch genommen ist, ist die Geschichte der Spione, die Josua vor der israelitischen Eroberung der Stadt Jericho ausgesandt hatte[18]. Sie dient als thematische Ergänzung zur Geschichte der zwölf Spione, die Moses ausgesandt hatte, um das Land Kanaan vor dem Einzug zu erkunden[19] (zu finden im Wochenabschnitt *Sch^elach L^echa*, שלח־לך)[20]. Josua spielt in dieser Geschichte eine wichtige Rolle, indem er selbst einer von nur zwei Spionen ist[21], die eine positive Nachricht über das gelobte Land zurückbringen und deswegen damit belohnt werden, dass sie als Einzige die 40 Jahre der Wanderschaft in der Wüste überleben.

Die zweite Parascha aus dem Buch Josua ist diejenige, welche die letzte Parascha der Tora – nämlich *We-sot ha-B^eracha* (וזאת הברכה)[22] – ergänzt, in der vom Tod Moses die Rede ist. In diesem Fall ist die Verbindung zwischen dem Toraabschnitt und der Haftara nicht nur thematisch, sondern auch literarisch. Josua 1 fährt mit der Erzählung fort, die mit dem Abschluss der Tora und dem Tod Moses zu Ende gekommen ist. In diesem Kontext betont die Haftara, dass Gottes Fürsorge für sein Volk und die göttliche Offenbarung an Israel mit Moses' Tod nicht zu Ende gekommen ist. Josua 1,1 nimmt die Heilsgeschichte nach dem Tod von Moses wieder auf und erzählt, wie Josua aufgrund seiner früheren Tätigkeit als Stellvertreter Moses' zu dessen Nachfolger und Führer der Israeliten gewählt wurde. Diese Haftara wird an *Simchat Tora* ( שמחת תורה) gelesen, wo der jährliche Zyklus der Toralesungen sowohl zu Ende kommt, als auch von neuem beginnt. Die Gegenüberstellung von Toralesung und Haftara betont so die Unendlichkeit des Wortes Gottes, wie alle Lesungen für Simchat Tora[23] das unendliche Wesen der Tora

---

[17] Unzählige traditionelle und kritische Kommentatoren haben dieses Phänomen schon erkannt, siehe z.B. Qil, *Josua*, S. 31.

[18] Josua 2.

[19] Numeri 13.

[20] Numeri 13,1–15,41.

[21] Der andere ist Kaleb.

[22] Deuteronomium 33–34.

[23] Genesis 1,1–2,3; Numeri 29,35–30,1; Deuteronomium 33–34; Josua 1,1–19. In der aschkenasischen Tradition wird das ganze Kapitel, in der sephardischen Gemeinschaft nur Verse 1–9 gelesen.

und ihre Verbindung mit der folgenden jüdischen Geschichte hervor-
heben.

Die letzte Haftara aus dem Buch Josua wird am ersten Tag des Pes-
sachfestes gelesen. Die Toralesungen erzählen die Geschichte des ersten
Pessachs[24] und beschreiben die Gebote für diese Feier[25]. Die zentrale
Haftara aus Josua[26], die sowohl in der sephardischen wie auch in der
aschkenasischen Tradition zu finden ist, nimmt das Thema der
Beschneidung auf, das am Ende der Lesung aus Exodus zu finden ist,
und erzählt von der ersten Tat der Israeliten im Heiligen Land, der
Beschneidung aller Männer, die während der Wüstenwanderung auf die
Welt gekommen sind. Der Abschnitt setzt mit der Feier des ersten Festes
in der Freiheit ein, dem Pessach, das die Israeliten in dem Land, das
ihnen bald gehören würde, feiern konnten. Der Abschnitt endet mit der
Geschichte[27], in welcher der Befehlshaber der göttlichen Armee Josua in
einer Weise erscheint, die an Moses' Erfahrung beim brennenden Dorn-
busch erinnern[28]. In der aschkenasischen Tradition wird diese Haftara
mit Josua 3,5–7 eingeleitet und mit Josua 6,27 abgeschlossen. Beide
diese Stellen thematisieren, wie Josua von Gott zum würdigen Nachfolger Moses' erwählt wurde.

Es fällt auf und ist sicherlich von Bedeutung, dass in keiner dieser
Haftarot aus dem Buch Josua eine Textstelle gelesen wird, die einen
direkten Bezug auf die Geschichte der Eroberung (beginnend in Kapitel
6 mit der Einnahme von Jericho) oder der Aufteilung des Landes (in
Josua 13–22) nimmt. Eine ähnliche Tendenz zeigt sich in der antiken
jüdischen Auslegungen des Buchs Josua: Ein Grossteil der midraschischen Literatur scheint eher der friedlicheren Richtung eines Jochanan
ben Sakkais zu folgen, der während der Belagerung Jerusalems im
Laufe des ersten jüdischen Aufstands gegen Rom (66–70 n.d.Z.) die
Stadt verlassen hatte, um im abgelegenen Dorf Jawne-Jamnia ein Lehr-
haus zu gründen, als der Richtung eines genauso gelehrten Rabbi Aki-
was, der während des zweiten jüdischen Aufstands gegen Rom (132–
135 n.d.Z.) als Folge seiner Unterstützung der Rebellion den Märtyrertod erlitt[29]. Bevor wir uns der midraschischen Literatur ausführlicher
zuwenden, soll erwähnt werden, dass der erste «Midrasch» zur
Geschichte von Josuas Eroberung und gleichzeitiger Ausrottung der

---

[24] Exodus 12,21–51.
[25] Numeri 28,16–25.
[26] Josua 5,2–6,1.
[27] Josua 5,13–15.
[28] Exodus 3,1–6.
[29] Für frühchristliche und klassische Einstellungen zum «gerechten Krieg» siehe
Reventlow, Biblical and Classical Traditions. Für rabbinische Einstellungen zum
Krieg gegen die Kanaanäer siehe Neher, Rabbinic Adumbrations.

Kanaanäer in der Hebräischen Bibel selbst zu finden ist. Wie schon seit langem bekannt, dekonstruiert Richter 1,1–2,5 Josuas Erzählung von einer totalen Eroberung des Landes und der Abschlachtung seiner Insassen. Direkt an Josua anknüpfend, ist am Anfang des Richterbuchs[30] einzeln ausgeführt, wie erfolglos die Israeliten waren, als sie das Land zu erobern versuchten[31]. Der Text berichtet davon, dass die Israeliten und Kanaanäer nebeneinander lebten, wobei er einige Andeutungen macht, dass die Ureinwohner des Landes Zwangsarbeit zu leisten hatten. Genau wegen dieser Vermischung der Grenzen zwischen den zwei Völkern kritisiert ein Engel die Israeliten und sagt im weiteren Verlauf des Buchs voraus, dass sie von den umliegenden Völkern unterdrückt werden würden[32].

Ungeachtet der etwas differenzierteren Eroberungstradition des Richterbuchs ist es die Erzählung des Josuabuchs, die für die traditionelle jüdische Auslegungsgeschichte tonangebend ist. Und genau diese Erzählung ist es auch, die eine Anzahl der Rabbinen offenbar gestört hat: Aus einigen Midraschim kann man schließen, dass ihre Autoren mit der biblischen Rechtfertigung für die völkermordende Eroberung des Landes nicht zufrieden waren, dass für sie der Verweis auf die Landverheißung Gottes an die Israeliten nicht genügte. So stellten sich einige Rabbinen Fragen: Was geschah mit den Ureinwohnern des Landes? Was haben sie getan, um diese schreckliche Strafe zu verdienen?

Im Wesentlichen geben diese Rabbinen den Opfern selbst die Schuld für die israelitische Eroberung und Ausrottung der Kanaanäer. Im Namen von Rabbi Schimon ben Gamliel wird erzählt, Josua habe den Kanaanäern vor seinem Eintritt in das Land seine Absichten bekannt gemacht und ihnen die Wahl überlassen, ob sie das Land verlassen, sich den Israeliten ergeben oder Krieg führen wollten[33]. Der Midrasch fährt fort und erzählt, wie die Girgaschiten die erste Alternative gewählt und sich in Afrika angesiedelt haben, in einem Land, das so schön war wie

---

[30] Insbesondere Richter 1,16ff. In diesem Zusammenhang soll vermerkt werden, dass die traditionelle Reihenfolge der Bücher nicht unbedingt ihrer Entstehungsordnung entspricht, siehe Noort, *Josua*, S. 198–205.

[31] Moshe Weinfeld vertrat, Ziel dieser Erzählung sei es, einen Ausgleich zu Josuas Geschichte der Eroberung zu schaffen, in der die nördlichen Josefstämme führend gewesen sind. Gemäß ihm versucht die Erzählung in Richter 1 den Erfolg des Stammes Juda (Verse 1–20) mit dem Misserfolg der nördlichen Stämme (Verse 21–26) zu vergleichen, siehe Weinfeld, *Promise*, S. 121–155. Weinfeld (ebd., S. 152) bezieht sich auch auf gewisse Stellen in der zweiten Hälfte des Josuabuchs (15,63; 16,10; 17,11–13), welche die These einer begrenzten Eroberung unterstützen würden. Siehe auch Mitchell, *Together in the Land*.

[32] Richter 2,1–3.

[33] JT Shewi'it 6:1, 36c.

das Land, das sie verlassen hatten[34]. Die Gibeoniter unterwarfen sich der Bibel gemäß den Israeliten durch eine List[35]. Die 31 Könige von Kanaan, die Josua besiegt hatte[36], waren laut diesem Midrasch diejenigen, die Josuas Warnung ignoriert und sich entschieden haben, gegen die Israeliten zu kämpfen. Somit macht er die Kanaanäer selbst für ihren Untergang verantwortlich. Diese waren somit keine unschuldigen Opfer, sondern haben sich vielmehr freiwillig entschieden, trotz Gottes Verheißung des Landes an die Israeliten gegen diese Krieg zu führen. Das Gewissen von Josua und seiner Nachkommen war also rein[37].

Eine weitere midraschische Tradition, welche die fatale Hartnäckigkeit der Kanaanäer unterstreicht und ihnen für ihren eigenen Untergang die Schuld zuspricht, berichtet davon, dass Gott die Länder der Welt an verschiedene Völker verteilt hat. Den Kanaanäern wurde das Land Israel bis zur vorgesehenen Zeit der israelitischen Ansiedlung zur Verwaltung geliehen[38]. Nach ihr war es ein integraler Bestandteil des göttlichen Planes, dass die Kanaanäer das Land danach räumen und den Israeliten überlassen würden. Da die Kanaanäer aber ein böses Volk waren, haben sie sich geweigert, das Land zur gegebenen Zeit zu verlassen, war dieses doch schließlich ein Land, im dem Milch und Honig fließt, wie es in der Bibel so schön heißt. Josua und die Israeliten sahen sich demnach gezwungen, gegen ihren Willen Krieg gegen die Kanaanäer zu führen. Gottes Wort verwerfend, weigerten sich die Kanaanäer, auch nur einen Zentimeter Erde zu räumen, ohne einen Krieg auf Leben und Tod zu führen. Auf diese Weise versucht dieser Midrasch, das Wüten und die Brutalität von Josuas Heiligem Krieg gegen die Kanaanäer zu rechtfertigen. Wieder sind es auch in ihm die Verlierer, die für Josuas Eroberungskrieg die Schuld tragen. So versuchten die Rabbinen, ihre ambivalenten Gefühle gegenüber der Eroberungsgeschichte in Josua zu relativieren. An anderer Stelle jedoch wird überliefert, dass Josua schon

---

[34]   Obwohl die Girgaschiter unter den sieben Ureinwohnerstämmen von Kanaan erwähnt werden (Genesis 10,16; 15,21; Deuteronomium 7,1; Josua 3,10; Nehemia 9,8; 1. Chronik 1,14), gibt es in der Eroberungserzählung Josuas (Josua 6–12) keinen Bericht über ihre Niederlage. Diese Tatsache hat die Entstehung von Midraschim ermöglicht, nach denen die Girgaschiten das einzige Volk waren, die Josuas Aufruf zum Verlassen des Landes gehorcht haben. Nichtsdestoweniger werden sie unter die Völker gezählt, die Gott in Josuas Hände gegeben hat (Josua 24,11).

[35]   Siehe Josua 9,3–27.

[36]   Josua 12.

[37]   Siehe auch Levitikus Rabba 17,6 und Deuteronomium Rabba 5,14, in denen dieser Midrasch Rabbi Samuel ben Nachman zugeschrieben wird.

[38]   Sifra Qedoschim 10.

seit der Schöpfung zum ersten Eroberer der Menschengeschichte prädestiniert war[39].

Dass dieses Empfinden einer ethischen Ambivalenz gegenüber dem völkermordenden Krieg der Ahnen nicht von allen Rabbinen geteilt wurde, wird in einem anderen Midrasch verdeutlicht[40], in dem Josua als verglichen mit seinem Lehrer Moses schwach dargestellt wird[41]. Gemäß dieser Geschichte bestrafte Gott Josua wegen seiner Überheblichkeit z.z. seiner Übernahme der Führung von Moses damit, dass er ihn 300 Gesetze total vergessen und bei 700 anderen unsicher sein ließ. Die Israeliten waren so entsetzt über Josuas Mangel an Wissen und Gelehrsamkeit, dass sie ihn töten wollten. Da Gott keine Zeit hatte, Josua in allem, was er vergessen hatte, zu unterrichten, war er gezwungen, Josua dadurch zu retten, dass er das Volk durch einen Krieg ablenkte. Der Vernichtungskrieg gegen die Kanaanäer fing damit als Ablenkungsmanöver etwas früher als geplant an, wobei unzählige Menschen sterben mussten, um das Leben eines einzigen Menschen zu retten. Es ist offensichtlich, dass der Autor dieses Midrasches sich keine Sorgen um die ethische Frage machte, was dieser Text für das Verständnis eines Gottes bedeutet, der bereit war, ein ganzes Volk auszurotten, um einen Mann zu retten, der allein durch die Tat dieses Gottes gefährdet war. Vielleicht allerdings will dieser Midrasch auch zeigen, dass die Rechtfertigung für die Eroberung des Landes eine ziemlich zweifelhafte war.

Eine Auseinandersetzung mit der Kriegstheorie war immer schon ein besonderes Interesse der rabbinischen Tradition. Eigentlich haben sich die Rabbinen mit allen Aspekten der jüdischen Tradition beschäftigt; dass ein Gebot der Tora im zeitgenössischen jüdischen Leben keine praktische Anwendung mehr hatte, bedeutete nicht, dass man es nicht studieren und davon lernen sollte. In seiner monumentalen Systematisierung der rabbinischen und nachrabbinischen Tradition, der *Mischne Tora* («zweite Tora», משנה תורה), setzte sich Maimonides[42] eingehend mit der Idee von Krieg und seiner Anwendung in der Theorie auseinander, obwohl die Juden zu seiner Zeit schon lange keine Gelegenheit zur Kriegsführung mehr hatten. Nach seiner Systematisierung gab es zwei Arten von Krieg, den Pflichtkrieg (*milchemet mitzwa*, מלחמת מצוה) und den Wahlkrieg (*milchemet r<sup>e</sup>schut*, מלחמת רשות)[43]. Letzterer ist ein Krieg,

---

[39] Esther Rabba Prolog 10.

[40] BT Temura 16a.

[41] Siehe auch BT Bawa Batra (Baba Bathra) 75a.

[42] Rabbi Mosche ben Maimon (Moses Maimonides, 1135–1204) ragt über alle anderen großen Gestalten des mittelalterlichen Judentums hinaus. Er ist auch unter der Abkürzung Rambam bekannt. Zur Mischne Tora siehe Twersky, *Introduction*.

[43] Mischne Tora, Hilchot Melachim 5,1.

der geführt wird, um das eigene Territorium zu erweitern. Ein König
durfte solch einen Krieg nur mit der Zustimmung des Synhedrions, des
Rates der 71 Weisen, führen. Da die rabbinische Überlieferung Diskussionen beinhaltet, in denen der Widerwille des Synhedrions zum Ausdruck kommt, Menschen für ihre schweren Vergehen zum Tode zu verurteilen, kann man davon ausgehen, dass die Bedingung, die Erlaubnis
des Synhedrions einzuholen, die Ausführung von Wahlkriegen de facto
unmöglich machte[44]. Das Prinzip ist klar: Obwohl das Führen von Kriegen zur Grenzerweiterung in der Theorie erlaubt war, waren so viele
Bedingungen und Kontrollen damit verbunden, dass es in der Praxis so
gut wie unmöglich war, einen solchen Krieg zu unternehmen.

Beim Pflichtkrieg, den man auch als Heiligen Krieg bezeichnen
könnte[45], unterschied Maimonides drei verschiedene Arten: Die erste Art
des Pflichtkriegs war der Verteidigungskrieg. Wenn man angegriffen
wird, ist man dazu verpflichtet, sich selbst zu verteidigen. Von der makkabäischen Zeit (2. Jh. v.d.Z.) an traf das auch auf die Abwehr eines
Angriffs am Sabbat zu, obwohl an ihm sonst jede Art der Arbeit verboten ist.

Die zweite Art ist der Krieg gegen die Amalekiter, die Feinde, die
laut Bibel die alten und schwachen Israeliten beim Auszug aus Ägypten
angegriffen hatten[46] und als Folge davon auf immer und ewig unter
Bann gesetzt wurden[47]. Die Nachsicht, die Saul ihnen gegenüber
anscheinend gezeigt hatte, wurde ihm zum Verhängnis und führte dazu,
dass er als König verworfen wurde[48]. In der späteren jüdischen Überlieferungstradition wurde der Krieg gegen die Amalekiter zur Metapher für
den Kampf gegen das Böse in der Welt.

---

[44] Siehe BT Makkot 7a.

[45] Zum sogenannten Heiligen Krieg in der Hebräischen Bibel und im alten Orient,
siehe u.a. Weippert, Heiliger Krieg; Jones, Holy War.

[46] Exodus 17,8–16; Deuteronomium 25,17–19.

[47] Zum Bann oder *cherem* (חרם) in Israel und im antiken Orient siehe Stern, 1
Samuel 15. Für eine Besprechung der sekundären Natur der kanaanäischen
*cherem*-Tradition in der Bibel siehe Weinfeld, *Promise*, S. 76–98. Für eine
moderne jüdisch-orthodoxe Sicht, dass der *cherem* auf die Kanaanäer gelegt
wurde, um den Götzendienst auszurotten, siehe Qil, *Josua*, S. 25.

[48] Siehe 1. Samuel 15. Nach der midraschischen Überlieferung kann man die Folgen dieser vermutlichen Nachsicht in der Bedrohung sehen, die Haman im Buch
Esther für die Juden bedeutete. Gemäß dieser Überlieferung (Esther Rabba
Prolog 7) zeugte der Amalekiterkönig Agag während der Zeit zwischen seiner
Festnahme durch Saul im Gefecht (1. Samuel 15,8–9) und seiner brutalen Hinrichtung durch Samuel (1. Samuel 15,32–33) die Linie, die bis zu Haman führte.
Diese Verbindung zwischen Agag und Haman wird durch die Textstelle ermöglicht, in der Haman als Agagiter bezeichnet wird (Esther 3,1).

Die dritte Art ist der Krieg gegen die Ureinwohner Kanaans, die sogenannten sieben Nationen: die Amoriter, die Kanaanäer, die Girgaschiter, die Hethiter, die Hiwiter, die Jebusiter und die Perisiter[49]. Dies sind die Völker, die enteignet werden mussten, um es den Israeliten zu ermöglichen, das Land gemäß der göttlichen Verheißungen an Abraham und seine Nachkommen zu erben. In Anlehnung an die Meinung, die höchstwahrscheinlich die Haupttendenz der rabbinischen Auslegungsgeschichte widerspiegelt, betrachtete Maimonides diesen Krieg gegen die sieben Völker als schon in der Vergangenheit abgeschlossen. Dieser Krieg wurde geführt und gewonnen und war deshalb von didaktischem und historischem Interesse, konnte aber nicht mehr als Zukunftsentwurf dienen; er war Teil der Vergangenheit, nicht der Gegenwart oder der Zukunft. Diese Sicht wurde von Nachmanides[50] angegriffen, der das Gebot, das Land zu erobern und seine Ureinwohner zu enteignen, als auf immer und ewig gültig betrachtete. Wie Moshe Weinfeld gezeigt hat, gehört Nachmanides' Einstellung ganz entschieden der Minderheit der jüdischen Auslegungsgeschichte an[51]. Für die große Mehrheit der jüdischen Tradition gehört die Eroberung des Landes in die Vergangenheit. So konnte und kann jegliche Verlegenheit in Bezug auf die anachronistische Vorstellung des Genozids in der Josuaerzählung als etwas ausgegeben werden, das in eine gewisse vergangene Zeit gehört und nicht wiederholt werden kann. Die Einschränkungen der Kriegsführung bei Maimonides und in seinen biblischen und rabbinischen Quellen scheinen diese Behauptung zu unterstützen[52].

Es hängt mit dem Aufstieg des modernen Staates Israel zusammen, dass das Buch Josua mit seiner Erzählung von der Eroberung des Landes im Rahmen des Judentums eine erneute Wichtigkeit bekommen hat[53]. In diesem Zusammenhang mutet es ironisch an, dass die Trendsetter in der Benutzung der Hebräischen Bibel zur Stärkung der jüdischen Ansprüche auf die Grenzen des antiken Landes eigentlich säkulare Zionisten waren[54]. Einerseits betrachteten sie die nachbiblische jüdische Literatur als ein Produkt des Exils, andererseits stellte die Bibel für sie

---

[49] Deuteronomium 7,1; Josua 3,10.
[50] Rabbi Mosche ben Nachman (1194–1270), der auch Ramban genannt wird, hat Maimonides diesbezüglich in seinem *Hassagot Sefer ha-Mitzvot* (*Kritische Beobachtungen zu Maimonides' Buch der Gebote*) angegriffen.
[51] Siehe Weinfeld, *Promise*, S. 84.
[52] Zu den strikten Regeln der Kriegsführung, die u.a. auch die Forderung beinhalten, Frieden anzubieten und die Flucht von Nichtkombattanten zu ermöglichen, siehe Mischne Tora, Hilchot Melachim 6.
[53] Zum Gebrauch der Bibel zur Unterstützung jüdischer nationaler Bestrebungen in Israel bzw. Palästina siehe Schwartz, *Curse of Cain*, S. 122; sowie Simon, *Place*.
[54] Siehe Meir, *Talmud*, S. 6.

die grundlegende Geschichte der Juden in ihrem eigenen Land dar. Während der letzte Teil des Josuabuchs, der Bericht über die Aufteilung des Landes unter den israelitischen Stämme[55], einen Überblick über die Topographie des Landes sowie ein utopisches Modell für seine Grenzen bietet, war es die Eroberungsgeschichte, die als Beweggrund für die Festlegung des jüdischen Anspruchs auf das Heilige Land fungierte.

David Ben-Gurion, der den Staat Israel ins Leben gerufen hatte und als dessen erster Premierminister amtierte, war sehr daran interessiert, die Kontinuität zwischen den Israeliten und den Kanaanäern hervorzuheben[56]. Auf diese Weise wollte er zeigen, dass die jüdischen Ansprüche auf das Land wesentlich älter als seine Eroberung waren. Während er sich zur Idee eines teilweisen Auszugs aus Ägypten bekannte, ging er gleichzeitig davon aus, dass die Israeliten einen Teil der Ureinwohner des Landes Kanaan ausmachten[57].

Bis zur Entwicklung des arabischen Flüchtlingsproblems als Folge von Israels Befreiungskrieg war es unter den Zionisten üblich, sich ein romantisches Bild der arabischen Dorfkultur zu machen und diese als Widerspiegelung des Dorflebens zur biblischen Zeit anzusehen[58]. Als diese Kultur in den Augen des Zionismus aber die «andere» wurde, richtete sich das Interesse der literarischen, künstlerischen und archäologischen Bemühungen auf die biblische Zeit und die Wiederherstellung einer romantisierten kanaanäischen Zeit. Treibende Kraft hinter diesem Versuch war Ben-Gurion, unterstützt von denjenigen, die seine Ideologie teilten[59].

Es war insbesondere der Fachbereich der Archäologie, in dem der ideologische Kampf um das Buch Josua geführt wurde. Die Ansicht war verbreitet, dass man, wenn man die historische Wirklichkeit des Josuabuchs bestätigen könnte, damit gleichzeitig auch die zeitgenössische Realität rechtfertigen würde. Die Kämpfe von Josua dienten somit als Paradigma für die Moderne – nicht als Vorbild für den Völkermord an Nichtjuden, sondern im Sinne eines praktischen Modells für die Besitzergreifung des Landes. Die berühmt-berüchtigten Streitigkeiten zwischen den renommierten Archäologen Yigael Yadin (Jigael Jadin) und Yohanan (Jochanan) Aharoni waren mehr als eine akademische Auseinandersetzung über die Interpretation von gewissen archäologischen Funden, sie entsprangen vielmehr größtenteils dem jeweiligen Ver-

---

[55] Josua 13–22.
[56] Siehe Kempinski, Archäologie, S. 13–14; Silberman, *Prophet*, S. 260.
[57] Damit hat er eine wichtige Tendenz in der modernen biblischen Wissenschaft vorausgesehen. Siehe z.B. Finkelstein/Silberman, *Bible Unearthed*, S. 48–122.
[58] Siehe Silberman, *Prophet*, S. 230–231.
[59] Siehe Kempinski, Archäologie, S. 7–8.

ständnis der zionistischen Ideologie der beiden Widersacher[60]. Ihre scharfen ideologischen Unterschiede sollten die israelische Archäologie mehr als eine Generation lang in zwei sich gegenseitig ausschließende und bekämpfende Lager spalten.

Die Wurzeln des Problems lagen in der Auslegung der Funde von Yadins Ausgrabungen bei Tel Hazor (Tell el-Qadi), einer großen Ausgrabungsstätte im Norden Israels und führenden kanaanäischen Stadt nach Josua 11,10. Yadin, der unter dem Einfluss der biblischen Exegese des Amerikaners William Foxwell Albright und seiner positivistischen Schule stand, wollte die Zerstörungsschicht von Hazor am Ende der Spätbronzezeit mit der Eroberung der Stadt durch Josua gleichsetzen[61]. Darin sah er ein Vorbild für seine eigene militärische Beteiligung an der Verwirklichung des zionistischen Traums durch Waffengewalt[62]. Im Gegensatz zu Yadin zog es Aharoni, dessen intellektuelle Vorfahren die deutschen Wissenschaftler Albrecht Alt und Martin Noth waren, vor, die sogenannte Eroberung auf wesentlich friedlichere Weise als allmähliche Einwanderung und Ansiedlung von Nomaden im Land zu verstehen[63]. Darin widerspiegelte sich bei ihm die Ideologie der zionistischen Arbeiterbewegung, welche die Entwicklung und Erschließung des Landes durch einen allmählichen Prozess der Besiedlung des Landes befürwortete. So wurde die Auslegung des Josuabuchs zum Zankapfel einer bitteren Debatte über die Verwirklichung des zionistischen Traums.

In einem provozierenden Aufsatz behauptete Aharon Kempinski, die zionistische Ideologie habe auch bestimmt, welche archäologischen Funde ihren Weg in das allgemeine Bewusstsein gefunden haben[64]. Er beklagte sich darüber, dass von einigen der wichtigsten Funde der letzten Jahre, wie Inschriften aus Kuntillet Adschrud oder neue Entdeckungen über die Essener, die Bezug auf die Geschichte der antiken israelitischen Religion nehmen, überhaupt nichts in das öffentliche Bewusstsein gedrungen war. Für die Funde, die den jüdischen Anspruch auf Grundstücke im Westjordanland untermauern, trifft dies nicht zu. Unabhängig davon, ob man seine Interpretation des Bauwerks, das am Ebalberg in der Nähe von Nablus gefunden wurde, als Wachtturm oder als

---

[60] Siehe Kempinski, Archäologie, S. 11–12; Silberman, *Prophet*, S. 236–243.

[61] Zu Yadins Interpretation seiner Funde von Hazor, siehe Yadin, *Hazor*.

[62] Gemäß Silberman, *Prophet*, S. 370–371, wollte Yadin erstens zeigen, dass die Kriege, die er führte, Widerspiegelungen von denjenigen Josuas waren, und zweitens, dass seine Vorfahren auch Krieger waren. Für ein Beispiel einer modernen israelischen militärischen Analyse von Josuas Feldzügen, siehe Herzog/Gichon, *Battles*, S. 25–45.

[63] Zu Aharonis Ansichten bezüglich des Übergangs von der «kanaanäischen» zur «israelitischen» Periode siehe Aharoni, *Archaeology*, S. 112–191.

[64] Kempinski, Archäologie, S. 2–20.

Heiligtum akzeptiert[65], werfen seine Beobachtungen darüber, welche Aufmerksamkeit der angeblichen Entdeckung von Josuas Altar gewidmet wurde, wichtige Fragen auf, ob und inwiefern archäologische Finanzierung und archäologisches Beweismaterial politisch und religiös missbraucht werden können[66].

In den letzten Jahren wurde das Josuabuch auch vom rechten Flügel des religiösen Zionismus wiederentdeckt. Dem Beispiel von Nachmanides folgend, ist die Wieder-«Eroberung» des Landes erneut zum wichtigen religiösen Anliegen geworden[67]. Das Land selbst wurde dabei zum heiligen Objekt, eine Entwicklung, die, wie einige Kommentatoren gezeigt haben[68], einer grundlegenden Tendenz im jüdischen Denken widerspricht, nach der das Land als heilig betrachtet wird, nicht weil es selbst heilig ist, sondern weil gewisse religiöse Handlungen und Bräuche nur dort ausgeführt werden können.

In der Tat haben wir damit den Kreis geschlossen: Das Josuabuch, ein auf uralter historischer Erinnerung aufgebautes theologisches Konstrukt[69], dient in manchen Kreisen als Kampfmittel, um die Vergangenheit im Lichte eines ideologischen Verständnisses für die Gegenwart wieder zu gewinnen[70]. Die überwiegende Mehrheit der Juden hingegen begegnet dem Inhalt dieses Buchs seit jeher mit einer ambivalenten Distanz.

---

[65] Siehe Zertal, Joshua's Altar; ders., How Can Kempinski Be So Wrong; Kempinski, Joshua's Altar; Coogan, Cults and Cultures; ders., Archaeology and Biblical Studies.

[66] Siehe auch die Äußerungen von Benvenisti in ders., Digging for the Myth.

[67] Siehe Weissbrod, Gush Emunim; Sprinzak, Politics. Siehe auch Meir, Talmud, S. 7, der sich darüber Sorgen macht, dass in letzter Zeit in manchen Kreisen die gewalttätigen biblischen Überlieferungen zu Ungunsten der vermutlich etwas friedlicheren talmudischen Traditionen betont werden.

[68] Siehe z.B. Shilhav, Interpretation. Shilhav (ebd., S. 121–122) zitiert TB Hagiga 3b, TB Hulin 7a, und Tosefot Yom Tow – Eduyot 8,7, um seine Behauptung zu belegen, dass die rabbinische Tradition das Modell der Eroberung des Josuabuchs als überholt betrachtet und stattdessen das Modell des Esrabuchs favorisiert, in dem von einer partiellen Rücknahme des Landes unter der Oberherrschaft der Perser berichtet wird. In dieser Weise wurde die Notwendigkeit das ganze Land zu erobern, aufgehoben, und durch die Idee einer partiellen Rücknahme ersetzt. Die Bevorzugung dieses geschichtlichen Prozesses im rabbinischen Denken wird gemäß Shilhav durch die Nicht-Anwendung der Gesetze von *schmitta* (das Brachliegen des Landes in jedem siebten Jahr) außerhalb des Bereichs jüdischer Kontrolle verdeutlicht. Mit dieser Begrenzung des jüdischen Territoriums konnten die Rabbinen es ermöglichen, dass es im Jubeljahr immer etwas zu essen gab. Für eine christlich-reformierte Einstellung zum Thema Land und Israel siehe March, *Israel*.

[69] Siehe z.B. Baron, Ancient and Medieval Periods, S. 23–24.

[70] Zum Thema Bibel und moderne Gewalt siehe zuletzt Collins, Zeal.

# Die Suche nach Goliaths Heimat

*Die Ausgrabung bei Tell eṣ-Ṣafi in Israel*[1]

Jedes Kind kennt die Geschichte von David und Goliath, wie der einfache israelitische Hirtenjunge David, nur mit einer Schlinge, ein paar Kieselsteinen und seinem Glauben an Gott bewaffnet, den mächtigen, riesigen und schwer bewaffneten philistäischen Krieger Goliath von Gath im Zweikampf besiegt hat. Obwohl diese Geschichte gemäß überwiegendem Konsens der modernen biblischen Wissenschaft eher der Davidslegende als der realen Historie zuzurechnen ist – selbst die Bibel schreibt diesen Sieg an anderer Stelle einem anderen als David zu[2] –, wurde sie im Abendland zu einem beliebten Vorbild des Sieges des unterdrückten Gerechten über das übermächtig scheinende Böse. Im Großen und Ganzen schneiden die unbeschnittenen Philister in der Hebräischen Bibel als Widersacher der Israeliten nicht sehr gut ab. Spätere Generationen haben diese negative Einstellung den Philistern gegenüber übernommen und dank Pastor Götz aus Jena wurde das Wort Philister im Jahre 1693 zum Sinnbild des spießbürgerlichen Nichtstudenten schlechthin[3]. Treffend stellt der Duden diese Entwicklung dar: «Danach wurde in der Folge das Wort Philister zunächst zur Bezeichnung des Nichtstudenten überhaupt, dann auch des ungeistigen Bürgers von ängstlicher, beschränkter Lebensauffassung»[4].

Bis vor kurzem wussten wir über die Philister nur das, was aus dem biblischen Text und einer kleinen Anzahl klassischer Schriften zu entnehmen ist. Unser Bild der Philister war also ausschließlich durch die Schriften ihrer Feinde geprägt. Es ist eines der großen Verdienste der modernen Erforschung der Geschichte und Kultur des Heiligen Landes, dass unser Bild der Philister heute nicht mehr eintönig ist, sondern neu

---

[1] Ich bin Dr. Aren M. Maeir, der eine frühere englische Fassung dieses Aufsatzes gelesen und mir viele wertvolle Anregungen gegeben hat, zu Dank verpflichtet.

[2] Siehe 2. Sam. 21,19, wo der Sieg über Goliath einem gewissem Elchanan ben Jair (1. Chronik 20,5 *Qere*) aus Betlehem zugeschrieben wird, was jedoch in 2. Chronik 20,5 zu einem Sieg gegen Lachmi, den Bruder Goliaths, «korrigiert» wird. Siehe auch Ehrlich, Goliath.

[3] Siehe Dothan/Dothan, *People of the Sea*, S. 3–6.

[4] Drosdowski/Grebe, *Duden Etymologie*, S. 508.

viele Facetten hat[5]. Inzwischen nämlich kennen wir die Philister nicht
nur aus der Bibel, sondern auch aus ägyptischen und mesopotamischen
Inschriften sowie aus der archäologischen Erforschung des Heiligen
Landes, in dem sie am südwestlichen Küstenstreifen angesiedelt waren
und dem sie lange nach ihrem Untergang den Namen Palästina gaben.

Eine kurze geschichtliche Skizze der Philister würde erwähnen, dass
sie um das Jahr 1200 v.d.Z. zum ersten Mal am südwestlichen Küstenstreifen Kanaans möglicherweise als ägyptische Söldner auftauchten[6],
und dass sie nach einem (sich in den Büchern Richter und 1. Samuel
widerspiegelnden) Versuch, ihren Einfluss über das ganze Land auszudehnen, um das Jahr 1000 vermutlich durch David auf ihren Küstenstreifen zurückgedrängt wurden. Danach spielten sie eine untergeordnete
Rolle als Handelsmacht, eingezwängt zwischen ihren verschiedenen
Feinden wie Israel und Juda im Osten, Ägypten im Süden und Aram,
Assyrien und Babylonien im Norden, bis der babylonische König Nebukadnezar gegen Ende des 7. Jh. v.d.Z. Philistäa endgültig eroberte, seinem Reich eingliederte und einen Teil der Bevölkerung verschleppte.

Gemäß der Hebräischen Bibel waren die Philister in einem lockeren
Fünfstädtebund bzw. einer Pentapolis organisiert. Diese Städte bestanden von Nord bis Süd aus den Küstenstädten Asdod (Aschdod), Askalon
(Aschkelon) und Gaza sowie aus den Binnenstädten Ekron und Gath,
die an der Grenze zu Israel bzw. Juda lagen. Die geographische Lage der
Küstenstädte blieb dank ihrer ständigen Besiedlung im Laufe der Jahrtausende bekannt und wurde durch die Ausgrabungen von Asdod[7] (in
den 60er und 70er Jahren) und von Askalon[8] (seit den 80er Jahren)
bestätigt. Gaza konnte (im Jahre 1922) nur ansatzweise ausgegraben
werden[9], weil die moderne Stadt die antike bedeckt, doch niemand bezweifelt, wo die antike philistäische Stadt lag. Ekron wurde von Joseph
Naveh in den 50er Jahren mit Tel Miqne auf dem Gelände von Kibbuz
Revadim identifiziert[10]; 1996, Ende der 15-jährigen Ausgrabung, fand
diese Identifikation ihre endgültige Bestätigung, als eine Weihinschrift

---

[5] Siehe u.a. Dothan, *Philistines and Their Material Culture*; dies., What We Know;
Ehrlich, «How the Mighty Are Fallen»; Gitin/Mazar/Stern, *Mediterranean
Peoples in Transition*; Noort, *Seevölker*; Oren, *Sea Peoples*; Weippert, *Palästina*,
S. 363–392.

[6] Siehe Wood, Philistines; und zuletzt die Essays von O'Connor, The Sea Peoples,
S. 85–101; Dothan, Reflections on the Initial Phase, S. 145–158; Finkelstein, The
Philistine Settlements, S. 159–180 (alle in Oren, *Sea Peoples*).

[7] Für eine Übersicht über die Ausgrabung und die dazugehörende Literatur siehe
Dothan, Ashdod.

[8] Stager, Ashkelon; ders., *Ashkelon Discovered*.

[9] Siehe Ovadiah, Gaza.

[10] Naveh, Khirbet al-Muqannaʻ.

gefunden wurde, die den antiken Namen der Stadt erwähnt[11]. Damit bleibt nur eine der fünf großen philistäischen Städte, deren Lage noch unsicher und umstritten ist, nämlich Gath, die Heimatstadt Goliaths. In Anbetracht der Wichtigkeit, welche die Bibel Gath unter den früheren Erwähnungen der Philister zuschreibt – Anson Rainey bezeichnete sie als *primus inter pares* der Philisterstädte[12] –, ist es frustrierend, dass es ausgerechnet diese Stadt ist, über deren Lage man sich bis heute noch nicht einig ist. Obwohl die meisten Wissenschaftler die Stadt inzwischen mit dem etwa zehn Kilometer südlich von Ekron liegenden Tell eṣ-Ṣafi gleichsetzen, gibt es noch einige Stimmen, die diese Gleichsetzung nicht akzeptieren[13]. Auf den folgenden Seiten möchte ich die textuellen und geographischen Informationen besprechen, die zu dieser Diskussion beitragen, sowie vorläufige Ergebnisse der erneuten Ausgrabungen bei Tell eṣ-Ṣafi darstellen, die zur Beantwortung der Frage herangezogen werden können.

Obwohl die biblischen Texte, die Gath erwähnen, (wie alle biblischen Texte) nur mit Vorsicht als Geschichtsquellen benutzt werden dürfen, kann man aus ihnen doch wichtige geographische Informationen über Gath gewinnen. Insbesondere die folgenden Texte tragen etwas zur Frage der geographischen Lage von Gath bei[14]:

• In der Bundeslade-Geschichte (1. Samuel 4,1–7,2) wird erzählt, dass das Verweilen der Bundeslade im Philisterland einen Ausbruch von Beulen oder – wie es in einigen Übersetzungen heißt – Hämorrhoiden unter den Philistern verursacht habe, was dazu führte, dass die Bundeslade von Asdod nach Gath und von dort nach Ekron und schließlich zurück nach Israel geschickt wurde[15].

• Danach wird von der Rückgabe israelitischer Städte «von Ekron bis nach Gath» (1. Samuel 7,14) erzählt.

• Nach dem Kampf zwischen David und Goliath aus Gath sollen die Philister auf der ganzen Strecke «bis nach Gath und Ekron» (1. Samuel 17,52) gefallen sein.

• Im Gegenzug zur Flucht der Philister vor David soll David nun nach Gath geflüchtet sein, um sich vor dem Zorn Sauls zu retten. Gemäß 1. Samuel 21 hat Achis (Achisch), der König Gaths, David die Zuflucht verweigert.

---

[11] Gitin/Dothan/Naveh, Royal Dedicatory Inscription.

[12] Rainey, Identification, S. 71*.

[13] Für einen forschungsgeschichtlichen Überblick siehe Stinespring, Gath; Seger, Gath; Stern, Zafit.

[14] Für eine nähere Besprechung der Großzahl dieser Texte siehe Ehrlich, *Philistines*, insbesondere Appendix A.

[15] Zur Bundeslade-Geschichte siehe Dietrich/Naumann, *Samuelbücher*, S. 121–143.

- 1. Samuel 27 zufolge jedoch fand David bei Achis Zuflucht und erhielt als Lohn die abgelegene Stadt Ziklag.
- Diese persönliche Beziehung zu Achis könnte erklären, dass eine Söldnertruppe aus Gath unter der Leitung eines gewissen Itthai (2. Samuel 15,17–22; 18,2a) zu den wenigen gehörte, die David treu blieben, als sein Sohn Absalom einen Aufstand gegen ihn anstiftete.
- Diese Beziehung zum König von Gath könnte vielleicht auch erklären, wieso David die Bundeslade einem Gathiter, nämlich Obed-Edom, anvertraut haben soll (2. Samuel 6,9–12; 1. Chronik 13,12–14; 15,24–25).
- Obwohl David am Anfang gute Beziehungen zu Gath und den Philistern gehabt haben soll, merkten die Philister spätestens bei seiner Machtübernahme über Juda und Israel, dass ihr vermeintlicher Untertan offenbar doch eine gewisse Gefahr bedeutete. Schließlich soll es zu einer militärischen Auseinandersetzung gekommen sein, in der David seine ehemaligen Lehnsherren besiegte. 2. Samuel 8,1 scheint eine Niederlage der Philister zu erwähnen, die eventuell mit der Eroberung eines Ortes namens Meteg-Amma zu tun hat. Der entsprechende Text wird allerdings von den meisten Wissenschaftlern als korrumpiert betrachtet und keine Erklärung dieses Verses fand bisher allgemeine Akzeptanz. Gemäß der Parallele in 1. Chronik 18,1 soll David «Gath und seine Vororte aus den Händen der Philister» erobert haben. Obwohl einige vertreten, dass dieser Text die geschichtliche Lage richtig widerspiegelt, wird des Öfteren vermutet, dass der chronistische Text einen Versuch darstellt, eine ansonsten unverständliche Vorlage in Samuel umzuschreiben[16].
- Die Stadt Gath und ihr König Achis spielen auch in der Geschichte der Flucht der Sklaven Simeis eine Rolle, die dazu diente, König Salomo eine juristische Fiktion für seinen Justizmord eines Anhängers des Hauses Sauls zu geben (1. Könige 2,39–41). Vermutlich flohen die Sklaven nach Gath, weil es von den philistäischen Städten die zu Juda bzw. Jerusalem nächstgelegene war[17].
- Gath wird auch unter den Städten erwähnt, die Salomos Nachfolger Rehabeam zu Festungen ausbaute (2. Chronik 11,8). Höchstwahrscheinlich ist dabei allerdings Moreschet-Gath gemeint, unabhängig davon, ob diese Liste tatsächlich in die Zeit Rehabeams zu datieren ist oder nicht[18].

---

[16] Zu den verschiedenen Lösungsversuchen siehe Ehrlich, *Philistines*, S. 31–34. 119–121.

[17] Für eine Bewertung der Auslieferung von Simeis Sklaven in ihrem altorientalischen Kontext siehe Ehrlich, Sklavenauslieferung.

[18] Siehe die Besprechung in Ehrlich, *Philistines*, S. 58–63. 141–142.

- Gemäß dem Königebuch (2. Könige 12,18) eroberte der Aramäer-könig Hasael im späten 9. Jh. v.d.Z. die Stadt Gath, als er auf dem Wege war, Jerusalem zu bedrohen. Dieses Ereignis wird auch von einer biblischen Stelle unterstützt, die nur in der sogenannten lukianischen Fassung der Septuaginta zu finden ist, wonach Hasael die nordphilistäische Küste von Israel eingenommen haben soll (2. Könige 13,22 + $G^{Lg}$).
- In der ersten Hälfte des folgenden Jahrhunderts soll König Usia bzw. Asarja von Juda die Mauern von Gath, Jabne (Jawne) und Asdod niedergerissen haben (2. Chronik 26,6). Leider ist die Frage nach der Historizität dieser Aussage wie so oft beim Chronikbuch nicht einwandfrei. Nichtsdestoweniger ist es jedoch auffallend, dass an dieser Stelle Gath wieder im Zusammenhang mit Asdod in Nordphilistäa erwähnt wird.

Danach verschwindet Gath mehr oder weniger aus der Bibel. In den prophetischen Völkersprüchen, die gegen die Philister gerichtet sind, fällt Gath durch seine Abwesenheit auf. Aus der alten Pentapolis, dem Fünfstädtebund der Philister, wurde gemäß den ab Mitte des 8. Jh. v.d.Z. tätigen Schriftpropheten nun eine Tetrapolis, ein Vierstädtebund[19]. Nur bei den Propheten Micha und Amos taucht Gath wieder auf: Im Fall des ersten in einer poetischen Anspielung auf das Trauerlied Davids um Saul und Jonatan[20]. Bei Amos wird Gath zusammen mit den Städten Kalne und Hamath erwähnt, deren Schicksal bzw. kommendes Schicksal den Zuhörern Amos' als Warnung dienen sollt[21]. Da sowohl die Datierung wie auch die Bedeutung dieser Stelle unklar sind, kann sie nur mit Vorbehalt zur Klärung der Geschichte Gaths herangezogen werden.

Zusätzlich zu den biblischen Quellen wird Gath auch in einigen außerbiblischen Quellen erwähnt; auch sie können zur Klärung der geographischen Lage und der Geschichte der Stadt Gath beitragen. In den Amarna-Briefen des 14. Jh. v.d.Z. wird eine Stadt namens Gimtu/Gimti erwähnt[22]. Ihr König, vermutlich ein gewisser Schuardata[23], der mit der ein wenig nördlicher liegenden Stadt Geser alliiert war, war mit Abdi-Heba, dem König von Jerusalem, in einen Streit um die im Ela-Tal lie-

---

[19] Jeremia 25,20; Amos 1,6–8; Zefanja 2,4; Sacharja 9,5–7.

[20] Micha 1,10; 2. Samuel 1,17–2.

[21] Amos 6,2.

[22] EA (= El-Amarna Brief) Nr. 290 Zeile 9. Siehe Moran, *Amarna Letters*, S. 333–334.

[23] Für diese Identifizierung siehe Na'aman, Origin; Schniedewind, Geopolitical History, S. 73–74. Siehe aber auch Moran, *Amarna Letters*, S. 384, der Schuardata vorläufig als König von Keila (Qiltu) identifiziert. Er folgt Na'aman, indem er den Autor von EA 63–65 und 335, nämlich 'Abdi-Aštarti, als Schuardatas Nachfolger betrachtet, siehe Moran, *Amarna Letters*, S. 135.

gende Stadt Keila verwickelt. 600 Jahre später zählte der Assyrerkönig Sargon II. Asdod, Gath und Asdod-Jam (Asdudimmu) zu seinen Eroberungen des Jahres 712/11[24]. Danach verschwindet Gath auch aus den außerbiblischen Quellen. Wie Anson Rainey gezeigt hat, gab es schon in den ersten Jahrhunderten n.d.Z. eine rege Diskussion darüber, wo das biblische Gath wohl gelegen hat[25]. Bereits der Kirchenvater Eusebius, der Bischof von Caesarea, setzte es in seinem *Onomasticon* mit dem Dorf Saphita gleich, von dessen Namen wahrscheinlich der Name von Tell eṣ-Ṣafi abzuleiten ist. Die Lage von Saphita wird auch durch die Madeba Landkarte, eine byzantinische Mosaikkarte aus Transjordanien, festgelegt[26].

Aus dieser kurzen Übersicht über die antiken Quellen kann man einige Schlüsse über die Lage von Gath ziehen: Erstens lag Gath im Norden Philistäas entlang dem Ela-Tal, in der Nähe sowohl von Ekron als auch von Asdod, mit denen Gath in den Texten des Öfteren zusammen erwähnt wird. Zweitens war Gath in der Eisenzeit I, also von ca. 1200 bis 1000 v.d.Z, eine wichtige Stadt, wie auch in der Eisenzeit IIa, d.h. von ca. 1000 bis 800 v.d.Z. Danach aber wurde Gath allmählich unbedeutender und verschwand im Laufe des 8. Jh. Drittens war die Stadt Gath so situiert, dass man von ihr aus gut nach Jerusalem gelangen konnte, was natürlich im Laufe der Zeit zu Konflikten zwischen diesen zwei Städten führte.

Es ist daher nicht verwunderlich, dass der imposante Ruinenhügel Tell eṣ-Ṣafi schon im 19. Jh. als mögliche Stätte von Gath identifiziert wurde[27]. Tell eṣ-Ṣafi liegt an der Mündung des Ela-Tals, durch das eine der Hauptstraßen in das judäische Hügelland und nach Jerusalem führt. Es war diese geographische Lage, welche die ersten Ausgräber von Tell eṣ-Ṣafi, Frederick J. Bliss und R. A. Stewart Macalister, im Jahre 1899 dazu bewegte, dort zwei kurze Ausgrabungen durchzuführen[28]. In der Folge wurde Tell eṣ-Ṣafi zum ersten wichtigen Fundort der sogenannten philistäischen zweifarbigen oder bichromen Keramik. Die Identifizierung von Tell eṣ-Ṣafi mit Gath ist inzwischen von den meisten Wissenschaftlern akzeptiert, was unter anderem wichtigen Studien von Karl Elliger[29], Anson Rainey[30] und William Schniedewind[31] zu verdanken ist.

---

[24] *TUAT*, Band 1, S. 380. 384.

[25] Rainey, Identification, S. 63*–67*.

[26] Donner, *Mosaic Map*, S. 62–63. Wie Donner zeigt, irrt die Madeba Karte bezüglich der Lage der antiken Stadt Gath, siehe Donner, *Mosaic Map*, S. 56.

[27] Siehe Porter, Gath (gemäß Beobachtungen, die der Autor im Jahre 1857 während einer Reise durch Philistäa gemacht hat).

[28] Siehe Bliss/Macalister, *Excavations in Palestine*, S. 28–43. 63–66.

[29] Elliger, Heimat, S. 148–152.

[30] Rainey, Identification.

Allerdings haben sich auch wichtige Stimmen *gegen* solch eine Identifizierung erhoben, unter denen insbesondere der Amerikaner William Foxwell Albright[32] und die Anhänger seiner «Schule», G. Ernest Wright[33] und Lawrence E. Stager[34], zu nennen sind. Albright ging davon aus, dass die Aussage, dass die Israeliten die Philister nach der Niederlage von Goliath «von Gath bis nach Ekron» verfolgt haben, als philistäisches Pendant zum biblischen «von Dan nach Beer-Seba (Beerschewa)» zu verstehen ist, als eine Beschreibung der äußeren Grenzen des Landes also[35]. Da Ekron im Nordosten lag, versuchte Albright die Lage von Gath im Südosten Philistäas zu suchen, und identifizierte in der Folge den Ruinenhügel von Tel Erani (Tell Scheich Ahmed el-Areini) als Gath. Dieser Tell wurde alsbald in Tel Gath umbenannt und die moderne israelische Stadt, die rings um den Tell erstand, erhielt den Namen Kirjat Gath. Was Tell eṣ-Ṣafi betraf, vermutete Albright, der Ruinenhügel verdecke eigentlich die Reste der biblischen Stadt Libna. Diese Vermutung versuchte er dadurch zu bestätigen, dass er auf die Geschichte der gleichbedeutenden Benennung des Tells verwies. Libna (Liwna) bedeutet «die Weiße (Stadt)», was vom hebräischen Wort *laban* (*lawan*) abzuleiten ist. Eine ähnliche Bedeutung ist auch dem arabischen Namen Tell eṣ-Safi abzugewinnen. Auch zur Kreuzfahrerzeit trug die kleine Festung auf der Akropolis des Hügels einen ähnlichen Namen, nämlich Blanche Garde, die «weiße Festung». Die Vermutung liegt nahe, dass der Grund für die Verbindung Tell eṣ-Ṣafis mit Namen, die mit der Farbe Weiß zu tun haben, in den Kalksteinklippen zu finden ist, die am Nord- und am Westhang[36] des Hügels in der strahlenden Sonne weißlich glänzen.

Obwohl Albrights Argumentation logisch klingt, stellte es sich bald heraus, dass Tel Erani, das sogenannte Tel Gath, wenige Spuren der typischen zweifarbigen Philisterkeramik aufweisen konnte[37]. Obwohl der Name Gath als Bezeichnung der modernen Stadt Kirjat Gath weiter

---

[31] Schniedewind, Geopolitical History.

[32] Albright, Contributions, S. 7–12.

[33] Wright, Fresh Evidence. Wright wurde von seinem Studenten Hanna Kassis (Gath) unterstützt.

[34] Stager, Impact. Stager wiederum wurde von seinem Studenten Bryan Jack Stone (Philistines and Acculturation) unterstützt.

[35] Da Dan im Norden des biblischen Israels und Beer-Seba im Süden liegt, beschreibt der Ausdruck «von Dan bis/nach Beer-Seba» die äußeren Grenzen des Landes (siehe Richter 20,1; 1. Samuel 3,20; 2. Samuel 3,10; 17,11; 24,2.15; 1. Könige 5,5). Im Falle von Gath und Ekron vertrat Albright, Gath habe an der äußeren Südgrenze und Ekron an der Nordgrenze Philistäas gelegen.

[36] Nicht auf der Ostseite, wie fälschlicherweise in Stern, Zafit, S. 1522, zu lesen ist.

[37] Siehe Yeivin/Kempinski, 'Erani.

beibehalten werden musste, war damit eine Identifizierung des Tells mit dem philistäischen Gath ausgeschlossen. Aus diesem Grund schlug Albrights Student Wright einen noch südlicheren Tell zur Lokalisation von Gath vor, nämlich Tel Sera (Tell esch-Scharia). Sein Student Stager wiederum brachte mit Tel Haror (Tell Abu-Hureirah) eine weitere Identifikationsmöglichkeit ins Spiel[38]. Als zusätzliche Möglichkeit wurde auch Tel Nagila vorgeschlagen[39].

Im Grunde genommen gibt es drei Hauptargumente, die man gegen Tell eṣ-Ṣafi aufzählen kann: Erstens scheint Tell eṣ-Ṣafi der «central place theory» zufolge, nach der Großstädte nicht in unmittelbarer Nähe zueinander gebaut werden können[40], zu nahe an Ekron zu liegen, das nur ca. zehn Kilometer nördlicher liegt. Zweitens liegt Tell eṣ-Ṣafi zu weit entfernt von Ziklag, Davids Lehnstadt. Man weiß zwar nicht genau, wo Ziklag lag, vermutlich aber ist die Stadt in der nordwestlichen Negev-Wüste zu suchen[41]. Und drittens hat man auf dem Tell eṣ-Ṣafi bislang kaum Spuren von der sogenannten philistäischen einfarbigen bzw. monochromen Keramik (Myk IIIC:1b) gefunden, die auf die erste Phase der Philistersiedlung deuten würde[42]. Anstatt die alten Argumente für und gegen eine Identifikation von Tell eṣ-Ṣafi mit Gath zu wiederholen, möchte ich nun die Frage stellen, ob die ersten Ergebnisse der erneuten Ausgrabungen auf dem Tell eṣ-Ṣafi in irgendeiner Weise in der Lage sind, zur Diskussion beizutragen.

Tell eṣ-Ṣafi selbst ist ein imposanter Ruinenhügel, der auf einem natürlichen bogenförmigen Hügel an der Grenze zwischen der Küstenebene und der judäischen *Sch^efela* (שפלה) bzw. dem niedrigem Hügelland situiert ist. Das Ela-Tal, dessen Wasserspiegel das ganze Jahr hindurch ziemlich hoch bleibt und das eine reiche Quelle von fruchtbarer alluvialer Erde bildet, mündet in den Nordrand des Tells. Wie schon Schniedewind bemerkte[43], liegt Tell eṣ-Ṣafi am südöstlichen Rand einer fruchtbaren alluvialen Gegend, die von Asdod im Westen und von Ekron im Nordosten begrenzt ist. Die bedeutendste cisjordanische Handelsstraße, die sog. *Via Maris*, lief etwas westlich vom Tell der Küste

---

[38]  Stager, Impact, 343. In einem persönlichen Gespräch hat Stager allerdings zugegeben, dass die Identifizierung von Tell eṣ-Ṣafi mit Gath in Anbetracht der neueren archäologischen Ausgrabungen immer wahrscheinlicher wird.

[39]  Bülow/Mitchell, Iron Age II Fortress, S. 109–110.

[40]  Schniedewind, Geopolitical History, S. 76 Anm. 5, Falconer und Savage zitierend.

[41]  Siehe Kotter, Ziklag.

[42]  Die meisten Wissenschaftler würden diese Phase in die erste Hälfte des 12. Jh. datieren, siehe aber Finkelstein, Date, der eine Datierung ins späte 12. bzw. frühe 11. Jh. vorschlägt.

[43]  Schniedewind, Geopolitical History, S. 70.

entlang, während eine der wichtigsten Zufuhrstraßen in das judäische Hügelland in Richtung Jerusalem an der Nordseite des Tells dem Ela-Tal entlang verlief[44]. Damit lag Tell es-Safi an der Kreuzung zweier wichtiger Handelsstraßen und hatte guten Zugang sowohl zu Wasserressourcen als auch zu fruchtbarem Boden.

Nach Bliss und Macalisters kurzen Ausgrabungen im Jahre 1899 blieb Tell es-Safi fast ein Jahrhundert lang archäologisch mehr oder weniger unbeachtet, mit Ausnahme einiger kurzer archäologischer Surveys[45] und einiger illegaler Sondierungen durch den berühmten General und berüchtigten Amateurarchäologen Mosche Dajan (Moshe Dayan)[46]. Der wohl wichtigste Grund dafür war die Besiedlung des Tells. Bis 1948 existierte ein arabisches Dorf auf dem Tell, das zusammen mit seinen Friedhöfen alle früheren Schichten zu bedecken schien. Aus verständlichen Gründen wollte man dort auch dann nicht graben, als das Dorf als Folge der Auseinandersetzungen z.Z. der Gründung Israels verlassen wurde. Nichtsdestoweniger führte eine Mannschaft unter der Führung von Aren (Aharon) Maeir von der Bar-Ilan Universität unter der Beteiligung von Adrian Boas von der Hebräischen Universität und Tammi Schneider von der Claremont Graduate School im Sommer 1996 einen Oberflächen Survey am Tell durch[47]. Eines der wichtigsten Ergebnissen ihrer Arbeit war, dass sie zeigen konnten, dass der Tell ab dem Chalkolithikum, ab dem 5. Jahrtausend v.d.Z. also, bis in die Mitte des letzten Jahrhunderts fast ununterbrochen besiedelt war. Noch wichtiger war ihre Erkenntnis, dass die antike Stadt, die man bei Tell es-Safi suchte, ungefähr viermal so groß war, wie vorher vermutet, und damit nur zum Teil vom arabischen Dorf und seinen Friedhöfen bedeckt war. Es stellte sich somit heraus, dass es bei Tell es-Safi mehr als genug freie Fläche für die Untersuchungen einiger Generationen von Archäologen gibt, ohne die Akropolis mit den Resten des Dorfes zerstören zu müssen. Nachdem eine kurze zweiwöchige Grabungskampagne 1997 das reiche Potential des Tells in graphischer Weise ans Licht gebracht hatte, unternahm man im Sommer 1998 die erste vierwöchige Kampagne. Insgesamt gab es auf dem Tell es-Safi bis anhin fünf volle Kampagnen unter der allgemeinen Leitung von Dr. Maeir, von 1998 bis 2001 unter der Mitwirkung des Autors dieses Aufsatzes. Das rche Material, das dabei bisher ent-

---

[44] Siehe Dorsey, *Roads and Highways*, S. 189–191.
[45] Aharoni/Amiran, Survey; Israel, Survey.
[46] Siehe Ornan, *Man and His Country*.
[47] Siehe Boas/Maeir, Renewed Excavations; Boas/Maeir/Schneider, Tel Zafit.

deckt wurde, macht es wahrscheinlich, dass die Ausgrabungen noch lange weitergeführt werden[48].

Während dieser Ausgrabungskampagnen konzentrierte sich die Arbeit auf drei Areale: Areal A auf einer mittleren Terrasse auf der nordöstlichen Seite des Tells, Areal E auf einer Terrasse etwas tiefer am Hang und östlich von Areal A, und Areal C in und um einen Graben, der den Tell auf drei Seiten umkreist.

Areal A war das erste Areal, das in der ersten Kampagne teilweise ausgegraben wurde. Auf Grund des Oberflächen Surveys konnte man schon erkennen, dass dieser Teil des Tells nach der Eisenzeit II, also spätestens nach dem frühen 6. Jh. v.d.Z., nicht mehr ernsthaft besiedelt wurde. Man erwartete deswegen den sofortigen Einstieg in die Schichten des biblischen Zeitalters. Und tatsächlich stieß man nur 20 bis 40 cm unter der Erdoberfläche auf Reste der Eisenzeit II. Obwohl es Indizien für eine begrenzte Besiedlung des Areals im späten 8. Jh. gibt, wurde in den meisten Planquadraten des Areals eine reiche Zerstörungsschicht gefunden, die man aufgrund der Keramik, die früher als Tel Lachisch Schicht III oder Tel Miqne Schicht II zu sein scheint und später als Tel Miqne Schicht IV oder Tel Aschdod Schicht IX–VIII, am besten in das ausgehende 9. oder frühe 8. Jh. v.d.Z. datiert. In einer meterdicken Schicht fand man eine Decke, einen Fußboden und alles, was dazwischen war. Hunderte ganze oder vollkommen restaurierbare Keramikgefäße wurden entdeckt, die sich durch eine große Bandbreite an Formen und Typen auszeichnen; insbesondere die folgenden verdienen Erwähnung: Man fand Schalen mit eingeritzten Ringen um den Rand, die diesem Tell eigen zu sein scheinen[49], sog. kypro-phönizische Kännchen, sowie eine so große Menge der sogenannten «Asdod Ware», dass man scherzhaft in Erwägung zog, diese dunkelrot polierte und schwarz und weiß gestreifte Keramik, die vermutlich die zweifarbige Philisterkeramik ablöste, von «Asdod Ware» auf «Ṣafi Ware» umzubenennen. Weiter wurden viele Beispiele von einem gewöhnlich vierhenkligen Vorratskrug gefunden, der den bekannten *lmlk*-Krügen des ausgehenden 8. Jh. ähnelt, aber früher zu sein scheint[50]. Auch einige Beispiele von

---

[48] Zu den erneuten Ausgrabungen bei Tell eṣ-Ṣafi siehe auch Maeir, Philistine Culture; ders., Tel Zafit; Maeir/Boas, Archaeology in Israel; dies., Tel Zafit; Maeir/ Ehrlich, Tel Zafit; Negev/Gibson, *Archaeological Encyclopedia*, S. 445; Maeir/ Ehrlich, Excavating Philistine Gath.

[49] Siehe Amiran, *Ancient Pottery*, S. 199, Bild 210.

[50] Ähnliche Krüge wurden unweit von Tell eṣ-Ṣafi auch bei Tell Bet Schemesch gefunden, siehe Bunimovitz/Lederman, Tel Beth Shemesh, Fig. 2. Bunimovitz und Lederman haben Dr. Maeir persönlich bestätigt, dass der Satz, «The jars are very similar to *lmlk* jars, but manifest some typological and technical differences due to their being <u>later</u> than their *lmlk* <u>ancestors</u>», eigentlich «The jars are very

einem eigenartig bemalten Kelch wurden entdeckt, der schon aus der Dajan Sammlung bekannt war. Insgesamt tragen diese Keramikfunde erheblich zum vertieften Verständnis der materiellen Kultur der Philister und des südwestlichen Küstenstreifens im 10. bis zum 8. Jh. bei.

Man fand auch Spuren eines intensiven Großbrandes, der mit der Zerstörung der Stadt um 800 v.d.Z. in Verbindung zu bringen ist. Als Folge des Brandes wurden einige Lehmziegelmauern hart gebrannt und andere wurden zerstört. Entdeckt wurden auch eine Anzahl von industriellen Anlagen, deren Zweck z.T. nicht bekannt ist. Im Einsturzmaterial von einem Dach- oder zweiten Geschoss wurden zwei Gruppen Webgewichte gefunden, die noch immer im verkohlten Rahmen ihres Webstuhls lagen, dem einige verkohlte Holzstücke entnommen wurden. Die Entdeckung von eingeritzten Rinderschulterblättern bezeugt einen kultischen Brauch, der eine gewisse Kontinuität zu einem Aspekt der philistäischen Kultur aufweist, der seit der Eisenzeit I bekannt ist und starke Parallelen zu Bräuchen in Zypern und der ägäischen Welt zeigt[51]. Aus der Eisenzeit I wurde auf dem Fußboden eines Zimmers auch die Basis eines zweifarbigen löwenköpfigen Rhytons bzw. eines theriomorphischen Trinkgefäßes gefunden. In einem benachbarten Raum kam eine Säuglingsbestattung ans Licht. Eine besonders ergreifende Entdeckung waren die Skelette von zwei Menschen, die dem Einsturz nicht entkommen konnten. Eine noch bevorstehende Analyse ihrer Knochen könnte uns wertvolle Informationen bezüglich der Herkunft und ethnischen Identität der hiesigen Bevölkerung liefern.

In Areal E, das etwas weiter unten am Osthang liegt, fand man nur wenige Überreste aus der Eisenzeit II. Allerdings wurden einige große Müllgruben entdeckt, in denen u.a. große Mengen an zweifarbiger Philisterkeramik aus der Eisenzeit I zu Tage kamen. Leider gibt es in diesem Areal nur kleine Spuren von Architektur aus dieser Zeit. Immerhin aber wurden zwei Phasen architektonischer Überreste und Keramik gefunden, die ins 13. Jh., in die ausgehende Spätbronzezeit bzw. Kanaanäischezeit also, zu datieren sind. Wenn man die Stratigraphie der Areale A und E kombiniert, bekommt man so eine schöne und ziemlich durchgehende Reihenfolge der Besiedlungsschichten, die von der Spätbronzezeit bis ins 8. Jh. v.d.Z. reicht.

Einer der aufregendsten und außergewöhnlichsten Funde der Ausgrabung wurde bislang mittels Luftaufnahmen gemacht. In seinem vor kurzem erschienenen Buch *Moats in Ancient Palestine* (Gräben im anti-

---

similar to *lmlk* jars, but manifest some typological and technical differences due to their being <u>earlier</u> than their *lmlk* <u>descendents</u>» (S. 256, Änderungen im Text sind unterstrichen) lauten sollte.

[51] Siehe zuletzt Mazar, Temples and Cult, S. 227.

ken Palästina) schreibt Dag Oredsson: «Zwei antike Texte ... beschreiben Gräben, die im Rahmen einer Stadtbelagerung benutzt wurden. Das ist seltsam und wird bisher von keiner (bekannten) Ausgrabung bezeugt»[52]. Nun scheint es, dass genau solch ein offensiver Graben bei Tell eṣ-Ṣafi gefunden wurde. Auf den Luftaufnahmen kann man einen Graben erkennen, der den Tell auf der Nord-, Ost- und Südseite umkreist. Dieser ungefähr zweieinhalb Kilometer lange Graben ist von der Erdoberfläche aus nicht erkennbar, es sei dann, man weiß, wonach man sucht. Sowohl Geologen als auch Geomorphologen bestätigten, dass dieser Graben nicht ein natürliches Phänomen ist, sondern künstlich angelegt wurde. Da er sowohl Berg und Tal überquert, kann man ihn sicherlich nicht als Wassergraben deuten, da – soweit ich informiert bin – Wasser normalerweise nicht bergauf fließt[53]. Zuerst versuchte man, den Graben mit Hilfe von Baggern verschiedener Größen durch einen Querschnitt zu deuten. Als das Baggern nicht weiter half, grub man ein kleines viereckiges Gebäude aus, mit dem der Graben verbunden schien. Leider fand man wieder nichts, was der Deutung des Grabens weitergeholfen hätte. Im Jahre 2000 stellte man endlich eine Mannschaft Lohnarbeiter an, um am Hang gegenüber der Areale A und E manuell einen Schnitt durch den Graben zu schaufeln. Nach vier Wochen hatten sie es geschafft, in Areal C6 ein vier Meter tiefes Loch durch den Graben auszuheben, ohne dabei allerdings das untere Ende erreicht zu haben. Endlich wurde im Sommer 2001 der untere Teil des Grabens erreicht: Es stellte sich heraus, dass der Graben fast sechs Meter tief und oben ungefähr acht und unten ungefähr vier Meter breit war. Der Boden des Grabens war nicht gerundet, sondern mehr oder weniger viereckig, um den leichten Durchgang von Truppen und Nachschub zu ermöglichen.

Einige vorläufige Schlüsse den Graben betreffend können gezogen werden: Ohne Zweifel ist er eine einzigartige Entdeckung, zu der aus der Archäologie bislang keine Parallelen bekannt sind. Die Arbeitshypothese der Ausgräber ist, dass der Graben ein Belagerungsgraben ist, den Belagerer der Stadt gegraben haben, die über enorm viele Arbeitskräfte wie auch Zeit verfügten, um Gath über eine lange Zeit hinweg zu

---

[52] Oredsson, *Moats*, S. 178: «Two ancient texts (Thutmosis III's siege on Megiddo and in the Zakkur inscription) depict moats as being used during a siege on a city. This appears odd and is not witnessed so far by any (known) excavation». Zusätzlich zu Oredssons zwei Beispielen wird solch ein Graben auch in einem Text aus Mari erwähnt, siehe Dossin, *Correspondence*, Brief 90: 18–21; und die kurze Besprechung des Textes in Eph'al, *Siege*, S. 41.

[53] Außer als göttliches Zeichen in der religiösen Literatur. Siehe die berühmte Geschichte vom Ofen des Achnai in BT Bawa Metsia (Baba Mezia) 59b.

belagern[54]. Somit scheint man das erste Beispiel einer Belagerungs-
anlage gefunden zu haben, die aus einem Graben und einer Mauer
bestand, wie sie aus der Zakkur-Inschrift bekannt ist, in der König Bir-
Hadad von Damaskus, der Sohn Hasaels, solch einen Graben bei seiner
Belagerung der Stadt Hadrach gebaut haben soll[55].

Die Anlage selbst besteht aus zwei Teilen. Der der Stadt näher-
gelegene Teil umkreist diese und besteht aus einem tiefen Graben, der
außer Schussweite war. Obwohl der Graben inzwischen mit Schutt und
Geröll gefüllt ist, was darauf deutet, dass er nicht später als in die
Eisenzeit IIa zu datieren ist, ist er bis heute noch als leichte Vertiefung
in der Erdoberfläche zu erkennen. Wer auch immer diesen Graben
aushob, musste eine harte Kalksteinschicht, *Nari* genannt, durchbrechen,
bevor er die weicheren kreidigen Schichten darunter erreichen konnte.
Anstatt das ausgegrabene Material bergab zu schütten, türmten die antiken Arbeiter den Schutt, den sie ausgegraben hatten, bergwärts auf, um
damit die Stadt auf dem Tell eṣ-Ṣafi auf drei Seiten nicht nur mit einem
Graben, sondern auch mit einem Erdwall zu umgeben. Nur dort, wo der
Tell vom Ela-Tal begrenzt wird, das in der Antike wesentlich tiefer war
als heute, mussten die Belagerer keinen Graben ausheben.

Vermutlich hatte diese Graben- und Erdwall-Konstruktion einen
dreifachen Zweck: Erstens schloss sie die Verteidiger der Stadt in dieser
ein, schnitt ihnen damit den Fluchtweg ab und verunmöglichte die
Zufuhr von Verstärkung und Vorräten bzw. Nachschub, zweitens
schützte sie vor Gegenangriffen seitens der Verteidiger und drittens
ermöglichte sie den Angreifern die sichere und schnelle Bewegung von
Truppen und Nachschub. Eine vorläufige Analyse der Keramik, welche
im Graben gefunden wurde, deutet auf einen Ursprung im Norden des
Landes oder in Syrien bzw. auf den aramäischen Bereich. Sollte diese
Analyse stimmen, hätte man vielleicht nicht nur Zeugnisse für die Zerstörung der Stadt um 800 v.d.Z. in Areal A, sondern möglicherweise
auch solche für die Identität der Zerstörer in Areal C6 gefunden. Ein
Schnitt durch den Erdwall bekräftigt die Datierung, da er auf einer
Schicht mit Keramik aus der Eisenzeit IIa ruht. Da sowohl die Keramik
aus der untersten Schicht des Grabens als auch diejenige unter dem

---

[54] Gemäß den Rechnungen von Dr. Maeir wurden ungefähr 500'000 Kubikmeter
Stein ausgemeißelt! Siehe seinen unveröffentlichten Vortrag «The Tell eṣ-Ṣafi/
Gath Archaeological Project: The 2001 Season» (American Schools of Oriental
Research Annual Meeting 2001).

[55] Siehe die Übersetzung von Alan Millard in Hallo/Younger, *The Context of Scripture Volume Two*, S. 155 Zeile 9: «All these kings laid siege to Hazrach. They
raised a wall higher than the wall of Hazrach. They dug a ditch deeper than [its]
ditch».

Erdwall der Eisenzeit IIa angehören, muss auch der Graben mit seinem Erdwall aus der späteren Eisenzeit IIa stammen.

Wer aber schuf dieses gewaltiges Bauwerk und zerstörte die Stadt? Nur eine begrenzte Zahl von Kandidaten kommen dafür in Betracht: Da die Keramikfunde im Graben weder ägyptische noch assyrische Formen aufweisen, fallen diese zwei Großmächte von Anfang an weg. In der Bibel wird erzählt, dass König Usia von Juda in der ersten Hälfte des 8. Jh. v.d.Z. die Mauern von Gath niedergerissen habe[56]. In Anbetracht dessen aber, dass das Chronikbuch nur mit großem Vorbehalt als historische Quelle benutzt werden kann und dass damals vermutlich weder Juda noch Israel die Kräfte besaßen, solch ein riesiges Projekt zu unternehmen, ist es höchst unwahrscheinlich, dass Usia in dieser Hinsicht in Frage kommt. Damit bleibt nur ein Kandidat übrig: Hasael, der aramäische König von Damaskus im ausgehenden 9. Jh. v.d.Z. Zwei oben schon genannte Bibelstellen erwähnen Hasaels Tätigkeit in Philistäa, zuerst als Eroberer von Gath[57] und dann als Sieger gegen Israel in Nordphilistäa[58]. In den letzten Jahren wurde es den Wissenschaftlern immer klarer, dass Hasael während einer Zeit des Machtvakuums ein aramäisches Großreich zu gründen versucht hatte. V.a. auch die sog. Tel Dan-Inschrift scheint dies zu bestätigen[59]. Es ist also durchaus möglich, dass die Befunde in Areal C6 und die Zerstörungsschicht in Areal A mit einem Feldzug des Aramäerkönigs Hasael in Verbindung zu bringen sind, einem Feldzug, der uns schon aus 2. Könige 12,18 bekannt ist. Diese Arbeitshypothese wird durch eine mögliche Parallele in der Zakkur-Inschrift bekräftigt, in der im Zusammenhang mit Hasaels Sohn solch ein Graben erwähnt wird. Wenn diese Vermutung stimmen sollte, hätte man bei Tell eṣ-Ṣafi eine der wenigen sicher datierbaren Keramiksammlungen dieser Region aus der Eisenzeit, was die Bedeutung der Funde erheblich erhöhen würde.

Welche Konsequenzen ergeben sich aus den Funden der ersten Ausgrabungskampagne für die Frage der Identität von Tell eṣ-Ṣafi? Erstens kann man gegen das Argument, dass Tell eṣ-Ṣafi zu nahe an Ekron liegt, um als mögliche Stätte von Gath zu fungieren, daran erinnern, dass die Siedlungsgeschichten von diesen zwei Orten zumindest in der Eisenzeit II nicht parallel, sondern versetzt zu einander verliefen. Die großen Mengen an einfarbiger Philisterkeramik (Myk IIIC:1b), die

---

[56] 2. Chronik 26,6.

[57] 2. Könige 12,18.

[58] 2. Könige 13,22 + $G^{Lg}$.

[59] Zu Hasael siehe Pitard, *Ancient Damascus*, S. 145–160; Dion, *Araméenes*, S. 191–204; Ehrlich, *Philistines*, S. 72–74. Zur Frage des möglichen Bezugs der Tel Dan-Inschrift zu Hasael siehe u.a. Ehrlich, *bytdwd*-Inscription.

man bei Ekron (Tel Miqne) gefunden hat, unterstreichen die Wichtigkeit dieser Stadt in der Eisenzeit Ia. Bisher wurden bei Tell eṣ-Ṣafi nur kleine Mengen dieser Keramik der ersten philistäischen Siedlungsphase gefunden, wenn auch bereits 1899 eine schöne Schale und bei den neueren Ausgrabungen inzwischen mehrere Bruchstücke dieses Typus von Keramik aufgetaucht sind. Die großen Mengen an zweifarbiger Philisterkeramik, die man bei Ekron und bei Tell eṣ-Ṣafi gefunden hat, deuten auf die Wichtigkeit beider Städte während der Eisenzeit Ib, der Zeit der größten Ausdehnung der Philister im Lande. Die Lage der Städte in einer fruchtbaren alluvialen Gegend verlieh den Städten wahrscheinlich genügend Ressourcen zur Expansion. Am Anfang der Eisenzeit II trat Ekron in eine Periode des starken Rückgangs, von dem es sich erst nach den Eroberungen des Assyrerkönigs Sanheribs am Ende des 8. Jh. v.d.Z. erholte, als Ekron im Rahmen der *pax assyriaca* eine große wirtschaftliche Macht wurde[60]. In der Zwischenzeit florierte Tell eṣ-Ṣafi im 10. und 9. Jh. Nach der Zerstörung Ende des 9. Jh. gab es nur noch eine begrenzte Besiedlung auf dem Tell, die schließlich zu einem völligen Ende kam, genauso wie Gath auch aus der biblischen und außerbiblischen Literatur langsam verschwunden ist.

Das Argument, dass Tell eṣ-Ṣafi zu weit von Ziklag entfernt ist, um mit Gath identifiziert werden zu können, ist ebenfalls nicht fundiert. Die Logik der biblischen Erzählung erfordert eine Lage weit entfernt von Ziklag, wo auch immer diese Stadt lag. Denn wie hätte David sonst ohne das Wissen seines philistäischen Lehnherren Achis gegen dessen Interessen handeln können? Es ist die Geschichte von 1. Samuel 27, die eine erhebliche Distanz zwischen Gath und Ziklag erfordert.

Etwas störender ist die kleine Menge an philistäischer einfarbiger bzw. monochromer Keramik, die bislang bei Tell eṣ-Ṣafi ausgegraben wurde. Obwohl diese Tatsache nur eine Folge des bisherigen archäologischen Zufalls sein kann, ist es auch möglich, dass die philistäische Präsenz in Tell eṣ-Ṣafi zur Zeit der ersten Ansiedlung der Philister in Kanaan nicht groß war. Dieser Befund könnte als zusätzliches Beispiel für die einem Spiegelbild gleichenden Geschichte von Gath und Ekron gedeutet werden. Diejenigen jedoch, die aufgrund der Bibel davon ausgehen, dass eine philistäische Pentapolis seit Anfang der Ansiedlung der Philister im Lande existierte, werden sich damit nicht zufrieden geben. Vielleicht werden sie ihr Verständnis der Pentapolis, einem Gebilde, das nur aus der Bibel bekannt ist, revidieren müssen. Andererseits sollte bemerkt werden, dass es in der Archäologie immer gefährlich ist, *e silentio* zu argumentieren, da bereits der nächste Spaten Erde die monochrome Keramik in riesigen Mengen enthüllen könnte. Zudem darf nicht

---

[60] Gitin, Tel Miqne-Ekron; ders., Philistia in Transition.

außer Acht gelassen werden, dass man diese Keramik bei Tell eṣ-Ṣafi sehr wohl schon gefunden hat, wenn auch bislang in mit Ekron verglichen verhältnismäßig kleinen Mengen.

Ein zusätzliches Argument, das die Identifizierung von Tell eṣ-Ṣafi mit Gath unterstreicht, ist die Größe der Stadt in der Eisenzeit IIa, die sich damals über ca. 40 bis 50 Hektar erstreckte. Diese Ausdehnung, welche die Stadt als eine der größten im Lande erweist, spiegelt sich in den literarischen Quellen wider, ebenso wie der Mangel an Funden ab dem 8. Jh.

Abschließend kann man somit festhalten, dass die erneuten Ausgrabungen bei Tell eṣ-Ṣafi die sekundären Argumente für eine Identifizierung der Stadt mit Gath erheblich unterstützen, obwohl man noch keine endgültigen Beweise wie solche bei Tel Miqne/Ekron vorweisen kann. Es ist aber zu erwarten, dass die folgenden Ausgrabungskampagnen die Gleichsetzung von Tell eṣ-Ṣafi mit Gath weiter unterstützen werden.

# Ezechiel

## Der Prophet und seine Botschaft

Abgesehen allenfalls von einem kurzen «goldenen Zeitalter» in den Tagen des vereinigten Königreichs im 10. Jh. v.d.Z. spielte das alte Israel auf der Weltbühne bloß eine kleine Rolle. Salomos verheerende Innenpolitik führte dazu, dass das Königreich seines Vaters David in die rivalisierenden Staaten Israel und Juda auseinander fiel[1]. Gefangen zwischen verschiedenen Großmächten und kleinen Nationalgruppen, versuchten die Könige von Juda und Israel, ihre Unabhängigkeit durch ein ständiges Spiel wechselnder Bündnisse zu behalten. Zuerst ging 721 v.d.Z das Königtum Israel unter[2]. In seinem Versuch, die Fesseln der assyrischen Oberherrschaft abzuwerfen, hatte es sich auf Ägyptens Beistand verlassen; Ägypten jedoch bot nach den Büchern der Könige und Jesaja «die Stütze eines gebrochenen Schilfrohrs, das in die Hand dessen dringt, der sich daran lehnt»[3]. Diejenigen, die als Folge der Niederlage aus Israel deportiert wurden, verschwanden aus der Geschichte und wurden als die zehn verlorenen Stämme zur Legende.

Das kleinere und unbedeutendere Juda lag abseits der Durchzugsgebiete in der judäischen Hügellandschaft und überlebte so seinen nördlichen Nachbarn um anderthalb Jahrhunderte. In Juda lag Jerusalem, die Stadt Davids, die eine kurze Zeit lang die Hauptstadt des vereinigten Königreichs gewesen war und in der das zentrale Heiligtum des Gottes Israels stand, der Tempel Salomos. Dort lebten, arbeiteten und beteten die Menschen, deren Nachkommen die Bibel schreiben würden. Dort verurteilten die Propheten die Selbstzufriedenheit einer Gesellschaft, die sich auf Unsittlichkeit gründete, auf Gleichgültigkeit gegen den Nächsten und auf Auflehnung gegen göttliche Gebote.

Die damaligen Machthaber, die in der Bibel, der einzig uns erhalten Quelle jener Zeiten, durchwegs als verwerflich gebrandmarkt werden, gelten gleichzeitig ironischerweise auch als diejenigen, die in der geopolitischen Sphäre höchst erfolgreich gewesen sind. Während der sehr langen Regierungszeit des abtrünnigen Manasse in der ersten Hälfte des 7. Jh. v.d.Z. genoss das Land Frieden und Wohlstand[4]. Unter der Regie-

---

[1]  1. Könige 12.
[2]  2. Könige 17.
[3]  2. Könige 18,21; Jesaja 36,6.
[4]  Siehe Mazar, *Archaeology*, S. 416 ff.

rung seines Vaters Hiskia, der in der Bibel als Vorbild religiösen Eifers gepriesen wird, wurde Juda dezimiert und verkleinert, bis von ihm nichts anderes mehr übrig blieb als Jerusalem[5]. Dass die Assyrer in ihrem Feldzug im Jahre 701 weder Jerusalem eingenommen noch den Tempel zerstört hatten, galt als Zeichen der Unantastbarkeit der Stadt, ihres Heiligtums und ihres Königshauses. Deshalb und trotz der Warnungen der Propheten setzten die Herrscher mit ihren internationalen Intrigen weiterhin das Fortbestehen ihres Staates aufs Spiel.

Sogar Josia (640–609 v.d.Z.), der nächste «gute» Herrscher von Juda, kam um, als er vergeblich ein ägyptisches Heer aufzuhalten versuchte, das im Jahre 609 daran war, dem letzten Rest der einst so mächtigen assyrischen Armee beizustehen[6]. In der Folgezeit schwankte Juda hin und her zwischen Bündnissen mit Ägypten und dem neubabylonischem Reich Nebukadnezars (605–562), das als *die* mesopotamische Großmacht an die Stelle des assyrischen Imperiums getreten war.

Im Jahre 605 fiel Juda unter das Joch Babyloniens. Vier Jahre danach schloss es sich einer Auflehnung gegen Babylonien an, mit der Folge, dass Nebukadnezar gegen Jerusalem marschierte und die Stadt im Jahre 597 einnahm. Der junge König Jojachin, der bloß drei Monate zuvor den Thron bestiegen hatte, wurde nach Babylonien verbannt und dort unter Hausarrest gestellt. An seiner Stelle wurde sein Onkel Zedekia zum König ernannt[7]. Die Babylonier jedoch, ähnlich wie auch eine beachtliche Anzahl Judäer – oder, wie wir sie von nun an nennen können: Juden – hielten Jojachin für ihren wahren König: Texte der babylonischen Verwaltung verzeichnen Lebensmittelrationen für Jojachin und seine in Babylonien geborenen Söhne[8], und der Prophet Ezechiel datierte seine Prophezeiungen nach Jojachins – und nicht etwa Zedekias – Regierungsjahren.

Die Babylonier führten die Politik der Assyrer fort und deportierten die oberen Gesellschaftsschichten eroberter Bevölkerungen, einerseits um einem Land seine Führung zu entziehen und dadurch seine Abhängigkeit zu fördern, andererseits um einen Kader treuer Vasallen in Bereitschaft zu haben, der falls erforderlich bei einer eventuellen Rückkehr in die Heimat als neue Führungsschicht dem Interesse der Babylonier dienlich sein könnte. Dementsprechend exilierte Nebukadnezar neben König Jojachin auch viele seiner Höflinge, sowie Mitglieder der

---

[5]  Für einen Bericht des Feldzugs aus assyrischer Sicht siehe *TUAT*, Band 1, S. 388–391.
[6]  Siehe 2. Könige 22,1–23,30; 2. Chronik 34–35.
[7]  Siehe 2. Könige 24; 2. Chronik 36,9–21.
[8]  Siehe *TUAT*, Band 1, S. 412–413.

Bildungs-, Berufs- und Priesterschicht[9]. Unter diesen Exulanten befand sich auch ein junger Priester namens Ezechiel.

Das Wenige, das uns über Ezechiels Leben bekannt ist, ist aus dem Buch zu schließen, das seinen Namen trägt. Er lebte in einer Gemeinde judäischer Exulanten, die an den Ufern eines Nebenflusses des Euphrats angesiedelt waren. In der akkadischen Sprache hieß die Siedlung *til-abūbi*. Dieser Name wurde später der Name der größten jüdischen Stadt der modernen Welt: Tel-Aviv (Hebräisch *tel- 'abib,* תל־אביב). Allerdings bedeutete Tel-Aviv für die Gründer der modernen Stadt «Frühlingshügel», während *til-abūbi* eigentlich «Flutenhügel» bedeutet und sich auf die Anhäufung bezieht, die durch die legendäre Sintflut entstanden war.

Aus den Daten im Buch Ezechiel können wir schließen, dass er im Jahre 593 v.d.Z. zum Propheten berufen wurde[10] und bis ungefähr 571 prophezeite[11]. Aus dem Bericht über den Tod seiner Frau erfahren wir, dass Ezechiel glücklich verheiratet gewesen war[12]. Oft kamen die Ältesten Israels, die Obersten der Exilsgemeinschaft also, zu ihm, um seinen Rat einzuholen[13]. Ezechiel hatte als ein von Gott erleuchteter Prophet offenbar eine besondere Stellung unter den Exilierten. Er war ein frommer, religiöser Mensch, der sich oft recht bizarr benahm, um seine Botschaft zu veranschaulichen. Vornehmlich aber war er derjenige, der es dem Judentum an einem Scheideweg seiner Geschichte mit Hilfe seiner Prophetie ermöglichte, als Diaspora-Religion zu überleben, nicht bloß in seiner Zeit, sondern auch Jahrtausende später. In dieser Beziehung könnte Ezechiel als erster Jude im nachbiblischen Sinn des Wortes gelten. Es ist daher nicht übertrieben, ihn als einen Wendepunkt der jüdischen Geschichte zu bezeichnen.

Viele Kommentatoren haben auf die Ähnlichkeiten zwischen der Sprache, der Ausdrucksweise und der Botschaft von Ezechiel und seinem älteren Zeitgenossen Jeremia aufmerksam gemacht[14]. Doch anders als Ezechiel wurde Jeremia nicht ins Exil nach Babylonien getrieben; Jeremia gehörte nicht den oberen Schichten an und galt überdies als pro-babylonisch. Er wurde auch nicht exiliert, als Zedekias Auflehnung gegen Nebuchadnezzar im Jahre 586 mit dem Ende Judas als selbstän-

---

[9] Gemäß 2. Könige 24,14 wurden 10'000 Menschen ins Exil geschickt. Zwei Verse später ist von 8'000 die Rede. Nach Jeremia 52,28 waren es nur 3'023. Diese letztere Zahl entspricht wohl am ehesten den Tatsachen.

[10] Ezechiel 1,2–3.

[11] Ezechiel 29,17. Zu den Daten im Buch Ezechiel siehe Lang, *Ezechiel*, S. 32–56.

[12] Ezechiel 24,15–24.

[13] Siehe Ezechiel 8,1; 14,1; 20,1.

[14] Siehe Vieweger, *Beziehungen*; Unterman, *Repentance to Redemption*, S. 167–170; Boadt, Ezekiel, S. 714.

digen Staates und der Zerstörung des Jerusalemer Tempels endete. Erst nachdem Gedalia, der von den Babyloniern eingesetzte Statthalter, zirka 582 von pro-davidischen Fanatikern ermordet wurde und eine Gruppe Judäer, die eine babylonische Vergeltung befürchtete, nach Ägypten flüchtete, musste auch Jeremia Jerusalem verlassen, weil diese Gruppe ihn dazu zwang. Damit endete auch Jeremias Leben im Exil, allerdings erst nachdem er die erste große Katastrophe der jüdischen Geschichte unmittelbar miterlebt hatte. Ezechiel hingegen, obgleich über die Ereignisse in Jerusalem zutiefst besorgt, war in den letzten Jahren der judäischen Unabhängigkeit bereits im Exil, weit entfernt vom eigentlichen Schauplatz.

Obwohl Ezechiel damit ein Prophet des Exils war – was für die spätere jüdische Tradition insofern problematisch war, als die Prophetie als eine auf das Land Israel beschränkte Gnade galt[15] –, nimmt die Sammlung seiner Prophezeiungen ihren Platz als das dritte große Werk im hebräischen Propheten-Kanon ein. In jüdischen Bibeln ist Ezechiel unter den großen Propheten zu finden, nach Jesaja und Jeremia und vor den zwölf kleinen Propheten. Eine Tradition jedoch, die im Talmud und in einigen Manuskripten des Mittelalters erhalten blieb, deutet auf eine andere Anordnung der betreffenden Bücher des hebräischen Kanons[16]. Die Anordnung des jetzt geltenden Kanons ist chronologisch. Jesaja lebte gegen Ende des 8. Jh. v.d.Z., Jeremia Ende des 7. und Anfang des 6. Jh., während Ezechiels Sendung auf das 6. Jh. beschränkt ist. Die erwähnte jüdische Anordnung aus dem Altertum ist demgegenüber eher thematisch bestimmt: Nach ihr kommt Jeremia zuerst, als Prophet des unerbittlichen Verhängnisses. Auf ihn folgt das Buch Ezechiel, mit seinem ersten Teil mit den Prophezeiungen der Zerstörung und dem zweiten mit den Prophezeiungen der Befreiung. Erst danach kommt Jesaja, der große Prophet der Erlösung und des Trostes. Obwohl diese Tradition die Botschaften der drei großen literarischen Propheten vereinfacht, widerspiegelt sie etwas von dem, was bei einer ersten Lektüre der Bücher besonders auffällt.

Das Buch Ezechiel ist ohne Zweifel eine sorgfältige literarische Komposition. Es teilt sich in zwei fast gleich große Teile, was üblicherweise als Erklärung für Josephus' Urteil gilt, Ezechiel hätte zwei

---

[15] Siehe die Diskussion in der Mechilta, Traktat *Pisḥa* 1. Aufgrund der Offenbarung Gottes an Moses und Aaron in Ägypten (Exodus 12,1) kommt die Mechilta, eine Sammlung Midraschim zum Buch Exodus, zum Schluss, dass diese Offenbarung außerhalb des Heiligen Landes nur deswegen möglich war, weil das Land Israel damals noch nicht für diesen Zweck auserwählt gewesen sei. Im Fall Ezechiels muss dann allerdings der Schluss gezogen werden, dass Gott sich ihm noch *vor* seiner Exilierung nach Babylonien offenbart hatte.

[16] Siehe TB Bawa Batra (bzw. Baba Bathra) 14b.

Bücher hinterlassen[17]. Das überwältigende Thema der Kapitel 1–24 ist die drohende Zerstörung Jerusalems. Im zweiten Teil hingegen geht es um die kommende Befreiung der Juden und ihre Rückkehr in ihr Land. Direkt werden diese Themen zwar erst in den Kapiteln 33–48 behandelt[18], während Kapitel 25–32 Fremdvölkersprüche enthalten, eine gängige prophetische Gattung. Diese Sprüche, obwohl offensichtlich an fremde Nationen gerichtet, sind für die Ohren der Israeliten bestimmt. Als Sprüche von der kommenden Bestrafung der Feinde Israels sind sie zu denen der Rettung Israels dazu zu zählen.

Der sorgfältige Aufbau des Buches führte in den letzten 150 Jahren zu vielen Spekulationen unter den Gelehrten[19]. Im 19. Jh. betrachtete man das Buch Ezechiel größtenteils als eines der literarisch-kritisch unproblematischsten Bücher der Bibel. Man hielt es für einen verhältnismäßig verlässlichen Bericht der Worte und Taten des eponymen Propheten aus dem 6. Jh. v.d.Z. Im 20. Jh. wurden die Erklärungen bedeutend komplizierter. Von zwei Seiten her wurde die Einheit des Buches angegriffen: Einerseits wurde die Urheberschaft des Buches bezweifelt, andererseits rief die Frage nach der Datierung des Buches verschiedene Mutmaßungen hervor.

Es ist das Geschäft der Formkritiker, Kriterien festzusetzen, nach denen man ursprüngliches Material in einem Buch von anderem unterscheiden kann. Doch die Kriterien, gemäß denen die Frage der Ursprünglichkeit entschieden werden soll, sind meistens subjektiv und werden dann dem betreffenden Bibelwerk aufoktroyiert. Auf diese Weise setzten verschiedene Gelehrte ihre Kriterien fest, nach denen sie Ezechiels *ipsissima verba* finden wollten. Ich möchte einige einschlägige Beispiele solcher Voraussetzungen nennen: (1.) Propheten sprachen bloß in Form von kurzen poetischen Zeilen; (2.) ein prophetischer Orakelspruch kann nichts weiteres als einen einzigen, einfachen Gedanken aussprechen; (3.) das Thema einer Prophetie muss sich den straffen Gesetzen seiner inneren Logik fügen. Aufgrund solcher Kriterien kam Gustav Hölscher im Jahre 1924 zum Schluss, dass von den 1273 Versen des Buchs nur 147 Ezechiel zugeschrieben werden können[20], während der Rest auf die späteren Ausführungen der Redaktoren zurückzuführen sei. Obwohl ein solches Urteil für unsere Begriffe schon radikal klingt, erscheint es beinahe schon konservativ, wenn man es mit Jörg Garschas

---

[17] Josephus, *Jüdische Altertümer*, 10,79. Für ein anderes Verständnis siehe Block, *Ezekiel 1–24*, S. 43.

[18] Wobei Kapitel 33 einen Übergang zwischen den beiden Teilen bildet.

[19] Für Überblicke über die Geschichte der Ezechiel-Forschung siehe Boadt, Ezekiel, S. 715–716; Davis, *Swallowing the Scroll*, S. 11–24; Lang, *Ezechiel*, S. 1–18.

[20] Hölscher, *Hesekiel*. Für eine übersichtliche Aufzählung der verschiedenen Rekonstruktionen der Grundschicht siehe Lang, *Ezechiel*, S. 18.

formkritischer Studie vergleicht: Garscha kommt zum Schluss, dass sage und schreibe 21 Verse des Buches Ezechiel selbst zuzuschreiben sind[21]. Verglichen mit solchen Forschungen kann Walter Zimmerli in Sachen Ezechiel zu Recht als der große Vermittler angesehen werden, wenn er in seinem souveränen Ezechielkommentar aus dem Jahre 1969 fast zwei Drittel (genauer gesagt: 764) der Verse dem Propheten selbst zuschreibt[22].

Über die Frage der Zuordnung gewisser Partien des Buches Ezechiel hinaus befasste sich die Forschung stets auch mit der Frage, wann das Buch als Ganzes verfasst wurde und ob Ezechiel überhaupt als dessen Verfasser gelten könne. Im Jahre 1930 setzte sich Charles Cutler Torrey dafür ein, dass das Buch ein pseudepigraphisches Werk sein müsse, ein Buch also, das wie das Buch Daniel viel später als die in ihm geschilderten Ereignisse verfasst wurde und fiktiverweise einer berühmten Person der damaligen Zeit zugeschrieben wurde[23]. Torrey vertrat, dass das Buch Ezechiel in der hellenistischen Zeit des 3. Jh. v.d.Z. entstanden sei. Seine Theorien sorgten eine Zeit lang für Aufregung, wurden dann aber bald vergessen; vor einigen Jahren allerdings wurden sie von manchen Redaktionskritikern wieder aufgegriffen. Solche untersuchen den biblischen Text, um die editorischen oder redaktionellen Schichten zu identifizieren, die den Text modifizierten, bis dieser die uns bekannte Gestalt erreichte. Gleichzeitig mit dem Boom der Redaktionskritik wurde es in der Bibelforschung in jüngster Zeit Mode, so viele Texte als nur möglich in den Zeitabschnitt zu verlegen, den ich gerne als das «schwarze Loch» der Perser- und der hellenistischen Zeit bezeichne[24]. Die Anhänger dieser Mode gehen davon aus, dass die literarische Tätigkeit der Juden jener Zeit nicht so karg gewesen sein kann, wie es auf den ersten Blick scheint, und postulieren, dass viele Bücher der Bibel, die nach eigener Angabe in eine frühere Zeit zu datieren sind, aus jener Zeit stammen. Daraus werden großartige Gerüste errichtet, welche die Entwicklung des Judentums in jener Zeit in Umrissen nachzuzeichnen versuchen; jeder Forscher hat sein eigenes Bauwerk, errichtet aufgrund seiner persönlichen Sicht der Zeitfolge der Texte innerhalb der zur Diskussion stehenden vier Jahrhunderte, über die wir allerdings fast gar nichts wissen. Wenn sich solch zirkulares Denken zur redaktionskritischen Methodologie gesellt, bringt es Werke wie diejenigen von Karl-Friedrich Pohlmann hervor, der sowohl den größeren Teil des Buches Ezechiel als auch die redaktionellen Schichten, die er im Buche

---

[21] Garscha, *Studien*.
[22] Siehe Zimmerli, *Ezechiel 1–24*; ders., *Ezechiel 25–48*.
[23] Torrey, *Pseudo-Ezekiel*.
[24] Als Beispiel für diesen Ansatz siehe Davies, *In Search*.

Jeremia zu erkennen meint, in die persisch-hellenistische Zeit datiert[25]. Noch weiter ging Joachim Becker, der Torreys pseudepigraphische These wieder ins Leben rief, allerdings unter dem achtbaren Deckmantel der redaktionskritischen Argumentation[26]. Es gibt ein amerikanisches Sprichwort, das die Problematik solcher Versuche genau trifft: «If the wheel ain't broke, don't fix it» – «ein Rad das nicht kaputt ist, braucht man nicht zu reparieren». Indem das Ezechielbuch in eine spätere Zeit datiert wird, werden mehr Probleme aufgeworfen, als gelöst. Auch führt ein solches Vorgehen zu einer totalen Anarchie in der Rekonstruktion von Geschichte wie auch des Denkens und der Religion des alten Israel. Damit soll weder bestritten werden, dass das Buch einem editorischen Prozess unterzogen wurde, der zu einer gewissen Korruption und Erweiterung des Textes führte, noch, dass die *ipsissima verba* als solche im Buch nicht überliefert sind, blieb die Erfindung der Stenographie und des Tonbands doch einem späteren Zeitalter vorbehalten. Bei der Ezechielforschung wäre es m.E. am besten, der sogenannt «holistischen Methode» von Moshe Greenberg zu folgen[27]: Einerseits passen der Inhalt, die Metaphorik, die Sprache und die Botschaft des Buchs Ezechiel – anders etwa als beim Danielbuch – absolut zu den Epochen der in ihm geschilderten Ereignisse, andererseits werden wir die wörtlichen Aussagen Ezechiels sowieso nie entdecken können. Das Buch ist ganz gewiss sorgfältig aufgebaut und ediert; doch gibt uns diese Redaktion des Buchs keine Anhaltspunkte für eine Datierung später als ungefähr 570 v.d.Z. Es werden keine Ereignisse erwähnt, die sich später als in der jüngsten Regierungszeit Nebukadnezars abgespielt hätten. Es sind auch keine Versuche zu finden, die Diskrepanzen zwischen Ezechiels Prophezeiungen und den tatsächlichen geschichtlichen Ereignissen zu verwischen; so bleibt etwa die Diskrepanz zwischen Ezechiels Vision in den Kapiteln 34–48 und der dahinter deutlich zurückbleibenden Realität bestehen. All das zeigt, dass die späteren Tradenten keine erheblichen Änderungen mehr vorgenommen haben. Ob wir nun Greenbergs Annahme, dass Ezechiel selbst sein Werk redigiert habe, akzeptieren oder nicht, lässt es sich nicht umgehen, die endgültige Fassung des Buches kurz nach der zuletzt datierten Prophezeiung zu datieren[28].

---

[25] Siehe Pohlmann, *Ezechielstudien*; ders., *Studien zum Jeremiabuch*.

[26] Becker, Ez 8–11.

[27] Siehe Greenberg, *Ezekiel 1–20*, S. 18–27.

[28] Siehe Kaufmann, *Religion*, S. 429; Greenberg, *Ezekiel 1–20*, S. 15–17. Clements, Chronology, plädierte für eine Datierung der Endredaktion des Buches ins 6. Jh., nicht mehr als zwei Generationen nach Ezechiels Tod. Für die These, dass es in Ezechiel 40–48 sehr viel nachexilisches Material gibt, siehe Mein, *Ezekiel*, S. 251–252.

Eine weitere Frage, die Anlass zu intensiven Mutmaßungen gab, ist diejenige nach Ezechiels geistiger Verfassung[29]. Wie Paulus' Vision auf dem Weg nach Damaskus gilt auch Ezechiels Vision des göttlichen Thrones in manchen Kreisen als Hinweis auf eine Epilepsie. Diese Vision in den Kapiteln 1, 3, 10 und 43 spielte im Judentum später eine entscheidende Rolle in der Entfaltung einer mystischen Tradition[30]. Manche analytische Köpfe wollen in ihr den Beleg eines erkrankten Gemüts erkennen. Neben der Thronwagenvision werden auch andere Stellen im Buch, die mystische und halluzinatorische Tendenzen bzw. ein ziemlich bizarres Verhalten bezeugen, für eine solche «Psychoanalyse» Ezechiels herangezogen. Mehrmals ist in den Einleitungen zu solchen visionären Erlebnissen davon die Rede, dass Ezechiel von der Hand oder dem Geist Gottes fortgeführt wurde[31]. Es wird berichtet, dass er durch die Wand seines Hauses grub, um so auf symbolische Weise mit gepacktem Koffer ins Exil zu gehen[32], dass er 390 Tage (den Jahren der Bestrafung Israels entsprechend) lang auf der linken und sodann 40 Tage (für Juda) lang auf der rechten Seite lag, wobei er die ganze Zeit mit Stricken gebunden war und auf Kuhfladen gebackenes Brot aß, angeblich eine fürchterliche Verletzung der Priester betreffenden Reinheitsgebote[33]. Ezechiel aß auf Befehl Gottes auch eine Rolle aus Leder oder Papyrus, gewiss kein Leckerbissen, obwohl er selbst behauptete, es schmecke wie Honig[34]. Es gab Zeiten, in denen er verstummte, die kürzeste darunter dauerte sieben Tage[35], manche aber auch jahrelang[36]. Er scherte sich Kopf und Bart und benützte das abgeschorene Haar für symbolische Handlungen[37]. Unter seinen vielen und reichen Metaphern und Allegorien finden wir die pornographischsten Äußerungen der

---

[29] Siehe Heschels allgemeine Besprechung von Prophezeiung und Psychose («Prophecy and Psychosis») in ders., *Prophets, Volume II*, S. 170–189. Er fasst seine Ausführungen folgendermaßen zusammen: «Whatever departs from the normal is not necessarily pathological» (ebd., S. 185).

[30] Siehe Polliack, Ezekiel 1.

[31] Ezechiel 3,12; 8,3; 11,1.24; 37,1; 40,1–2.

[32] Ezechiel 12,1–16.

[33] Ezechiel 4,1–15.

[34] Ezechiel 3,1–3. Menahem Haran folgend, kam Greenberg, *Ezekiel 1–20*, S. 67, zum Schluss, dass die Schriftrolle nicht aus Leder, sondern aus Papyrus bestanden habe, da die Fähigkeit, Leder zweiseitig zu beschriften, vor Anfang u.Z. unmöglich gewesen ist. Damit liest er wohl zu viel moderne Wahrheit in ein visionäres Erlebnis hinein.

[35] Ezechiel 3,15.

[36] Ezechiel 3,26–27; 24,25–27; 33,21–22.

[37] Ezechiel 5,1–4.

gesamten Bibel, wenn nicht der großen literarischen Werke überhaupt[38].
Und als seine Frau starb, die er angeblich so geliebt hatte, enthielt er
sich der Trauer[39].

August Klostermann versuchte 1877 als Erster, eine Diagnose der
Krankheit Ezechiels zu erstellen[40]: Nach ihm litt Ezechiel an Katalepsie.
Auch Karl Jaspers, der große deutsche Philosoph und Psychopathologe,
versuchte – in der Zeit, als er *Die Schuldfrage* verfasste –, Ezechiel zu
analysieren; er hielt ihn für einen Schizophrenen[41]. Fast gleichzeitig mit
Jaspers erstellte Edwin C. Broome die noch spezifischere Diagnose
einer paranoiden Schizophrenie[42]. Und vor kurzem stellte David J.
Halperin die Diagnose auf, Ezechiel sei «unter dem Einfluss einer
pathologischen Angst vor und Abscheu der weiblichen Sexualität»
gegenüber gestanden und habe «eine zutiefst ambivalente Einstellung
gegenüber einer dominanten männlichen Figur» d.h. Gott gezeigt[43].
Ezechiel war unbestritten eine außergewöhnliche Persönlichkeit, doch
zu seiner Verteidigung muss darauf hingewiesen werden, dass eine
gewisse Fertigkeit in Zeichenhandlungen unausweichlich zur Ausübung
des Prophetenberufs gehörte[44]. An dieser Stelle sei an Saul, den helden-
haften jedoch tragischen ersten König Israels, erinnert, dessen gele-
gentlich seltsames Verhalten zur Frage: «Ist denn Saul auch unter den
Propheten?» geführt hatte[45]. Wie es sich für einen modernen Menschen
gehört, sich von 9.00 Uhr morgens bis 17.00 Uhr abends mit seiner
Aktentasche am Arbeitsplatz einzufinden, gehörte es sich für einen Propheten jener alten Zeiten, die Botschaft Gottes u.a. auch durch außergewöhnliche Verhaltensweisen zu vermitteln.

Das Ezechielbuch vermittelt manchen tiefgründigen Einblick, wie
der Prophet selbst seine Sendung verstanden hatte. Obwohl Ezechiel
sich voll bewusst war, dass einer, der als das Gewissen der Gemeinschaft handelt, mit Einsamkeit und Verachtung belohnt wird[46], konnte er
nicht anders, als Gottes Wort zu übermitteln. Man könnte behaupten,

---

[38] Ezechiel 16 und 23. Feministische Besprechungen von Ezechiel 16 findet man in
Brenner, *Prophets and Daniel*, S. 137–185.
[39] Ezechiel 24,15–23.
[40] Klostermann, Ezechiel.
[41] Jaspers, Ezechiel.
[42] Broome, Ezekiel's Abnormal Personality.
[43] Halperin, *Seeking Ezekiel*, vom hinteren Umschlag des Buches zitiert (eigene
Übersetzung). Siehe auch ebd., S. 217.
[44] Siehe z.B. Jeremia 18–19 und 27–28. Zum Thema Zeichenhandlungen siehe
Stacey, Function of Prophetic Drama.
[45] 1. Samuel 10,9–13; 19,23–24.
[46] Siehe z.B. Ezechiel 2,6 und Jeremia 1.

seine Stummheit sei ein Aspekt seiner Monomanie[47]. Von seiner Berufung bis zum Fall Jerusalems war seine gesamte Verkündigung von der
Botschaft des Untergangs und der Zerstörung Jerusalems dominiert[48].
Ausdrücklich heißt es im Ezechielbuch, dass es die Aufgabe des Propheten sei, seine Botschaft zu übermitteln; er ist ausgesandt, Wächter
und Späher zu sein[49]. Des Propheten Pflicht ist es, seine Botschaft zu
verkünden. Verfehlt er das, dann sind die Sünder, die nicht gewarnt
wurden, für ihre Taten nicht verantwortlich; der Prophet selbst muss
ihre Strafe tragen. Es ist für den Propheten demnach existentielle Notwendigkeit, seine Warnungen zu vermitteln – ungeachtet deren Wirk-
samkeit. Nur indem er sich der Bürde von Gottes Wort entledigt, kann
der Prophet seine Schuld an den Taten der anderen abwerfen.

Ein wichtiges Thema, das Ezechiel mit Jeremia teilt, ist die Frage
der Verantwortlichkeit des Einzelnen. Ezechiel und Jeremia durchlebten
turbulente Zeiten, eine Situation, derer sie sich schmerzlich bewusst
waren. Die Katastrophen, die sowohl dem Land Juda als auch dessen
Einwohnern widerfuhren, wurden von einigen (wie etwa den Verfassern
des Buches der Könige) als Folge der Sünden der vorhergehenden
Generationen verstanden[50]. Ein solches Verständnis entlässt den Einzelnen aus der Verantwortung. Sowohl Ezechiel als auch Jeremia haben
diese Interpretation explizit zurückgewiesen. Beide zitieren den zu
ihren Zeiten bekannten Spruch, dass «die Väter saure Trauben gegessen
haben, und die Zähne der Kinder stumpf geworden sind»[51]. Insbesondere Ezechiel betont ausdrücklich, dass jeder für seine *eigenen* Handlungen verantwortlich ist und dass Sünden nicht von einer Generation
auf die folgenden übertragen werden[52]. Die Rabbinen der talmudischen
Zeit waren sich bewusst, dass dies einer der vielen Punkte ist, an denen
Ezechiel von den in der Tora niedergelegten Traditionen abweicht[53].
Der Talmud verweist in diesem Zusammenhang auf die großen Anstren-

---

[47] Siehe Greenberg, *Ezekiel 1–20*, S. 102–103. 120–121, der behauptete, dass Ezechiel die Fähigkeit eines normalen menschlichen Umgangs verloren habe («lost
the capacity for normal human contact», ebd., S. 121).

[48] Über sein Privatleben in jener Zeit erfahren wir jedoch nichts.

[49] Ezechiel 3,16–21; 33,1–21.

[50] Nach dem Buch der Könige, das zum sogenannt deuteronomistischen Geschichtswerk gehört, führte das sündige Verhalten des Königs Manasse, der ungefähr ein
Jahrhundert vor dem Fall der Stadt Jerusalems regierte, zu deren Zerstörung.

[51] Jeremiah 31,29; Ezechiel 18,2.

[52] Siehe aber Joyce, Ezekiel and Individual Responsibility, der zu zeigen versucht,
dass Ezechiel die Auffassung der Verantwortung des Einzelnen nicht besonders
betont habe, im Zentrum seiner Botschaft vielmehr die kollektive Verantwortung
von ganz Israel gestanden habe. Siehe dazu auch ders., *Divine Initiative*, S. 33–
87.

[53] Siehe z.B. TB Makkot 24a.

gungen des Hanina ben Hiskia, der Ezechiel mit den Traditionen des Pentateuchs in Einklang zu bringen versuchte[54]. Leider sind seine Überlegungen nicht überliefert.

Die Summe des Wissens um das, was richtig, moralisch und ethisch ist, ist für Ezechiel in der oft wiederholten Aussage enthalten, «dass sie wissen mögen, dass ich der Ewige/JHWH bin»[55]. Das Wissen um Gott wird so zum Wissen dessen, was recht und gerecht ist. Ein Gott der Tat und der Geschichte ist der erste Beweger hinter Moral und Ordnung.

Zu Beginn dieses Aufsatzes wurde Ezechiel als Wendepunkt in der Entwicklung des nachbiblischen Judentums bezeichnet. Es ging dabei um seine Pflege eines Sinnes für Identität und Selbstverständnis in der Diaspora, die es dem Judentum über zweieinhalbtausend Jahre ermöglichte, als Diasporareligion zu überleben. Die obigen Ausführungen haben deutlich gemacht, wie sehr Ezechiel dabei Jeremias Schuldner war. Es liegt nicht außerhalb des Bereichs des Möglichen, dass Ezechiel sich von Jeremias Brief an die Exilsgemeinschaft[56] so sehr begeistern ließ, dass dieser bei ihm zum Entschluss führte, sich selber der Prophetie zu widmen. Dieser Brief – wenn man den Daten im Jeremia- und Ezechielbuch Glauben schenken darf – muss Babylon ungefähr zur selben Zeit erreicht haben, wie Ezechiel zum Propheten berufen wurde[57]. In diesem Brief ermuntert Jeremia die nach Babylon Verschleppten, nicht zu verzweifeln, sondern Häuser zu bauen und Weinberge zu pflanzen, «das Wohl der Stadt zu suchen», in das Gott sie «hat wegführen lassen»[58], und dort auf die Zeit ihrer Erlösung und Rückkehr in das Land ihrer Väter zu warten. Mit diesem Brief, wie auch mit seiner Vision der guten Feigen (d.h. der Exilierten) und der schlechten (also denen, die im Land verblieben waren), trug Jeremia dazu bei, eine Exiltheologie ins Leben zu rufen, die es den Exulanten wider alle Erwartungen ermöglichte, ihre religiöse und nationale Identität auch weit entfernt von ihrer Heimat zu bewahren[59]. Ezechiel griff dieses Thema auf und machte daraus eine zentrale Lehre seiner Theologie und derjenigen des nachbiblischen Judentums[60].

---

[54] Siehe TB Schabbat 13b.

[55] Ezechiel 5,13; 6,10.14 usw.

[56] Jeremia 29.

[57] Siehe Halperin, *Seeking Ezekiel*, S. 74–76, und Unterman, *Repentance to Redemption*, S. 169. Vielfach wurde jedoch auch behauptet, die Beziehungen zwischen den zwei Propheten und ihren «Schulen» seien gespannt gewesen. Siehe dazu Begg, Non-Mention.

[58] Jeremia 29,7.

[59] Jeremia 24.

[60] Für eine ausführlichere Besprechung dieses Themas siehe Ehrlich, Anti-Judäismus.

Eben dadurch, dass sie vertrieben wurden, haben die Verbannten ihre gesellschaftliche Stellung wie auch ihren Besitz verloren. Die im Lande Zurückgebliebenen waren nun in der Lage, unter dem Vorwand, dass die Verschleppten von Gott verworfen seien, deren Stellungen selbst zu besetzen und sich des herrenlos gewordenen Gutes zu bemächtigen. Doch Ezechiel, der nach Babylon ins Exil gegangene Priester, war imstande, den Spieß in der Frage des zu erwartenden Verhältnisses zwischen den Vertriebenen und den Zurückgebliebenen umzudrehen. Das vorteilhafte Bild, das die Exilsgemeinschaft von sich hatte und das Ezechiel teilte, ging Hand in Hand mit einer negativen Einschätzung der im Lande Verbliebenen. In einer bildhaften, kräftigen Sprache predigte Ezechiel den Niedergang der alten Heimat. Aber und abermals betonte er, das Land müsse total vernichtet werden, damit es geläutert werden könne[61]. Nicht einmal die Rechtschaffenheit eines Noah, Daniel oder Hiob, der drei exemplarisch gerechten Männer von Ezechiel 14,12–23, könne ausreichen, das Land und seine Bewohner zu retten[62].

Die pornographischen Prophezeiungen in Kapitel 16 und 23 des Ezechielbuchs greifen die altbekannte Ehe-Metaphorik auf und wenden sie auf das Verhältnis zwischen Gott und Israel an. Hosea hatte diese Metapher schon im 8. Jh. benützt. Von seinen verschiedenen Nachfolgern, etwa Jeremia, wurde sie weiter entwickelt. In Ezechiel 16 wird Jerusalem als Hure dargestellt, die noch schlimmer ist als ihre Schwestern Sodom und Samaria und für ihren Bruch des Ehevertrags bestraft wird. Doch Gott, der Gnadenvolle, so heißt es weiter, wird sich schließlich seines Bündnisses erinnern und Jerusalem nach einer Zeit der Strafe wiederherstellen. Ähnlich wird Jerusalem auch in Kapitel 23 wegen seiner Untreue und kultischen Vergehen angeklagt. Für diesen Bundesbruch soll die Stadt schwer bestraft werden.

Ezechiel war sich sicher, dass ein aus der Exilgemeinde bestehender Restbestand trotz der Vergehen Jerusalems zurückkehren und das Land wieder in Besitz nehmen könne. Er stellte sich das Land allerdings desolat und entvölkert vor[63]. So wie ein Schafhirt seine verstreuten Schafe wieder zurückführt[64], wird Gott nach ihm Israel auf seine verheerten Berge zurückführen[65]; das Land wird um Gottes heiligen

---

[61] Siehe Ezechiel 21,6–10; 22; 33,23–29.
[62] Die Anspielung auf Noah könnte darauf deuten, dass Ezechiel mit einer Sintflut-Tradition bekannt war, die ihm als Vorbild seiner Idee einer Läuterung diente. Siehe Day, Inner-biblical Interpretation, S. 234; Ehrlich, Anti-Judäismus, S. 172.
[63] Siehe Ezechiel 11,14–21; 20,39–44.
[64] Ezechiel 34,11–16.
[65] Ezechiel 36,8–12.

Namens willen wieder bewohnt sein[66]. Die schwerste Strafe, die Ezechiel sich vorstellen konnte, wäre ein Bleiben im Exil[67]. Deutlich sprach er aus, dass es der vertriebene Rest war, der Buße tun und ins Land zurückkehren würde[68]. In der eindrücklichen Vision des Tales der verdorrten Gebeine (37,1–14) erwachen die Menschen wieder zum Leben und werden in ihr Land zurückgebracht[69]. In all diesen Prophezeiungen findet sich implizit der Gedanke, dass in der Zukunft die Nachkommen der Exilsgemeinschaft die einzigen Israeliten sein würden – deutlicher könnte der Bruch mit der Gemeinde in Juda nicht ausgesprochen sein.

Ein zentraler Text für das Verständnis von Ezechiels pro-exilischer Theologie ist Kapitel 8, das den Anfang eines größeren literarischen Komplexes (bestehend aus Kapiteln 8 bis 11) bildet[70]. Hauptthema dieser Kapitel ist Gottes Abwesenheit von Jerusalem als Folge der kultischen Greueltaten seiner Einwohner, die letztlich zur Zerstörung der Stadt führen.

In Kapitel 8 werden vier Szenen beschrieben: Ein Bild, das Eifersucht hervorruft (Verse 3–6), eine Versammlung zum Zwecke des Götzendienstes (Verse 7–13), Frauen, die den Tod des mesopotamischen Gottes Tammuz beweinen (Verse 14–15), und Männer, die dem Tempel den Rücken drehen und sich vor der Sonne verbeugen (Verse 16–18). Die große Mehrzahl der Forscher nimmt an, dass die in Kapitel 8 beschriebenen Geschehnisse ein akkurates Bild der Zustände in Jerusalem gegen Ende der ersten Tempelperiode darstellen[71]. Dementsprechend sind verschiedene Theorien im Umlauf, die zu erklären versuchen, warum der Exilprophet Ezechiel so genaue Kenntnisse über die Zustände in Jerusalem hatte. Einigen von diesen zufolge war Ezechiel eigentlich ein Jerusalemer Prophet, dessen Prophezeiungen später redigiert wurden und einen babylonischen Anstrich erhielten[72]. Andere Forscher glauben das Problem zu lösen, indem sie behaupten, Ezechiel sei zwischen Babylon und Jerusalem hin- und her gependelt[73]. Wieder

---

[66] Ezechiel 36,16–38.
[67] Ezechiel 13,9.
[68] Ezechiel 6,8–10.
[69] Ezechiel 37,1–14, bes. Verse 11–14.
[70] Einige Kommentatoren vertreten, Ezechiel 11,1–21 sei sekundär. Siehe z.B. Zimmerli, *Ezekiel 1*, S. 231; Hossfeld, Tempelvision, S. 153–156. Andererseits macht sich Greenberg für die literarische Einheit der Kapitel 8–11 stark, siehe Greenberg, *Ezekiel 1–20*, S. 192–205; ders., Vision of Jerusalem.
[71] In Ezechiel 8,1 wird die Vision ins sechste Jahr der Regierungszeit Jojachins, d.h. ins Jahr 592 v.d.Z., datiert.
[72] Siehe z.B. Herntrich, *Ezechielprobleme*, S. 37–48. 124–130.
[73] Für einen Überblick über die verschiedenen Versuche, diese vermeintliche Tatsache zu erklären, siehe Lang, *Ezechiel*, S. 1–18; Davis, *Swallowing the Scroll*, S. 11–24. Der rabbinischen Tradition folgend, nahm Raschi (Rabbi Schelomo ben

andere stellen sich vor, dass er einen schnellen Botendienst zur Verfügung hatte, der regelmäßig zwischen Jerusalem und Babylon verkehrte und ihn so über die Ereignisse im Vaterland auf dem Laufenden hielt[74]. Nochmals andere wiederum sind sicher, dass Ezechiel einfach die Sünden aus der Regierungszeit Manasses aus dem vorigen Jahrhundert auf das Jerusalem seiner Zeit projiziert hatte[75]. Lawrence Boadt schließlich hält es nicht für ausgeschlossen, dass Ezechiel «parapsychologische Kräfte besaß und Ereignisse aus der Ferne betrachten konnte»[76]!

In ihrer Arbeit über die Volksfrömmigkeit im 6. Jh. v.d.Z. legte Susan Ackerman dar, dass die religiöse Symbolik wie auch die Handlungen, die in Ezechiel 8 beschrieben werden, gut in das Juda des 6. Jh. passen[77]. Daraus schließt sie, dass die beschriebenen Gräuel tatsächlich genaue Beschreibungen dessen darstellen, was sich zur Zeit Ezechiels in Jerusalem abgespielt hatte; allerdings dehnt sie diese These nicht auf den Inhalt der verwandten Kapitel 9 und 10–11 aus[78]. Eine solche Argumentation ist m.E. ein kaum haltbarer Glaubenssprung: Warum muss eine Beschreibung von Handlungen in einer literarischen Darstellung eines visionären Erlebnisses, die den Zeitgeist einer gewissen historischen Periode widerspiegelt, automatisch als faktische Reportage gelten[79]?

In seinem Buch *The Bible Without Theology* erörtert Robert Oden, dass in verschiedensten Kulturkreisen und Zeiten die Beschuldigung

---

Jitzchak, 1040–1105) an, dass einige von Ezechiels Prophezeiungen in die Zeit *vor* seiner Verschleppung nach Babylonien datiert werden müssen.

[74] Gemäß Lang, *Ezechiel*, S. 39, dauerte eine durchschnittliche Reise zwischen den zwei Regionen in jenen Tagen ungefähr vier bis sechs Monate.

[75] Siehe Kaufmann, *Religion of Israel*, S. 430–432. 435; Greenberg, *Ezekiel 1–20*, S. 201–202.

[76] «And this by no means rules out the further possibility that he had some parapsychic powers to envision events at a distance» (Boadt, Ezekiel, S. 715). Für eine Widerlegung der These der vermeintlichen parapsychologischen Kräfte Ezechiels siehe Lang , *Ezechiel*, 75–76.

[77] Ackerman, *Under Every Green Tree*, S. 37–99.

[78] Zur Frage der Historizität dieser Kapitel siehe z.B. Lang, *Ezechiel*, S. 75: «Ez 11,1–13 wird nirgendwo mitgeteilt, daß das visionär erlebte – mit Einschluss vom Tod Pelatjas – tatsächlich stattfand». Siehe aber Blenkinsopp, *Prophecy*, S. 197, der Ezechiels Bericht über den Tod von Pelatja (Ezechiel 11,13) als Beweis dafür nimmt, dass der Prophet wenigstens den ersten Teil seiner prophetischen Karriere in Jerusalem verbracht habe.

[79] Für ein Beispiel der Methodik Ackermanns bzw. ihrer Suche nach Logik und Faktizität in Ezechiels visionärem Erlebnis siehe dies., *Under Every Green Tree*, S. 68 und Anm. 102. Nichtsdestoweniger kommt auch Mein zum Schluss, dass «[o]n the whole, it seems safest to conclude that there is a fair measure of veracity in Ezekiel's reports of non-Josianic cult practices», siehe Mein, *Ezekiel*, S. 135

der sogenannten kultischen Prostitution sowie sexueller Abweichungen gebraucht wurde, und zwar als ein literarischer Topos, um den Unterschied zwischen den Beschuldigern und den Beschuldigten zu unterstreichen[80]. Immer sind es nur die Ankläger, die auf solche Verhaltensweisen zu sprechen kommen. Ist es dementsprechend nicht vorstellbar, dass die Beschuldigung der kultischen Verbrechen in Ezechiel 8 auf ähnliche Weise dazu dient, die «brave und treue» Exilgemeinde von der «bösen und treulosen» Gemeinde Jerusalems abzugrenzen? Wir dürfen nicht vergessen, an welche Hörerschaft Ezechiel sich wandte: Er wollte die jüdische Identität der *Exilsgemeinschaft* stärken, und zwar auf Kosten der judäischen Gemeinschaft. Selbstverständlich drückte er sich so aus, dass ihn seine Hörer verstanden. Es war sicherlich nicht sein Ziel, einen Tatsachenbericht, eine nüchterne und genaue Darstellung der Geschehnisse in Jerusalem vorzulegen – Ezechiel schrieb religiöse Propaganda. Kapitel 8 ist historisch genauso sorgfältig wie der Rest der visionären Erlebnisse in Kapitel 8–11, auch wenn die dargestellten Zustände noch so gut zum damaligen Zeitgeist passen.

Ein Kerngedanke der Hebräischen Bibel als Ganzer und daher auch des Ezechielbuchs ist derjenige des Bundes zwischen Gott und Israel[81]. Eine ganze Reihe von Arbeiten untersuchte den biblischen Begriff *b$^e$rit* (ברית) und seine antiken Parallelen im Nahen Osten[82]. Das, was für Ezechiel am wichtigsten ist, sind die Konsequenzen des Bundesbruchs. *In nuce:* Diejenigen, welche die Bedingungen des Bundes nicht erfüllen, heben ihn *ipso facto* auf und werden dafür bestraft.

In Ezechiel 8,6 fasst Gott die Wirkung des Eifersucht hervorrufenden Bildes als *l$^e$rochoqa m$^e$ ʿal miqdaschi* (לרחקה מעל מקדשי) zusammen. Die meisten Interpreten verstehen diesen Ausdruck als «sich von meinem Heiligtum fernzuhalten» oder «mich von meinem Heiligtum zu entfernen». Frank Moore Cross hingegen schlug eine aus dem Bereich des Juristischen entnommene Interpretation vor, nämlich «jeglichen Anspruch auf mein Heiligtum zu verwirken»[83]. Falls er Recht haben sollte, legte Ezechiel der Gemeinde in Juda schon zu Beginn seiner großen Vision den Entzug der Bürgerrechte in juristischer Terminologie dar und ebnete so den Weg für die Vorstellung einer Aufhebung des Bundes zwischen Gott und denjenigen, die im Land geblieben waren[84].

---

[80] Oden, *Bible Without Theology*, S. 131–153.
[81] Siehe Ezechiel 16,8.59–63.
[82] Siehe u.a. Hillers, *Covenant*; McCarthy, *Treaty and Covenant*.
[83] Siehe Cross, *Papyrus*, S. 318–319.
[84] Obwohl Cross in seinem Aufsatz nur Stellen aus dem Ezechielbuch in Betracht zieht, in denen die Wurzel *rachaq* eine juristische Bedeutung zu haben scheint, ist es höchst wahrscheinlich, dass ein ähnlicher Gebrauch auch in anderen biblischen Büchern zu finden ist. Eine solche Stelle wäre etwa Jeremia 2,5, wo Gott Israels

In Kapitel 11 lesen wir, dass die Einwohner von Jerusalem über die Exilsgemeinschaft sagten: «Sie sind von Gott entfernt und haben ihren Anspruch auf ihn verwirkt (רחקו[85]), das Land ist uns gegeben als unser Erbteil» (Vers 14)[86]. In Ezechiels Antwort in Vers 16 nützt er die Ironie dieser Situation aus: Nicht diejenigen, die entfernt vom Land leben[87], haben ihren Anteil verloren, vielmehr sind es diejenigen, die im Land geblieben sind, die ihren Anspruch sowohl auf ihr Land als auch auf ihren Gott verwirkt haben. Im Anschluss daran (Vers 17) wird die Sammlung der Vertriebenen und deren rechtliche Besitzergreifung des Landes bestätigt[88].

Die von Ezechiel am Ende des literarischen Komplexes der Kapitel 8–11 angesprochene Thematik des Verwirkens – in Kapitel 11,15–16 ausgedrückt durch *rachaq* (רחק) – bildet mit dem Anfang dieses Komplexes eine *inclusio*: Gott wohnt nicht mehr unter den Bewohnern Jerusalems, die den Tempel besitzen, sondern unter den Vertriebenen, für die er ein «kleines Heiligtum» (*miqdasch m^e'at;* מעט מקדש; Vers 16) geworden ist. Damit ist das Weiterziehen der göttlichen Gegenwart von Jerusalem nach Babylon angezeigt. Ezechiel betont, dass Gottes Bündnis mit der Gemeinschaft in Juda nun aufgehoben ist und das einzige wahre Israel im Exil, in Babylon sei. Kapitel 33 zeigt, dass dieser Konflikt zwischen den Exulanten und den im Lande Verbliebenen noch lange dauerte, bis nach dem Fall Jerusalems und der gleichzeitigen Zerstörung des Tempels. Und noch einmal, in Kapitel 33 (Verse 21ff.), erhebt die Gemeinde Judas Anspruch auf das Land als ihr Erbteil, und auch hier wird dieser Anspruch von Ezechiel auf Grund der kultischen Überschreitungen zurückgewiesen[89].

Wenn man antike Texte sorgfältig liest, muss man sich auch die Frage nach deren Adressaten stellen. Ezechiels Absicht war es nicht, der Nachwelt einen Tatsachenbericht über die Zustände in Jerusalem zu übermitteln, vielmehr wollte er die Entfaltung und Selbstidentifikation

---

Vorfahren vorwirft, dass sie sich von ihm «entfernt» haben. Da sich dieser Passus im Rahmen einer formellen prophetischen Bündnisanklage findet, in der Israel vorgeworfen wird, willkürlich das Bündnis mit Gott gebrochen zu haben, scheint auch hier eine juristische Implikation mitzuschwingen.

[85] Diese Interpretation beruht auf einer Umpunktierung des Imperativs (*rah^aqū,* רַחֲקוּ) des Masoretischen Textes in ein Perfekt (*rāh^qû,* רָחֲקוּ), siehe auch Allen, *Ezekiel 1–19,* S. 128.

[86] Nach Cross ist auch diese letztere Phrase aus dem juristischen Bereich übernommen. Sie bedeutet hier das Gegenteil des Ausdrucks der Verwirkung, d.h. sie bringt die rechtliche Besitzergreifung zum Ausdruck. Zur sprachlichen Beziehung zwischen dieser Textstelle und Jeremia 2,5 siehe Japhet, People and Land, S. 107.

[87] Wörtlich *hirchaqtim* (הרחקתים): «die ich entfernt habe».

[88] Siehe dazu auch Blenkinsopp, *Prophecy,* S. 180. 198.

[89] Zu Kapitel 33 siehe auch Japhet, People and Land, S. 106–108.

seines einzigen Publikums, der Exilsgemeinschaft, beeinflussen[90].
Indem er von einem literarischen Topos, nämlich seiner pro-exilischen
Theologie, Gebrauch machte, half er eine Form von Identität zu schaffen, die sich auf Abgrenzung gründet[91]. Seine Botschaft an die Exilsgemeinschaft lautete, nicht zu verzweifeln, die Hoffnung auf ein
zukünftiges Wiedererlangen dessen, was sie verloren hatten, nicht aufzugeben und ihren Glauben an die nationale Gottheit zu bewahren.
Obwohl fern von ihrem Land im Exil war diese Gemeinschaft nach seinem Verständnis das wahre Israel und im Zentrum der Geschichte. Es
ist diese Einsicht Ezechiels, die es dem Judentum ermöglichte, so lange
zu überleben[92].

---

[90] Siehe Ezechiel 20,1–3; Kaufmann, *Religion*, S. 427; Greenberg, *Ezekiel 1–20*,
S. 15–17.

[91] Zum Formulierung einer jüdischen Gruppenidentität aufgrund einer ethnischen
Differenzierung siehe die Beiträge in Silberstein/Cohn, *Other in Jewish Thought*.

[92] Es sollte jedoch hinzugefügt werden, dass Ezechiel als «Proto-Zionist» auf eine
Rückkehr nach Israel und eine Wiederbelebung des Volkes in dessen Land hoffte.

# Die Psalmen im jüdischen Leben
# und in der Liturgie

Obwohl die Hebräische Bibel bzw. das Alte Testament oftmals als Bindeglied zwischen Judentum und Christentum betrachtet und dargestellt wird, beobachte ich insbesondere in meiner Lehrtätigkeit immer wieder, wie weit unser Verständnis und unsere Auslegung dieser angeblich gemeinsamen Schriftsammlung voneinander abweichen. Unsere Bezeichnungen für diesen Textkorpus, die kanonische Ordnung und Reihenfolge der einzelnen Bücher, selbst die Textstellen, die wir am meisten zitieren, und die Art, wie wir diese auslegen, unterscheiden uns voneinander und führen eigentlich zum Schluss, dass die Hebräische Bibel uns nicht nur verbindet, sondern auch grundsätzlich voneinander trennt. Auf den nächsten Seiten möchte ich dieser Problematik anhand einer Besprechung der Stellung der Psalmen in der jüdischen Liturgie und im jüdischen Leben nachgehen, wobei ich eher implizit als explizit vorgehe, da der Leser bzw. die Leserin die zweite Hälfte des Gesprächs, eine Besprechung der Rolle der Psalmen im Christentum, größtenteils selbst hinzufügen muss.

Das Buch, das hier besprochen wird, heißt im Deutschen *Psalmen*. Das ist eine Bezeichnung, die aus dem Lateinischen *liber psalmorum* oder *psalmi* übernommen wurde. Die lateinische Bezeichnung wiederum ist vom Griechischen *psalmoi* (ψαλμοι) abzuleiten. Diesen Begriff finden wir sowohl in Manuskripten der griechischen Übersetzung der Hebräischen Bibel, der Septuaginta, als auch im Neuen Testament[1]. Das Wort *psalmoi*, das vom Verbum *psallo* (ψαλλω) abzuleiten ist, bedeutet «Gesänge», wobei diese Gesänge wahrscheinlich mit Harfenmusik begleitet wurden. Vermutlich ist es eine plurale Übersetzung des Hebräischen *mizmor* (מזמור; «religiöser Gesang»), ein Wort, das in den Überschriften der einzelnen Psalmen 57mal, nie aber in einem Psalm selbst vorkommt. Eine zweite Bezeichnung für das Psalmenbuch in der deutschen Sprache ist *Psalter*, ein mit Psalmen verwandtes Wort, das vom Griechischen *psalterion* (ψαλτηριον; ein Saiteninstrument) abzuleiten ist. Im Deutschen und auch in anderen abendländischen Sprachen wird das Buch also offenbar mit einer Bezeichnung für religiöse Gesänge benannt und beschrieben[2].

---

[1] Lukas 20,42; 24,44; Apostelgeschichte 1,20.
[2] Zum Namen des Buches siehe Kraus, *Psalms 1–59*, S. 11–12; Limburg, Psalms, S. 523a.

Die ältesten Manuskripte der Hebräischen Bibel überliefern uns keine übergreifende Bezeichnung für das Psalmenbuch. Eine mögliche frühe Bezeichnung für mindestens einen seiner Teile bietet uns das Kolophon bzw. der letzte Vers von Psalm 72: «Zu Ende sind die Gebete Davids, des Sohnes Isais»[3]. Was die Luther Bibel hier mit Gebete übersetzt, ist das hebräische Wort *t*fillot (תפלות). Eine *t*filla (תפילה). ist ein Gebet der Fürbitte. Vielleicht ist dieses Wort als Bezeichnung eines Teils der Psalmen passend, sicher aber nicht als Gesamtbezeichnung des Psalters. Im Judentum hat sich deswegen ein anderer Begriff durchgesetzt, einer, der wahrscheinlich bei der erwähnten Stelle aus Psalm 72 in leicht geänderter Form als Vorlage für die griechische Übersetzung *hoi hymnoi* (ʼοι ʽυμνοι) diente: Das hebräische Wort *t*hillim (תהלים), von *t*hilla (תהילה), was «Lobpreis» oder «Lobgesang» bedeutet. Dieses Wort ist nicht ganz einfach zu deuten. Problematisch ist zunächst die maskuline Pluralbindung *t*hillim statt der erwarteten femininen Pluralbildung *t*hillot (תהילות). Sodann wird eigentlich nur ein Psalm, nämlich Psalm 145, in der Überschrift als *t*hilla bezeichnet. Vermutlich leitet sich *t*hillim von der Wurzel *halal* (הלל) her, die als Verbalform in den Psalmen sehr häufig vorkommt. Bekannt ist sie v.a. aus dem Wort *hall*luja (הללויה), «lobet den Ewigen». Die Bezeichnung *t*hillim deutet auf die hohe Bewertung des Gebets in der offiziellen Liturgie des Judentums.

Im traditionellen *Siddur* (סידור), dem jüdischen Gebetbuch, werden die Psalmen zwar alle abgedruckt, dienen dabei aber der persönlichen Annäherung an Gott, und nicht dem öffentlichen Gebet. In der offiziellen Liturgie kommen zwar ebenfalls viele Psalmen vor, dort aber sind nicht alle Gattungen vertreten. Dank den bahnbrechenden formkritischen Untersuchungen von Hermann Gunkel[4] und Sigmund Mowinckel[5] wissen wir, dass es verschiedene Psalmengattungen gibt, die für verschiedene Zeiten und Anlässe im religiösen Leben des antiken Judentums bestimmt waren. Obwohl die Rabbinen des talmudischen Zeitalters, vielleicht unter Druck der Gemeindemitglieder, viele Psalmen in die sich entwickelnde Liturgie eingearbeitet haben[6], begrenzten sie dabei die Auswahl der Psalmen mehr oder weniger auf solche, die Gott loben, preisen und ihm danken[7]. Die Psalmen der individuellen Fürbitte und der Not hingegen wurden nicht in die Liturgie aufgenommen, wahrscheinlich weil die Rabbinen das Ziel des gemeinschaftlichen Gebets in

---

[3] Psalm 72,20. Alle Bibelzitate in diesem Kapitel stammen aus der Lutherbibel.
[4] Gunkel, *Psalmen.*
[5] Mowinckel, *Psalmenstudien.*
[6] So Rabinowitz, Art. Psalms, Kol. 1323.
[7] Zur langsamen Entwicklung der rabbinischen Aufnahme der Psalmen in die Liturgie siehe Stemberger, Psalmen.

der Huldigung Gottes sahen, und nicht im selbstsüchtigen Verlangen des Einzelnen[8].

Dieses Verständnis von Form und Zweck des Gebets finden wir auch in der typischen jüdischen Segensformel, die das grundlegende Kennzeichen eines jüdischen Gebets ist: *baruch 'attah 'adonai ᵉlohenu melech ha-'olam* (ברוך אתה יי אלוהינו מלך העולם): «Gepriesen seiest Du, Ewiger unser Gott, König der Welt ...». Obwohl diese Formel in exakt dieser Formulierung in der Hebräischen Bibel nicht vorkommt, basiert sie auf biblischen Vorläufern und kommt auch in der jüdischen Liturgie unzählige Male vor, ebenso wie andere Zitate aus der Bibel, etwa auch aus den Psalmen. Shubert Spero von der Bar Ilan Universität in Israel hat vor kurzem vertreten[9], dass es die Benutzung von Huldigungen in der Liturgie ist, was die Synagoge grundsätzlich vom Tempel unterscheidet, da es im Tempelkult nicht um Huldigung ging, sondern darum, sich Gott mit Fürbitten zu nähern. Er unterscheidet also zwischen der Huldigung als «Ausdruck von Verehrung: Liebe, Freude, und Begeisterung an der Macht und Güte Gottes» und der Fürbitte als «Versuch, Gott zu einer Tat zu überreden: zu retten, zu heilen, einen Mangel zu beheben, eine Gefahr zunichte zu machen».

Die Psalmen bilden nicht die einzige biblische Quelle des Gebets. Wenn man die Hebräische Bibel liest, sieht man, dass es in ihr sehr viele Gebete gibt. Diese lassen sich in zwei Hauptkategorien einteilen: Erstens finden wir verschiedene Psalmen bzw. religiöse Gedichte, die keineswegs alle aus dem Buch der Psalmen stammen. Sowohl der wunderschöne Psalm, der in 1. Samuel 2 Hanna zugeschrieben wird, wie etwa auch der tief ergreifende Jonapsalm im 2. Kapitel des gleichnamigen Buchs stehen nicht im Psalter. Zweitens gibt es in der Hebräischen Bibel eine ganze Gruppe von Gebeten, die als Prosareden verfasst sind[10]. Unter ihnen könnte man Simsons verzweifeltes Gebet kurz vor seinem Tod als Beispiel nennen: «Herr GOTT [Lutherbibel: HERR], denke an mich und gib mir Kraft, Gott, noch dies eine Mal, damit ich mich für meine beiden Augen einmal räche an den Philistern»[11]. In der Gegenüberstellung von Dichtung und Prosa im Gebet identifizierten einige Wissenschaftler eine gewisse Spannung zwischen formellen liturgischen Kompositionen (wie den Psalmen) einerseits und dem freien und spontanen Ausdruck des Gebets (wie etwa bei Simson) andererseits. Diese Spannung spiegelt sich auch in zwei wichtigen hebräischen Ausdrücken, mit denen zwei entgegengesetzte Neigungen im vor-

---

[8] Siehe Freehof, Prayerbook; Hoffman, Introduction, S. 1.
[9] Siehe Spero, King David.
[10] Siehe Greenberg, *Biblical Prose Prayer*.
[11] Richter 16,28b.

geschriebenen Gebet benannt werden: *kewa* (קֶבַע) und *kawwana* (כּוּנָה), das «liturgisch Vorgeschriebene» und das «Spontane». Die jüdische Liturgie beinhaltet beides: Zum großen Teil ist sie vorgeschrieben, d.h. *kewa*, doch das Gebet soll mit *kawwana*, mit Spontaneität und Hingabe, gesprochen werden. Um die *kawwana* beim vorgeschriebenen Gebet wiederzugewinnen, hat z.B. das Reformjudentum die Liturgie etwas zu kürzen versucht, um somit größere Aufmerksamkeit auf die Kerngebete zu lenken. Bei den ultraorthodoxen Chassidim versucht man – zumindest in der Theorie, wenn auch nicht immer in der Praxis –, das gleiche Ziel der *kawwana* beim Gebet mit Hilfe intensiver Besinnung zu erreichen.

Obwohl es auch andere Bibelstellen gibt, die als Quelle für liturgische Gebeten dienen, sind es die Psalmen, die in dieser Hinsicht sowohl im Judentum als auch im Christentum die zentrale Rolle spielen. Oben schon wurde erwähnt, dass sich der jüdische Kanon in der Reihenfolge der Bücher vom christlichen unterscheidet. Im christlichen Alten Testament finden wir die Psalmen im dritten der vier Teile, unter den Büchern der Weisheit. In der Hebräischen Bibel begegnen uns die Psalmen im dritten und letzten Teil der Heiligen Schrift. Die jüdische Hebräische Bibel wird in die *Tora* (den Pentateuch), die *Newi'im* (die Propheten) und die *Ketuwim* (die Schriften) aufgeteilt. Diese Reihenfolge widerspiegelt cum grano salis sowohl die chronologische Abfolge der Kanonisierung der drei Teile als auch deren verhältnismäßige Wichtigkeit innerhalb der jüdischen Gemeinschaft. Ohne Zweifel spielt die Tora als Quelle und Ursprung des jüdischen Lebens im Judentum die zentrale Rolle. Nichtsdestoweniger gehören auch die «Schriften» zur Heiligen Schrift und spielen eine Rolle, wenn auch nicht eine ganz so bedeutende. Und unter den Büchern der Ketuwim sind die Psalmen unbestritten am wichtigsten. Diese Tatsache wird u.a. auch durch ihre Stellung am Anfang der Ketuwim betont. Zwar werden im Talmud auch andere Reihenfolgen erwähnt[12], in denen entweder das Chronikbuch oder Ruth am Anfang der Ketuwim steht, doch auch bei diesen folgen die Psalmen aber immerhin stets an zweiter Stelle. Zudem betont eigentlich auch die Einreihung nach Ruth deren Bedeutung, da am Ende dieses Buchs eine Genealogie von König David, dem vermeintlichen Autoren der Psalmen, anfügt ist, die dann thematisch den Übergang zu diesen bildet. Eine antike Dreiteilung der Hebräischen Bibel, in der die Psalmen als *primus inter pares* vorkommen und *pars pro toto* der Sammlung der Ketuwim ihren Namen verleihen, wird u.a. im 2. Makkabäerbuch und im Neuen Testament[13] erwähnt.

---

[12] Z.B. TB Bawa Batra (Baba Bathra)14b.
[13] Als «Davids Schriften» in 2. Makkabäer 2,13; als «Psalmen» in Lukas 24,44.

Sowohl in der Moderne als auch im Mittelalter besteht das Buch der Psalmen aus 150 Einzelpsalmen. Diese Zahl finden wir auch in der Septuaginta, welche die Psalmen allerdings manchmal anders als die Hebräische Bibel anordnet. Auch in den antiken jüdischen Quellen gibt es Unterschiede, z.b. schwankt die Anzahl der Psalmen als Resultat unterschiedlicher Zählungen und Einordnungen zwischen 147 und 170[14]. In der Folge führte dies dazu, das Psalmenbuch als davidisches Äquivalent zur Tora zu verstehen und es als solches parallel zum Pentateuch in fünf Bücher einzuteilen. Dies geschah so, dass man in der Synagoge zusätzlich zum inzwischen unüblichen dreijährigen Zyklus der Lesungen aus der Tora auch das ganze Buch der Psalmen im dreijährigen Takt lesen konnte.

Obwohl die Psalmen als ein eigenständiges Buch der Bibel betrachtet werden, wird dieses Buch in manchen alten Quellen auch als dichterische Parallele zur mosaischen Tora verstanden. Dies zeigt sich zunächst in der biblischen Aufteilung des Psalters: Die Psalmen wurden gezielt und verhältnismäßig spät in fünf kleinere Bücher aufgeteilt, welche die Fünfteilung der Tora widerspiegeln sollen. Diese Einteilung ist dank der Doxologien oder zusammenfassenden Lobpreisungen am Ende eines jeden Buchs zu erkennen[15]. Das erste Buch besteht aus den Psalmen 1 bis 41 und schließt mit den folgenden Worten: «Gelobt sei der Ewige, der Gott Israels, von Ewigkeit zu Ewigkeit! Amen! Amen!»[16]. Das zweite Buch, Psalmen 42 bis 72, wird mit den folgenden Versen abgeschlossen: «Gelobt sei Gott der Ewige, der Gott Israels, der allein Wunder tut! Gelobt sei sein herrlicher Name ewiglich, und alle Lande sollen seiner Ehre voll werden! Amen! Amen!»[17] worauf ein Zusatz folgt: «Zu Ende sind die Gebete Davids, des Sohnes Isais»[18]. Die Lobpreisung Gottes am Ende des dritten Buches, Psalmen 73 bis 89, lautet: «Gelobt sei der Ewige ewiglich! Amen! Amen!»[19]. Das vierte Buch, Psalmen 90 bis 106, schließt mit: «Gelobt sei der Ewige, der Gott Israels, von Ewigkeit zu Ewigkeit, und alles Volk spreche; Amen! Halleluja!»[20]. Das fünfte Buch hat keine kurze Doxologie, vielmehr übernimmt der ganze letzte Psalm die Funktion der Huldigung Gottes für den letzten Teil des Psalters wie auch für diesen im Ganzen:

---

[14] Siehe Sarna, Psalms.

[15] Siehe dazu Ehrlich, *Psalmen*, S. 94; Sarna, *Book of Psalms*, S. 15–16.

[16] Psalm 41,14.

[17] Psalm 72,18–19.

[18] Psalm 72,20.

[19] Psalm 89,53.

[20] Psalm 106, 48.

«Halleluja!
Lobet Gott in seinem Heiligtum,
lobet ihn in der Feste seiner Macht!
Lobet ihn für seine Taten,
lobet ihn in seiner großen Herrlichkeit!
Lobet ihn mit Posaunen,
lobet ihn mit Psalter und Harfen!
Lobet ihn mit hellen Zimbeln,
lobet ihn mit klingenden Zimbeln!
Alles was Odem hat, lobe den Ewigen! Halleluja!»[21].

Diese absichtliche Parallelisierung des Psalters mit der Tora wird durch den ersten Psalm noch bekräftigt: «Wohl dem, der nicht wandelt im Rat der Gottlosen noch tritt auf den Weg der Sünder noch sitzt, wo die Spötter sitzen, sondern hat Lust am Gesetz des Ewigen und sinnt über seinem Gesetz Tag und Nacht»[22]. Das Wort, das Luther hier mit Gesetz übersetzt, ist eigentlich das Wort Tora. Durch die Hervorhebung der Tora am Anfang des Psalters wird die Parallele zur eigentlichen Tora schon in der Bibel selbst festgelegt[23].

Diese Parallelisierung wird in der midraschischen bzw. der traditionellen homiletischen Literatur aufgenommen und erweitert, indem diese David, den vermeintlichen Autor des Psalters, als zweiten Moses darstellt:

«Du findest: Alles, was Moses getan, hat auch David getan. Moses führte die Israeliten aus Ägypten und David führte die Israeliten aus der Knechtschaft der Gefangenschaften (der Fremdherrschaften); Moses führte Krieg mit Sichon und 'Og und David führte Krieg mit allen seinen Nachbarn ringsumher, wie es heißt: ‹Denn die Kriege des Ewigen, Gottes führt er› (I Sam. 25,28). Moses regierte über Israel und Juda, wie es heißt: ‹Und er war in Jeschurun König› (Deut. 33,5), und David regierte über Israel und Juda; Moses spaltete den Israeliten das Meer und David spaltete den Israeliten die Ströme …, wie es heißt: ‹Als er befehdete Aram der Ströme …› (Ps. 60,2); Moses baute einen Altar und David baute einen Altar; jener opferte und dieser opferte; Moses gab den Israeliten die fünf Bücher der Thora und David gab den Israeliten die fünf Bücher der Psalmen …; Moses segnete die Israeliten mit: aschrecha [‹glücklich bist du› Deut. 33,29] und David segnete die Israeliten mit aschre»[24].

Somit wird eine Parallele gezogen zwischen Moses, dem Gesetzgeber, der Israel die Tora gegeben haben soll, und David, dem König

---

[21] Psalm 150.
[22] Psalm 1,1–2.
[23] Siehe dazu Sarna, *Book of Psalms*, S. 26–47.
[24] Zitiert aus Wünsche, *Midrasch Tehillim*, S. 2, mit einigen Modernisierungen in der Umschrift.

und dem «Liebling der Lieder Israels»[25], der Israel die Psalmen gegeben haben soll. Das eben erwähnte Zitat aus dem *Midrasch Tehillim* deutet darauf hin, dass die Tradition, nach der David als Autor das ganzen Buchs der Psalmen gilt, spätestens in den ersten Jahrhunderten nach der Zeitrechnung entstanden ist.

Eigentlich ist das erstaunlich, denn im Psalter selbst wird nirgends die Behauptung aufgestellt, David habe alle Psalmen verfasst. Zwar findet sich bei 73 der 150 Psalmen in der Überschrift das hebräische Wort *le-David* (לדוד), das des Öfteren als Indiz für eine Zuschreibung an David verstanden wird, doch *le-David* kann auf verschiedene Weise übersetzt werden[26], neben «von David» gehören auch «für David» oder «über David» zu den möglichen Übersetzungen. Dass David schon sehr früh als Psalmenautor galt, wird durch das schon zitierte Kolophon zu Psalm 72 («Zu Ende sind die Gebete Davids, des Sohnes Isais»[27]) wie auch durch die Überschrift zu Psalm 18 («Von David, dem Knecht des Ewigen, der zum Ewigen die Worte dieses Liedes redete») bekräftigt. Obwohl diese Zitate darauf deuten, dass David als Autor von einzelnen Psalmen betrachtet wurde, erklärt das noch immer nicht, wie es dazu kam, dass er als Autor der ganzen Sammlung verstanden wurde. Es gibt eine Anzahl Psalmen, die diese *le*-Konstruktion mit anderen Namen verbinden, etwa mit Moses, den Korachiten, Salomon, Heman, Etan, Asaph und vielleicht auch Jeduthun. Schließlich aber entschied sich die Tradition für die Meinung von Rabbi Meir, der behauptete: «Sämtliche Loblieder, die im Buche der Psalmen enthalten sind, dichtete David, denn es heißt: *zuende [kallu] sind die Gebete Davids, des Sohns Jišajs*, und man lese nicht *kallu*, sondern *kol-elu [all diese]*»[28]. Rabbi Meir stützte damit seine These auf eine Umdeutung eines zentralen Wortes im Kolophon zu Psalm 72. Diese Art der Umschreibung und Umdeutung von biblischen Texten ist typisch für die Rabbinen, die versucht haben, verschleierte oder versteckte Lehren aus dem Text zu ziehen[29].

Rabbi Meirs These der Urheberschaft Davids wurde von anderen Rabbinen übernommen, die bezüglich Davids kreativen Beitrags z.T. noch weitere Schlüsse zogen: «Die Rabbanan [d.h. Rabbinen] lehrten: Sämtliche Lieder und Lobgesänge im Buche der Psalmen dichtete David, wie R. Eliëzer sagt, über sich selbst, und wie R. Jehošuá sagt, über die Gemeinschaft; die Weisen sagen, manche von ihnen über die

---

[25]  2. Samuel 23,1.
[26]  Siehe u.a. die Diskussion in Duhm, *Psalmen*, S. xv–xvii.
[27]  Psalm 72,20.
[28]  TB Pesachim 117a. Alle Talmud-Zitate nach Goldschmidt, *Babylonische Talmud*.
[29]  Zur rabbinischen Gewohnheit, die Psalmen auf Persönlichkeiten und Ereignissen der jüdischen Geschichte zu beziehen, siehe Bodendorfer, Historisierung.

Gemeinschaft und manche von ihnen über sich selbst: die in der Einzahl abgefaßt sind, über sich selbst, die in der Mehrzahl abgefasst sind, über die Gemeinschaft»[30]. Diese Diskussion befasst sich mit der Frage des Bezugs der einzelnen Psalmen. Die namentlich erwähnten Rabbinen haben dabei zwei entgegensetzte Positionen eingenommen. Der eine vertrat, dass die Psalmen sich allein auf David, der andere, dass sie sich auf die ganze Gemeinschaft beziehen. Wie so oft in der rabbinischen Literatur versuchten die anderen Rabbinen, eine Kompromisslösung zu finden: Sie kamen zum Schluss, dass diejenigen Psalmen, die im Singular verfasst sind, sich auf David bzw. auf das Individuum beziehen, und diejenigen, die im Plural geschrieben sind, auf die Allgemeinheit, was dann natürlich auch für das Verständnis und die Benutzung der Psalmen im jüdischen Leben und in der Liturgie bestimmend sein sollte.

Oben schon wurde erwähnt, dass die Psalmen nur zum Teil in die Liturgie des jüdischen Gebetbuchs aufgenommen wurden, obwohl sie für die persönliche Erbauung und Benutzung im Siddur oft komplett mitabgedruckt werden. Das jüdische Gebetbuch ist ein Werk, dessen Entwicklung sich über fast zwei Jahrtausende erstreckte[31]. Der Ursprung der in ihm vorgeschriebenen Liturgie ist im Versuch zu finden, das Ritual des Tempels zu Jerusalem nach seiner Zerstörung – oder vielleicht auch schon vorher – in der Gemeinschafts- bzw. Synagogensphäre umzusetzen. Deshalb ist der jüdische Tag in drei öffentliche Gebetszeiten aufgeteilt, die den drei Opfergaben des täglichen Rituals des Tempels entsprechen. So gibt es ein Morgengebet, *Schacharit* (שחרית) genannt, ein Nachmittagsgebet, nämlich *Mincha* (מנחה), und ein Abendgebet, *Ma'ariw* (מעריב). Von den drei Gottesdiensten ist das Morgengebet der längste nur weil in ihm dreimal pro Woche aus der Tora gelesen wird. Da das Mincha-Gebet ziemlich kurz ist, wird es oftmals mit dem etwas längeren Abendgebet kombiniert. Es ist ein Charakteristikum des Siddurs, dass im Laufe der Zeit immer mehr Material, wie Gebete, Segenssprüche, *Pijjutim* (פיוטים) bzw. religiöse Dichtungen usw., hinzugefügt wurden, nie aber Texte gestrichen wurden. Dies führte dazu, dass z.B. ein kompletter Samstagsgottesdienst ungefähr vier Stunden – wenn nicht mehr – dauern kann. Im modernen Judentum gibt es zwei entgegensetzte Lösungen, den Gottesdienst zeitlich in Grenzen zu halten: Im traditionellen Judentum werden die Gebete so schnell wie möglich rezitiert, um alles in absehbarer Zeit zu schaffen. In diesem Fall wird also das *kewa* (קבע) bzw. das Vorgeschriebene des Gottesdienstes erfüllt, auf Kosten allerdings – wie manche sagen würden – der *kawwana* (כונה) bzw. der Hingabe. Das liberale Judentum hingegen

---

[30] TB Pesachim 117a.
[31] Zur jüdischen Liturgie siehe Elbogen, *Gottesdienst*.

kürzt den Gottesdienst, um somit die *kawwana* zu Ungunsten der *kewa* zu betonen. Die Spannung zwischen diesen zwei Lösungen erklärt zum Teil die Unterschiede, die man im jüdischen Gottesdienst der verschiedenen Gemeinden beobachten kann; zum Teil beruhen diese allerdings auch auf regionalen Eigenarten des Gebets sowie auf den unterschiedlichen Traditionen der aschkenasischen und sephardischen Juden. Trotz aller Unterschiede aber, die es in den einzelnen Liturgien und in deren Ausführung gibt, bleibt die Struktur des jüdischen Gebets in den einzelnen Gemeinden überall die gleiche.

Alle drei Gottesdienste des jüdischen Tages haben mehr oder weniger die gleiche Struktur. Unter ihnen beinhaltet das Morgengebet oder die *Schacharit* die meisten Elemente und ist somit am besten als Einstieg in die jüdische Liturgie geeignet. Den Kern der Liturgie bilden drei größere Einheiten: Das *sch<sup>e</sup>ma*-Gebet (שמע) und seine Segenssprüche, das *'amida*-Gebet (עמידה), das auch als Achtzehn-Gebet oder *ha-t<sup>e</sup>filla* (התפילה), «das Gebet» schlechthin, bezeichnet wird, und die Tora-Lesung. Das Schema-Gebet, bezeichnet nach dem ersten Wort von Deuteronomium 6,4 («Höre Israel, der Ewige ist unser Gott, der Ewige allein»), bildet eine Art jüdisches Credo und wird mit einem Aufruf zum Gebet eingeleitet. Die Amida, deren Name darauf deutet, dass dieses Gebet stehend gebetet wird, besteht im Großen und Ganzen aus Fürbitten, obwohl die fürbittenden Stellen am Sabbat weggelassen werden. Der Schlussteil der Amida gehört dem persönlichen stillen Gebet. Sowohl das Schema als auch die Amida werden täglich gebetet. Aus der Tora hingegen wird nur dreimal pro Woche vorgelesen, am Montag und am Donnerstag, den beiden traditionellen Markttagen, an denen sich das Volk versammelte, und am Sabbat. In rabbinischer Zeit gab es zwei verschiedene Traditionen, in wie viele Abschnitte die Tora aufzuteilen ist, doch im Laufe der Zeit setzte sich der Brauch durch, die Tora in *einem* statt in drei Jahren zu lesen. Es gibt jedoch einige moderne Gemeinden, die den dreijährigen Zyklus wieder eingeführt haben, um den Gottesdiensts zu verkürzen.

Um diesen gottesdienstlichen Kern des Schema, der Amida und der Toralesung bildeten sich mit der Zeit zusätzliche Teile des Gottesdienstes: Das persönliche, stillschweigende Gebet nach der Amida wurde schon erwähnt. Nach der Toralesung wurden noch einige Schlussgebete hinzugefügt, zu denen das *'alenu*-Gebet (עלינו) und das *qaddisch*-Gebet (קדיש) gehören. Am Sabbat wurde ein zusätzlicher Gottesdienst zur Erinnerung an das zusätzliche Sabbatopfer im Tempel hinzugefügt, das sogenannte *musaf*-Gebet (מוסף), das zumindest im Reformjudentum üblicherweise weggelassen wird. Aber auch vor dem eigentlichen Gottesdienst wurden zwei größere Teile eingefügt: Zunächst die Morgensegen, die *birchot ha-schachar* (ברכות השחר), eine Sammlung von

Segenssprüchen, die ursprünglich nach dem Aufstehen zu Hause gesagt wurden, sich im Laufe der Jahrhunderte aber als Teil der vorgeschriebenen Liturgie in der Synagoge etablierten. Zwischen den Birchot ha-Schachar und dem Schema finden wir die *pᵉsuqe de-simra* (פסוקי דזמרא), die «Verse des Gesangs». In der Mischna, die um 200 n.d.Z. kodifiziert wurde, wird erzählt: «Die früheren Frommen pflegten eine Stunde zu verweilen und dann zu beten, um zuvor ihr Herz auf ihren Vater im Himmel zu richten»[32]. Obwohl Lawrence Hoffman, einer der bedeutendsten zeitgenössischen Forscher der jüdischen Liturgie, vertritt, dass diese Mischna-Stelle als Zeugnis für ein rabbinisches Meditieren vor dem eigentlichen Gottesdienst zu verstehen ist, vermutet er, dass wir im Brauch, sich vor dem Gottesdienst in die richtige Stimmung zum Beten zu bringen, die Ursprünge der Pesuqe de-Simra identifizieren können.[33] Danach können wir uns und konnten die alten Rabbinen sich nicht einfach mit der richtigen *kawwana* bzw. Hingabe in das Gebet stürzen, weshalb es üblich wurde, vorher eine Anzahl Pesuqe de-Simra, «Verse des Gesangs», zu singen, um in die richtige Bet-Stimmung zu kommen. Mit der Zeit wurden aus diesen Versen eine Anzahl von vorgeschriebenen Gedichten und Psalmen, so dass die Pesuqe de-Simra heute aus einleitenden und abschließenden Segenssprüchen bestehen, die zwei Sammlungen verschiedener Bibelzitate und einige Psalmen einrahmen, die ihrerseits den Kern der Pesuqe de-Simra einrahmen, nämlich das Rezitieren des *hallel* (הלל).

Gewisse Psalmen, die als Teil der Pesuqe de-Simra gesungen werden, werden als Hallel bezeichnet[34]. *Hallel* bedeutet Lobpreisen und ist sowohl mit dem Wort Halleluja (הללויה; «lobet den Ewigen») wie auch mit dem hebräischen Namen des Psalmenbuchs, *tᵉhillim* (תהילים), verwandt. Die Wahl der Psalmen, die als Hallel in der Pesuqe de-Simra vorkommen, hängt davon ab, was für ein Tag es ist: Am Sabbat wird das sogenannte Große Hallel gesungen: Dieses besteht eigentlich nur aus Psalm 136[35], einem antiphonalen Lied, bei dem der Vorbeter die erste Vershälfte liest und die Gemeinde die zweite. In seiner Erwähnung des Auszugs aus Ägypten und den damit verbundenen Wundertaten Gottes erfüllt dieser Psalm die Aufgabe, den Sabbat als «Erinnerung an die Schöpfung» wie auch «an den Auszug aus Ägypten» zu feiern. Vom Thema her passt dieser Psalm auch in die Liturgie des Sederabends, dem

---

[32] Mischna Berachot 5,1.
[33] Hoffman, Introduction, S. 5.
[34] Zum allgemeinen Thema der Lobpreisungen Gottes in den Psalmen siehe Westermann, *Loben Gottes.*
[35] Obwohl manchmal auch Psalm 135 dazugerechnet wird, siehe Chacham, *Sepher Tehillim*, S. 504ff.

Abend des Pessachfests, an dem jedes Jahr die Geschichte des Auszugs aus Ägypten erzählt wird. Das Große Hallel lautet in gekürzter Fassung:

«Danket dem Ewigen; denn er ist freundlich, denn seine Güte währet ewiglich.
Danket dem Gott aller Götter, denn seine Güte währet ewiglich.
Danket dem Herren aller Herren, denn seine Güte währet ewiglich.
Der allein große Wunder tut, denn seine Güte währet ewiglich.
Der die Himmel mit Weisheit gemacht hat, denn seine Güte währet ewiglich.
Der die Erde über den Wassern ausgebreitet hat, denn seine Güte währet ewiglich.
Der große Lichter gemacht hat, denn seine Güte währet ewiglich:
Die Sonne, den Tag zu regieren, denn seine Güte währet ewiglich;
Den Mond und die Sterne, die Nacht zu regieren, denn seine Güte währet ewiglich.
Der die Erstgeborenen schlug in Ägypten, denn seine Güte währet ewiglich;
Und führte Israel von dort heraus, denn seine Güte währet ewiglich;
Mit starker Hand und ausgestrecktem Arm, denn seine Güte währet ewiglich.
Der das Schilfmeer teilte in zwei Teile, denn seine Güte währet ewiglich;
Und ließ Israel mitten hindurchgehen, denn seine Güte währet ewiglich;
Der den Pharao und sein Heer ins Schilfmeer stieß, denn seine Güte währet ewiglich.
Der sein Volk führte durch die Wüste, denn seine Güte währet ewiglich.
Danket dem Gott des Himmels, denn seine Güte währet ewiglich»[36].

Eine zweite Fassung des Hallels ist das sogenannte Ägyptische Hallel. Dieses Hallel, das eigentlich nach der Festtags-Amida und wieder als Teil der Pessach-Haggada vorgesungen wird, besteht aus den Psalmen 113 bis 118. Auch hier ist Danksagung an und Huldigung von Gott das Hauptanliegen. Psalm 113 fängt an: «Halleluja! Lobet ihr Knechte des Ewigen, lobet den Namen des Ewigen! Gelobt sei der Name des Ewigen von nun an bis in Ewigkeit. Vom Aufgang der Sonne bis zu ihrem Niedergang sei gelobt der Name des Ewigen»[37]. Es ist jedoch der 114. Psalm, der dem Ägyptischen Hallel seinen Namen gab:

«Als Israel aus Ägypten zog, das Haus Jakob aus dem fremden Volk,
da wurde Juda sein Heiligtum, Israel sein Königreich.
Das Meer sah es und floh, der Jordan wandte sich zurück.
Die Berge hüpften wie die Lämmer, die Hügel wie die jungen Schafe.
Was war mit dir, du Meer, dass du flohest,
und mit dir, Jordan, dass du dich zurückwandtest?
Ihr Berge, dass ihr hüpftet wie die Lämmer, ihr Hügel wie die jungen Schafe?
Vor dem Herrn erbebe, du Erde, vor dem Gott Jakobs,
der den Felsen wandelte in einen See und die Steine in Wasserquellen».

---

[36] Psalm 136,1–16. 26.
[37] Psalm 113,1–3.

Das Ägyptische Hallel endet ähnlich, wie das Große Hallel anfängt: «Danket dem Ewigen; denn er ist freundlich, und seine Güte währet ewiglich»[38].

Es gibt noch ein drittes Hallel, nämlich das tägliche Hallel, das den wichtigsten Teil des Wochentags-Hallel ausmacht. Dieses Hallel besteht aus den sechs letzten Psalmen des Psalters, nämlich den Psalmen 145 bis 150. Der Grund für diese Wahl ist nicht ganz klar, sie hängt aber sicherlich mit dem Wunsch zusammen, zumindest symbolisch jeden Tag das Buch der Psalmen zu Ende zu lesen[39]. Damit ist zwar die Frage beantwortet, warum das Wochentags-Hallel mit Psalm 150 aufhört, nicht aber warum dieses Hallel mit Psalm 145 beginnt. Die Antwort auf diese letzte Frage ist vermutlich in der Wichtigkeit dieses Psalms im rabbinischen Judentum bzw. im Judentum überhaupt zu finden. Im Talmud heißt es: «R. Eleàzar sagte im Namen R. Abinas: Wer dreimal täglich [den Psalm] *Loblied Davids* liest, sei dessen sicher, dass er ein Kind der zukünftigen Welt ist»[40]. Dieser Psalm, der als einziger als Loblied, eine *t*ᵉ*hilla* (תהילה), identifiziert wird, wird in der rabbinischen Tradition als so bedeutend angesehen, dass sein regelmäßige Vorlesen als ausreichend gilt, den Betenden das Leben in der zukünftigen Welt, der *'olam ha-ba* (עולם הבא), zu sichern. Man könnte somit behaupten, dass dieser Psalm eigentlich der wichtigste in der jüdischen Liturgie ist. Psalm 145 wird dreimal am Tag gelesen, das erste Mal am Anfang der täglichen Pesuqe de-Simra, einmal als Teil des Morgengebets und ein letztes Mal als Einleitung zum Nachmittagsgebet. Wie das Große Hallel Psalm 136 wird Psalm 145 antiphonisch gelesen, als Wechselgespräch zwischen Vorbeter und Gemeinde. Bei der Vorlesung dieses Psalms in der Synagoge werden dem Psalm zwei zusätzliche Verse aus den Psalmen 84 und 144 am Anfang und einer aus Psalm 115 am Schluss hinzugefügt. Ich vermute, dass die meisten Juden meinen, dieser Psalm finde sich in dieser erweiterten Form in der Bibel. Mit Zusätzen lautet dieser akrostische Psalm folgendermaßen:

«Wohl denen, die in deinem Hause wohnen; die loben dich immerdar. SELA[41]
Wohl dem Volk, dem es so ergeht! Wohl dem Volk, dessen Gott der Ewige ist[42]!
Ein Loblied Davids.
Ich will dich erheben, mein Gott, du König,

---

[38] Psalm 118,29.

[39] Rabbi Jose sagte, dass er zu denjenigen gehören möchte, die *Hallel* jeden Tag zu Ende lesen (TB Schabbat 118b).

[40] TB Berachot 4b.

[41] Psalm 84,5.

[42] Psalm 144,15.

und deinen Namen loben immer und ewiglich.
Ich will dich täglich loben, und deinen Namen rühmen immer und ewiglich.
Der Ewige ist groß und sehr zu loben, und seine Größe ist unausforschlich.
Kindeskinder werden deine Werke preisen und deine gewaltigen Taten
    verkündigen.
Sie sollen reden von deiner hohen, herrlichen Pracht, und deinen Wundern
    nachsinnen;
Sie sollen reden von deinen mächtigen Taten und erzählen von deiner
    Herrlichkeit;
Sie sollen preisen deine große Güte und deine Gerechtigkeit rühmen.
Gnädig und barmherzig ist der Ewige, geduldig und von großer Güte,
Der Ewige ist allen gütig und erbarmt sich aller seiner Werke.
Es sollen dir danken, Ewiger, alle deine Werke und deine Heiligen dich loben
Und die Ehre deines Königtums rühmen und von deiner Macht reden,
dass den Menschen deine gewaltigen Taten kundwerden und die herrliche
    Pracht deines Königtums.
Dein Reich ist ein ewiges Reich, und deine Herrschaft währet für und für.
Der Ewige ist getreu in all seinen Worten und gnädig in allen seinen Werken.
Der Ewige hält alle, die da fallen, und richtet alle auf, die niedergeschlagen sind.
Aller Augen warten auf dich, und du gibst ihnen ihre Speise zur rechten Zeit.
Du tust deine Hand auf und sättigst alles, was lebt, nach deinem Wohlgefallen.
Der Ewige ist gerecht in allen seinen Wegen und gnädig in allen seinen Werken.
Der Ewige ist nahe allen, die ihn anrufen, allen die ihn ernstlich anrufen.
Er tut, was die Gottesfürchtigen begehren, und hört ihr Schreien und hilft ihnen.
Der Ewige behütet alle, die ihn lieben, und wird vertilgen alle Gottlosen.
Mein Mund soll des Ewigen Lob verkündigen,
und alles Fleisch lobe seinen heiligen Namen immer und ewiglich[43].
Wir loben den Ewigen von nun an bis in Ewigkeit. Halleluja[44]!

Diese Tendenz, die Psalmen sozusagen fortzuschreiben, findet man auch in einem zusätzlichen Gebet in den Pesuqe de-Simra, das nur aus vereinzelten Psalmenversen besteht, die alle auf die rettenden und barmherzigen Eigenschaften Gottes Bezug nehmen:

Erhebet den Ewigen, unsern Gott, betet an vor dem Schemel seiner Füße;
    denn er ist heilig[45].
Erhebet den Ewigen, unsern Gott, und betet an auf seinem heiligen Berge;
    denn der Ewige, unser Gott, ist heilig[46].
Hilf, Ewiger, du König! Er wird uns erhören, wenn wir rufen[47].
Hilf deinem Volk und segne deine Erbe, und weide und trage sie ewiglich[48]!
Unsre Seele harrt auf den Ewigen; er ist uns Hilfe und Schild.

---

[43] Psalm 145.
[44] Psalm 115,18.
[45] Psalm 99,5.
[46] Psalm 99,9.
[47] Psalm 20,10.
[48] Psalm 28,9.

Denn unser Herz freut sich seiner, und wir trauen auf seinen heiligen Namen.
Deine Güte, Ewiger, sei über uns, wie wir auf dich hoffen[49].
Ewiger, erweise uns deine Gnade und gib uns dein Heil[50]!
Mache dich auf, hilf uns und erlöse uns um deiner Güte willen[51]!
Ich bin der Ewige, dein Gott, der dich aus Ägyptenland geführt hat:
Tu deinen Mund weit auf, lass mich ihn füllen[52]!
Wohl dem Volk, dem es so ergeht! Wohl dem Volk, dessen Gott der Ewige
ist[53]!
Ich aber traue darauf, dass du so gnädig bist; mein Herz freut sich,
dass du so gerne hilfst.
Ich will dem Ewigen singen, dass er so wohl an mir tut[54].

Aus dieser Sammlung einzelner Psalmenverse wird ein neues und
tief ergreifendes Gebet. Psalmenzitate kommen auch in anderen liturgischen Kontexten vor. Selbst die Amida, das Achtzehn-Gebet, wird mit
Psalmenversen umrahmt. Die Amida wird mit Psalm 51,17 («Ewiger, tu
meine Lippen auf, dass mein Mund deinen Ruhm verkündige») eingeleitet[55] und schließt mit Psalm 19,15 («Lass dir wohlgefallen die Rede
meines Mundes und das Gespräch meines Herzen vor dir, Ewiger, mein
Fels und mein Erlöser»).

Die Neugestaltung einzelner Verse aus den Psalmen soll weiter
unten besprochen werden. Zunächst soll es hier noch einmal kurz um
dem Gebrauch ganzer Psalmen in der Liturgie gehen: Da ungefähr die
Hälfte der Psalmen in der vorgeschriebenen Liturgie in ihrer Gesamtheit
vorkommt, würde es den Rahmen dieses Aufsatzes sprengen, jeden einzelnen zu erwähnen, geschweige denn zu besprechen. Nichtsdestoweniger möchte ich auf diejenigen eingehen, die in der Liturgie eine besondere Rolle spielen.

Die Pesuqe de-Simra wird am Freitagabend durch den *Kabbalat-
Schabbat* (קבלת שבת), «Empfang des Sabbats»-Gottesdienst ersetzt. Dieser Gottesdienst, der natürlich vom Schema und der Amida gefolgt wird,
ist in seinem Ursprung den spätmittelalterlichen Mystikern der Stadt
Zefat in Galiläa zuzuschreiben. Zuerst werden in ihm sechs Psalmen
vorgelesen, die vermutlich die sechs Tage der Arbeitswoche repräsentieren. Es handelt sich um die Psalmen 95 bis 99 und Psalm 29 («Ein
Psalm Davids. Bringet dar dem Ewigen, ihr Himmlischen, bringet dar
dem Ewigen Ehre und Stärke»), bei dessen Lesung man üblicherweise

---

[49] Psalm 33,20–22.
[50] Psalm 85,8.
[51] Psalm 44,27.
[52] Psalm 81,11.
[53] Psalm 144,15.
[54] Psalm 13,6.
[55] Siehe Glazov, Invocation.

steht. Diese Psalmen betonen alle das Königtum Gottes. Nach dem bekanntesten Sabbat-Lied, dem *Lecha Dodi* (לכה דודי; «Komm meine Geliebte»), folgen Psalmen 92 und 93, die von den Mystikern messianisch ausgelegt wurden. Psalm 92 eignet sich besonders für den Sabbat, da er als einziger mit den Worten «Ein Psalmlied für den Sabbattag» anfängt.

Außerhalb des täglichen Gebets, ob für Festtag oder Sabbat, finden wir in der Liturgie andere Psalmen, von denen die Hallel-Psalmen schon erwähnt wurden. So wird etwa das Tischgebet nach dem Essen mit einem Psalm eingeleitet. Während der Woche ist es traditionellerweise Psalm 137: «An den Wassern zu Babel saßen wir und weinten, wenn wir an Zion gedachten». Dieser Psalm wird als Erinnerung an die Zerstörung des Tempels und an das Exil vorgelesen. Da man an Feiertagen, bei Hochzeiten und anderen glücklichen Ereignissen nicht trauern soll, wird der traurige Psalm 137 an solchen Tagen durch den fröhlichen Psalm 126 ersetzt:

«Ein Wallfahrtslied [oder: Stufengesang].
Wenn der Ewige die Gefangenen Zions erlösen wird, so werden wir sein wie die Träumenden.
Dann wird unser Mund voll Lachens und unsre Zunge voll Rühmens sein.
Dann wird man sagen unter den [Völkern]: Der Ewige hat Großes an ihnen getan!
Der Ewige hat Großes an uns getan; des sind wir fröhlich.
Ewiger, bringe zurück unsre Gefangenen, wie du Bäche wiederbringst im Südland.
Die mit Tränen säen, werden mit Freuden ernten.
Sie gehen hin und weinen und streuen ihren Samen und kommen mit Freuden und bringen ihre Garben.»

Ein weiterer Gebrauch von Psalmen findet sich in der Tradition, dass nach dem Tod eines Menschen einige Personen bis zum Begräbnis bei der Leiche bleiben und so lange als möglich Psalmen lesen. In diesem Kontext der Trauer findet man den in der christlichen Welt vermutlich bekanntesten Psalm: «Der Ewige ist mein Hirte» (Psalm 23)[56]. Bei einem Begräbnis ist es gebräuchlich, Zitate aus dem längsten Psalm, dem großen akrostischen Psalm 119, der für jeden der 22 Buchstaben des hebräischen Alphabets acht Verse hat, zusammenzustellen, um damit den Namen des Verstorbenen und seines Vaters sowie das Wort *n<sup>e</sup>schama* (נשמה; «Seele») zu buchstabieren. Auch bei der Geburt bzw. der Namengebung bei der Beschneidung (für Jungen) oder in der Sy-

---

[56] Obwohl dieser Psalm oft als auf David bezogen betrachtet wird, vertrat Cooper, dass der Bezug auf Jakob wahrscheinlicher ist. Siehe Cooper, Structure, Midrash and Meaning. Siehe auch Silver, Twenty-Third Psalm.

nagoge (für Mädchen) ist es üblich, den Namen des Kindes mit Zitaten aus dem 119. Psalm zu buchstabieren. Welche Verse dazu benutzt werden, ist den Eltern überlassen, doch ist zu hoffen, dass die Auswahl der Verse bei der Geburt etwas fröhlicher ist als beim Begräbnis.

Zum Schluss sei noch darauf hingewiesen, dass es die Psalmen sind, die in der jüdischen Literatur am häufigsten als Beweistexte dienen. Soweit ich das behaupten darf, teilen das Judentum und das Christentum die Gewohnheit, Bibelzitate aus ihrem Kontext zu nehmen, um ihnen als Beweistexte für vorgebildete theologische Vorstellungen neue Bedeutungen zu leihen, die mit dem ursprünglichen Kontext des einzelnen Verses oft nur noch wenig zu tun haben. Als Beispiel sei die folgende Stelle erwähnt: In der Midrasch Sammlung zum Buch Deuteronomium, in Midrasch Dewarim Rabba (מדרש דברים רבא), wird erzählt, dass der böse Engel Samael bzw. Sammiel (der auch in Webers Freischütz auftaucht!) mit Freude darauf gewartet habe, dass er endlich Moses töten konnte. Und woher wussten das die Rabbinen? Aus den Psalmen! Denn in Psalm 37,32 steht es doch geschrieben: «Der Gottlose lauert dem Gerechten auf und gedenkt, ihn zu töten»!

# Der messianische Gedanke im Judentum

*Geschichte einer enttäuschten Hoffnung*

Wenn man sich überlegt, wie wichtig der messianische Gedanke für das spätere Judentum und für die abendländische Welt insgesamt geworden ist, mutet es seltsam an, wie bescheiden seine Anfänge waren. Die messianische Idee ist anders als die griechische Göttin Athena, die aus dem Kopf ihres Vaters Zeus entsprungen ist, nicht als vollständig entwickelte Idee in die Welt gekommen, sondern hat sich langsam – als Reaktion auf die geschichtliche Lage der Juden – entwickelt. Diese Entwicklung, deren Anfänge in der biblischen Welt zu suchen sind, kann man über einen Zeitraum von zweieinhalb Jahrtausenden bis in unsere Tage hinein verfolgen. Da das Judentum eine lebendige Tradition ist, haben sich die verschiedenen messianischen Gedanken im Laufe der Zeit häufig verändert. Um diesen Prozess soll es in diesem Kapitel gehen, wobei die Entwicklung des jüdischen messianischen Gedankens in seiner Mannigfaltigkeit bis in unsere Zeit hinein untersucht werden soll[1].

Das Wort «Messias» ist – wie allgemein bekannt sein dürfte – vom hebräischen Wort *maschiach* (משיח) abzuleiten. *Maschiach* bedeutet der «Gesalbte». Die Salbung bezieht sich auf das Gießen von Öl über das Haupt von einem, der in biblischer Sicht von Gott für einen bestimmten Zweck auserwählt worden ist. Unter den «Gesalbten» finden wir in der Hebräischen Bibel Könige, Priester und Propheten, die auf verschiedene Weise die Aufgabe hatten, dem israelitischen Volk zu dienen und es zu führen, zu retten und zu mahnen, zu lehren und zu weisen.

Es mag erstaunen, dass in dieser Aufzählung das Wort «erlösen» nicht vorgekommen ist. Dies ist kein Zufall: In der Forschung auf dem Gebiet des messianischen Gedankens im Judentum ist bis vor Kurzem

---

[1] Für allgemeine Überblicke über die Entstehung und Geschichte des messianischen Gedankens im Judentum siehe u.a. Scholem, *Zum Verständnis*; Schubert, *Religion*, S. 74–108. Etwas veraltet aber trotzdem interessant ist Klausner, *Messianic Idea*; siehe auch Klausners frühere Studie *Die Messianischen Vorstellungen*; sowie Buber, *Das Kommende*. Eine persönliche Auseinandersetzung mit jüdischen Erlösungstexten bietet Goodman-Tau, *Zeitbruch*. Eine grundlegende Sammlung von Aufsätzen zum Thema findet man in Saperstein, *Essential Papers on Messianic Movements*.

zu oft die Christologie zum Ausgangspunkt gemacht worden. Diese Tendenz ist verständlich: Das griechische Wort *christos* (χριστος), das eine Übersetzung des hebräischen *maschiach* ist, wurde zum Titel und Namen des Jesus von Nazareth, den Christen als den Messias betrachten[2]. In der christlichen Theologie wird das Alte Testament als Vorbote der Botschaft des Neuen Testaments verstanden, weshalb Textstellen aus der Hebräischen Bibel oft aus ihrem ursprünglichen Rahmen und Kontext genommen und neu gedeutet werden, um ihnen so eine für die Kirche neue und tiefere Relevanz zu geben.

Dieses Vorgehen hat viel zum heutigen Verständnis der Hintergründe bzw. Quellen der späteren Messiasvorstellungen im Christentum und Judentum beigetragen. Vor allem führte es dazu, dass zwei der Hauptideen der späteren Messiasvorstellungen isoliert wurden: die apokalyptische und die königliche. Die apokalyptische Idee beinhaltet die (in der Eschatologie verwurzelte[3]) Vorstellung einer Erlösung des Volkes bzw. der Welt nach einem Endkampf zwischen den Heeren des Guten und den Scharen des Bösen. Die königliche Idee beinhaltet die Vorstellung einer Wiederherstellung des davidischen Königreichs in Jerusalem und des gleichzeitigen Aufbaus Israels im politischen, religiösen und moralischen Sinn.

Keiner würde daran zweifeln, dass diese zwei Themen in der Hebräischen Bibel zu finden sind und in der späteren Entwicklung der messianischen Gedanken im Christentum und Judentum oft zusammen auftreten. Die neuere Forschung hat allerdings zu Recht darauf hingewiesen[4], dass diese beiden Vorstellungen in der Hebräischen Bibel *nicht* miteinander verbunden sind. Spätere Messiasvorstellungen finden ihr Vorbild in verschiedenen biblischen Textstellen, die man losgelöst von ihrem ursprünglichen Kontext neu miteinander kombiniert, um so ein erst später entwickeltes Verständnis herauslesen zu können[5]. Ob all dieser späteren Vorstellungen darf allerdings nicht vergessen werden, dass ein Messias als Erlöser der Endzeit in der Hebräischen Bibel nicht zu finden ist[6]. Die amerikanische Thrillerautorin Anne Rice brachte dies in ihrem Roman *Engel der Verdammten* gut zum Ausdruck: «‹Er ist der Messias›, sagte Enoch an mich gewandt … Na ja, mit dem Wort Messias meinte er ‹der Gesalbte›. Mehr heißt es eigentlich nicht, auch wenn

---

[2]  Siehe Karrer, *Gesalbte*; ders., *Jesus Christus*, bes. S. 132–158; Blomberg, Messiah.

[3]  Zum Phänomen der Eschatologie siehe Taubes, *Abendländische Eschatologie*.

[4]  Siehe z.B. Horsley, Popular Messianic Movements.

[5]  Für eine Aufzählung der «messianischen» Texte der Hebräischen Bibel siehe Oegema, *Der Gesalbte*, S. 32–36.

[6]  Siehe Koenen, Altes Testament, S. 31–36; Sæbø, Zum Verhältnis.

die Christen dem Wort später eine übermäßige Bedeutung beilegten. Aber immerhin, es war schon ein bedeutsames Wort»[7].

Unbestritten enthält die Bibel gewisse Aussagen über einen Messias, in ihrem Kontext aber sind diese Aussagen streng von unseren heutigen Messiasvorstellungen zu trennen. Zwar finden wir in ihnen Bilder, die man auch in späteren Vorstellungen wieder findet, doch entsprechen diese späteren Bilder dann kaum mehr der Verwendung der biblischen Autoren.

Grundlegend für das Verständnis der Benutzung des Wortes *maschiach* in der Bibel ist die Erkenntnis, dass es nie auf einen außer- bzw. endgeschichtlichen Erlöser Bezug nimmt. Im Gegenteil – Könige wie Saul, David, und Salomon, Priester wie Aaron und Zadok und Propheten wie Elisa werden als Zeichen ihrer Amtsernennung gesalbt. Eine solche muss sich nicht nur auf Israeliten beziehen, jeder, der Gottes geschichtlichen Plan ausübt bzw. Gottes Wirken in der Welt verwirklicht, kann als «Gesalbter» betrachtet werden. So wird etwa Elija befohlen, Hasael zum König Syriens zu salben[8], und kann Gott in Deuterojesaja den Meder Kyros, der die Erlösung des jüdischen Volkes aus der babylonischen Knechtschaft bezeugen wird, «seinen *maschiach*» nennen[9].

Mit der Erlösung des Volkes aus dem Exil ist auch die Hoffnung auf die Wiederherstellung des davidischen Königreichs verbunden. Unter den exilischen und nachexilischen Propheten Jeremia, Ezechiel, Deuterojesaja[10], Haggai und Sacharja findet man die Hoffnung auf eine bessere Zukunft, in der ein gesalbter davidischer König das Land regieren wird. Dieser König wird nicht allein regieren, sondern in Zusammenhang mit einem gesalbten Propheten[11]. Der König ist weder derjenige, der die Erlösung einleitet – dies ist einzig und allein Gott –, noch ist er derjenige, der sie erzwingt. Erst im Nachhinein wird er als Hirte über Gottes Volk gesetzt. Obwohl gesalbt, ist er noch lange nicht das, was wir unter einem «Messias» verstehen[12].

Auch in der frühen nachbiblischen jüdischen Literatur, derjenigen von der Makkabäerzeit bis zur Zerstörung des zweiten Tempels d.h. rund 200 v.d.Z. bis 100 n.d.Z., fällt es schwer, eine reife messianische

[7] Rice, Engel der Verdammten, S. 94.
[8] 1. Könige 19,15–18.
[9] Jesaja 45,1.
[10] Bzw. Jesaja 40–54.
[11] Siehe Haggai 1–2; Sacharja 3–4; 6,9–15.
[12] Zu den biblischen Zukunftserwartungen siehe Talmon, Partikularität und Universalismus.

Theologie zu finden[13]. Zwar existiert die Hoffnung auf eine bessere Zeit, in der Gott sein Volk in seinem Land wieder zusammenbringen wird; mit wenigen Ausnahmen aber liegt der Schwerpunkt auch hier wieder auf Gottes Tun. Nachdem Gott sein Volk gerettet hat, wird das Volk unter der Herrschaft eines auserwählten Königs und/oder Priesters in Frieden leben. Ab und zu wird dieser idealer Herrscher bzw. Priester *maschiach* genannt, damit ist aber seine von Gott bestimmte Wahl im Blick und nicht sein Lebenslauf oder seine Funktion. Daneben gab es auch verschiedene jüdische eschatologische Erwartungen, die in den meisten Fällen aber von der Figur eines Messias zu trennen sind.

In den ersten zwei Makkabäerbüchern wird u.a. über die Rettung des Landes von der unterdrückenden Herrschaft des Antiochus IV. Epiphanes und von der Einweihung – in Hebräisch *chanukka* (חנוכה) – des Tempels nach seiner Schändung in der Mitte des 2. Jh. v.d.Z. berichtet[14]. In diesen Büchern wird verdeutlicht, dass die Taten eines Judas Makkabäus (Jehuda ha-Makabbi) zwar wichtig waren, die Rettung aber von Gott gekommen ist. Die makkabäischen Herrscher, die sogenannten Hasmonäer, die ihre Herkunft nicht von David ableiten konnten, haben sich am Anfang auch nicht König (מלך; *melech*), sondern Prinz (נשיא; *nassi*) genannt. Ihre Übernahme der hohenpriesterlichen Aufgaben unter Judas' jüngerem Bruder Simon wurde in vielen traditionelleren Kreisen nie akzeptiert. Die Hasmonäer wagten es auch nicht, sich als Gesalbte zu bezeichnen.

Die Psalmen Salomos, die ungefähr 100 Jahre später verfasst wurden, in einer Zeit also, in der das Land Juda schon unter römischer Herrschaft stand, nehmen eine entschieden antihasmonäische Position ein[15]. In den Psalmen 17 und 18 wird von der Erwartung eines Retters erzählt. Dieser Retter wird ein König vom Stamm Davids sein. Er wird dem wahren König Israels, nämlich Gott, dienen und wird auch von diesem gesalbt sein. Dieser menschliche König wird das Volk von fremder Herrschaft befreien, das Volk wieder nach Hause, nach Zion, führen, und Gott in Ehrfurcht, Treue, Weisheit und Gerechtigkeit dienen. Ein Gesalbter zwar, ein Messias, aber auch ein Mensch.

Die Schriftrollen vom Toten Meer, die zu den wichtigsten archäologischen Funden der Altertumsforschung Israels zählen, enthalten nicht

---

[13] Zu den messianischen Erwartungen dieser Zeitperiode siehe Sacchi, *Second Temple Period*, S. 380–408. Diese Erwartungen und die einschlägige Literatur werden ausführlich diskutiert in Oegema, *Der Gesalbte*, und in Schreiber, *Gesalbter und König*.

[14] Siehe Kümmel, Jüdische Schriften aus hellenistisch-römischer Zeit (= JSHRZ), Band 1, S. 167–373.

[15] Siehe *JSHRZ*, Band 4, S. 49–112.

nur die ältesten Zeugnisse der uns bekannten biblischen Bücher, sondern auch eine Sammlung an Literatur, die der dortigen Gemeinde eigen war. Unabhängig von der noch immer umstritten Frage, ob die Mitglieder der Qumrangemeinde die in den Werken des jüdischen Historikers Flavius Josephus und anderer genannten Essener waren oder nicht[16], ermöglichen es uns ihre Schriften, ein Bild des Glaubens dieser Austrittsgemeinde zu gewinnen[17]. Auch sie hofften auf eine Zeit der Erlösung, nicht nur von der Fremdherrschaft, sondern auch von den in ihren Augen ketzerischen Priestern des Jerusalemer Tempels: Die bösen Mächte der Welt, zu denen auch die Feinde, die ihre Glaubensgenossen waren, zu rechnen sind, werden von Gott vernichtet werden und Gottes wahres Gesetz wird als Grundlage für die Regierung eines gesalbten Königs und eines gesalbten Priesters dienen. Das Wort *maschiach* wird hier zwar in Bezug auf einen König und einen Priester verwendet, dient dabei aber als Bezeichnung deren auserwählten Status und nicht als Titel oder Name des Gesalbten bzw. des Auserwählten.

Aus den Schriften Josephus' und des Neuen Testaments kann man einiges über messianische bzw. politische Erlösungsbewegungen in der Zeit um die Zeitenwende entnehmen. Obwohl oft behauptet wurde, dass die Juden zur Zeit Jesu in hochgespannter messianischer Erwartung lebten, scheint die Realität etwas bescheidener gewesen zu sein[18]. Während sich die Qumrangemeinde mit ihren «messianischen» Erwartungen aus der Welt zurückgezogen hatte und in Abgeschlossenheit auf die ersehnte Erlösung Gottes wartete, gab es einige andere Bewegungen, die sich politisch aktiv für diese Erlösung einsetzten, um die gehasste Macht der Römer zu brechen.

Die Bewohner Judas waren mit der Regierung Herodes' des Großen nicht sehr glücklich. Obwohl offiziell ein Jude und Erneuerer des prächtigen Tempels zu Jerusalem, wurde der Despot Herodes wegen seiner Herkunft als Idumäer immer als Außenseiter betrachtet. Zudem beutete er das Volk durch seine Wirtschaftspolitik aus, um seine berühmten Bauten finanzieren zu können; er regierte mit der vollen Strenge und Härte des römischen Kaiserreiches. Sein Tod im Jahre 4 v.d.Z. ließ in der Landbevölkerung einige revolutionäre Bewegungen

---

[16] Außer Josephus gehören der jüdische Philosoph Philo Alexandrinus und der römische Schriftsteller Plinius der Ältere zu unseren wichtigsten Quellen. Siehe ferner Adam, *Antike Berichte*; Beall, *Josephus' Description*.

[17] Siehe u.a. Collins, *Scepter and Star*; Evans, Messiah; Martínez, Messianische Erwartungen.

[18] Siehe Horsley, Messianic Movements in Judaism; Neusner/Green/Frerichs, *Judaisms and Their Messiahs*; Thoma, Entwürfe. Siehe auch Fischer, *Eschatologie*; Volz, *Eschatologie*.

erstarken, die versuchten, das Land von der Fremdherrschaft zu befreien. Judas in Galiläa[19], Simon in Perea und Athronges in Juda kämpften mit Hilfe der Landbevölkerung gegen Rom und die Herodianer[20]. Sie beschlagnahmten die Güter der Reichen und teilten sie unter ihren Anhänger auf; von ihrer Gefolgschaft als Könige bezeichnet, kämpften sie für wirtschaftliche Gerechtigkeit. Josephus äußert sich sehr kritisch über diese Revolte, es ist indes auffallend, welch große Anstrengungen Rom aufwenden musste, um sich gegen sie zu wehren. Wie in so vielen anderen Fällen war der Triumph Roms allerdings letztlich auch hier unaufhaltbar. Zwei andere messianische Figuren, die sowohl von Josephus als auch dem Neuen Testament erwähnt werden, waren ein gewisser Theudas, der eine Gruppe Anhänger zum Jordanfluss leitete, dort aber niedergemetzelt wurde[21], und ein Jude aus Ägypten, der vom Ölberg aus versuchte, Jerusalem anzugreifen, wobei auch er jämmerlich scheiterte[22].

Man könnte behaupten, dass in gewissem Sinn auch die Bewegung des Jesus von Nazareth zu diesen Befreiungsbewegungen zu zählen ist[23]. Auch er wurde als König der Juden bezeichnet und auch seine Herrschaft wurde – wie die Genealogie am Anfang des Matthäusevangeliums zeigt – im Kreise seiner Anhänger vom idealen König David hergeleitet[24]. Nachdem seine eher geistige Revolution allem Anschein nach mit seinem qualvollen (für diese Zeit aber leider nicht ungewöhnlichen) Tod gescheitert war, mussten seine Jünger die alten Texte neu deuten, um zu zeigen, dass sein Lebensweg doch den alten Erwartungen entsprach – wie erfolgreich dieser Versuch gewesen ist, bezeugt die Verbreitung des Christentums in der abendländischen Welt. Dieser Erfolg verdankt sich allerdings nur der christlichen Verkündigung an die Völker der Welt, denn unter dem Volk Israel blieben die Erwartungen auf Rettung von fremder Herrschaft unerfüllt[25].

Die jüdische Hoffnung auf politische Erlösung von römischer Macht führte zu zwei großen Revolten gegen Rom: Der erste Aufstand dauerte

---

[19] Apostelgeschichte 5,37.

[20] Josephus, *Der Jüdische Krieg*, 2,56–65; *Jüdische Altertümer*, 17,271–284.

[21] Josephus, *Jüdische Altertümer*, 20,97–98; Apostelgeschichte 5,36.

[22] Josephus, *Der Jüdische Krieg*, 2,261–263; *Jüdische Altertümer*, 20,169–172; Apostelgeschichte 21,38.

[23] Siehe Horsley, *Jesus*; Hengel, Jesus.

[24] Matthäus 1,1–17. Diese Aussage steht jedoch in unmittelbarer Spannung zur Theologie der jungfräulichen Geburt, da die davidische Herkunft Jesu vom Vater und nicht von der Mutter abgeleitet wird (Matthäus 1,18–25; Lukas 1,26–38).

[25] Für eine Gegenüberstellung der jüdischen und christlichen Heilserwartungen siehe Neusner/Chilton, *Jewish-Christian Debates*, S. 159–225.

vier Jahre, von 66 n.d.Z. bis zur Zerstörung des zweiten Tempels im Jahre 70 n.d.Z., bzw. sieben Jahre, wenn man die Zeit bis zur Eroberung der Festung Massada am Toten Meer hinzuzählt. Während dieser Zeit gab es zwei Männer, die Anspruch auf Anerkennung als König der Juden erhoben: Der erste war ein gewisser Menachem, ein Gelehrter und Sohn oder Enkel eines berühmten Gelehrten namens Judas von Galiläa, der zu seiner Zeit ebenfalls schon eine antirömische Einstellung zum Ausdruck gebracht hatte. Nach Josephus' Überlieferung war dieser Menachem am Anfang des Aufstands aktiv[26]. Er gehörte zu den Sikariern, einer Gruppe, die man heute als Terroristen bezeichnen würde, die gegen Rom und ihre Verbündeten agierten. In Jerusalem wurde Menachem zu einem der Führer des Aufstands. Sein Versuch, sich selbst zum König zu ernennen, scheiterte, als er und seine Anhänger bei seinem königlichen Einzug in den Tempel von Rivalen überfallen wurden. Die überlebenden Sikarier flohen nach Massada, Menachem selbst wurde kurz darauf gefangen genommen und hingerichtet. Auch in seinem Versuch sehen wir wieder, dass politische Erlösung mit einem weltlichen König, der Gottes Auserwählter zu sein glaubte, das gängige Modell der Zeit war.

Ein viel ernsterer Versuch war derjenige des Simon bar Giora[27]. Simon, dessen Name andeutet, dass er der Sohn eines Proselyten war, wurde in Jerusalem zum Führer des Aufstandes und von vielen als König der Juden betrachtet. Er kündigte die Freilassung von Sklaven und eine gerechte Verteilung der Güter des Landes an. Als Jerusalem fiel, ergab sich Simon im Tempel, als König bekleidet, in hoch dramatischer Weise. Was er damit erreichen wollte, weiß man nicht. Die Römer nahmen den charismatischen König fest, führten ihn vor, folterten ihn und richteten ihn hin. Obwohl von Josephus nicht als Messias bezeichnet, nährte er einige der Hoffnungen auf Befreiung des Volks, die man im Nachhinein als messianisch bezeichnen könnte.

Nach der endgültigen Zerstörung des Tempels gab es noch einen weiteren jüdischen Versuch, sich mit Gewalt von der Fremdherrschaft zu befreien. Diesmal wurde der Führer des Aufstands zumindest auch von einem sehr bedeutenden Rabbiner als Messias bezeichnet: In den Jahren 132 bis 135 n.d.Z. kämpfte eine große Zahl der Juden erneut gegen das römische Weltreich. Wieder wurde der Aufstand nach anfänglichen Triumphen mit brutaler Macht niedergeschlagen. Die Revolte wurde von einem gewissen Schimon Bar Kossiba («Simon,

---

[26] Josephus, *Der Jüdische Krieg*, 2,433–449; *Leben des Josephus*, 21. Siehe auch die Besprechung in Mason, *Life of Josephus*, S. 30–31.

[27] Simon kommt bei Josephus, *Der Jüdische Krieg*, Bücher 2–7, des Öfteren vor.

Sohn des Kossiba») angeführt[28]. Einer der berühmtesten aller Rabbinen, Rabbi Akiwa (Akiba)[29], betrachtete Bar Kossiba als den Messias, den Mann, der Israel Erlösung bringen würde. In Anlehnung an Numeri 24,17 («es wird ein Stern aus Jakob aufgehen») wurde Bar Kossiba von Rabbi Akiwa und von seinen Anhängern als Bar Kochba (Bar Kochwa), «Sternensohn», bezeichnet. Andere Rabbinen waren von seiner messianischen Identifizierung und Aufgabe weniger überzeugt, weswegen sie ihn Bar Kosiba, «Sohn der Lüge», nannten. In Antwort auf Akiwa sagte Rabbi Jochanan ben Torta, «Gras wird aus deiner Wange wachsen, und der Sohn Davids (d.h. der Messias) wird noch nicht gekommen sein». Bar Kochba selbst bezeichnete sich als $n^e$ssi jisra'el (נשיא ישראל; «Prinz Israels»)[30], und nicht als melech jisra'el (מלך ישראל; «König Israels»)[31]. Wie gesagt, scheiterte auch dieser Versuch. Bar Kochba fiel im Kampf und der alte Rabbi Akiwa wurde zu Tode gefoltert. Sein Märtyrertod diente für Generationen von Juden als Vorbild, da er der Überlieferung nach mit dem Glaubensbekenntnis sch$^e$ma jisra'el (שמע ישראל; «Höre Israel»)[32] auf den Lippen gestorben war[33]. Als Folge der Niederlage wurden die Juden aus Jerusalem ausgewiesen. Danach gab es keine wirklichen Versuche mehr, sich von der römischen Herrschaft zu befreien. Hoffnungen auf Erlösung kleideten sich angesichts der zwei großen und gescheiterten Aufstände immer mehr in endzeitliche bzw. mystische Farben. Es könnte sein, dass diese Entwicklung nicht nur als eine Antwort auf den Misserfolg der politisch-militärischen Versuche zu verstehen ist, sondern dass in ihr auch die Beeinflussung durch christliche Vorstellungen eine Rolle spielte.

Die Gestalt eines königlichen Gesalbten, der die Endzeit herbeiführen und das zerstreute Israel retten wird, findet man in einigen apokalyptischen Werken, die wahrscheinlich in die Zeit nach der Zerstörung des zweiten Tempels zu datieren sind. In den Gleichnissen des äthiopischen Henochbuchs wird ein himmlischer Erlöser erwähnt, der das Böse zerstört und Gerechtigkeit verbreitet[34]. Von ihm heißt es, dass er von

---

[28] Zu Bar Kochba und seinem Aufstand siehe Schäfer, Bar Kokhba-Aufstand; Yadin, Bar Kochba; ders., Finds from the Bar Kokhba Period; Yadin/Greenfield/Yardeni/Levine, Documents from the Bar Kokhba Period.

[29] Zu Rabbi Akiwa siehe Finkelstein, Akiba.

[30] Zu diesem Titel siehe Yadin/Greenfield/Yardeni/Levine, Documents from the Bar Kokhba Period, S. 369–372.

[31] TJ Taanit 4:5.

[32] «Höre Israel, der Ewige ist unser Gott, der Ewige allein» (Deuteronomium 6,4).

[33] TB Berachot 61b. In dieser Weise erfüllte er das Gebot, Gott «mit deiner ganzen Seele» zu lieben (Deuteronomium 6,5).

[34] Siehe JSHRZ, Band 5, S. 466–780.

Anfang an mit Gott war, wobei er u.a. auch als Messias bezeichnet wird. Im 2. Buch Baruch finden wir einen Messias, von dem es heißt, dass er nach großen Unruhen ein goldenes Zeitalter einleiten wird[35]. Die zwei urzeitlichen Ungeheuer Leviathan und Behemoth werden nach den Vorstellungen dieses Buchs im Zeitalter des Messias im Paradies verzehrt, der Messias selbst wird nach Vollendung seiner Zeit auf Erden prachtvoll in den Himmel zurückkehren. Auch im apokalyptischen 4. Buch Esra wird von einem Messias gesprochen[36], wobei seine königlich-davidische Herkunft vorausgesetzt ist; es wird davon berichtet, dass er ein goldenes Zeitalter einleitet, das aber nur von begrenzter Zeit ist. Nach dem siebten Kapitel folgen auf seinen Tod und denjenigen der ganzen Welt sieben Tage der Stille, wonach es eine neue Schöpfung und eine Auferstehung geben wird.

Es sollte offensichtlich geworden sein, wie sich die jüdischen Erlösungsvorstellungen nach den Aufständen immer mehr in Richtung mystische bzw. apokalyptische Vorstellungen bewegten. Damit löste sich auch das Wirken des ersehnten davidischen Königs immer mehr aus dem geschichtlichen Rahmen.

Wahrscheinlich war es die Zeit nach dem gescheiterten Aufstand Bar Kochbas, in der sich die Vorstellung eines zweiten Messias entwickelte. Der uns schon bekannte Messias ist der *maschiach ben David* (משיח בן דויד), der «Messias Sohn Davids». Er ist die Gestalt, die dazu bestimmt war, in der Endzeit in Herrlichkeit und in Gerechtigkeit zu regieren. Dazu trat die Gestalt eines zweiten Messias, eines gesalbten Vorgängers des davidischen Messias, der sogenannte *maschiach ben Josef* (משיח בן יוסף), der «Messias Sohn Josefs»[37]. Abgesehen davon, dass der davidische Messias aus Juda bzw. Südisrael stammte und der josefische Messias aus Efraim bzw. Nordisrael, sich mit ihnen beiden das geteilte und getrennte Volk somit symbolisch wiedervereinigen würde, hatte der Maschiach ben Josef ganz klar eine geschichtliche Aufgabe: Er war derjenige, von dem man sich erwartete, dass er die Heere des Guten gegen die Scharen des Bösen anleiten und dann im endzeitlichen Kampf zugrunde gehen wird. Mit seinem Tod wäre dann die Zeit der Erlösung gekommen. Gott, so stellte man sich vor, würde sich in die menschliche Geschichte einmischen und den Maschiach ben David kommen lassen. In diesem Zusammenhang ist zu betonen, dass der Tod des josefischen Messias in keiner Weise als stellvertretender

---

[35] Siehe *JSHRZ*, Band 5, S. 103–191, besonders Kapitel XXIX–XXX.

[36] Siehe *JSHRZ*, Band 5, S. 289–412.

[37] Zum josefischen Messias siehe Agus, *Binding of Isaac*, S. 207–221; Hurwitz, *Gestalt des sterbenden Messias*.

Tod zu verstehen ist; sein Tod schafft nicht die Erlösung, sondern verkörpert symbolisch die für Gott unabdingbaren Bedingungen für sein Eingreifen in das menschliche Geschick. Als Vorläufer der messianischen Zeit erwartete man so eine Zeit der *chiwle maschiach* (חבלי משיח), der «Geburtswehen des Messias». Mehr als ein Rabbiner bemerkte dazu, dass er, obwohl er auf das Kommen des Messias hoffte, diese Zeit nicht erleben wolle[38].

In der rabbinischen Literatur wurden die messianischen Vorstellungen weiterentwickelt, wobei Endzeit- bzw. Erlösungserwartungen entschieden mit der königlichen Figur verbunden wurden. Auch dabei findet sich wieder eine Vielzahl sich widersprechender Vorstellungen[39]: Den Messias stellte man sich vom Stamm Davids kommend oder sogar als David selbst vor; er ist ein Menschensohn oder existierte seit oder sogar seit vor der Schöpfung der Welt; bis zur Zeit der Erlösung kann er bei Gott sein oder sich unter den Menschen verstecken, wie zum Beispiel in der Tradition, in welcher der Messias als Bettler vor den Toren Roms sitzt[40]. Als leidender oder sogar aussätziger Messias kann er bis zu seiner Offenbarung auch stellvertretend die Sünden Israels tragen, wie übrigens auch jeder andere Gerechte.

Diese Vorstellungen haben sich im Mittelalter weiterentwickelt[41], wofür das pseudepigraphische und apokalyptische Buch des Serubabel von größtem Einfluss war[42]. In diesem wird das Böse, Armilus (= Romulus) genannt, zuerst den Maschiach ben Josef töten und dann von Rom aus die Herrschaft über die ganze Welt ausüben, bis der Maschiach ben David sein Volk retten und das Königreich Gottes einleiten wird. Immer waren es Zeiten schwerster Unterdrückung der Juden, in denen mit dem baldigen Kommen des Messias gerechnet wurde: Der erste Kreuzzug 1096, der Ausbruch der Pest Mitte des 14. Jh., für den die Juden verantwortlich gemacht wurden, die Vertreibung der Juden aus Spanien 1492, das Chmjelnizki Massaker Mitte des 17. Jh. – all diese Ereignisse und auch kleinere ortsbegrenzte gaben Anlass zu hoch

---

[38] TB Sanhedrin 98b.

[39] Für einen Überblick siehe Ben-Sasson, Messianic Movements. Siehe auch Zobel, *Gottes Gesalbter*; Neusner, *Messiah in Context*.

[40] TB Sanhedrin 98a. Siehe auch die Besprechung dieser Stelle in Agus, *Heilige Texte*, S. 133–137.

[41] Zur messianischen Vorstellungen in der mittelalterlichen jüdischen Literatur siehe Sarachek, *Doctrine of the Messiah*.

[42] Siehe Stemberger, *Die römische Herrschaft*, S. 138–143. Üblicherweise wird das Buch des Serubabel in das frühe 7. Jh. datiert. Für eine etwas spätere Datierung siehe Speck, Apocalypse of Zerubbabel.

gespannten Messiashoffnungen[43]. Immer wieder wurden neue Daten festgelegt, ohne dass der Messias gekommen wäre. Sein Ausbleiben wurde damit entschuldigt, dass man behauptete, die Juden seien noch nicht gerecht genug, um erlöst zu werden. Messianische Hoffnungen, die jetzt ganz entschieden zu einem wichtigen Bestandteil der jüdischen Theologie gehörten, fanden ihren Ausdruck in den vielen uns überlieferten Erzählungen von gescheiterten Messiasgestalten. Aus der Literatur sind u.a. die folgenden messianischen Ereignisse bekannt[44]: Mitte des 5. Jh. n.d.Z., um die Zeit der Zerstörung des weströmischen Reiches also, erschien auf Kreta ein Jude, der sich Moses nannte und behauptete, er wäre der Messias. Er versprach seinen Anhängern, dass Gott den Weg durch das Mittelmeer bis zum Heiligen Land trocken legen würde. Seine Offenbarung endete mit dem Ertrinken derjenigen, die sich in Bewegung setzten und ins Meer stürzten. Ende des 7. Jh. offenbarte sich ein gewisser Abu-Issa aus Isfahan, der später zusammen mit vielen Anhängern im Kampf gefallen ist. Auch nach seinem Tod hatte er in den islamischen Länder Anhänger, die auf seine Rückkehr warteten und behaupteten, dass er nicht gestorben, sondern durch eine Felsöffnung verschwunden sei. Als die Nachricht von den Massakern, welche die Kreuzritter im Jahre 1096 auf dem Weg ins Heilige Land gegen die rheinländischen Juden ausgeübt hatten, nach Saloniki drangen, wuchs dort die Erwartung auf das bevorstehende Kommen des Messias stark. Einige Leute behaupteten sogar, den Propheten Elia, den Vorboten des Messias, gesehen zu haben. Dies aber blieb eine Erwartung ohne Erfüllung. Im 12. Jh. offenbarte sich in Kurdistan ein Mystiker namens David Alroy. Nicht zufällig wurde er David genannt, obwohl er eigentlich Menachem hieß. Nach einem militärischen Versuch, die Festung Amadija in Aserbaidschan einzunehmen, warteten seine Anhänger auf ihren Dächern in Bagdad, denn Alroy hatte ihnen versprochen, dass Gott sie nach Israel fliegen lassen werde. Natürlich wurden auch sie enttäuscht und Alroy wurde unter noch nicht geklärten Umständen ermordet. Auf dem Hintergrund der gescheiterten Hoffnungen kann man die jüdische Legende bzw. den Midrasch verstehen, in dem zu lesen ist, dass man die Arbeit ruhig zu Ende führen solle, wenn man gerade beim Pflanzen sei, wenn die Nachricht der Erscheinung des Messias eintreffe[45].

---

[43] Siehe dazu Gesamtdarstellungen der jüdischen Geschichte wie z.B. Ben-Sasson, *Geschichte. Zweiter Band*, S. 35–45 (der erste Kreuzzug), S. 124–125 (die Pest), S. 226 (Vertreibung aus Spanien), S. 330–331 (Chmjelnizki Massaker).

[44] Siehe dazu Baron, *Social and Religious History*, Band 5, S. 138–208.

[45] Awot (Abot) de-Rabbi Nathan B, Kapitel 31. Siehe die kritische Ausgabe von Saldarini, *Fathers according to Rabbi Nathan*.

Der große jüdische Philosoph Mosche ben Maimon, Maimonides genannt, über den man sagte «von Moses bis Moses gab es keinen wie Moses»[46], kämpfte im 12. Jh. gegen das Konzept eines außergeschichtlichen Messias bzw. eines Messias, der die apokalyptische Endzeit herbeibringen würde. Als Rationalist erwartete Maimonides einen Messias, der in der Geschichte und in dieser Welt ein neues jüdisches Königreich einführen würde. Den Glauben an den Messias formulierte Maimonides als eine der Grundglaubensthesen des Judentums[47]. Die Erwartungen der breiten Masse der jüdischen Bevölkerung hingegen blieben eher in einer endzeitlichen Stimmung. Besonders in der Zeit nach der Vertreibung aus Spanien wuchsen die jüdischen messianischen Hoffnungen in mystische Richtung.

Daraus erwuchs nach dem Chmjelnizki Massaker im 17. Jh. die größte und bedeutendste jüdische messianische Bewegung, diejenige des sogenannten mystischen Messias Schabbatai Zwi[48]. Kaum einer, der ihn gekannt hatte, hätte Schabbatai für den ersehnten Messias gehalten. Als gelehrter Mann aus Smyrna, der in Jerusalem lebte, besaß Schabbatai die Eigenschaft, in höchster Ekstase die Gesetze zu brechen, wofür er dann immer eine mystische Erklärung fand. Doch im Jahre 1665 hatte ein junger Mann namens Nathan von Gaza eine Vision, in der er Schabbatai als Messias erkannte. Nathan überzeugte Schabbatai von dieser vermutlich göttlichen Botschaft, woraufhin Briefe in alle Welt versand wurden, die zu einer Massenbewegung führten, die sich wie noch keine andere messianische Bewegung zuvor über die ganze jüdische Welt verbreitete. Kaum ein Jahr später stand Schabbatai vor dem Sultan, der ihm die Wahl gab, für seinen Glauben zu sterben oder zum Islam zu konvertieren. Schabbatai wählte die zweite Möglichkeit. Dennoch blieben ihm Anhänger, die seinen Übertritt als die unentbehrliche Demütigung des Messias betrachteten. Bis zum heutigen

---

[46] Dieser Ausdruck wurde seinerzeit auch auf einige andere berühmte Figuren der jüdischen Geschichte namens Moses angewandt, so z.B. auf Moses Isserles (1525/30–1572) oder Moses Mendelssohn (1729–1786).

[47] Zur messianischen Theologie Maimonides' siehe Scholem, Zum Verständnis, S. 57–68. Zu seinen Glaubensthesen, siehe Altmann, Articles of Faith. Das Gedicht «Jigdal» (יגדל), das im jüdischen Gottesdienst gesungen wird, ist eine poetische Wiedergabe der dreizehn Grundglaubensthesen von Maimonides. Siehe Elbogen, Der jüdische Gottesdienst, S. 87–88.

[48] Zu Schabbatai Zwi siehe in erster Linie Scholem, Sabbatai Ṣevi; aber auch Kastein, Sabbatai Zewi. Für die Zeit zwischen Maimonides und Schabbatai siehe Necker, «Brennende Landschaft der Erlösung».

Tag existiert in der Türkei eine kleine Gruppe, Dönmeh genannt, die an Schabbatai als den Messias glaubt[49].
Im 18. Jh. erklärte sich ein Nachfolger Schabbatais, Jacob Frank, in Polen zum Messias[50]. Auch seine Bewegung, die durch antinomistische Tendenzen gekennzeichnet war, zog viele an, doch auch er trat über, nicht wie Schabbatai allerdings zum Islam, sondern zum Christentum. Und auch seine Anhänger versuchten, diese Wendung in seinem Leben in ihre Theologie aufzunehmen.

Mit der Aufklärung entstanden neue Richtungen der jüdischen Messiaserwartungen. Viele äußerten ihre Hoffnungen in einem Streben nach einer gerechten Gesellschaft. So konnte im 19. Jh. die auf deutschem Boden entstandene Reformbewegung, die älteste «moderne» jüdische Bewegung, den Glauben an einem persönlichen Messias aufgeben[51]. An dessen Stelle setzten die Reformjuden ihre Hoffnung auf eine messianische Zeit, in der alle Menschen miteinander in Frieden und im Glauben an den einen Gott leben würden. Obwohl sich die frühen Reformer vom Land Israel lösten, um eine utopische Welt in den Ländern ihrer Zerstreuung aufzubauen, konnten sie diese Einstellung auf Dauer nicht durchhalten. Denn am Ende des Jahrhunderts entstand eine neue utopische jüdische Bewegung, welche die Erlösung der Juden im konkreten politischen Sinn als Rückkehr ins Heilige Lande erwartete: die zionistische Bewegung[52]. Der Zionismus beinhaltete sehr viele der jüdischen messianischen Erwartungen, allerdings in ganz realpolitischer Weise. Deswegen standen sehr viele traditionelle bzw. religiöse Juden dem Zionismus ursprünglich misstrauisch gegenüber, denn der zionistische Messianismus war ein Messianismus ohne Gott und ohne Messias. Doch dann wurde das Entstehen des modernen Staates Israel so kurze Zeit nach der schrecklichsten Katastrophe der jüdischen Geschichte, der Schoa oder dem Holocaust, als *atchalta de-g^e 'ulla* (אתחלתא דגאלה), als «Anfang der Erlösung», gedeutet und die Existenz Israels als Zeugnis für Gottes Einwirken in die menschliche Geschichte betrachtet[53].

---

[49]  Zu Schabbatai und den Dönmeh siehe Shaw, *Jews of the Ottoman Empire*, S. 131–137. 177–179; Scholem, Crypto-Jewish Sect.
[50]  Siehe Scholem, Frank, Jacob.
[51]  Siehe Borowitz, *Liberal Judaism*, S. 68–86.
[52]  Zur Geschichte und Entwicklung des Zionismus siehe Avineri, *Making of Modern Zionism*; Laqueur, *Weg zum Staat Israel*; Reinharz/Shapira, *Essential Papers on Zionism*. Siehe auch Graetz, Jüdischer Messianismus in der Neuzeit; Schwartz, Zionismus als säkularer Messianismus.
[53]  Zum Phänomen des religiösen Zionismus siehe Luz, Spiritual and Anti-Spiritual Trends.

Obwohl der Staat Israel als Vorbote der messianischen Zeit betrachtet werden kann, existiert in manchen Kreisen noch immer eine aktive Hoffnung auf das baldige Kommen eines persönlichen Messias. In keiner Gruppe ist dies so klar zu erkennen, wie unter den lubawitschen Chassidim[54]. Der Chassidismus ist eine mystisch-ekstatische Bewegung, deren Wurzeln im Osteuropa des späten 18. Jh. zu suchen sind[55]. Die Chassidim gliedern sich in verschiedene Dynastien, die sich um gewisse charismatische Rabbiner bzw. «Rebbes» gebildet haben. Unter ihnen sind die lubawitschen Chassidim die bekanntesten und aktivsten. Als große Unterstützer des Staates Israels – ganz anders als ihre Erzfeinde, die satmarer Chassidim – und große Missionare unter ihren Glaubensgenossen erwarten die Lubawitscher, dass es ihr Rebbe sein wird, der sich als Messias offenbaren wird. Man kann die lubawitschen Autos (z.B. in New York und Tel Aviv) daran erkennen, dass sie auf ihrer Stoßstange einen Aufkleber mit der Aufschrift «We want Moshiach now!» haben. Die Lubawitscher wollen den Messias nicht nur, sondern setzen sich auch aktiv für sein Kommen ein, indem sie versuchen, alle Juden der Welt zu – nach ihrer Vorstellung – besseren Juden zu machen. Ihrem Glauben nach wird der Messias kommen, sobald alle Juden den Sabbat richtig feiern.

Der letzte lubawitsche Rebbe, Menachem Mendel Schneerson, steigerte die messianischen Erwartungen in seiner langen Amtszeit ins Unermessliche. Von Anfang an berief er sich dabei auf eine alte Tradition, nach der es nur sieben lubawitsche Rebbes geben wird. Schneerson selbst war der Siebte. Jahrzehntelang verkündigte er das baldige Kommen des Messias. Da er weder Kinder gezeugt noch einen Nachfolger gewählt hatte, schien die Geschichte mit ihm zu Ende zu gehen. Im Jahre 1992, genau ein halbes Jahrtausend nach der Vertreibung der Juden aus Spanien, wurde der Rebbe 90 Jahre alt. Die messianischen Erwartungen der Lubawitscher spitzten sich in höchstem Maße zu: Jeden Tag erwartete man, dass sich der Rebbe bzw. der Messias offenbaren würde. Der alte, gebrechliche und kranke Schneerson hatte zwar selbst nichts zum Thema gesagt, hatte den Erwartungen aber auch nicht entgegengewirkt. Die übrige jüdische Welt sah mit Spannung zu. Noch immer aber wartete man vergeblich. Inzwischen hatte der Rebbe, dessen Bild in fast götzendienerischer Weise in jeder lubawitschen Wohnung hängt, einige Schlaganfälle; lange Zeit lag er ohne Bewusstsein in

---

[54] Zu den lubawitschen Chassidim, die auch als Chabad Chassidim bezeichnet werden, und zu ihrer Theologie siehe Elior, HaBaD.

[55] Zum Chassidismus im allgemeinen siehe Hundert, *Essential Papers on Hasidism*; Rapoport-Albert, *Hasidism Reappraised*.

einem New Yorker Krankenhaus. Doch seine Anhänger versuchten, seine Leiden als die vorher erwähnten «Geburtswehen des Messias» zu deuten. Von einigen wurde er sogar öffentlich als Messias verkündet. Für einige Juden ein hoffnungsvolles Zeichen, für die überwiegende Mehrheit der anderen eine Schande.

Als der arme Schneerson endlich starb, verlagerte sich die Hoffnung eines großen Teils der Lubawitscher auf seine Auferstehung und seine Wiederkunft[56]. In jüdischen Gegenden wie z.B. am Flughafen in Tel Aviv sind bis heute riesige Anschlagbretter mit seinem Gesicht und dem Begrüßungswort «Wir heißen den König Messias willkommen» zu sehen. Doch letztlich hat sich in dieser Welt nichts geändert und die führungslosen Lubawitscher sind heute unter sich gespalten, denn selbst für viele von ihnen sind diese übertriebenen messianischen Erwartungen zu weit gegangen.

Damit sind wir am (vorläufigen) Ende der Geschichte der jüdischen Messiasvorstellungen angekommen. Noch immer wartet man vergebens auf die Erlösung. Doch kann man inzwischen seine Bäume pflanzen, daran arbeiten, dass die Welt besser wird, und wie so viele der vor mehr als einem halben Jahrhundert Ermordeten hoffen:

אני מאמין באמנה שלמה בביאת המשיח
ואף על־פי שמתמהמה
אם כל זה אחכה לו

*'Ani ma'amin be-'emuna schlema be-wi'at ha-maschiach,*
*we-'af 'al pi sche-mitmahamea,*
*'im kol se 'achake lo.*

«Ich glaube mit festem Glauben an das Kommen des Messias,
und auch wenn er zögert,
werde ich ihn erwarten».

---

[56] Die Parallelen zum Christentums sind offensichtlich. Für kritische Auseinandersetzungen mit dem modernen lubawitschen Messianismus siehe Berger, *The Rebbe*; Wolf, Habad's Dead Messiah. Für eine positive Selbstdarstellung des lubawitschen Messianismus siehe Schochet, *Mashiach*.

# Zwischen Tradition und Moderne

## *Das Konservative Judentum*

Da das Konservative Judentum ein überwiegend amerikanisches Phänomen ist, liegt es nahe, diesen Aufsatz mit einem gängigen amerikanischen Sprichwort über die drei in den Vereinigten Staaten stark vertretenen und bedeutendsten modernen jüdischen Bewegungen anzufangen. Nach diesem sind die Orthodoxen Juden mit ihrem halachischen System, das alles in ihrem Leben regelt, «crazy» (verrückt), die Reformjuden, welche die Halacha ablehnen, «lazy» (faul) und die Konservativen Juden, die weder Orthodox noch Reformer sind, «hazy» (vernebelt). Crazy, lazy und hazy, verrückt, faul und vernebelt – ein trauriger und auch übertriebener Kommentar zur Lage des modernen Judentums. Und doch steckt wie bei allen guten Witzen auch hier ein Körnchen Wahrheit drin. Inwieweit dieses Sprichwort für die Orthodoxen und Reformjuden zutrifft, kann hier nicht weiter verfolgt werden, vielmehr soll es im Folgen primär um das Konservative Judentum gehen[1].

Obwohl das Konservative Judentum eigentlich ein hauptsächlich amerikanisches Phänomen ist, liegen seine Wurzeln im Mitteleuropa des 19. Jh.[2]. In der ersten Hälfte des 19. Jh. führte die jüdische Begegnung mit der Moderne bzw. mit der Aufklärung (Hebräisch: *haskala*; השכלה) und mit der Emanzipation zu zwei neuen Strömungen: Die Schule der Wissenschaft des Judentums, in der das Judentum sowie seine Texte und Traditionen mit neuen wissenschaftlichen oder kritischen Methoden untersucht wurden[3], und die Reformbewegung, in der man versuchte, das Judentum dem neuen Zeitgeist gemäß umzugestalten[4]. Unter den Reform-Rabbinern bzw. den Rabbinern, die Reformen in das jüdische Leben einführen wollten, um das Judentum so am Leben zu erhalten, gab es ganz unterschiedliche Positionen. Der Versuch, diese Positionen zu klären, führte zu einer Trennung zwischen den radi-

---

[1] Zu den religiösen Strömungen im modernen Judentum siehe u.a. Rosenthal/Homolka, *Judentum*.

[2] Zum historischen Hintergrund siehe u.a. Graupe, *Entstehung des modernen Judentums*, S. 183–230; Ettinger, *Geschichte*, bes. Kap. 6–12; Liberles, *Wissenschaft des Judentums*.

[3] Zur Wissenschaft des Judentums siehe Carlebach, *Wissenschaft des Judentums*.

[4] Zur jüdischen Auseinandersetzung mit der Moderne siehe Ehrlich, *Fraglichkeit*, S. 31–111.

kalen und den gemäßigten Reformern. Bei der zweiten Reformsynode in Frankfurt am Main im Jahre 1845 kam es zu einem Bruch über einen allem Anschein nach kleinen Punkt.

Zacharias Frankel (1801–1875), der Oberrabbiner von Dresden, der sich zu den gemäßigten Reformern zählte, war bei der ersten Synode im vorherigen Jahr in Braunschweig nicht dabei gewesen. An der zweiten Synode aber beteiligte er sich, um gegen die radikalen Reformer stimmen zu können. Es dauerte nicht lange bis es zu einer Krise kam: Am dritten Tag wurde über die Frage abgestimmt, ob die hebräische Sprache die unentbehrliche Sprache des jüdischen Gebets sei oder nicht. Eine knappe Mehrheit von 15 zu 13 Stimmen (bei drei Stimmenthaltungen) entschied sich gegen die «objektive Notwendigkeit» der hebräischen Gebetssprache. Obwohl Frankel selbst nichts gegen die Einführung der Landessprache – in seinem Fall Deutsch – in den Gottesdienst hatte und es in seiner Synagoge einen Chor und eine Orgel sowie eine auf deutsch vorgetragene Predigt gab, und obwohl Teile aus dem traditionellen Gottesdienst getilgt worden waren, betrachtete er das Hebräische als eines der bindenden Glieder des Judentums in seiner Tausende Jahre alten Geschichte. Aus diesem Grund stürmte Frankel aus der Synode und brach seinen Kontakt mit den Reformern ab.

In einer kurz darauf veröffentlichten Verteidigung seines Verhaltens rief er zu einem neuen Verständnis des Judentums auf. Er sprach von seiner Theorie eines «positiv-historische[n] Judentum[s]», eines Judentums, das sich im Laufe der Zeit – also historisch – langsam entwickelt und damit auch verändert. Obwohl man seine Einstellung den alten Traditionen gegenüber als «positiv» bezeichnen könnte, bezieht sich dieser Terminus auf den wissenschaftlichen Aspekt seiner Position[5]: Seiner Meinung nach gab es einen Kern, der erhalten bleiben muss, obwohl er selbst auch Änderungen im jüdischen Leben akzeptieren konnte, falls diese sich aus der Tradition entwickeln und dem «Gesamtwillen» des jüdischen Volkes entsprechen. Danach haben die Vergangenheit und die Gegenwart je eine Stimme in der Festlegung und im Fortleben des Judentums und die Gemeinschaft muss als Schiedsrichter zwischen ihnen vermitteln. Mit diesen Ausführungen setzte Frankel sich nicht nur mit den radikalen Reformern auseinander, die der Tradition bzw. der Halacha das Stimmrecht nehmen wollten, sondern auch mit der Neo-Orthodoxie etwa eines Samson Raphael Hirsch (1808–1888), der behauptete, die jüdische Tradition sei ewig und unveränderlich[6].

---

[5]   Blau, *Modern Varieties*, S. 92.

[6]   Dass dies eigentlich nie der Fall gewesen ist, zeigen Midraschim wie die berühmte Geschichte vom Ofen des Achnai in BT Bawa Mezia (Baba Metsia) 59b.

Im Jahre 1854 wurde Frankel Leiter des neu gegründeten Breslauer Jüdisch-Theologischen Seminars, das die wichtigste Ausbildungsstätte für Rabbiner im zentraleuropäischen Bereich werden sollte. Dort wurden Rabbiner ausgebildet, die sich zur Tradition bekannten, aber auch eine wissenschaftlich-akademische Ausbildung genießen wollten. In Europa wurden sie im Gegensatz zu den orthodoxen Rabbinern «liberal» genannt, während sich in Amerika die Bezeichnung «konservativ» eingebürgert hat. Hier in Amerika, der sogenannten «goldenen *Medine*» bzw. dem goldenen Land, entfaltete sich dieser Mittelweg zwischen Reform und Orthodoxie dann auch zu einer einflussreichen Bewegung.

Die ersten Juden Amerikas waren Sephardim, die portugiesisch-jüdische Bräuche pflegten. Diese frühen Immigranten verloren im späten 18. und frühen 19. Jh. durch die Einwanderung von Juden aus dem deutschsprachigen Raum ihre führende Stellung. Diese waren meist radikale Reformer, die in Europa nicht Fuß fassen konnten, bei den kleinen und zerstreuten jüdischen Gemeinden der Neuen Welt aber auf einen fruchtbaren Boden für ihre Theologie stießen, da diese dem amerikanisch-jüdischen Zeitgeist sehr entsprach. Bis ins späte 19. Jh. hinein gehörten die meisten jüdischen Gemeinden Amerikas der Reformbewegung an, die eine umfassende Infrastruktur ausbaute, die aus Gemeinden, Rabbinerkonferenz und Rabbinerseminar bestand.

Zwei Ereignisse aber führten zum Bruch der großen Reformkoalition in den Vereinigten Staaten[7]: Zum einen wurde bei der Feier anlässlich der Ordinierung der ersten Absolventen des Hebrew Union College in Cincinnati unkosheres bzw. *trefess* Essen serviert. Obwohl der Leiter der Reformer in den Vereinigten Staaten, Rabbi Isaac Mayer Wise (1819–1900), der sogenannte «jüdischer Papst», betonte, über dieses Menü nichts gewusst zu haben, kritisierte er diejenigen, die aus dem Judentum eine «Küchen-Religion» machen wollten[8]. Die traditioneller orientierten Mitglieder der Reformrabbiner fühlten sich durch solche Äußerungen aus der Bewegung hinaus gedrängt. Zum endgültigen Bruch kam es zwei Jahre später. Genauso wie die Reformer in Deutschland wollten auch die Amerikaner ihre Ideologie festlegen. Aus diesem Grund tagten sie im Jahre 1885 in Pittsburgh und legten ihre Grundsätze in der sogenannten Pittsburgh Platform fest. Diese Synode stand deutlich unter dem Einfluss von Kaufmann Kohler (1843–1926), dem Leiter der radikalen Fraktion der Reformrabbiner. Abgeschafft wurden die Halacha und das Volksbewusstsein, der Glaube an einen persönlichen Messias und die Verbundenheit mit dem Land Israel. Das

---

[7] Siehe dazu Fierstien, *Different Spirit*, S. 18–28.
[8] Zu Isaac Mayer Wise siehe Knox, *Rabbi in America*.

Judentum wurde zu einer ethisch-monotheistischen Religion ähnlich
dem Christentum reduziert.

Die Gegenreaktion ließ nicht lange auf sich warten. Knappe zehn
Wochen später, im Januar 1886, entschloss sich eine Gruppe zur Gründung eines traditionellen Rabbinerseminars. Ein Jahr später öffneten
sich die Türen des «Jewish Theological Seminary» (JTS genannt), des
Jüdisch-Theologischen Seminars von New York. Dieser Name wurde
ganz bewusst gewählt. In Anlehnung an die Ideologie des Breslauer
Seminars wollten die Gründer des JTS das traditionelle Judentum mit
den neueren wissenschaftlichen Methoden verbinden. Die Praxis des
neuen Seminars war im Gegensatz zu derjenigen des Hebrew Union
College strikt orthodox orientiert. Im Unterschied aber zu den Jeschiwot
von Osteuropa wurden jüdische Geschichte, Philosophie, Literatur, hebräische Sprachwissenschaft sowie Talmud und Bibel unterrichtet. Die
Gründer des JTS, insbesondere Alexander Kohut (1842–1894) und
Sabato Morais (1823–1897), bezeichneten ihr Seminar als konservativ,
traditionell und orthodox. Damals gab es noch keine Dreiteilung der
jüdischen Gemeinde, weshalb sie diese drei Termini als Synonyme verwenden konnten. Das Judentum Amerikas war bipolar, wobei das
Seminar verglichen mit dem Reformjudentum konservativ war. In seiner Praxis und Ideologie war es liberal-traditionell und wurde als orthodoxe Alternative zu den Reformern in Cincinnati angesehen.

Das neue Seminar aber konnte sich kaum am Leben erhalten. Die
meisten Juden Amerikas waren Reformjuden. Die Gründer des Seminars waren portugiesischer und deutscher Abstammung und die meisten
von ihnen tendierten zur Reformbewegung. Die unklare Ideologie des
JTS wurde von rechts und links angegriffen. Im Gegensatz zum Hebrew
Union College hatte das JTS weder eine Gemeindestruktur noch reiche
Spender. Bis 1902 gab es nur 17 Absolventen des Seminars, unter ihnen
Joseph Herman Hertz (1872–1946), den zukünftigen (Orthodoxen)
Oberrabbiner Großbritanniens und Verfasser eines einflussreichen
Torakommentars[9], und Mordecai Kaplan (1881–1983), einen der originellsten und einflussreichsten Denker des modernen Judentums, auf den
wir später noch näher zu sprechen kommen werden. Trotz dieser prominenten Absolventen drohte das neue Seminar nach 15 Jahren aus Mangel an Unterstützung unterzugehen. Zwei Ereignisse aber führten zu
seiner Rettung und zur Gründung einer neuen Bewegung im modernen
Judentum.

In den zwanzig Jahren nach 1881 wanderten ungefähr 1'000'000
Juden aus Osteuropa nach Amerika ein. Sie stammten aus Ländern, in
denen es keine religiös-liberale jüdische Bewegungen im modernen

---

[9]  Siehe Hertz, *Pentateuch*.

Sinne gab[10]. Das Reformjudentum mit seinen westeuropäischen liberalen Tendenzen konnte die Mitglieder dieser Einwanderungswelle nicht ansprechen. Die jüdische Gemeinschaft war mit einem Dilemma konfrontiert: Wie konnte man diese neuen Einwanderer als Juden ansprechen und sie gleichzeitig in die Gesellschaft integrieren bzw. amerikanisieren? Eine Gruppe reicher Reformjuden vom großen Tempel Emanu-El in New York, zu denen u.a. Louis Marshall (1856–1929) und Jacob Schiff (1847–1920) zählten, sahen in dem unterzugehen drohenden Jewish Theological Seminary eine Antwort auf diese Frage. Die Orthopraxis des Seminars sollte die religiösen Ansprüche der Einwanderer befriedigen, während die nicht nur religiös, sondern auch säkular und wissenschaftlich ausgebildeten Rabbiner die Brücke zwischen der Gemeinschaft der Einwanderer und dem neuen Leben in Amerika bilden sollten. Auf diese Weise sollten aus den Einwanderern nicht nur Amerikaner, sondern amerikanische Juden gemacht werden. Um dies zu ermöglichen, unterstützten Marshall, Schiff und Cyrus Adler (1863–1940) das Rabbinerseminar finanziell und reorganisierten es und gewannen in einem zweiten Schritt 1901 Solomon Schechter von der Cambridge University als Leiter des neuen Jewish Theological Seminary of America[11].

Schechter (1847–1915) war der richtige Mann zur richtigen Zeit. In Rumänien geboren und in seiner Lebenshaltung orthodoxer Jude, war Schechter auch ein international renommierter Wissenschaftler, der 1896 die berühmte Kairoer Genisa, eine Sammlung mittelalterlicher jüdischer Texte und Urkunden, ans Licht gebracht hatte. Anfangs hoffte Schechter noch, dass das JTS keiner jüdischen Denomination angehören würde. Trotzdem plädierte er für die Beibehaltung der Tradition, verbunden mit dem Bewusstsein, dass es die Aufklärung und den Rationalismus bzw. das 18. und 19. Jh. gegeben hatte. Seine Betonung der Tradition aber bedeutete einen entschiedenen Bruch mit der Reformbewegung, während seine Offenheit der Wissenschaft gegenüber, besonders im Zusammenhang mit der Erforschung der Bibel, dazu führte, dass er und sein Seminar von der amerikanischen Union der Orthodoxen Rabbiner exkommuniziert wurden. Abgeschnitten von rechts und von links begann Schechter, vom Konservativen (groß geschrieben) Judentum als eigenständiger Bewegung zu sprechen. Für ihn vereinte das Konservative Judentum das Beste aus der jüdischen Tradition mit dem Besten aus

---

[10] Man darf nicht außer Acht lassen, dass der Chassidismus, nun ein Vertreter der strengsten Orthodoxie, seinerzeit eine verpönte liberalisierende Bewegung war, die von den *Mitnaggedim* (מתנגדים) exkommuniziert wurde. Zu den Mitnaggedim siehe Nadler, *Faith*.

[11] Siehe Scult, Schechter's Seminary.

der modernen Welt. Als roter Faden im jüdischen Leben galt ihm die Tradition, die sich mit dem Einverständnis von ganz Israel, das er «das katholische Israel» nannte, aber langsam auch verändern darf. Jüdisch leben bedeutete für ihn, sich in jeder Generation mit dem jüdischen Erbe auseinander zu setzen, weil die Religion sich nur so regenerieren kann und damit überlebensfähig bleibt.

Obwohl Schechter die Philosophie seiner neuen Konservativen Bewegung ganz allgemein erklären konnte, ließ er sich auf Einzelheiten nicht festlegen. Er hatte gesehen, wie sich die Reformbewegung spaltete, als sie versucht hatte, feste Positionen einzunehmen. Dies sollte seiner Bewegung nicht geschehen. Schechter äußerte den Wunsch, dass es im Konservativen Judentum einen Platz für diejenigen geben solle, die ihn als zu liberal und auch für diejenigen, die ihn als zu traditionell betrachteten. Was aber war das Konservative Judentum? Das, was weder Reformjudentum war noch Orthodoxie. Diese Ungenauigkeit bzw. negative Selbstbewertung war sogleich die Stärke und die Schwäche des Konservativen Judentums[12].

Es war Schechter, der damit begann, die besten und renommiertesten jüdischen Gelehrten aus aller Welt an das JTS zu bringen, und bis heute haben viele der bekanntesten Judaisten der Welt am JTS entweder unterrichtet oder studiert[13]. Auch die Bibliothek, eine der bedeutendsten Judaika-Sammlungen der Welt, wurde während seiner Amtszeit vergrößert. Der Ruhm von Schechters Seminar wuchs schnell und das JTS befand sich bald auf derselben wissenschaftlichen Ebene wie das Hebrew Union College und wurde als führende jüdische Institution Amerikas anerkannt.

Von Anfang an war es das Rabbinerseminar, das im Konservativen Judentum die führende ideologische Rolle in der Entwicklung der Bewegung übernommen hatte. Die Reformer hatten demgegenüber zuerst ihre Bewegung und gründeten erst später ein Rabbinerseminar und riefen eine Rabbinerkonferenz ins Leben. Die Entwicklung im Konservativen Judentum verlief völlig anders: Zuerst hatte man ein Seminar, dann eine Bewegung. Aus diesem Grund blieb der Einfluss des Seminars auf die Entwicklung der Bewegung höchst bedeutend. Erst elf Jahre nach der Reorganisation des JTS, im Jahre 1913, wurde die Bewegung mit den ersten 22 Gemeinden offiziell gegründet. Die Konservativen Synagogen bestanden aus Gemeinden, die den Traditionen, nicht aber der Orthodoxie, folgten und trotzdem einige Änderun-

---

[12] Selbst innerhalb der Bewegung kritisierte man, dass das Konservative Judentum weder fleischig noch milchig war, oder auf Jiddisch gesagt, *«nischt a hin un nischt a her»* (Hillel E. Silverman zitiert in Raphael, *Profiles*, S. 95).

[13] Für eine Aufzählung siehe Raphael, *Profiles*, S. 114–117.

gen anerkannt haben wollten, ohne sich dabei jedoch in Richtung Reformgemeinde zu bewegen. Die sogenannte United Synagogue of America (inzwischen United Synagogue of Conservative Judaism) schloss alle Gemeinden aus, die das Reformgebetbuch (*Union Prayer Book*) benutzten oder in denen die Männer barhäuptig beteten. Andererseits kam es trotz traditionellem Gottesdienst schon sehr früh vor, dass Familienangehörige zusammensitzen konnten, die Geschlechter also nicht getrennt wurden, der Kabbalat Schabbat Gottesdienst spät am Freitag bzw. nach Sonnenuntergang gehalten wurde und die Sprache der Predigt die Landessprache bzw. Englisch war. Viele der Konservativen Gemeinden hatten eine Orgel, viele allerdings auch nicht, genauso wie einige den zweiten Tag von Feiertagen (außer bei Rosch Haschana) abschafften und viele andere nicht. Kennzeichnend war die Vielfalt an Möglichkeiten des religiösen Ausdrucks, alles im Rahmen einer geerbten Tradition.

Obwohl sich die Konservative Bewegung bezüglich einer Systematisierung ihrer Grundsätze nicht festlegen wollte, hat der bekannte Konservative Religionsphilosoph Neil Gillman vor kurzem versucht, die Ideen Schechters, welche die gesamte spätere Entwicklung der Bewegung beeinflussten, auszuarbeiten und in neun Hauptpunkten zusammenzufassen[14]:

1) Amerika ist anders als Europa; im Land der Demokratie und der Gleichberechtigung wird das Judentum blühen und gedeihen.

2) Das Judentum kann sich mit der Moderne auseinandersetzen, es muss vor der modernen Welt keine Angst haben.

3) Als Folge der Auseinandersetzung mit der Moderne muss auch das Judentum selbst mit modernen Methoden studiert werden. Das unterscheidet das Konservative Judentum ganz entschieden von der Orthodoxie.

4) Das Judentum hat eine geschichtliche Entwicklung durchgemacht. Deswegen hat die Tradition für die Konservative Bewegung (anders als im Reformjudentum) ein sehr starkes Gewicht, nicht aber (wie in der Orthodoxie) ein Veto, wenn es um die Frage der Weiterentwicklung des Judentums geht.

5) Die Autorität, Bräuche zu ändern, abzuschaffen oder allenfalls auch neue hinzuzufügen, liegt nicht (wie in der Orthodoxie) bei individuellen Rabbinern oder (wie im Reformjudentum) beim Individuum, sondern bei der jüdischen Gemeinschaft. In jeder Generation gibt es eine Kerngruppe gebildeter und engagierter Juden, die das Judentum

---

[14] Gillman, *Conservative Judaism*, S. 49–61. Leo Trepp versucht in seinem Buch *Die amerikanischen Juden*, S. 84–86, die Unterschiede zwischen den drei Hauptströmungen anhand einer Liste von Beispielen zu verdeutlichen.

auf ihrem Weg leitet. Dieses universal-repräsentative bzw. katholische Israel trägt die Verpflichtung, die Traditionen für die jüdische
Gemeinschaft bei weitem Spielraum zu bereichern.

6) Hebräisch ist und bleibt die heilige jüdische Sprache. Teile des
Gottesdiensts dürfen zwar in der Landessprache gehalten wurden,
Hebräisch aber ist die unentbehrliche Sprache des Gebets und der
Tora, weshalb eigentlich jeder Jude und jede Jüdin Hebräisch studie-
ren sollte.

7) Der Zionismus (Schechter starb schon 1915) ist eine positive Bewegung und soll unterstützt werden. Das bedeutet aber nicht, dass alle
Juden nach Palästina auswandern sollen, denn ein jüdisches Leben
ist auch in der Diaspora möglich.

8) Die Halacha (d.h. die Traditionen und Bräuche) soll weiterhin Kern
des jüdisch-religiösen Ausdrucks sein. An diesem Punkt ist der
Bruch mit dem Reformjudentum komplett.

9) Die Halacha hat schon immer allmähliche Änderungen erfahren und
wird sich auch weiterhin langsam ändern müssen. Dies muss aber
vorsichtig und nur unter Aufsicht halachischer Experten vorangehen.
Unsicherheit über das richtige Ausmaß dieses Prozesses bildet bis in
unsere Tage hinein das größte Problem innerhalb der Konservativen
Bewegung.

Auf diese (nicht explizit artikulierten) Grundsätze baute sich die
Konservative Bewegung auf. Am Anfang entwickelte sie sich nur langsam, denn die Unklarheit einiger ihrer Positionen wirkte sich nicht nur
auf die Mitglieder der Bewegung negativ aus, sondern auch auf
Gemeinden und diejenigen Juden, die eine eindeutige Stellung in der
modernen Welt suchten. Das Rabbinerseminar hingegen, das Herz der
Bewegung, wurde als eine der wichtigsten jüdischen Institutionen der
Welt immer berühmter. Schechters wissenschaftlichen Leistungen wurden auch nach seinem Tod 1915 honoriert.

In diesem Zusammenhang verdienen zwei Männer besondere
Erwähnung: Der erste davon ist Mordecai Kaplan, Sohn eines Orthodoxen Rabbiners aus Russland. Der 1881 geborene – und erst 1983
gestorbene – Kaplan kam in frühem Alter nach Amerika, wo er das
«alte JTS» besuchte. Nach seinem Abschluss im Jahre 1902 wirkte er
einige Jahre lang als Rabbiner einer orthodoxen Gemeinde, bis er als
Folge seiner wachsenden Glaubenskrise sein Amt aufgab. Danach holte
ihn Schechter als Dozent an das reorganisierte Rabbinerseminar, wo er
von 1909 bis 1963, insgesamt 54 Jahre lang, lehrte. Nicht nur die Tatsache, dass er solange unterrichtete, sondern v.a. auch *was* er unterrichtete, machte ihn zu einer der bedeutendsten Persönlichkeiten dieser
ruhmreichen Institution. Beeinflusst durch sein Studium der modernen
Wissenschaften, entwickelte Kaplan eine neue jüdische Religionsphilo-

sophie, die von ungeheuerer Wirkung gewesen ist. Er betrachtete das Judentum als eine sich ständig erneuernde Zivilisation, und nicht nur als eine Religions- oder Nationalgemeinschaft[15]. Für ihn hieß das, dass das Judentum eine Erfindung des jüdischen Volkes war. Die Macht aber, die dahinter stand, war nicht menschlich und auch nicht übermenschlich, sondern eine Kraft, die im Menschen und in der Natur zu finden ist. Diese Kraft ist für Kaplan Gott.

Obwohl Kaplans radikale Theologie ihn oft in Konflikte mit seinen Kollegen am Seminar brachte, wurde er vom JTS nicht entlassen, sondern durfte Generationen von Studenten unterrichten. Er sprach davon, dass das Judentum neu rekonstruiert werden müsse, und nannte seine Philosophie des Judentums «Rekonstruktionismus». Als er nach seiner Emeritierung merkte, dass die Konservative Bewegung sehr vieles von seiner Idee ablehnte, gründete er 1968 in Philadelphia sein eigenes Rabbinerseminar, das Reconstructionist Rabbinical College (RRC), wo das Judentum in seinen Entwicklungsstufen studiert werden kann. Es ist eine der großen Ironien der Geschichte, dass sich das Rabbinerseminar des großen Rationalisten Kaplan in den letzten Jahren Richtung Mystik bewegt hat. Auf jeden Fall spricht man in den Vereinigten Staaten mit Recht über eine vierte wichtige (obzwar nicht große) Bewegung im modernen Judentum.

Kaplan war nicht nur Gründer einer neuen Theologie, sondern auch ein Erschaffer von Institutionen: Das Rabbinerseminar wurde schon erwähnt. Er betrachtete die Synagoge nicht nur als Gebetshaus, sondern auch als Gemeindezentrum. Viele der Konservativen und anderen Synagogen spiegeln seine Vorstellung der Synagoge als religiösen *und* sozialen Zentrums wider. Die meisten allerdings wissen nicht, dass eine der am weitest verbreiteten modernen jüdischen Institutionen ursprünglich Kaplans Idee war: die Bat-Mizwa-Zeremonie. Kaplan behauptete immer, dass es für ihn vier Gründe für deren Erfindung gäbe: seine vier Töchter. Judith, die Älteste, feierte 1922 als erste ihre Bat-Mizwa. 1992 wiederholte sie die Zeremonie.

Die zweite wichtige Person, die erwähnt werden muss, ist Abraham Joshua Heschel, der ebenfalls in Osteuropa geboren war und in Berlin an der Hochschule für die Wissenschaft des Judentums ausgebildet wurde. In den Jahren nach dem zweiten Weltkrieg kam Heschel ans JTS. Dort gewann er mit seiner mystisch-chassidischen Philosophie des Judentums viele Studenten. Wenn es Kaplan war, mit dem die Studenten in den Vorkriegsjahren studieren wollten, war es Heschel, mit dem sie bis zu seinem frühen Tode 1972 studierten. Im deutschsprachigen

---

[15] Siehe Kaplans Hauptwerk, *Judaism as a Civilization*.

Raum ist er auch heute noch für sein Buch über den Sabbat bekannt[16].
Nicht nur seine Rückkehr zu früheren Traditionen machte aus Heschel
einen Außenseiter am Seminar, sondern auch sein soziales und gesell-
schaftliches Engagement. Er marschierte neben Martin Luther King Jr.
für die Gleichberechtigung und protestierte gegen den Vietnamkrieg.
Sein jüdisches Streben nach Gerechtigkeit lebt weiter in seinen Studenten wie auch in seiner Tochter Susannah, die ihrerseits eine der
bekanntesten jüdischen Feministinnen ist[17].

Obwohl die Geschichte der Konservativen Bewegung in vielen
Aspekten die Geschichte eines Rabbinerseminars war, entstanden lang-
sam auch die zu einer ernsthaften religiösen Bewegung gehörenden
Institutionen wie Jugendbewegung, Schulsystem (die Schechter Schu-
len), Bruder- und Schwesternschaften u.v.a. Unter diesen Institutionen
befindet sich das berühmte New Yorker Jewish Museum wie auch
Zweigstellen des Seminars in Israel, Argentinien (Seminario Rabinico
Latino-Americano in Buenos Aires[18]) und in Los Angeles (University of
Judaism). International ist die Bewegung durch den World Council of
Synagogues (den «Weltrat der Synagogen») vertreten. Besondere
Verbreitung genießt die Bewegung in Südamerika und in Israel. Im
Heiligen Land nennt sie sich die *Masorti*-Bewegung und muss zusammen mit der israelischen Reformbewegung gegen die etablierte Ortho-
doxie um staatliche Anerkennung kämpfen[19]. Da die religiösen und
sozialen Grundlagen in Amerika und Israel verschieden sind, löste sich
die israelische Masorti-Bewegung von der amerikanischen Konservativen Bewegung, heute sind beide je in ihrem Land ebenbürtige Partner.

Das große (Mitglieder-)Wachstum der Konservativen Gemeinden
war eine Folge der veränderten Demographie der Juden Amerikas in
den Jahren nach dem zweiten Weltkrieg[20]. In diesen Jahren fingen die
Juden an, aus den Großstädten in die Vororte zu ziehen, wo sie neue
Gemeinden gründen mussten. Da bot sich die Konservative Alternative
zwischen den Extremen der Reformbewegung und der Orthodoxie als
Kompromisslösung an. In den 50er, 60er und 70er Jahren wurden
immer mehr Konservative Synagogen gegründet, bis die Konservative
Bewegung Anfang der 70er Jahre schließlich zur größten unter den
amerikanischen Bewegungen geworden ist. Seitdem ist die große Zeit

---

[16] Heschel, *Sabbat*.
[17] Siehe z.B. Heschel, *Jewish Feminist*.
[18] Zur Gründung dieser Institution siehe Nadell, *Conservative Judaism*, S. 187–188.
[19] Zur israelischen Masorti-Bewegung siehe Hammer, Impact of the Seminary;
Levine, Masorti Judaism; Friedman, Conservative Judaism; Lederhendler,
Ongoing Dialogue.
[20] Dazu siehe Sklare, *Conservative Judaism*, bes. S. 253ff.

der Expansion zu Ende, in der Zahl ihrer Mitglieder aber leistet nur die Reformbewegung der Konservativen Bewegung Konkurrenz.

Seit ihrer Gründung durch Schechter bleibt der Konservativen Bewegung eine innere Spannung inhärent, die zugleich ihre größte Schwäche und größte Stärke ist; diese Spannung erwächst aus der Bemühung, einen Mittelweg zwischen den klaren Positionen der anderen beiden Richtungen zu finden. Die Reformbewegung lehnt die Halacha als bindend ab und akzeptiert die Fortentwicklung des Judentums. Die Orthodoxie lehnt den Einfluss der Moderne ab und betrachtet die Halacha als eine für alle Zeit bindende und unveränderliche Vorschrift. Das Konservative Judentum versucht, die Traditionen im Kontext der Moderne zu bewahren. Änderungen in der Halacha wären möglich, allerdings nur wenn sich Quellen für diese Änderungen im halachischen System selbst finden lassen.

Um die Entwicklung ihrer Halacha zu bestimmen, gründete die Konservative Bewegung im Jahre 1927 das «Committee on the Interpretation of Jewish Law», das Komitee zur Interpretation des jüdischen Gesetzes. 1947 wurde dieses Gremium angegriffen, weil es dazu tendierte, gegen Änderungen und nur für die alten Traditionen zu stimmen. Man glaubte, dass dieses Komitee Schechters Vision und diejenige der Bewegung als Ganzer nicht wahrgenommen hatte. Infolgedessen wurde das Komitee unter einem neuen Namen umorganisiert, als «Committee on Law and Standards», Komitee über Gesetz und Normen, zählt es rund 25 Mitglieder. Diese – alles halachische Experten – werden den drei Hauptbereichen der Bewegung entnommen: dem Rabbinerseminar, der United Synagogue und der Rabbinical Assembly, der Konferenz der Konservativen Rabbiner. Alle Fragen der Halacha in ihrer Konservativen Entwicklung werden diesem Ausschuss vorgelegt und von diesem besprochen. Die Halachot der Konservativen Bewegung wurden im Jahre 1979 in einem Buch von Rabbi Isaac Klein[21] zusammengefasst, ein Buch, das auch vielen Orthodoxen Juden als Nachschlagewerk dient.

Sehr oft stimmen die Konservativen und die Orthodoxen Halachot überein. Manchmal ist die Konservative Halacha dabei gewissermaßen liberaler, es kann aber auch vorkommen, dass eine Konservative Entscheidung strenger ist als eine Orthodoxe, wie beispielsweise in der Frage, ob eine Geschirrspülmaschine sowohl für fleischiges als auch für milchiges Geschirr benützt werden darf. Die Antwort beider Bewegungen – falls man die uneinheitliche Orthodoxie überhaupt als Bewegung bezeichnen kann – lautet zunächst, dass man die gleiche Geschirrspülmaschine benutzen darf, obwohl es besser wäre, man besäße zwei

---

[21] Klein, *Guide*.

Maschinen. Natürlich darf dabei das milchige Geschirr nicht zur selben Zeit wie das fleischige gespült werden. Der vor kurzem gestorbene und seinerzeit bekannteste amerikanisch-orthodoxe *Possek* (פוסק) oder halachische Experte, Reb Moshe Feinstein, entschied weiter, dass es nicht nur erlaubt ist, denselben Geschirrkorb zu benutzen, sondern auch, die eine Art von Geschirr gleich nach der anderen zu spülen. Die Konservative Entscheidung, die man in Klein nachschlagen kann, lautet demgegenüber, dass man, wenn man denselben Geschirrkorb benutzt, vorher einen leeren Spülgang durchlaufen lassen muss[22]. In dieser Frage ist somit die Konservative Halacha strenger als die orthodoxe.

Ein sehr bekannter Fall, in dem sich die Konservative Halacha dem heutigen Leben anpasste und als liberaler erweist, ist die Frage, ob man am Sabbat Auto fahren darf. Anlas für diese Frage ist die Tatsache, dass die meisten Juden Amerikas nicht mehr nahe genug an einer Synagoge wohnen, um diese am Sabbat zu Fuß erreichen zu können. Wie bekannt, ist das Arbeiten am Sabbat nach der Halacha verboten. Beide Richtungen sind sich einig, dass das Autofahren eine am Sabbat verbotene Tätigkeit sein sollte. Die Orthodoxie lässt keine Ausnahmen zu. Juden, die zu weit von der Synagoge entfernt wohnen, sollen am Sabbat einfach nicht in die Synagoge gehen. Das Konservative Judentum erwägt dagegen beide Alternativen. Es stellt sich die Frage, was wichtiger ist, das Gesetz streng einzuhalten oder am Sabbat in die Synagoge zu gehen. Für die Konservative Entscheidung ist das Zweite wichtiger als das Erste: Juden dürfen am Sabbat mit dem Auto fahren, aber nur, um damit zur Synagoge zu gelangen. In dieser Entscheidung erweist sich das Konservative Judentum als traditionsgebunden und doch fähig, die Traditionen in humaner Weise einem neuen Zeitalter anzupassen[23].

Obwohl die offiziellen Gremien der Konservativen Bewegung die Halacha und die damit verbundenen Gebräuche sehr ernst nehmen und auch als verpflichtend betrachten, wissen sie ganz genau, dass sich nur eine Minderheit von ca. 10 bis 15% der Mitglieder der Konservativen Gemeinden an diese offiziellen Maßstäbe hält. Die überwiegende Mehrheit der Konservativen Juden unterscheidet sich in ihrer persönlichen Praxis und Lebenshaltung in keiner Weise von Mitgliedern der

---

[22] Klein, *Guide*, S. 369–370.

[23] In den Vereinigten Staaten behauptet man mit etwas Ironie, dass man die Bewegungszugehörigkeit eines Juden oder einer Jüdin daran erkennen könne, was er oder sie am Sabbat mit dem Auto macht. Die Reformjuden, welche die Halacha als verpflichtendes System ablehnen, fahren am Sabbat wohin sie wollen. Als Folge der eben genannten Erwägungen fahren die Konservative Juden am Sabbat nur zur Synagoge. Die Orthodoxe Juden hingegen sind diejenigen, die ihre Autos um die Ecke vor der Synagoge parken, um die letzten paar Schritte zu Fuß zu gehen.

Reformgemeinden. Es gibt eine gewisse Spannung zwischen den Erwartungen des Rabbinerseminars und den Gemeinden, denen die ausgebildeten Rabbiner dann dienen sollen. Daher kann man zu Recht behaupten, dass das Jewish Theological Seminary eine orthodoxe Institution ist, die Konservative Rabbiner für Reformgemeinden ausbildet[24].

Obwohl die Konservative Bewegung 1946 ein Gebetsbuch herausgegeben hat, das nur an einigen wenigen Stellen (und dort nur minimal) vom traditionellen Gebetsbuch abweicht[25], und dieses Gebetsbuch in allen Konservativen Gemeinden zu finden war, benutzte man beim JTS-*minjan*[26] bis ins Jahr 1984 nur orthodoxe Gebetsbücher! Und bereits ein Jahr später erschien schon das neue Konservative Gebetsbuch[27]. Obwohl Frauen in Konservativen Gemeinden schon seit langem das Recht hatten, aus der Tora zu lesen und zum *minjan* gezählt zu werden, durften sie im JTS erst im Jahre 1984 aktiv am dem Gottesdienst teilnehmen, im gleichen Jahr, in dem sie zum ersten Mal zum Konservativen Rabbinerstudium zugelassen wurden. In der Folge bildete sich ein kleiner zusätzlicher *minjan*, bei dem sich Frauen nicht aktiv beteiligen durften.

Diese Vielfalt in der Durchführung der Bräuche wird dadurch ermöglicht, dass das Committee on Law and Standards alle Möglichkeiten zulässt, die von mindestens drei Mitgliedern des Gremiums unterstützt werden. Es gibt absolute Richtlinien, die vom ganzen Gremium beschlossen werden, wie zum Beispiel, dass Juden keine Nicht-Juden heiraten dürfen, und es gibt Empfehlungen, die von einer Mehrzahl der Mitglieder erlaubt werden, wie zum Beispiel, dass es am Sabbat erlaubt ist, das Licht anschalten. Ob man sich in solchen Fällen an den Richtlinien der Mehrheit oder der Minderheit orientiert, ist der Gemeinde bzw. dem Einzelnen überlassen. Das Rabbinerseminar ist in solchen Fragen *machmir* (מחמיר), strenger also als die Bewegung.

Und damit kommen wir zu einer der brennendsten Fragen im Leben der modernen Konservativen Bewegung, zu einer Frage, welche die Bewegung zu spalten droht: zur Frage der Beteiligung der Frau im jüdi-

---

[24] Für eine soziologische Untersuchung der Mitgliedschaft in konservativen Synagogen siehe Wertheimer, *Jews in the Center*.

[25] Z.B. bittet man im *Mussaf* (מוסף) Gebet nicht mehr darum, dass der Opferdienst im Tempel wiederhergestellt werden soll, noch danken die Männer Gott dafür, dass sie nicht als Frauen geschaffen wurden. Der nach seinem Herausgeber (Rabbi Morris Silverman) genannten «Silverman Siddur» heißt eigentlich *Sabbath and Festival Prayerbook*. Siehe dazu Gordis, Jewish Prayerbook.

[26] Traditionell die zehn Männer die man braucht, um gewisse Gemeinschaftsgebete zu beten.

[27] Harlow, *Siddur Sim Shalom*.

schen Leben. Wie schon erwähnt, setzt sich die Konservative Bewegung schon seit einigen Jahrzehnten mit ihr auseinander. Nachdem es den Gemeinden bereits in den frühen 70er Jahren überlassen wurde, ob sie Frauen als im jüdischen Leben gleichberechtigt betrachten oder nicht, wurde das Thema «Frau» immer dringender. Denn in den meisten Gemeinden hatten Frauen inzwischen den gleich großen Anteil am religiösen Leben wie Männer, immer aber noch waren sie im Rabbinerseminar unerwünscht. Daneben hatte man das Beispiel der Reformbewegung und des Rekonstruktionismus, die bereits seit Anfang der 70er Jahren Frauen ordinierten. Dieses Thema war so heikel, dass das Rabbinerseminar sich entschied, es nicht mehr zu berühren. Schließlich aber wurde das JTS anfangs 80er Jahre dazu gezwungen, sich mit dem Thema zu befassen[28]. Obwohl die Halachisten nur die orthodoxesten unter den Dozenten – und auf keinen Fall Frauen! – zur Teilnahme an der Diskussion zulassen wollten, beteiligte sich der ganze Lehrkörper des Seminars. Als Basis der Diskussion diente ein Responsum d.h. eine halachische Untersuchung, die von Joel Roth, dem heutzutage führenden Halachisten der Konservativen Bewegung, geschrieben war[29]. In seinem Responsum deutete Roth an, dass in den traditionellen Schriften keine Einwände gegen die Ordinierung von Frauen als Rabbinerinnen zu finden seien. Er machte allerdings zur Bedingung, dass sich die Frauen, die das Rabbinerstudium anstrebten, genauso wie die Männer zur Ausübung der zeitgebundenen Gesetze wie *tallit* (Gebetsschal) und *t^efillin* (Gebetsriemen) verpflichten müssten.

Roths Responsum überzeugte eine Mehrzahl der Fakultät und so fing im Herbst 1984 die erste Klasse von 19 Rabbinerkandidatinnen mit ihrem Studium an[30]. Amy Eilberg, die schon lange vorher an einer anderen Fakultät des Seminars mit ihrem Studium angefangen hatte, wurde 1985 ordiniert. Sie ist eine der Ersten einer langen und ehrenvollen Reihe bahnbrechender Jüdinnen[31]. Wie bereits angedeutet, ließ man

---

[28]  Für einen geschichtlichen Überblick über den Prozess, der in der Konservativen Bewegung zur Ordinierung von Frauen führte, siehe Wenger, Politics of Women's Ordination.

[29]  Roth, On the Ordination.

[30]  Unter ihnen war auch die Frau des Verfassers dieses Buchs, die allerdings nach drei Jahren am JTS zum Reform Seminar Hebrew Union College-Jewish Institute of Religion wechselte.

[31]  Sally Priesand war die erste Reformrabbinerin. Sie wurde 1972 ordiniert. Im Jahr darauf folgte Sandy Sasso, die als erste Frau vom Reconstructionist Rabbinical College ordiniert wurde. Die erste Frau überhaupt, die als Rabbinerin ordiniert wurde, war Regina Jonas (1902–1944), die an der Hochschule für die Wissenschaft des Judentums zu Berlin studierte und privat ordiniert wurde (1935). Diese faszinierende Gestalt wird erst in den letzten Jahren wieder entdeckt (siehe Kellenbach, Frl. Rabbiner Regina Jonas). In der modernen *Encyclopedia Judaica*

damals die Frage unbeachtet, ob diese Rabbinerinnen als Zeuginnen fungieren dürften, wohl in der Hoffnung, dass sich die Frage durch ihre Amtstätigkeit erübrigen werde[32].

Nicht alle Lehrkräfte und Rabbiner der Konservativen Bewegung waren mit der Anpassung an den Zeitgeist in Sachen «Frau» zufrieden. Die Konservative Bewegung vereint ein breites Spektrum, in dem auch eine Minderheit zu finden ist, die in ihrem Glauben eher als Orthodox zu bezeichnen wären. Solche Leute empörten sich über die Gleichberechtigung der Frauen am Rabbinerseminar und bildeten eine Union für ein traditionelles Konservatives Judentum[33]. Obwohl sich das Seminar (wie übrigens auch die Reformbewegung) unter der Leitung von Ismar Schorsch (ab 1986) wieder Richtung rechts bewegt, um sich gegen den Vorwurf zu verteidigen, die Konservative Bewegung sei von der Reformbewegung nicht mehr zu unterscheiden, hat sich diese Union inzwischen selbstständig gemacht und nennt sich jetzt «Union für traditionelles Judentum» bzw. UTJ. Das Wort «Konservativ» haben die Mitglieder dabei weggelassen und sie haben inzwischen auch ein eigenes Rabbinerseminar gegründet, «The Institute for Traditional Judaism». Es wird berichtet, dass einige der Talmud-Dozenten wegen der Entscheidung, Frauen zu ordinieren, das Rabbinerseminar verlassen haben, um an anderen (säkulären) Institutionen zu unterrichten[34].

Es gab noch zwei weitere Fragen, die innerhalb des Konservativen Judentums in den letzten Jahren zu scharfen Auseinandersetzungen geführt haben: Die erste und weniger umstrittene Frage ist diejenige, ob sich die Konservative Bewegung dem Reformjudentum und dem Rekonstruktionismus in der Frage der Patrilinearität anschließen soll oder nicht. Die zwei liberaleren amerikanischen Bewegungen haben Anfang der 80er Jahre gegen die rabbinische Halacha entschieden, jeden als Jude zu betrachten, der mindestens *einen* jüdischen Elternteil hat – egal ob Mutter *oder* Vater – *und als Jude erzogen wird*. Verängstigt durch die orthodoxe Reaktion auf die Frauenordination, hat die Konservative Bewegung, diese Entscheidung abgelehnt. Die zweite Frage ist diejenige, inwieweit man Homosexuelle im jüdischen Kontext akzeptieren kann; allem Anschein nach ist sie noch immer nicht ent-

---

(Jerusalem, 1971) z.B. fehlt jegliche Erwähnung ihres allzu kurzen Lebens (sie wurde in Auschwitz ermordet).

[32]

[33] Siehe Tucker, Final Report, bes. S. 28.

Interessanterweise gibt es auch orthodoxe Frauen, die das Rabbinat als ein für Frauen mögliches Studium betrachten. Siehe die Zeitschrift *Moment*, Dezember 1993.

[34] Siehe z.B. David Weiss Halivni, der vom JTS zur Columbia University gewechselt ist und inzwischen auch als Rektor des Institute for Traditional Judaism fungiert.

schieden. Zwar hat sich die Bewegung aufgrund eines Responsums von
Joel Roth gegen die Ordinierung von öffentlich-bekennenden Homosexuellen als Rabbiner und Kantoren entschieden, obwohl die Beteiligung von Homosexuellen am jüdischen Leben zugelassen ist, doch hat
diese Entscheidung wegen der von Gegnern verbreiteten Gerüchte Roth
seine Stelle als Leiter des Rabbinatsprogamms am JTS gekostet. Doch
die Befürworter einer Ordination homosexueller Rabbiner haben unter
der Leitung von Rabbi Bradley Shavit Artson u.a. den Kampf noch
nicht aufgegeben. Zynische Beobachter behaupten, dass das, was das
Reformjudentum jetzt eingeführt hat, von der Konservativen Bewegung
in 20 Jahren akzeptieren werden wird und von der Orthodoxie in 100[35].

Wegen der inneren Turbulenzen der letzten Jahre hat sich die Konservative Bewegung endlich entschieden, öffentlich Stellung zur Frage
zu beziehen, was das Konservative Judentum ist. 1988 erschien das
Resultat eines Komitees, das unter dem Vorsitz von Robert Gordis
(1909–1992) getagt hatte. Das Dokument heißt *Emet Ve-Emunah,*
«Wahrheit und Glaube», und ist in drei Teile gegliedert: «Gott in der
Welt», «Das jüdische Volk» und «Ein toratreues Leben leben». In den
knapp vierzig Seiten werden verschiedene implizite Konservative Einstellungen zum ersten Mal institutionell bestätigt. Obwohl von verschiedenen Seiten kritisiert, bedeutet *Emet Ve-Emunah* einen ersten
Versuch, den eigenen Standpunkt explizit zu klären. Allerdings wird
auch in diesem Dokument in vielen Fällen nicht klar gesagt, was ein
Konservativer Jude bzw. eine Jüdin zu tun und zu glauben hat; stattdessen werden verschiedene Möglichkeiten offen gehalten. Wieder ist dieses breite Spektrum der Möglichkeiten zugleich der stärkste und der
schwächste Aspekt des Dokuments. Zumindest aber ist diese Schrift ein
Beweis dafür, dass sich das Konservative Judentum nach einhundert
Jahren sicher genug fühlt, um sich endlich nicht mehr über das definie-
ren zu müssen, was es nicht ist, sondern über das, was es ist[36].

---

[35] Zum Thema Homosexualität im orthodoxen Judentum siehe Levado, Gayness and
God; und den Film «Trembling before G-d» (2001), Regie: Sandi Simcha
Dubowski.

[36] Im deutschsprachigen Raum gibt es nicht die gleiche Vielfalt an religiösen Strömungen wie in Nordamerika oder England. Deswegen wird in Zentraleuropa eher
zwischen Orthodoxie und Liberalem bzw. Progressivem Judentum unterschieden.
Zur Praxis des Liberalen Judentums in Europa siehe Romain/Homolka, *Progressives Judentum.*

# Was verbindet die Glaubenden?

*Eine jüdische Sicht*

Es ist immer gut, wenn sich Vertreter der verschiedenen Religionen an einen Tisch setzen, um miteinander zu sprechen, statt sich zu bekämpfen. So heißt es ja auch in der jüdischen Tradition: «Wie gut und schön ist es, wenn Brüder zusammen sitzen»[1]. Denn das sind wir alle: Brüder und Schwestern, die versuchen, ein gemeinsames Gespräch zu führen, in dieser einen Welt zusammenzuleben und aus unseren verschiedenen religiösen Voraussetzungen heraus einen gemeinsamen Weg in eine bessere Zukunft zu finden[2].

Bedingt durch eine lange Geschichte von Enttäuschungen, ist es allerdings eine typisch jüdische Eigenschaft, bei diesen Versuchen vorsichtig an die Arbeit zu gehen. Bevor wir all die schönen, manchmal aber auch leeren Parolen über Nächstenliebe und gemeinsame Moral zum Ausdruck bringen, die von uns in diesem Kontext erwartet werden, möchte ich daher vorab ein paar grundlegende Probleme des interkonfessionellen Dialogs in einer christlichen Umgebung erörtern.

Zunächst gälte es zu beachten, dass Thematik und Terminologie des Gesprächs nicht lediglich die Vorstellungen und Anliegen von nur *einer* Religionsgemeinschaft ausdrücken. Unser Gespräch heißt: «Was verbindet die Glaubenden?» In diesem Titel wird die christliche Selbstdefinition als Glaubensgemeinschaft verwendet, die offenbar als für alle Religionen normativ angesehen wird. Der reine Glaube steht aber nicht bei jeder Religion im Zentrum. So muss man z.B. nicht ein «gläubiger» Jude sein, um ein guter Jude zu sein; im Judentum ist es die eigene Tat und Lebenshaltung, welche die zentrale Rolle spielen. Auch in anderen nicht-christlichen Religionen spielt der Glaube eine andere Rolle als im Christentum. Dieses Beispiel zeigt, wie vorsichtig man sein muss, damit man nicht einfach die eigenen religiösen Maßstäbe auf alle Menschen überträgt.

Weiter ist ein wahrer Dialog nur dann möglich, wenn sich die Gesprächspartner ebenbürtig gegenüberstehen. Zusammenarbeit ist nur dann möglich, wenn man das Anderssein des anderen akzeptiert. Somit würde ich behaupten, dass sich eine missionierende Religion nie ernst-

---

[1] Psalm 133,1.

[2] Zum interreligiösem Gespräch siehe zuletzt Magonet, Abraham – Jesus – Mohammed.

haft an einem solchen Dialog beteiligen kann. Solange man von der
absoluten Wahrheit der eigenen Religion in der Weise überzeugt ist,
dass das Ziel der Bekehrung des anderen nie gänzlich aus der Sicht
gerät, respektiert man die ebenbürtige Religiosität des anderen nicht. Ob
man dabei von Mission oder «nur» von freudiger Mitteilung der guten
Botschaft spricht, kommt letztlich auf dasselbe hinaus: Der eigene Weg
wird als der einzig wahre Weg verstanden. Doch welcher Mensch dürfte
zu urteilen wagen, welchen Weg – und ob überhaupt nur einen – Gott
als den einzig richtigen betrachtet? Ein bisschen mehr Demut wäre hier
angemessen. Besonders als ein in Deutschland lebender Jude liegt mir
dieser letzte Punkt sehr am Herzen, denn man kann mich als Jude nicht
nur körperlich, sondern auch seelisch töten. Das Endresultat ist das
gleiche.

Das Judentum hat eine Theologie der Akzeptanz anderer Religionen
gegenüber herausgearbeitet. Durch die Theologie der sieben Noachidischen Gesetze[3], eine Art Naturethik, die Gott der Menschheit nach der
Sintflut verliehen haben soll, wird es dem Judentum zu akzeptieren
ermöglicht, dass Gott sich auf andere Weise auch anderen Religionen
offenbart. Denn es heißt, dass *jeder* Gerechte und *jede* Gerechte am
Ende der Tage einen Anteil an der kommenden Welt haben wird. Somit
sind die Voraussetzungen für einen interkonfessionellen Dialog aus
jüdischer Sicht gegeben.

Was aber verbindet «die Glaubenden», bzw. was ist dann der Sinn
eines interkonfessionellen Dialogs? Im konkreten Fall des christlich-
jüdischen Gesprächs ist es offensichtlich, dass Christen und Juden verschiedene, vielleicht sogar entgegengesetzte Erwartungen an ein solches
Gespräch haben. Für Christen dürften u.a. die folgenden Gründe wichtig sein: Sie wollen die Ursprünge des Christentums besser verstehen,
ihre eigene Auffassung der Person Jesu vertiefen, das persönliche Verständnis des einen Gottes festigen und Buße für die Verbrechen tun, die
im Namen des Christentums im Laufe der Jahrhunderte Juden gegenüber verübt worden sind. Aus diesen Gründen ist ein Gespräch über und
mit Juden für die christliche *Theologie* wichtig. Für Juden läuft das
Gespräch auf ganz anderer Ebene, nämlich auf einer historischen, wobei
es primär einen existentiellen Sinn hat: Durch einen Dialog hofft man,
die uralten Vorurteile und den uralten Hass abzubauen, um dadurch die
eigene Akzeptanz als Mensch zu gewinnen. Für eine jüdische Theologie
ist das Christentum als solches eher unwichtig. Dieses Beispiel zeigt,
wie vollkommen unterschiedlich die Erwartungen der Gesprächspartner
an einen interreligiösen Dialog sein können.

---

[3]    Siehe z.B. Novak, *Image of the Non-Jew.*

Was verbindet dann die «Glaubenden»? Ich fürchte, dass sie im alltäglichen oder sogar religiösen Sinn sehr wenig verbindet. Die Tagesordnung sowohl des Einzelnen als auch der Gemeinschaft wird durch ganz spezifische und individuelle Erwägungen bestimmt, die von anderen nicht unbedingt geteilt werden. Hat dann solch ein Dialog überhaupt einen Sinn? Ohne Zweifel, und zwar einen sehr großen. Doch würde ich diesen Sinn eher auf der menschlicher Ebene als auf der religiösen einstufen. Die Religionen und ihre Anhänger können darauf hin arbeiten, dass Hass und Intoleranz aus der Welt verschwinden, dass Akzeptanz und Toleranz menschliche Eigenschaften werden, dass Frieden und Gerechtigkeit die Welt beherrschen und dass die Menschheit die Quelle ihres Lebens, die Erde, schont. Da dies überwältigende Aufgaben sind, die der oder die Einzelne alleine nicht bewältigen können, ist es am Besten, zwar global zu denken, aber lokal zu handeln. Eine Religion als Struktur kann wenig tun, der Mensch in seiner Gemeinde und unter seinen Mitmenschen aber kann sehr viel bewirken. Und hier können die Anhänger der verschiedenen Religionen der Menschheit ein Vorbild sein und führende Rollen übernehmen.

Von Rabbi Tarfon wird folgender Satz überliefert: «Der Tag ist kurz, und die Arbeit ist groß ... Du bist weder verpflichtet, die Arbeit zu beenden, noch darfst du ihr entgehen»[4]. Möge das unser Motto sein!

---

[4] Sprüche der Väter (Pirke Awot) 2,20–21.

# Gedenkrede

*Malsch, 22. Januar 1995*[1]

Sehr geehrter Herr Bürgermeister, meine Damen und Herren.

Vorgestern las ich im *Spiegel*, dass es «[k]eine deutsche Stadt [gibt], kaum eine größere Ortschaft, wo Juden nicht denunziert, verhaftet und schließlich in den Tod geschickt wurden, wo man die Synagogen nicht zerstörte oder entweihte»[2]. Wie wahr diese Aussage ist, wird uns heute bei der Feierstunde zur Einweihung dieses Gedenksteins wieder deutlich.

Vor etwas mehr als 55 Jahren, am 9. November 1938, fiel auch die kleine Synagoge der Stadt Malsch dem rassistischen Wahn zum Opfer. Knapp zwei Jahre später, am 22. Oktober 1940, wurden die letzten jüdischen Bürger – wohl gemerkt nicht «Mitbürger» – von Malsch nach Südfrankreich deportiert. Nur zwei von ihnen kehrten nach dem Krieg zurück. Damit hat auch diese Gemeinde ihren kleinen, aber nicht weniger furchtbaren Beitrag zur Vernichtung einer über tausendjährigen Geschichte des kontinuierlichen jüdischen Lebens in Deutschland «geleistet».

Seit dem 10. Jh. waren Juden im Rheinland ansässig. Die drei Reichsstädte der Salier, Speyer, Worms und Mainz, wurden zu Weltzentren des jüdischen Lebens und Lernens. Als schweigsamer Zeuge für diese ruhmreiche Geschichte sei hier der sogenannte «Heilige Sand», der jüdische Friedhof Worms, die älteste erhaltene jüdische Begräbnisstätte Europas, erwähnt.

Juden gab es in Malsch[3] spätestens seit dem 18. Jh. Damals unterstanden sie der Obrigkeit der Bischöfe von Speyer und gehörten zu ihrem weltlichen Territorium. Ab 1803 wurden sie dem Land Baden zugesprochen.

Am 28. Dezember 1831 stellten 13 jüdische Familienväter den Antrag, eine Synagoge zu bauen. Damit wollten sie nicht nur für die jüdischen Bürger von Malsch ein Gemeindezentrum errichten, sondern auch ein Zeichen der Zugehörigkeit und Verbundenheit zur Stadt

---

[1] Für seine Hilfe bei der Vorbereitung dieser kurzen Rede danke ich meinem ehemaligen Heidelberger Kollegen Dr. Uri R. Kaufmann.

[2] Seligmann, Genug bemitleidet.

[3] Zur Geschichte der Juden von Malsch siehe Hundsnurscher/Taddey, Jüdischen Gemeinden, S. 184–185.

Malsch setzen. Angesichts der Emanzipation wollten sie die Achtung und den Respekt ihrer Nachbarn gewinnen.

Die Fundamente der Synagoge wurden im Juni 1833 gelegt, das Datum der Einweihung des Gebäudes bleibt uns unbekannt; wahrscheinlich fand sie im Herbst des selben Jahres oder im darauffolgenden Jahr während den Hohen Feiertagen statt. Aber nicht nur das Datum der Einweihung ist uns verlorengegangen, es ist uns auch kein Bild der Synagoge überliefert. Wir wissen nicht einmal, in welchem Stil, ob im maurischen oder im antikisierend-ägyptischen, sie gebaut worden war. Als eigenständiges Gebäude wurde 1834 nebenan eine Mikwe, ein Ritualbad, errichtet. Sechzig Jahre später kaufte die Gemeinde ein angrenzendes Haus als Wohnung für ihren Religionslehrer hinzu.

Die Juden des Großherzogtums Baden, die im späten 19. Jh. immerhin 24'000 zählten, mussten wie alle deutschen Juden lange um ihre Gleichberechtigung kämpfen. Im Gegensatz zu den Vereinigten Staaten, zu Frankreich und den Niederlanden, deren Juden schon Ende des 18. Jh. die Gleichberechtigung erlangten, mussten die Juden Badens bis Ende des zweiten Drittels des 19. Jh. darauf warten, bevor man sie als gleichberechtigt anerkannte.

Wie es in einer kleinen ländlichen Gemeinde zu erwarten ist, waren die Juden von Malsch Händler; sie betätigten sich im Vieh- und Hopfenhandel, besaßen Textil- und Schuhgeschäfte, leiteten eine Zigarrenfabrik. Sie gehörten also zur politischen Gemeinde Malsch, in der sie 1884 5% der Bevölkerung ausmachten. Jeder zwanzigste Malscher war damals Jude.

Mitte der 30er Jahre des 20. Jh. bestand die jüdische Gemeinde aus mehr als 90 Mitgliedern. Ein großer Teil von ihnen konnte noch rechtzeitig ins Ausland nach England, Frankreich und Amerika fliehen. Für die Schändung der Synagoge in der Reichspogromnacht mussten die noch verbleibenden Juden bezahlen. Die letzten Malscher Juden wurden gegen Ende des Jahres 1940 nach Gurs in Südfrankreich deportiert. Über ihr weiteres Schicksal ist nur wenig bekannt. Nach dem Krieg kehrte nur noch das Ehepaar Hess zurück. Sie liegen jetzt auf dem Bergfriedhof in Heidelberg begraben.

Im traditionellen Judentum wünscht man sich einen Sohn, der nach dem eigenen Tod als «Kaddisch» fungieren soll, als derjenige, der jährlich das Trauergebet am Todestag spricht. Die meisten ermordeten Malscher Juden haben keinen Kaddisch, wie auch die meisten der übrigen sechs Millionen ermordeter Juden weder Kaddisch noch Grab haben. In ihrem Andenken möchte ich meine Worte mit den uralten Worten des Kaddischgebets, des jüdischen Trauergebets, schließen[4]. Es ist ein

---

[4]   Zum Kaddischgebet siehe Lehnhardt, *Qaddisch*.

Gebet, in dem weder Tod noch Trauer erwähnt werden. Es ist stattdessen ein Lobgesang auf das Leben. Trotz oder vielleicht auch ausgerechnet wegen der traurigen Erinnerung ist es uns befohlen, Gott in der Hoffnung zu preisen, dass sich so etwas unter der Menschheit nie wieder ereignen wird[5]:

«Erhoben und geheiligt
werde Sein großer Name
in der Welt,
die Er nach Seinem Willen erschaffen.
Er lasse Sein Reich kommen
in eurem Leben und in euren Tagen
und in dem Leben des ganzen Hauses Israel,
bald und in naher Zeit.
Darauf sprecht Amen.

*Gemeinde*: Amen.
Sein großer Name sei gepriesen
in Ewigkeit und Ewigkeit der Ewigkeiten!

Gepriesen und gelobt,
verherrlicht und erhoben,
erhöht und gefeiert,
hocherhoben und bejubelt
werde der Name des Heiligen, gelobt sei er,
obwohl er erhoben ist über allen Preis und Gesang,
Lob und Lied, Huldigung und Trost,
die in der Welt gesprochen werden.
Darauf sprecht Amen.

*Gemeinde*: Amen

Des Friedens Fülle und Leben möge vom Himmel herab
uns und ganz Israel zuteil werden.
Darauf sprecht Amen.

*Gemeinde*: Amen

Der Frieden stiftet in Seinen Höhen,
gebe auch uns Frieden,
ganz Israel und der ganzen Menschheit.
Darauf sprecht Amen.

*Gemeinde*: Amen.»

---

[5]   Die Übersetzung stammt aus Petuchowski, *«Dass wir Dir in Wahrheit dienen»*, S. 28.

# Andacht

Die fünf Bücher Mose, auch Pentateuch oder Tora genannt, spielen sowohl in der jüdischen Auffassung der Heiligen Schrift als auch im jüdischen Leben als Quelle der Bräuche und Traditionen *die* zentrale Rolle. Diese Zentralität spiegelt sich im synagogalen Brauch wider, sie in einem jährlichen Zyklus in ihrer Gesamtheit vorzulesen. Dabei gliedern sich die fünf Bücher Mose in 54 wöchentliche Abschnitte oder *paraschijjot* (פרשיות), die sich den Eigenschaften des jüdischen Kalenders anpassen. Diese Woche wird in der Synagoge eine doppelte Lesung vorgenommen, nämlich die Paraschijjot *Chukkat* (חקת) und *Balak* (בלק), die in Numeri 19,1–25,9 zu finden sind. Abgesehen davon, dass sie – meiner Meinung nach – zu den reichhaltigsten und interessantesten Paraschijjot zählen, hat diese doppelte Parascha für mich eine besondere Bedeutung, da an dem Sabbat, an dem diese Parascha in vier Jahren gelesen werden wird, mein jüngerer Sohn, so Gott will, zum ersten Mal zur Tora aufgerufen d.h. ein Bar-Mizwa werden wird.

Aus diesem Gefüge, das sowohl aus Wüstenwanderungsgeschichten als auch aus der Geschichte des Sehers Bileam besteht, der dazu aufgefordert wurde, Israel zu verfluchen, es auf Gottes Geheiß aber nur segnen konnte, möchte ich meinen Blick heute morgen auf Numeri 20 werfen. Dieses Kapitel gehört zu den weniger erfreulichen der Tora. Eingerahmt wird es durch die Berichte über den Tod von Moses' Geschwistern Mirjam (V. 1) und Aaron (V. 22–29). Daneben wird auch von einem vergeblichen Versuch erzählt, durch Edom in das Heilige Land zu ziehen (V. 14–21). Seine Hauptthematik aber findet das Kapitel im Bericht über das Wasser von Meriba, nach dem sich Moses so sehr gegen Gott gewandt hatte, dass es ihm verboten wurde, das Ziel seines Wirkens, den Einzug in das Gelobte Land zu erleben (V. 2–13). Wegen ihres Handelns in dieser Geschichte wurden Moses und auch Aaron durch einen frühen Tod bestraft. Heute soll es uns darum gehen, wie diese Strafe begründet wird.

Die Geschichte wird mit einer kurzen Notiz über Mirjams Ableben eingeleitet. Da uns dies ganz sachlich und ohne Kommentar übermittelt wird, können wir annehmen, dass ihr Tod im Gegensatz zu demjenigen ihrer Brüder in biblischer Sicht aus normalen Altersgründen und nicht als Strafe erfolgte. Sie war die Älteste der drei Geschwister, die alle ein hohes Alter erreicht haben sollen. Durch die Gegenüberstellung der Erzählungen wird uns klar, dass den Brüdern Mirjams Gegenwart und Rat fehlte, denn gleich nach ihrem Tod wird von den Vergehen Moses und Aarons erzählt.

In der hebraisierenden Übersetzung von Martin Buber und Franz Rosenzweig lesen wir:

> Da war kein Wasser für die Gemeinschaft,
> so sammelten sie sich über Mosche und über Aharon,
> das Volk zankte mit Mosche,
> sie sprachen ihre Sprüche,
> so: Wären wir doch verschieden beim Verscheiden unsrer Brüder vor IHM!
> und: Warum habt ihr SEIN Gesamt in diese Wüste gebracht,
> hier zu sterben, wir und unser Vieh!
> und: Warum habt ihr uns heraufgeholt aus Ägypten,
> uns an diesen üblen Ort zu bringen,
> einen Ort nicht von Saat, Feige, Weinstock, Granatbaum,
> sogar Wasser gibt keins zu trinken!
> Mosche kam und Aharon vom Angesicht der Versammlung zum Eingang des
>     Zelts der Gegenwart,
> sie fielen auf ihr Angesicht,
> da erschien die HERRLICHKEIT ihnen.
> ER redete zu Mosche, sprechend:
> Nimm den Stecken,
> versammle die Gemeinschaft, du und Aharon dein Bruder,
> und redet zum Felsen unter ihren Augen,
> daß er sein Wasser hergebe,
> so führst du ihnen Wasser aus dem Felsen herauf
> und tränkst die Gemeinschaft und ihr Vieh.
> Mosche nahm den Stecken von vor SEINEM Angesicht, wie er ihm geboten hatte,
> und Mosche und Aharon versammelten das Gesamt angesichts des Felsens.
> Er sprach zu ihnen:
> Hört doch, ihr Widerspänstigen!
> Sollen wir aus diesem Felsen euch Wasser heraufführen?
> Dann erhob Mosche seine Hand,
> er schlug den Fels
> mit seinem Stecken
> zu zwei Malen,
> heraus fuhr viel Wasser,
> die Gemeinschaft trank und ihr Vieh.
> Aber ER sprach zu Mosche und zu Aharon:
> Weil ihr mir nicht vertrautet,
> mich zu heiligen in den Augen der Söhne Jisraels,
> darum
> sollt ihr nicht bringen dieses Gesamt in das Land das ich ihnen gegeben habe.
> Das sind die Wasser von Gezänke, da die Söhne Jisraels mit IHM zankten,
> er aber erheiligte sich an ihnen.

Wie schon so oft nach dem Auszug aus Ägypten beklagten sich die Israeliten auch hier über ihr Geschick und wollten zurück nach Ägypten in die Sklaverei. Aus diesem Grund wurde die Generation des Auszugs bis auf Moses, Aaron, Kaleb und Josua bereits früher dazu verurteilt, so lange durch die Wüste zu wandern, bis sie ganz ausgestorben war. Doch diesmal machten sich auch Moses und Aaron mitschuldig und unterlagen der gleichen Strafe. Man muss sich das vorstellen: Wenn irgendein Mensch es verdient hätte, von Gott besonders behandelt zu werden, dann wäre es doch Moses, der Gesetzgeber und Diener Gottes schlechthin, gewesen. Schon Generationen von Kommentatoren haben sich daher mit der Frage nach dem «wieso» dieser Strafe beschäftigt. Welches war die Sünde, die nur durch den Tod des Sünders beseitigt werden konnte?

Jacob Milgrom hat in seinem Numeri-Kommentar die verschiedenen Deutungsversuche der mittelalterlichen jüdischen Kommentatoren sehr schön zusammengefasst und systematisiert[1]. Milgrom zufolge gibt es drei Hauptaspekte der Geschichte, die herangezogen wurden, um die Sünde zu deuten: Moses' Handlung, sein Charakter und seine Worte.

Das Bild des in seinem Zorn auf den Stein schlagenden Moses ist uns allen bekannt. Machte Moses Gott vielleicht darum zornig, weil er den Stein geschlagen hatte, statt ihn anzusprechen? Oder war es die Tatsache, dass er den Stein zweimal statt nur einmal geschlagen hatte? War sein Zorn die Ursache? Oder eine andere Charaktereigenschaft, die der eine oder andere Kommentator in der Geschichte zu identifizieren vermag? Oder hatte Moses etwas Falsches gesagt oder etwas Wichtiges zu sagen vergessen?

Im Gegensatz zu einigen anderen modernen Exegeten geht Milgrom nicht davon aus, dass der Text defektiv ist, dass der Grund für Moses' Verwerfung aus dem Text der Bibel gefallen ist. Vielmehr findet er im Text selbst Hinweise auf eine mögliche Antwort[2]: In Vers 12 wirft Gott Moses und dem schweigenden Aaron vor, dass sie eine Gelegenheit versäumt hätten, ihn zu heiligen. Moses hatte schon einmal durch sein Schlagen Wasser aus einem Felsen kommen lassen[3]. Auch als leicht erregbar hatte er sich schon öfters erwiesen. Doch immer hatte er dabei in Gottes Namen gehandelt. Bei all seinen Handlungen war es nicht Moses, sondern Gott, der als Urheber des Wunders betrachtet werden musste. Nur dieses eine Mal hatte Moses sich selbst ins Rampenlicht gestellt: «Sollen *wir* aus diesem Felsen euch Wasser heraufführen?» Für

---

[1] Siehe Milgrom, *Numbers*, S. 448–456.
[2] Siehe z.B. Levine, *Numbers*, S. 484–484. 490, der die Frage offen lässt, warum Moses und Aaron verworfen wurden.
[3] Exodus 17, 1–7.

die Israeliten schien es demnach Moses und nicht Gott zu sein, der das Wunder bewirkte. Dies hätte dazu führen können, dass sie alle Taten und Wunder Gottes, die mit dem Auszug aus Ägypten in Verbindung zu bringen sind, in Frage stellten. Für diese Sünde der Gotteslästerung, ein Verstoß gegen das dritte Gebot, wurden sowohl Moses als auch Aaron bestraft, hatten sie doch vergessen, dass sie als Anführer der Israeliten eine besondere Aufgabe hatten: Als unsere Vorbilder in allen Lebensbereichen und allen Handlungen *Gott* zu ehren und zu verherrlichen.

# Literaturverzeichnis

Ackerman, Susan, *Under Every Green Tree. Popular Religion in Sixth-Century Judah*, Harvard Semitic Monographs 46, Atlanta 1992.

Ackroyd, Peter R., *Exile and Restoration. A Study of Hebrew Thought of the Sixth Century BC*, London 1968.

Adam, Alfred, *Antike Berichte über die Essener*, Kleine Texte für Vorlesungen und Übungen 182, 2. durchgesehene Auflage, herausgegeben von Christoph Burchard, Berlin 1972.

Agus, Aharon R. E., *The Binding of Isaac and Messiah. Law, Martyrdom, and Deliverance in Early Rabbinic Religiosity*, Albany 1988.

Agus, Aharon R. E., *Heilige Texte*, München 1999.

Agus, Aharon R.E., *Das Judentum in seiner Entstehung. Grundzüge rabbinisch-biblischer Religiosität*, Judentum und Christentum 4, Stuttgart/Berlin/Köln 2001.

Aharoni, Yohanan, *The Archaeology of the Land of Israel. From the Prehistoric Beginnings to the End of the First Temple Period*, aus dem Hebräischen übersetzt von Anson S. Rainey, Philadelphia 1982.

Aharoni, Yohanan/Amiran, Ruth, A Survey of the Shephelah Tells, *Yediot* 19 (1955), S. 222–225 (Hebräisch).

Albeck, Shalom, The Ten Commandments and the Essence of Religious Faith, in: Segal, Ben-Zion (Hg.), *The Ten Commandments in History and Tradition*, Jerusalem 1990, S. 261–289.

Albertz, Rainer, *Religionsgeschichte Israels in alttestamentlicher Zeit*, Grundrisse zum Alten Testament 8/1 und 8/2, Göttingen 1992.

Albright, William Foxwell, Contributions to the Historical Geography of Palestine, *Annual of the American Schools of Oriental Research* 2–3 (1923), S. 1–46.

Alexander, Philip S., Jewish Aramaic Translations of Hebrew Scriptures, in: Mulder, Martin Jan (Hg.), *Mikra. Text, Translation, Reading and Interpretation of the Hebrew Bible in Ancient Judaism and Early Christianity*, Compendia Rerum Iudaicarum ad Novum Testamentum 2/1, Assen/Maastricht/Philadelphia 1988, S. 217–253.

Allen, Leslie C., *Ezekiel 1–19*, Word Biblical Commentary 28, Dallas 1994.

Alter, Robert, *The Art of Biblical Narrative*, New York 1981.

Alter, Robert, Reform Judaism and the Bible, *Commentary* 73 (1982), S. 31–35.

Altmann, Alexander, Art. Articles of Faith, *Encyclopaedia Judaica*, Band 3, Kol. 654–660.

Amiran, Ruth, *Ancient Pottery of the Holy Land. From Its Beginnings in the Neolithic Period to the End of the Iron Age*, Jerusalem/Ramat Gan 1969.

Amit, Yairah, *Reading Biblical Narratives. Literary Criticism and the Hebrew Bible*, aus dem Hebräischen übersetzt von Yael Lotan, Minneapolis 2001.

Antonelli, Judith, *In the Image of God. A Feminist Commentary on Torah*, Northvale (New Jersey)/London 1995.

Apple, Max, Joshua, in: Rosenberg, David (Hg.), *Congregation. Contemporary Writers Read the Jewish Bible*, San Diego/New York/London 1987, S. 61–69.

Aubin, Henry T., *The Recue of Jerusalem. The Alliance between Hebrews and Afri-cans in 701 BC*, Toronto 2002.

Avineri, Shlomo, *The Making of Modern Zionism. The Intellectual Origins of the Jewish State*, New York 1981.

Bal, Mieke, *Lethal Love. Feminist Literary Readings of Biblical Love Stories*, Indi-ana Studies in Biblical Literature, Bloomington/Indianapolis 1987.

Baltrusch, Ernst, *Die Juden und das Römische Reich. Geschichte einer konflikt-reichen Beziehung*, Darmstadt 2002.

Bamberger, Selig (Hg.), *Raschis Pentateuchkommentar*, Nachdruck: Basel ³1975.

Bamberger, Selig, *Sidur Sefat Emet*, Nachdruck: Basel 1992.

Banitt, Menahem, *Rashi. Interpreter of the Biblical Letter*, Tel Aviv 1985.

Barclay, John M.G., *Jews in the Mediterranean Diaspora. From Alexander to Tra-jan (332 BCE – 117 CE)*, Edinburgh 1996.

Bar-Kochva, Bezalel, *Judas Maccabaeus. The Jewish Struggle against the Seleu-cids*, Cambridge u.a. 1989.

Baron, Salo Wittmayer, The Ancient and Medieval Periods. Review of the History, in: ders./Wise, G. S. (Hg.), *Violence and Defense in the Jewish Experience*, Philadelphia 1977, S. 17–36. 163–190.

Baron, Salo Wittmayer, *A Social and Religious History of the Jews*, Band 2, New York/London/Philadelphia ²1952.

Baron, Salo Wittmayer, *A Social and Religious History of the Jews*, Band 5, New York/Philadelphia ²1957.

Bartuschat, Wolfgang, *Baruch de Spinoza*, München 1996.

Baskin, Judith R., *Midrashic Women. Formations of the Feminine in Rabbinic Literature*, Hanover/London 2002.

Batto, Bernard F., Creation Theology in Genesis, in: Clifford, Richard J./Collins, John J. (Hg.), *Creation in the Biblical Traditions*, Catholic Biblical Quarterly Monograph Series 24, Washington 1994, S. 16–38.

Beall, Todd S., *Josephus' Description of the Essenes Illustrated by the Dead Sea Scrolls*, Society for New Testament Studies Monograph Series 58, Cambridge/New York 1988.

Bechtel, Lyn M., Rethinking the Interpretation of Genesis 2:4B–3:24, in: Brenner, Athalya (Hg.), *A Feminist Companion to Genesis*, Sheffield 1993, S. 77–117.

Bechtoldt, Hans-Joachim, *Die jüdische Bibelkritik im 19. Jahrhundert*, Berlin/Stutt-gart/Köln 1995.

Becker, Joachim, Ez 8–11 als einheitliche Komposition in einem pseudoepigraphi-schen Ezechielbuch, in: Lust, Johan (Hg.), *Ezekiel and His Book. Textual and Literary Criticism and their Interrelation*, Bibliotheca ephemeridum theologica-rum lovaniensium 74, Leuven 1986, S. 136–150.

Beckwith, Roger T., Formation of the Hebrew Bible, in: Mulder, Martin Jan (Hg.), *Mikra. Text, Translation, Reading and Interpretation of the Hebrew Bible in Ancient Judaism and Early Christianity*, Compendia Rerum Iudaicarum ad Novum Testamentum 2/1, Assen/Maastricht/Philadelphia 1988, S. 39–86.

Begg, Christopher T., The Non-Mention of Ezekiel in the Deuteronomistic History, the Book of Jeremiah and the Chronistic History, in: Lust, Johan (Hg.), *Ezekiel and His Book. Textual and Literary Criticism and their Interrelation*, Biblio-theca ephemeridum theologicarum lovaniensium 74, Leuven 1986, S. 340–343.

Ben-Sasson, Haim Hillel (Hg.), *Geschichte des jüdischen Volkes. Erster Band: Von den Anfängen bis zum 7. Jahrhundert*, aus dem Englischen übersetzt von Siegfried Schmitz, München 1978.

Ben-Sasson, Haim Hillel (Hg.), *Geschichte des jüdischen Volkes. Zweiter Band: Vom 7.–17. Jahrhundert, das Mittelalter*, aus dem Englischen übersetzt von Modeste zur Nedden Pferdekamp, München 1979.

Ben-Sasson, Haim Hillel, Art. Messianic Movements, *Encyclopaedia Judaica*, Band 11, Kol. 1417–1427.

Benvenisti, Meron, Digging for the Myth, *Ha'aretz Online Edition* (11. Juni 1998) http://www3.haaretz.co.il/eng/htmls/kat7 2.htm

Ben-Yehuda, Nachman, *The Massada Myth. Collective Memory and Mythmaking in Israel*, Madison-London 1995.

Berger, David, *The Rebbe, the Messiah and the Scandal of Orthodox Indifference*, Litman Library of Jewish Civilization, London/Portland 2001.

Berlin, Adele, *The Dynamics of Biblical Parallelism*, Bloomington/Indianapolis 1985.

Bermant, Chaim/Weitzman, Michael, *Ebla. Neu entdeckte Zivilisation im alten Orient*, aus dem Englischen von F. W. Gutbrod, Frankfurt a.M. 1979.

Bialik, Hayim Nahman/Ravnitzky, Yehoshua Hana (Hg.), *The Book of Legends (Sefer Ha-Aggadah). Legends from the Talmud and Midrash*, aus dem Hebräischen übersetzt von William G. Braude, New York 1992.

Bickerman, Elias, *From Ezra to the Last of the Maccabees. Foundations of Post-biblical Judaism*, New York 1949.

Bickerman, Elias, *The Jews in the Greek Age*, Cambridge/London 1988.

Bilde, Per, *Flavius Josephus between Jerusalem and Rome. His Life, his Works and their Importance*, Journal for the Study of the Pseudepigrapha Supplement Series 2, Sheffield 1988.

Biran, Avraham/Naveh, Joseph, The Tel Dan Inscription. A New Fragment, *Israel Exploration Journal* 45 (1995), S. 1–18.

Biran, Avraham/Naveh, Joseph, An Aramaic Stele Fragment from Tel Dan, *Israel Exploration Journal* 43 (1993), S. 81–98.

Bird, Phyllis A., «Male and Female He Created Them». Genesis 1:27b in the Context of the Priestly Account of Creation, *Harvard Theological Review* 74 (1981), S. 129–159 (nachgedruckt in Hess/Tsumura, *«I Studied Inscriptions»*, S. 329–361).

Bland, Kalman P., *The Artless Jew. Medieval and Modern Affirmations and Denials of the Visual*, Princeton 2000.

Blau, Joseph L., *Modern Varieties of Judaism*, New York/London 1966.

Bledstein, Adrian Janis, Are Women Cursed in Genesis 3:16?, in: Brenner, Athalya (Hg.), *A Feminist Companion to Genesis*, Sheffield 1993, S. 142–145.

Blenkinsopp, Joseph, *Geschichte der Prophetie in Israel. Von den Anfängen bis zum hellenistischen Zeitalter*, aus dem Englischen übersetzt von Erhard S. Gerstenberger, Stuttgart/Berlin/Köln 1998.

Blenkinsopp, Joseph, *A History of Prophecy in Israel. From the Settlement in the Land to the Hellenistic Period*, Philadelphia 1983.

Blenkinsopp, Joseph, *The Pentateuch. An Introduction to the First Five Books of the Bible*, Anchor Bible Reference Library, New York/London/Toronto/Sydney/Auckland 1992.

Bliss, Frederick Jones/Macalister, R. A. Stewart, *Excavations in Palestine during the Years 1898–1900*, London 1902.

Block, Daniel I., *Ezekiel 1–24*, The New International Commentary on the Old Testament, Grand Rapids/Cambridge 1997.

Blomberg, Craig L., Messiah in the New Testament, in: Hess, Richard S./Carroll (Rodas), M. Daniel (Hg.), *Israel's Messiah in the Bible and the Dead Sea Scrolls*, Grand Rapids 2003, S. 111–141.

Blum, Erhard, Esra, die Mosetora und die persische Politik, *Trumah* 9 (2000), 9–34.

Blum, Erhard, *Die Komposition der Vätergeschichte*, Wissenschaftliche Monographien zum Alten und Neuen Testament 57, Neukirchen-Vluyn 1984.

Blum, Erhard, «P» and the Editing of the Pentateuch, Vortrag an der Jahrestagung des Society of Biblical Literature 1996.

Blum, Erhard, *Studien zur Komposition des Pentateuch*, Beihefte zur Zeitschrift für die alttestamentlich Wissenschaft 189, Berlin/New York 1990.

Boadt, Lawrence, Art. Ezekiel, Book of, *Anchor Bible Dictionary*, Band 2, S. 711–722.

Boas, Adrian J./Maeir, Aren M., The Renewed Excavations at Tell e-Ṣafi Gath, in: Ackermann, Oren (Hg.), *The Judean Shephelah – Man, Nature and Landscape. Proceedings of the Eighteenth Annual Conference of the Martin (Szusz) Department of Land of Israel Studies, May 19th 1998*, Ramat Gan 1998, S. 33–39 (Hebräisch).

Boas, Adrian/Maeir, Aren M./Schneider, Tammi, Tel Zafit, *Excavations and Surveys in Israel* 20 (1998), S. 114*–115*.

Böckler, Annette (Hg.), *Die Tora. Die fünf Bücher Mose in der Übersetzung von Moses Mendelssohn*, Berlin 2001.

Bodendorfer, Gerhard, Zur Historisierung des Psalters in der rabbinischen Literatur, in: Zenger, Erich (Hg.), *Der Psalter in Judentum und Christentum*, Herders Biblische Studien 18, Freiburg/Basel/Wien/Barcelona/Rom/New York 1998, S. 215–234.

Borowitz, Eugene B., *Liberal Judaism*, New York 1984.

Borowski, Oded, *Every Living Thing. Daily Use of Animals in Ancient Israel*, Walnut Creek/London/New Delhi 1998.

Brenner, Athalya (Hg.), *A Feminist Companion to Genesis*, Sheffield 1993.

Brenner, Athalya, *The Israelite Woman. Social Role and Literary Type in Biblical Literature*, Sheffield 1985.

Brenner, Athalya (Hg.), *Prophets and Daniel*, A Feminist Companion to the Bible (Second Series) 8, London/New York 2001.

Brettler, Marc Zvi, Judaism in the Hebrew Bible? The Transition from Ancient Israelite Religion to Judaism, *Catholic Biblical Quarterly* 61 (1999), S. 429–447.

Briant, Pierre, *From Cyrus to Alexander. A History of the Persian Empire*, aus dem Französischen übersetzt von Peter T. Daniels, Winona Lake 2002.

Bringmann, Klaus, *Hellenistische Reform und Religionsverfolgung in Judäa. Eine Untersuchung zur jüdisch-hellenistischen Geschichte (175–163 v. Chr.)*, Abhandlungen der Akademie der Wissenschaften Philologisch-Historische Klasse 3/132, Göttingen 1983.

Britt, Brian, The Romantic Roots of the Debate on the Buber-Rosenzweig Bible, *Prooftexts. A Journal of Jewish Literary History* 20 (2000), S. 262–289.

Broome, Edwin C., Ezekiel's Abnormal Personality, *Journal of Biblical Literature* 65 (1946), S. 277–292.

Buber, Martin, *Jüdische Künstler*, Berlin 1903.

Buber, Martin, *Das Kommende. Untersuchungen zur Entstehungsgeschichte des messianischen Glaubens I. Königtum Gottes*, Berlin 1932.

Bülow, S./Mitchell, R. A., An Iron Age II Fortress on Tel Nagila, *Israel Exploration Journal* 11 (1961), S. 101–110.

Bunimovitz, Shlomo/Lederman, Zvi, Tel Beth Shemesh, 1997–2000, *Israel Exploration Journal* 50 (2000), S. 254–258.

Carlebach, Julius (Hg.), *Wissenschaft des Judentums. Anfänge der Judaistik in Europa*, Darmstadt 1992.

Carr, David M., *Reading the Fractures of Genesis. Historical and Literary Approaches*, Louisville 1996.

Cassuto, Umberto (Moshe David), *A Commentary on the Book of Exodus*, aus dem Hebräischen übersetzt von Israel Abrahams, Jerusalem 1967.

Cassuto, Umberto (Moshe David), *A Commentary on the Book of Genesis. Part I, From Adam to Noah, Genesis I–VI 8*, aus dem Hebräischen übersetzt von Israel Abrahams, Jerusalem 1961.

Chacham, Amos, *Exodus (Sefer Schemot) Bd. 1*, Da'at Miqra', Jerusalem 1991 (Hebräisch).

Chacham, Amos, *Psalmen (Sepher Tehillim) 3–5*, Jerusalem 1981 (Hebräisch).

Chill, Abraham, *Die Mitzwot. Die Gebote der Tora*, aus dem Hebräischen übersetzt von Abraham Möller, Jerusalem/Zürich 1991.

Clauss, Manfred, *Das Alte Israel. Geschichte, Gesellschaft, Kultur*, Beck'sche Reihe Wissen 2073, München 1999.

Clauss, Manfred, *Geschichte Israels. Von der Frühzeit bis zur Zerstörung Jerusalems (587 v.Chr.)*, München 1986.

Clements, Ronald E., The Chronology of Redaction in Ezekiel 1–24, in: Lust, Johan (Hg.), *Ezekiel and His Book. Textual and Literary Criticism and their Interrelation*, Bibliotheca ephemeridum theologicarum lovaniensium 74, Leuven 1986, S. 283–294.

Cohen, Norman J., *Self, Struggle & Change. Family Conflict Stories in Genesis and Their Healing Insights for Our Lives*, Woodstock (Vermont) 1995.

Cohen, Shaye J. D., Solomon and the Daughter of Pharaoh: Intermarriage, Conversion, and the Impurity of Women, *Journal of the Ancient Near Eastern Society at Columbia University* 16–17 (1984–85), S. 23–37.

Cohn-Wiener, Ernst, Die *Jüdische Kunst. Ihre Geschichte von den Anfängen bis zur Gegenwart*, mit einem Nachwort zur Neuauflage von Hannelore Künzl, Berlin 1929/1995.

Collins, John J., *Apocalypticism in the Dead Sea Scrolls*, London/New York 1997.

Collins, John J., *The Scepter and the Star. The Messiahs of the Dead Sea Scrolls and Other Ancient Literature*, Anchor Bible Reference Library, New York/Toronto/Sydney/Auckland 1995.

Collins, John J., The Zeal of Phinehas. The Bible and the Legitimation of Violence, *Journal of Biblical Literature* 122 (2003), S. 3–21.

Coogan, Michael D., Archaeology and Biblical Studies. The Book of Joshua, in: Propp, William Henry/Halpern, Baruch/Freedman, David Noel (Hg.), *The Hebrew Bible and Its Interpreters*, Biblical and Judaic Studies from the University of California at San Diego 1, Winona Lake 1990, S. 19–32.

Coogan, Michael D., Of Cults and Cultures. Reflections on the Interpretation of Archaeological Evidence, *Palestine Exploration Quarterly* 119 (1987), S. 1–8.

Coogan, Michael D., *Stories from Ancient Canaan*, Philadelphia 1978.

Cooper, Alan, Structure, Midrash and Meaning. The Case of Psalm 23, in: *Proceedings of the Ninth World Congress of Jewish Studies, Division A, The Period of the Bible*, Jerusalem 1986, S. 107–114.

Cross, Frank Moore, *Canaanite Myth and Hebrew Epic*, Cambridge/London 1973.

Cross, Frank Moore, *From Epic to Canon. History and Literature in Ancient Israel*, Baltimore/London 1998.

Cross, Frank Moore, The «Olden Gods» in Ancient Near Eastern Creation Myths, in: ders./Lemke, Werner E./Miller, Patrick D. Jr. (Hg.), *Magnalia Dei. The Mighty Acts of God, Essays on the Bible and Archaeology in Memory of G. Ernest Wright*, Garden City 1976, S. 329–338.

Cross, Frank Moore, A Papyrus Recording a Divine Legal Decision and the Root *rhq* in Biblical and Near Eastern Legal Usage, in: Fox, Michael V./Hurowitz, Victor Avigdor/Hurvitz, Avi/Klein, Michael L./Schwartz, Baruch J./Shupak, Nili (Hg.), *Texts, Temples, and Traditions. A Tribute to Menahem Haran*, Winona Lake 1996, S. 311–320.

Crüsemann, Frank, Der Anfang dessen «was gut ist». 2. Mose 20,1–17 «Die Zehn Worte/Gebote», in: 26. Evangelischer Kirchentag (Hg.), *Exegetische Skizzen. Einführung in die Texte der Bibelarbeiten und Gottesdienste*, Hamburg 1995, S. 20–21.

Davies, Philip R., *In Search of «Ancient Israel»*, Journal for the Study of the Old Testament Supplement Series 148, Sheffield 1992.

Davis, Ellen F., *Swallowing the Scroll. Textuality and the Dynamics of Discourse in Ezekiel's Prophecy*, Journal for the Study of the Old Testament Supplement Series 78, Sheffield 1989.

Day, John, *God's Conflict With the Dragon and the Sea. Echoes of a Canaanite Myth in the Old Testament*, Cambridge u.a. 1985.

Day, John, Inner-biblical Interpretation in the Prophets, in: Gordon, Robert P. (Hg.), *«The Place Is Too Small for Us». The Israelite Prophets in Recent Scholarship*, Sources for Biblical and Theological Study 5, Winona Lake 1995, S. 230–246; Nachdruck aus Day, Prophecy, in: Carson, D. A./Williamson, H. G. M. (Hg.), *It Is Written. Scripture Citing Scripture* (Festschrift Barnabas Lindars), Cambridge 1988, S. 39–55.

Day, Peggy L., *An Adversary in Heaven. śāṭān in the Hebrew Bible*, Harvard Semitic Monographs 43, Atlanta 1988.

Dever, William G., Archaeology, Ideology, and the Quest for an «Ancient» or «Biblical» Israel, *Near Eastern Archaeology* 61 (1998), S. 39–52.

Dietrich, Walter/Naumann, Thomas, *Die Samuelbücher*, Erträge der Forschung 287, Darmstadt 1995.

Dion, Paul-E., *Les Araméenes à l'âge du fer. Histoire politique et structures socials*, Paris 1997.

Dohmen, Christoph, *Das Bilderverbot. Seine Entstehung und seine Entwicklung im Alten Testament*, Bonner Biblische Beiträge 62, Königstein (Ts.)/Bonn 1985.

Donner, Herbert, *Geschichte des Volkes Israel und seiner Nachbarn in Grundzügen*, ATD Ergänzungsreihe 4/1 und 4/2, Göttingen 1987.

Donner, Herbert, *The Mosaic Map of Madaba. An Introductory Guide*, Palaestina Antiqua 7, Kampen 1992.

Dorsey, David A., *The Roads and Highways of Ancient Israel*, Baltimore/London 1991.

Dossin, Georges, *Correspondence de Šamši-Addu et ses fils*, Archive royale de Mari I, Paris 1950.

Dothan, Moshe, Art. Ashdod, *The New Encyclopedia of Archaeological Excavations in the Holy Land*, Band 1, S. 93–102.

Dothan, Trude, *The Philistines and Their Material Culture*, Jerusalem 1982.

Dothan, Trude, What We Know About the Philistines, *Biblical Archaeology Review* 8 (1982), S. 20–44.

Dothan, Trude/Dothan, Moshe, *People of the Sea. The Search for the Philistines*, New York 1992.

Drews, Robert, *The End of the Bronze Age. Changes in Warfare and the Catastrophe ca. 1200 B.C.*, Princeton 1993.

Drosdowski, Günther/Grebe, Paul u.a. (Hg.), *Duden Etymologie. Herkunftswörterbuch der deutschen Sprache*, Duden Band 7, Mannheim/Wien/Zürich 1963.

Duhm, Bernhard, *Die Psalmen*, Kurzer Hand-Kommentar zum Alten Testament 14, Tübingen ²1922.

Ehrlich, Arnold B., *Die Psalmen neu übersetzt und erklärt*, Berlin 1905.

Ehrlich, Carl S., «Anti-Judäismus» in der hebräischen Bibel. Der Fall: Ezechiel, *Vetus Testamentum* 46 (1996), S. 169–178.

Ehrlich, Carl S., Art. Goliath, *Anchor Bible Dictionary*, Band 2, S. 1073–1074.

Ehrlich, Carl S., «How the Mighty Are Fallen». The Philistines in Their Tenth Century Context, in: Handy, Lowell K. (Hg.), *The Age of Solomon. Scholarship at the Turn of the Millennium*, Studies in the History and Culture of the Ancient Near East 11, Leiden 1997, S. 179–201.

Ehrlich, Carl S., Moses, Torah, and Judaism, in: Freedman, David Noel/McClymond, Michael J. (Hg.), *The Rivers of Paradise. Moses, Buddha, Confucius, Jesus, and Muhammad as Religious Founders*, Grand Rapids 2001, S. 11–119.

Ehrlich, Carl S., The *bytdwd*-Inscription and Israelite Historiography. Taking Stock after Half a Decade of Research, in: Daviau, P.M.M./Wevers, J.W./Weigl, M. (Hg.), *The World of the Arameans II. Studies in History and Archaeology in Honour of Paul-Eugène Dion*, Journal for the Study of the Old Testament Supplement Series 325, Sheffield 2001, S. 57–71.

Ehrlich, Carl S., *The Philistines in Transition. A History from ca. 1000–730 BCE*, Studies in the History and Culture of the Ancient Near East 10, Leiden/New York/Köln 1996.

Ehrlich, Carl S., Sklavenauslieferung in der Bibel und im alten Orient, *Trumah* 4 (1994), S. 111–118.

Ehrlich, Carl S./White, Marsha (Hg.), *Saul in Story and Tradition*, Forschungen zum Alten Testament, Tübingen 2004.

Ehrlich, Leonard H., *Fraglichkeit der jüdischen Existenz. Philosophische Untersuchungen zum modernen Schicksal der Juden*, Fermenta philosophica, Freiburg/München 1993.

Eilberg-Schwartz, Howard, *God's Phallus and Other Problems For Men and Monotheism*, Boston 1994.

Ekstein, Meir, Rabbi Mordechai Breuer and Modern Orthodox Biblical Commentary, *Tradition. A Journal of Orthodox Jewish Thought* 33 (1999), S. 6–23.

Elbogen, Ismar, *Der jüdische Gottesdienst in seiner geschichtlichen Entwicklung*, Frankfurt a.M. ³1931/Nachdruck: Hildesheim 1962.

Elior, Rachel, HaBaD. The Contemplative Ascent to God, in: Green, Arthur (Hg.), *Jewish Spirituality. From the Sixteenth-Century Revival to the Present*, World Spirituality 14, New York 1987, S. 157–205.

Elliger, Karl, Die Heimat des Propheten Micha, *Zeitschrift des Deutschen Palästina-Vereins* 57 (1934), S. 6–152.

Elman, Yaakov, *Reading the Hebrew Bible. Two Millennia of Jewish Bible Commentary*, Hoboken 2003.

Eph'al, Israel, *Siege and Its Ancient Near Eastern Manifestations*, Jerusalem 1996 (Hebräisch).

Ettinger, Shmuel, *Geschichte des jüdischen Volkes Band 3. Vom 17. Jahrhundert bis zur Gegenwart. Die Neuzeit*, Ben-Sasson, Haim Hillel (Hg.), München 1980.

Evans, Craig A., The Messiah in the Dead Sea Scrolls, in: Hess, Richard S./Carroll (Rodas), M. Daniel (Hg.), *Israel's Messiah in the Bible and the Dead Sea Scrolls*, Grand Rapids 2003, S. 85–101.

Feldman, Louis H., *Jew and Gentile in the Ancient World. Attitudes and Interactions from Alexander to Justinian*, Princeton 1993.

Feldman, Louis H./Hata, Gohei (Hg.), *Josephus, Judaism, and Christianity*, Leiden 1987.

Fewell, Danna Nolan/Gunn, David M., Shifting the Blame. God in the Garden, in: Beal, Timothy K./Gunn, David M. (Hg.), *Reading Bibles, Writing Bodies. Identity and The Book*, London/New York 1997, S. 16–33.

Fierstien, Robert E., *A Different Spirit. The Jewish Theological Seminary of America, 1886–1902*, New York 1990.

Finkelstein, Israel, *The Archaeology of the Israelite Settlement*, Jerusalem 1988.

Finkelstein, Israel, The Date of the Settlement of the Philistines in Canaan, *Tel Aviv* 22 (1995), S. 213–239.

Finkelstein, Israel/Silberman, Neil Asher, *The Bible Unearthed. Archaeology's New Vision of Ancient Israel and the Origin of Its Sacred Texts*, New York/London/Toronto/Sydney/Singapore 2001.

Finkelstein, Louis, *Akiba. Scholar, Saint and Martyr*, New York [3]1981.

Fisch, Harold, *Poetry with a Purpose. Biblical Poetics and Interpretation*, Bloomington/Indianapolis 1988.

Fischer, Thomas, *Seleukiden und Makkabäer. Beiträge zur Seleukidengeschichte und zu den politischen Ereignissen in Judäa während der 1. Hälfte des 2. Jahrhunderts v.Chr.*, Bochum 1980.

Fischer, Ulrich, *Eschatologie und Jenseitserwartungen im hellenistischen Diasporajudentum*, Beiheft zur Zeitschrift für die neutestamentliche Wissenschaft und die Kunde der älteren Kirche 44, Berlin/New York 1978.

Fishbane, Michael, *Biblical Interpretation in Ancient Israel*, Oxford 1985.

Fishbane, Michael, Biblical Prophecy as a Religious Phenomenon, in: Green, Arthur (Hg.), *Jewish Spirituality I. From the Bible through the Middle Ages*, World Spirituality 13, London 1986, S. 62–81.

Flint, Peter W./Vanderkam, James C. (Hg.), *The Dead Sea Scrolls after Fifty Years. A Comprehensive Assessment*, 2 Bände, Leiden/Boston/Köln 1998/1999.

Fokkelman, J. P., *Reading Biblical Narrative. A Practical Guide*, Tools for Biblical Studies 1, aus dem Holländischen übersetzt von Ineke Smit, Leiden 1999.

Foster, Benjamin R. (Hg.), *The Epic of Gilgamesh*, New York/London 2001.

Frankel, Ellen, *The Five Books of Miriam. A Woman's Commentary on the Torah*, New York 1996.

Freedman, David Noel, The Real Story of the Ebla Tablets. Ebla and the Cities of the Plain, *Biblical Archaeologist* 41 (1976), S. 143–164.

Freedman, David Noel/O'Connor, Michael, Art. יהוה *YHWH, Theological Dictionary of the Old Testament* 5, 500–521.

Freedman, R. David, Woman, A Power Equal to Man. Translation of Woman as a «Fit Helpmate» for Man Is Questioned, *Biblical Archaeology Review* 9 (1983), S. 56–58.

Freehof, Solomon B., The Prayerbook and its Selection of Psalms, *Journal of Reform Judaism* 34 (1987), S. 13–17.

Friberg, Jöran, Art. Numbers and Counting, *Anchor Bible Dictionary*, Band 4, S. 1139–1146.

Friedman, Richard Elliot, *Wer schrieb die Bibel? Die spannende Entstehungsgeschichte des Alten Testaments*, übersetzt von Hartmut Pitschmann, Wien/ Darmstadt 1989.

Friedman, Richard Elliot, Who Wrote the Bible? New York 1987.

Friedman, Theodore, Conservative Judaism in Israel. Problems and Prospects, in: Cardin, Nina Beth/Silverman, David Wolf (Hg.), *The Seminary at 100. Reflections on the Jewish Theological Seminary and the Conservative Movement*, New York 1988, S. 391–397.

Fritz, Volkmar, *Einführung in die biblische Archäologie*, Darmstadt 1985.

Fritz, Volkmar/Davies, Philip R. (Hg.), *The Origins of the Ancient Israelite States*, Journal for the Study of the Old Testament Supplement Series 228, Sheffield 1996.

Frymer-Kensky, Tikvah, *In the Wake of the Goddesses. Women, Culture, and the Biblical Transformation of Pagan Myth*, New York 1992.

Gafni, Isaiah M., The Historical Background, in: Shmuel Safrai (Hg.), *The Literature of the Sages. First Part: Oral Tora, Halakha, Mishna, Tosefta, Talmud, External Tractates*, Compendia Rerum Judaicarum ad Novum Testamentum 2/3, Assen/Maastricht/Philadelphia 1987, S. 1–34.

Gallagher, William R., *Sennacherib's Campaign to Judah. New Studies*, Studies in the History and Culture of the Ancient Near East 18, Leiden/Boston/Köln 1999.

Garscha, Jörg, *Studien zum Ezechielbuch. Eine redaktionskritische Untersuchung von Ez 1–39*, Europäische Hochschulschriften 23, Bern/Frankfurt a.M. 1974.

Gillman, Neil *Conservative Judaism. The New Century*, West Orange 1993.

Gitin, Seymour, Philistia in Transition. The Tenth Century and Beyond, in: ders./Mazar, Amihai/Stern, Ephraim, (Hg.), *Mediterranean Peoples in Transition. Thirteenth to Early Tenth Centuries BCE*, FS Trude Dothan, Jerusalem 1998, S. 162–183.

Gitin, Seymour, Tel Miqne-Ekron in the 7th Century B.C.E. The Impact of Economic Innovation and Foreign Cultural Influences on a Neo-Assyrian Vassal City-State, in: ders. (Hg.), *Recent Excavations in Israel. A View to the West. Reports on Kabri, Nami, Miqne-Ekron, Dor, and Ashkelon*, American Institute of Archaeology Colloquia and Conference Papers 1, Dubuque 1995, S. 61–79.

Gitin, Seymour/Dothan, Trude/Naveh, Joseph, A Royal Dedicatory Inscription from Ekron, *Israel Exploration Journal* 47 (1997), S. 1–16.

Gitin, Seymour/Mazar, Amihai/Stern, Ephraim, (Hg.), *Mediterranean Peoples in Transition. Thirteenth to Early Tenth Centuries BCE*, FS Trude Dothan, Jerusalem 1998.

Glazov, Gregory, The Invocation of Ps. 51:17 in Jewish and Christian Morning Prayer, *Journal of Jewish Studies* 46 (1995), S. 167–182.

Goldschmidt, Lazarus, *Der Babylonische Talmud*, Berlin ab 1930.

Goldstein, Elyse, *ReVisions. Seeing Torah through a Feminist Lens*, Woodstock (Vermont) 1998.

Goldstein, Elyse (Hg.), *The Women's Torah Commentary. New Insights from Women Rabbis on the 54 Weekly Torah Portions*, Woodstock (Vermont) 2000.

Goodman-Tau, Eveline, *Zeitbruch. Zur messianischen Grunderfahrung in der jüdischen Tradition*, Berlin 1995.

Gordis, Robert, A Jewish Prayerbook for the Modern Age, in: ders., *Understanding Conservative Judaism*, Studies in Conservative Jewish Thought 2, New York 1978, S. 132–154.

Görg, Manfred, *Die Beziehungen zwischen dem alten Israel und Ägypten. Von den Anfängen bis zum Exil*, Erträge der Forschung 290, Darmstadt 1997.

Grabbe, Lester L., *Judaism from Cyrus to Hadrian. Volume One: The Persian and Greek Periods; Volume Two: The Roman Period*, Minneapolis 1992.

Graetz, Michael, Jüdischer Messianismus in der Neuzeit, in: Falaturi, Abdoldjavad/ Strolz, Walter/Talmon, Shemaryahu (Hg.), *Zukunftshoffnung und Heilserwartung in den monotheistischen Religionen*, Veröffentlichungen der Stiftung Oratio Dominica. Schriftreihe zur großen Ökumene 9, Freiburg/Basel/Wien 1983, S. 167–188.

Graupe, Heinz Mosche, *Die Entstehung des modernen Judentums. Geistesgeschichte der deutschen Juden 1650–1942*, Hamburger Beiträge zur Geschichte der deutschen Juden Bd. 1, Hamburg 1969.

Greenberg, Moshe, Art. Decalogue, *Encyclopedia Judaica*, Band 5, Kol. 1435–1446.

Greenberg, Moshe, The Decalogue Tradition Critically Examined, in: Segal, Ben-Zion (Hg.), *The Ten Commandments in History and Tradition*, Jerusalem 1990, S. 83–119.

Greenberg, Moshe, *Ezekiel 1–20*, Anchor Bible 22, Garden City 1983. Deutsche Übersetzung: *Ezechiel 1–20*, aus dem Englischen übersetzt von Michael Konkel, Herders Theologischer Kommentar zum Alten Testament, Freiburg im Breisgau/ Basel/Wien 2001.

Greenberg, Moshe, *The Hab/piru*, American Oriental Series 39, New Haven 1955.

Greenberg, Moshe, *Biblical Prose Prayer as a Window to the Popular Religion of Ancient Israel*, The Taubman Lectures in Jewish Studies. Sixth Series, Berkeley/ Los Angeles/London 1983.

Greenberg, Moshe, The Vision of Jerusalem in Ezekiel 8–11. A Holistic Interpretation, in: Crenshaw, James L./Sandmel, Samuel (Hg.), *The Divine Helmsman. Studies Presented to Lou H. Silberman*, New York 1980, S. 143–164.

Greenstein, Edward, Biblical Studies in a State, in: Cohen, Shaye J. D./Greenstein, Edward L. (Hg.), *The State of Jewish Studies*, Detroit 1990, S. 23–46.

Gunkel, Hermann, *Einleitung in die Psalmen. Die Gattungen der religiösen Lyrik Israels*, zu Ende geführt von Joachim Begrich, Göttingen ³1975.

Gunneweg, Antonius H. J., *Geschichte Israels bis Bar Kochba*, Theologische Wissenschaft 2, Stuttgart/Berlin/Köln/Mainz ⁵1984.

Gutmann, Joseph, Prolegomenon, in: ders. (Hg.), *No Graven Images. Studies in Art and the Hebrew Bible*, New York 1971, S. xi–lxiii.

Gutmann, Joseph, The «Second Commandment» and the Image in Judaism, in: ders. (Hg.), *No Graven Images. Studies in Art and the Hebrew Bible*, New York 1971, S. 3–14.

Hachlili, Rachel, *Ancient Jewish Art and Archaeology in the Land of Israel*, Handbuch der Orientalistik. 7. Abteilung. 1. Band. 2. Abschnitt, Leiden/New York/ København/Köln 1988.

Hadas-Lebel, Mireille, *Massada. Der Untergang des jüdischen Königreichs oder Die andere Geschichte von Herodes*, aus dem Französischen übersetzt von Hans Thill, Berlin 1995.

Halbertal, Moshe/Margalit, Avishai, *Idolatry*, aus dem Hebräischen übersetzt von Naomi Goldblum, Cambridge (Massachusetts)/London 1992.

Hallo, William W./Younger, K. Lawson Jr. (Hg.), *The Context of Scripture Volume I. Canonical Compositions from the Biblical World*, Leiden/New York/Köln 1997.

Hallo, William W./Younger, K. Lawson Jr., (Hg.), *The Context of Scripture Volume II: Monumental Inscriptions from the Biblical World*, Leiden/Boston/Köln 2000.

Halperin, David J., *Seeking Ezekiel. Text and Psychology*, University Park 1993.

Halpern, Baruch, *David's Secret Demons. Messiah, Murderer, Traitor, King*, Grand Rapids/Cambridge 2001.

Hammer, Reuven, The Impact of the Seminary on Israeli Religious Thought, in: Cardin, Nina Beth/Silverman, David Wolf (Hg.), *The Seminary at 100. Reflections on the Jewish Theological Seminary and the Conservative Movement*, New York 1988, S. 135–141.

Handy, Lowell K. (Hg.), *The Age of Solomon. Scholarship at the Turn of the Millennium*, Studies in the History and Culture of the Ancient Near East 11, Leiden 1997.

Hanson, Paul D., *The Dawn of Apocalyptic. The Historical and Sociological Roots of Jewish Apocalyptic Eschatology*, Philadelphia [2]1979.

Harlow, Jules (Hg.), *Siddur Sim Shalom*, New York 1985.

Harris, Jay M., From Inner-Biblical Interpretation to Early Rabbinic Exegesis, in: Magne Sæbø (Hg.), *Hebrew Bible/Old Testament. The History of Its Interpretation. Volume I: From the Beginnings to the Middle Ages (Until 1300)*, Göttingen 1996, S. 256–269.

Hawk L. Daniel, The Problem with Pagans, in: Beal Timothy K./Gunn, David M. (Hg.), *Reading Bibles, Writing Bodies. Identity and The Book*, London/New York 1997, S. 153–163.

Hayes, John H./Prussner, Frederick, *Old Testament Theology. Its History & Development*, Atlanta 1985.

Heidel, Alexander, *The Babylonian Genesis. The Story of Creation*, Chicago/ London [2]1951.

Heidel, Alexander, *The Gilgamesh Epic and Old Testament Parallels*, Chicago/ London 1946.

Helck, Wolfgang, *Die Beziehungen Ägyptens und Vorderasiens zur Ägäis bis ins 7. Jahrhundert v. Chr.*, Erträge der Forschung 120, Darmstadt 1979.

Hengel, Martin, Jesus, der Messias Israels. Zum Streit über das «messianische Sendungsbewusstsein» Jesu, in: Gruenwald, Ithamar/Shaked, Shaul/Strousma, Gedaliahu G. (Hg.), *Messiah and Christos. Studies in the Jewish Origins of Christianity*, Festschrift David Flusser, Texte und Studien zum Antiken Judentum 32, Tübingen 1992, S. 155–176.

Hengel, Martin, *Judentum und Hellenismus. Studien zu ihrer Begegnung unter besonderer Berücksichtigung Palästinas bis zur Mitte des 2. Jh.s. v.Chr.*, Wissenschaftliche Untersuchungen zum Neuen Testament 10, Tübingen 1973.

Hengel, Martin, *Die Zeloten. Untersuchungen zur jüdischen Freiheitsbewegung in der Zeit von Herodes I. bis 70 n. Chr.*, Arbeiten zur Geschichte des antiken Judentums und des Urchristentums I, Leiden/Köln [2]1976.

Henshaw, Richard A., *Female and Male. The Cultic Personnel. The Bible and the Rest of the Ancient Near East*, Princeton Theological Monograph Series 31, Allison Park 1994.

Herntrich, Volkmar, *Ezechielprobleme*, Beihefte zur Zeitschrift für die Alttestamentliche Wissenschaft 61, Giessen 1933.

Herr, Moshe David, Edom. In the Aggadah, *Encyclopaedia Judaica*, Band 6, Kol. 378–380.

Herrmann, Siegfried, *Geschichte Israels in alttestamentlicher Zeit*, München [2]1980.

Hertz, Joseph Herman, *The Pentateuch and Haftorahs*, London [2]1981.

Hertz, Joseph Herman, *Pentateuch und Haftaroth*, 5 Bände, Berlin 1937–1938.

Herzog, Chaim/Gichon, Mordechai, *Battles of the Bible. A Modern Military Evaluation of the Old Testament*, New York 1978.

Heschel, Abraham Joshua, *The Prophets*, 2 Bände, New York u.a. 1962/1975.

Heschel, Abraham Joshua, *Der Sabbat. Seine Bedeutung für den heutigen Menschen*, aus dem Englischen übersetzt von Ruth Olmesdahl, Neukirchen-Vluyn 1990.

Heschel, Susannah (Hg.), *On Being a Jewish Feminist*, New York [2]1995.

Hess, Richard S./Tsumura, David Toshio (Hg.), «*I Studied Inscriptions from before the Flood*». *Ancient Near Eastern Literary, and Linguistic Approaches to Genesis 1–11*, Sources for Biblical and Theological Study 4, Winona Lake 1994.

Hillers, Delbert R., *Covenant. The History of a Biblical Idea*, Baltimore/London 1969.

Hoenig, Sidney B. (Hg.), *The Book of Joshua. A New English Translation of the Text and Rashi with a Commentary Digest*, New York 1969.

Hoffman, Lawrence, Introduction to the Liturgy. Why the *P'sukei D'zimrah*?, in: ders. (Hg.), *My People's Prayerbook. Traditional Prayers, Modern Commentaries, Volume 3 – P'sukei D'zimrah (Morning Psalms)*, Woodstock (Vermont) 1999, S. 1–13.

Holladay, William L., *Jeremiah 2*, Hermeneia, Minneapolis 1989.

Hölscher, Gustav, *Hesekiel. Der Dichter und das Buch*, Beihefte zur Zeitschrift für die alttestamentliche Wissenschaft 39, Giessen 1924.

Horbury, William *Jews and Christians in Contact and Controversy*, Edinburgh 1998.

Horowitz C. (Hg.), *Der Jerusalemer Talmud in deutscher Übersetzung. Bd. I Berakhoth*, Tübingen 1975.

Horsley, Richard A., *Jesus and the Spiral of Violence. Popular Jewish Resistance in Roman Palestine*, San Francisco 1987.

Horsley, Richard A., Messianic Movments in Judaism, *Anchor Bible Dictionary*, Band 4, S. 791–797.

Horsley, Richard A., Popular Messianic Movements around the Time of Jesus, in: Saperstein, Marc (Hg.), *Essential Papers on Messianic Movements and Personalities in Jewish History*, New York/London 1992, S. 83–110.

Hossfeld, Frank Lothar, Die Tempelvision Ez 8–11 im Licht unterschiedlicher methodischer Zugänge, in: Lust, Johan (Hg.), *Ezekiel and His Book. Textual and Literary Criticism and their Interrelation*, Bibliotheca ephemeridum theologicarum lovaniensium 74, Leuven 1986, S. 151–165.

Hundert, Gershon David (Hg.), *Essential Papers on Hasidism. Origins to Present*, New York 1991.

Hundsnurscher, Franz/Taddey, Gerhard, *Die Jüdischen Gemeinden in Baden. Denkmale, Geschichte, Schicksale*, Stuttgart 1968.

Hurwitz, Siegmund, *Die Gestalt des sterbenden Messias. Religionspsychologische Aspekte der jüdischen Apokalyptik*, Zürich/Stuttgart 1958.

Hyatt, J. Philip, *Exodus*, Revised edition, New Century Bible, Grand Rapids/London 1980.

Idel, Moshe, *Kabbalah. New Perspectives*, New Haven/London 1988.

Irvine, Stuart A., *Isaiah, Ahaz, and the Syro-Ephraimitic Crisis*, Society of Biblical Literature Dissertation Series 123, Atlanta 1990.

Israel, M., Survey and Study of the Kfar Menahem Region, *Teva va-Aretz* 5 (1963), S. 2–4 (Hebräisch).

Jacobsen, Thorkild, The Graven Image, in: Miller, Patrick D. Jr./Hanson, Paul D./McBride, S. Dean (Hg.), *Ancient Israelite Religion. Essays in Honor of Frank Moore Cross*, Philadelphia 1987, S. 15–32.

Japhet, Sara, People and Land in the Restoration Period, in: Strecker, Georg (Hg.), *Das Land Israel in biblischer Zeit*, Göttinger theologischer Arbeiten 25, Göttingen 1983, S. 103–125.

Jarrell, R. H., The Birth Narrative as Female Counterpart to Covenant, *Journal for the Study of the Old Testament* 97 (2002), S. 3–18.

Jaspers, Karl, Der Prophet Ezechiel. Eine pathographische Studie, in: *Arbeiten zur Psychiatrie, Neurologie und ihren Grenzgebieten (FS Kurt Schneider)*, Heidelberg 1947, S. 77–85.

Jones, Gwilym H., The Concept of Holy War, in: Ronald E. Clements, Hg., *The World of Ancient Israel. Sociological, Anthropological and Political Perspectives*, Cambridge (UK) 1989, S. 299–321.

Josephus, Flavius, *Der jüdische Krieg*, Deutsche Übersetzung: Flavius Josephus, *Geschichte des jüdischen Krieges*, aus dem Griechischen übersetzt von Heinrich Clementz, Wiesbaden 1977/1978.

Joyce, Paul M., *Divine Initiative and Human Response in Ezekiel*, Journal for the Study of the Old Testament Supplement Series 51, Sheffield 1989.

Joyce, Paul M., Ezekiel and Individual Responsibility, in: Lust, Johan (Hg.), *Ezekiel and His Book. Textual and Literary Criticism and their Interrelation*, Bibliotheca ephemeridum theologicarum lovaniensium 74, Leuven 1986, S. 317–321.

Kaiser, Otto (Hg.), *Texte aus der Umwelt des Alten Testaments* (= *TUAT*), 3 Bände, Gütersloh 1982–1997.

Kalimi, Isaac, Religionsgeschichte Israels oder Theologie des Alten Testaments. Das jüdische Interesse an der Biblischen Theologie, *Jahrbuch für Biblische Theologie* 10 (1995), S. 45–68.

Kanael, Baruch, *Die Kunst der antiken Synagoge*, München/Frankfurt (Main) 1961.

Kaplan, Mordecai, *Judaism as a Civilization. Toward a Reconstruction of American-Jewish Life*, New York/London 1957 ([1]1934).

Karrer, Martin, *Der Gesalbte. Die Grundlagen des Christustitels*, Forschungen zur Religion und Literatur des Alten und Neuen Testaments 151, Göttingen 1991.

Karrer, Martin, *Jesus Christus im Neuen Testament*, Grundrisse zum Neuen Testament 11, Göttingen 1998.

Kasher, Rimon, The Interpretation of Scripture in Rabbinic Literature, in: Mulder, Martin Jan (Hg.), *Mikra. Text, Translation, Reading and Interpretation of the Hebrew Bible in Ancient Judaism and Early Christianity*, Compendia Rerum Iudaicarum ad Novum Testamentum 2/1, Assen/Maastricht/Philadelphia 1988, S. 547–594.

Kassis, Hanna E., Gath and the Structure of the «Philistine» Society, *Journal of Biblical Literature* 84 (1965), S. 259–271.

Kastein, Joseph, *Sabbatai Zewi. Der Messias von Ismir*, Berlin 1930.

Kaufmann, Yehezkel, *The Religion of Israel. From Its Beginnings to the Babylonian Exile*, aus dem Hebräischen übersetzt von Moshe Greenberg, New York 1972.

Keel, Othmar/Uehlinger, Christoph, *Göttinnen, Götter und Gottessymbole. Neue Erkenntnisse zur Religionsgeschichte Kanaans und Israels aufgrund bislang unerschlossener ikonographischer Quellen*, Quaestiones Disputatae 134, Freiburg/Basel/Wien 1992.

Kellenbach, Katharina von, Frl. Rabbiner Regina Jonas. Eine religiöse Feministin vor ihrer Zeit, *Schlangenbrut* 38 (1992), S. 35–39.

Kempinski, Aharon, Die Archäologie als bestimmender Faktor in der israelischen Gesellschaft und Kultur, *Judaica* 45 (1989), S. 2–20.

Kempinski, Aharon, Joshua's Altar. An Iron Age I Watchtower, *Biblical Archaeology Review* 12 (1986), S. 42, 44–49.

Kindler, Arie, *Coins of the Land of Israel. Collection of the Bank of Israel*, aus dem Hebräischen übersetzt von R. Grafman, Jerusalem 1974.

Kitchen, Kenneth A., *The Third Intermediate Period in Egypt (1100–650 BC)*, Warminster [2]1986.

Klausner, Joseph, *The Messianic Idea in Judaism from Its Beginning to the Completion of the Mishnah*, aus der hebräischen dritten Auflage übersetzt von William F. Stinespring, London 1956.

Klausner, Joseph, *Die Messianischen Vorstellungen des jüdischen Volkes im Zeitalter der Tannaiten*, Berlin 1904.

Klein, Isaac, *A Guide to Jewish Religious Practice*, Moreshet Series 6, New York 1979.

Kloos, C., *Yhwh's Combat with the Sea. A Canaanite Tradition in the Religion of Ancient Israel*, Leiden 1986.

Klostermann, August, Ezechiel. Ein Beitrag zu besserer Würdigung seiner Person und seiner Schrift, *Theologische Studien und Kritiken* 50 (1877), S. 391–439.

Knight, Douglas A. (Hg.), *Julius Wellhausen and His Prolegomena to the History of Israel*, Semeia 25, Chico 1982.

Knight, Douglas A., The Pentateuch, in: ders./Tucker, Gene M. (Hg.), *The Hebrew Bible and Its Modern Interpreters*, Philadelphia/Decatur 1985, S. 263–296.

Knox, Israel, *Rabbi in America. The Story of Isaac M. Wise*, Boston/Toronto 1957.

Kochan, Lionel, *Beyond the Graven Image. A Jewish View*, New York 1997.

Koenen, Klaus, Altes Testament, in: Koenen, Klaus/Kühschelm, Roman, *Zeitenwende. Perspektiven des Alten und Neuen Testaments*, Neuer Echter Bibel – Themen 2, Würzburg 1999, S. 1–56.

Köhler, Ludwig/Baumgartner, Walter, *Hebräisches und aramäisches Lexikon zum Alten Testament* (= HALAT), dritte Auflage, Leiden 1967–1996.

Kokkinos, Nikos, Herod's Horrid Death, *Biblical Archaeology Review* 28 (2002), 28–35. 62.

Koltun, Elizabeth (Hg.), *The Jewish Woman. New Perspectives*, New York 1976.

Konikoff, Carmel, *The Second Commandment and Its Interpretation in the Art of Ancient Israel*, Genève 1973.

Korsak, Mary Phil, Genesis. A New Look, in: Brenner, Athalya (Hg.), *A Feminist Companion to Genesis*, The Feminist Companion to the Bible 2, Sheffield ²1997.

Kotter, Wade R., Art. Ziklag, *Anchor Bible Dictionary*, Band 6, S. 1090.

Krapf, Thomas M., *Die Priesterschrift und die vorexilische Zeit. Yehezkel Kaufmanns vernachlässigter Beitrag zur Geschichte der biblischen Religion*, Orbis biblicus et orientalis 119, Freiburg (Schweiz)/Göttingen 1992.

Kratz, Reinhard G., *Die Komposition der erzählenden Bücher des Alten Testaments*, Göttingen 2000.

Kraus, Hans-Joachim, *Geschichte der historisch-kritischen Erforschung des Alten Testaments*, Neukirchen-Vluyn ⁴1988.

Kraus, Hans-Joachim, *Psalms 1–59*, aus dem Deutschen übersetzt von Hilton C. Oswald, Minneapolis 1993.

Krochmalnik, Daniel, Der «Philosoph» in Talmud und Midrasch, *Trumah* 5 (1996), S. 137–178.

Krochmalnik, Daniel, *Schriftauslegung. Das Buch Exodus im Judentum*, Neuer Stuttgarter Kommentar – Altes Testament 33/3, Stuttgart 2000.

Krochmalnik, Daniel, *Schriftauslegung. Das Buch Genesis im Judentum*, Neuer Stuttgarter Kommentar – Altes Testament 33/1, Stuttgart 2001.

Kugel, James L., *The Idea of Biblical Poetry. Parallelism and Its History*, New Haven/London 1981.

Kuhn, K. G. (Hg.), *Der tannaitische Midrasch Sifre zu Numeri*, Stuttgart 1951.

Kuhnen, Hans-Peter, *Palästina in griechisch-römischer Zeit*, Handbuch der Archäologie, Vorderasien II/2, München 1990.

Kuhrt, Amélie, *The Ancient Near East c. 3000–330 BC*, London/New York 1995.

Kümmel, Werner Georg (Hg.), *Jüdische Schriften aus hellenistisch-römischer Zeit* (= *JSHRZ*), Gütersloh ab 1973.

Kümmel, Werner Georg (Hg.), *Jüdische Schriften aus hellenistisch-römischer Zeit. Band I: Historische und legendarische Erzählungen*, Gütersloh 1979.

Künzl, Hannelore, *Jüdische Kunst. Von der biblischen Zeit bis in die Gegenwart*, München 1992.

Labuschagne, Casper Jeremiah, «You shall not boil a kid in its mother's milk.» A New Proposal for the Origin of the Prohibition, in: Martínez, Florentino García/Hilhorst, Anton/Labuschagne, Casper Jeremiah (Hg.), *The Scriptures and the Scrolls. Studies in Honour of A. S. van der Woude on the Occasion of his 65ᵗʰ Birthday*, Supplements to Vetus Testamentum 49, Leiden/New York 1992, S. 5–17.

Lang, Bernhard, *Ezechiel. Der Prophet und das Buch*, Erträge der Forschung 153, Darmstadt 1981.

Laqueur, Walter, *Der Weg zum Staat Israel. Geschichte des Zionismus*, aus dem Englischen übersetzt von Heinrich Jelinek, Wien 1975.

Lederhendler, Eli, The Ongoing Dialogue. The Seminary and the Challenge of Israel, in: Wertheimer, Jack (Hg.), *Tradition Renewed. A History of the Jewish*

*Theological Seminary of America. Volume Two. Beyond the Academy*, New York 1997, S. 177–270.

Lehnhardt, Andreas, *Qaddisch. Untersuchungen zur Entstehung und Rezeption eines rabbinischen Gebets*, Texte und Studien zum Antiken Judentum 87, Tübingen 2002.

Leibowitz, Nechama, *Studies in Shemot*, Jerusalem 1976.

Leibowitz, Yeshayahu, Heroism, in: Cohen, Arthur A./Mendes-Flohr, Paul (Hg.), *Contemprary Jewish Religious Thought. Original Essays on Critical Concepts, Movements, and Beliefs*, New York/London 1987, S. 363–370.

Lemche, Niels Peter, Art. Habiru, Hapiru, *Anchor Bible Dictionary*, Band 3, S. 6–10.

Levado, Rabbi Yaakov (Pseudonym), Gayness and God. Wrestlings of an Orthodox Rabbi, *Tikkun* 8 (1993), S. 54–60.

Levenson, Jon D., *The Hebrew Bible, the Old Testament, and Historical Criticism. Jews and Christians in Biblical Studies*, Louisville 1993.

Levenson, Jon D., *Sinai and Zion. An Entry into the Jewish Bible*, San Francisco 1985.

Levin, Christoph, *Das Alte Testament*, Beck'sche Reihe Wissen 2160, München, 2001.

Levine, Baruch, *Numbers 1–20*, Anchor Bible 4, New York/London/Toronto/Sydney/Auckland 1993.

Levine, Lee I., *The Ancient Synagogue. The First Thousand Years*, New Haven-London 2000.

Levine, Lee I., Masorti Judaism in Israel. Challenge, Vision and Program, in: Cardin, Nina Beth/Silverman, David Wolf (Hg.), *The Seminary at 100. Reflections on the Jewish Theological Seminary and the Conservative Movement*, New York 1988, S. 381–389.

Levy, B. Barry, On the Periphery. North American Orthodox Judaism and Contemporary Biblical Scholarship, in: Sperling, S. David (Hg.), *Students of the Covenant. A History of Jewish Biblical Scholarship in North America*, Society of Biblical Literature Confessional Perspectives Series, Atlanta 1992, S. 159–204.

Levy, Ze'ev, *Baruch Spinoza. Seine Aufnahme durch die Jüdischen Denker in Deutschland*, Judentum und Christentum 2, Stuttgart/Berlin/Köln 2001.

Liberles, Robert, Wissenschaft des Judentums Comes to America. A Chapter in Migration History, 1890–1935, in: Wertheimer, Jack (Hg.), *Tradition Renewed. A History of the Jewish Theological Seminary of America. Volume One: The Making of an Institution of Jewish Higher Learning*, New York 1997, S. 327–351.

Licharz, Werner/Schoneveld, Jacobus (Hg.), *Neu auf die Bibel hören. Die Bibelverdeutschung von Buber/Rosenzweig – heute*, Gerlingen 1996.

Lieber, David L. (Hg.), *Etz Hayim. Torah and Commentary*, New York 2001.

Limburg, James, Art. Psalms, Book of, *Anchor Bible Dictionary*, Band 5, S. 522–536.

Liss, Hanna, Rezension von W. Gunther Plaut (Hg.), Die Tora in jüdischer Auslegung, Trumah 10 (2000), 161–165.

Lowery, Richard H., *The Reforming Kings. Cult and Society in First Temple Judah*, Journal for the Study of the Old Testament Supplement Series 120, Sheffield 1991.

Luther, Martin, *Dr. Martin Luthers kleiner Katechismus*, 20. Auflage, Hamburg o.J.

Luz, Ehud, Spiritual and Anti-Spiritual Trends in Zionism, in: Green, Arthur (Hg.), *Jewish Spirituality. From the Sixteenth-Century Revival to the Present*, World Spirituality 14, New York 1987, S. 371–401.

Machinist, Peter, Assyria and Its Image in the First Isaiah, *Journal of the American Oriental Society* 103 (1983), S. 719–737.

Maeir, Aren M., The Philistine Culture in Transformation. A Current Perspective Based on the Results of the First Seasons of Excavations at Tell eṣ-Ṣafi/Gath, in: Maeir, Aren M./Baruch, Eyal (Hg.), *Settlement, Civilization and Culture. Proceedings of the Conference in Memory of David Alon*, Ramat Gan 2001, S. 111–129 (Hebräisch).

Maeir, Aren M., Tel Zafit – 1998, *Hadashot Arkheologiot* 112 (2000), S. 96*–97*.

Maeir, Aren M./Boas, Adrian J., Archaeology in Israel. Tell e-Ṣafi, *American Journal of Archaeology* 102 (1998), S. 785–786.

Maeir, Aren M./Boas, Adrian J., Tel Zafit – 1997, *Hadashot Arkheologiot* 110 (1999), S. 68*.

Maeir, Aren M./Ehrlich, Carl S., Excavating Philistine Gath. Have We Found Goliath's Hometown?, *Biblical Archaeology Review* 27 (2001), S. 22–31.

Maeir, Aren M./Ehrlich, Carl S., Tel Zafit – 1999, *Hadashot Arkheologiot* 112 (2000), S. 97*–98*.

Magness, Jodi, *The Archaeology of Qumran and the Dead Sea Scrolls*, Grand Rapids/Cambridge 2002.

Magonet, Jonathan, *Abraham – Jesus – Mohammed. Interreligiöser Dialog aus jüdischer Perspektive*, Gütersloh 2000.

Magonet, Jonathan, The Biblical Roots of Jewish Identity, in: ders., *The Subversive Bible*, London 1997, S. 86–106.

Magonet, Jonathan, Art. Dekalog II. Judentum, *Theologische Realenzyklopädie* 8, S. 413–415.

Magonet, Jonathan (Hg.), *Jüdische Gebete für Schabbat und Wochentage*, München 1996.

Maier, Johann, *Die Kabbalah. Einführung – Klassische Texte – Erläuterungen*, München 1995.

Maier, Johann, *Die Qumran-Essener. Die Texte vom Toten Meer*, 3 Bände, München/Basel 1995/1996.

Maier, Johann, *Geschichte des Judentums im Altertum. Grundzüge*, Darmstadt ²1989.

Maier, Johann. *Das Judentum. Von der biblischen Zeit bis zur Moderne*, München 1973.

Maier, John R. (Hg.), *Gilgamesh. A Reader*, Wauconda (Illinois) 1997.

Maimonides, Moses, *The Commandments. Sefer Ha-Mitzvot*, aus dem Hebräischen übersetzt von Charles B. Chavel, 2 Bände, London/Jerusalem/New York 1967.

Mann, Vivian (Hg.), *Jewish Texts on the Visual Arts*, Cambridge/New York/ Melbourne/Madrid 2000.

Manor, Dalia, Biblical Zionism in Bezalel Art, *Israel Studies* 6 (2001), S. 55–75.

March, W. Eugene, *Israel and the Politics of Land. A Theological Case Study*, Louisville 1994.

Marquardt, Friedrich-Wilhelm, *Was dürfen wir hoffen, wenn wir hoffen dürfen? Eine Eschatologie, Band 1*, Gütersloh 1993.

Martínez, Florentino García, Messianische Erwartungen in den Qumranschriften, *Jahrbuch für Biblische Theologie* 8 (1993), S. 171–208.

Mason, Steve (Hg.), *Flavius Josephus. Translation and Commentary*, 12 Bände, Leiden/Boston/Köln ab 2000.

Mason, Steve, *Life of Josephus*, Flavius Josephus Translation and Commentary 9, Leiden/Boston/Köln 2001.

Mayer, Reinhold, *Der Talmud*, München 1963/1980.

Mazar, Amihai, *Archaeology of the Land of the Bible 10,000 – 586 B.C.E.*, Anchor Bible Reference Library, New York/London/Toronto/Sydney/Auckland 1990.

Mazar, Amihai, The Temples and Cult of the Philistines, in: Oren, Eliezer D. (Hg.), *The Sea Peoples and Their World. A Reassessment*, University Museum Monographs 108, University Museum Symposium Series 11, Philadelphia 2000, S. 213–232.

Mazar, Benjamin, *The Early Biblical Period. Historical Studies*, herausgegeben von Ahituv Shmuel und Baruch A. Levine, Jerusalem 1986, S. 139–150.

McCarthy, Dennis J., *Treaty and Covenant. A Study in Form in the Ancient Oriental Documents and in the Old Testament*, Analecta Biblica 21a, Rom 1978.

McKenzie, Steven L., *König David. Eine Biographie*, aus dem Englischen übersetzt von Christian Wiese, Berlin/New York 2002.

Mein, Andrew, *Ezekiel and the Ethics of Exile*, Oxford Theological Monographs, Oxford/New York 2001.

Meir, Moshe, «Talmud raus, Tanakh in», *Meimad* (1995/4), S. 6–7 (Hebräisch).

Melammed, Ezra Zion, *Die Bibelkommentatoren. Ihre Wege und Ihre Methoden* (Hebräisch: מפרשי המקרא. דרכיהם ושיטותיהם), Jerusalem 1978.

Melammed, Ezra Zion, «Observe» and «Remember» Spoken in One Utterance, in: Segal, Ben-Zion (Hg.), *The Ten Commandments in History and Tradition*, Jerusalem 1990, S. 191–217.

Meshorer, Ya'akov, *Jewish Coins of the Second Temple Period*, aus dem Hebräischen übersetzt von I. H. Levine, Tel-Aviv 1967.

Mettinger, Tryggve N. D., *No Graven Image? Israelite Aniconism in Its Ancient Near Eastern Context*, Coniectanea Biblica Old Testament Series 42, Stockholm 1995.

Meyers, Carol, David as Temple Builder, in: Miller, Patrick D. Jr./Hanson Paul D./McBride, S. Dean (Hg.), *Ancient Israelite Religion. Essays in Honor of Frank Moore Cross*, Philadelphia 1987, S. 357–376.

Meyers, Carol, *Discovering Eve. Ancient Israelite Women in Context*, New York/Oxford 1988.

Meyers, Carol, Gender Roles and Gen 3:16 Revisited in: Brenner, Athalya (Hg.), *A Feminist Companion to Genesis*, Sheffield 1993, S. 118–141.

Milgrom, Jacob, *Numbers*, The JPS Torah Commentary, Philadelphia/New York 1990.

Miller, Patrick D. Jr., *Genesis 1–11. Studies in Structure and Theme*, JSOT Supplement Series 8, Sheffield 1978.

Miller, Patrick D. Jr., *The Religion of Ancient Israel*, Library of Ancient Israel, London/Louisville 2000.

Milne, Pamela J., The Patriarchal Stamp of Scripture. The Implications of Structuralist Analyses for Feminist Hermeneutics, in: Brenner, Athalya (Hg.), *A Feminist Companion to Genesis*, Sheffield 1993, S. 146–172.

Mitchell, Gordon, *Together in the Land. A Reading of the Book of Joshua*, Journal for the Study of the Old Testament Supplement Series 134, Sheffield 1993.

Moore, George Foot, *Judaism in the First Centuries of the Christian Era*, 2 Bände, Cambridge 1927.

Moran, William L., *The Amarna Letters*, Baltimore/London 1992.

Mowinckel, Sigmund, *Psalmenstudien*, Nachdruck: Amsterdam, 1966 (Erstveröffentlichung: 1921–1924).

Müller, Klaus, *Tora für die Völker. Die noachidischen Gebote und Ansätze zu ihrer Rezeption im Christentum*, Studien zu Kirche und Israel Bd. 15, Berlin 1994.

Na'aman, Nadav, The Origin and Historical Background of Several Amarna Letters, *Ugarit-Forschungen* 11 (1979), S. 673–684.

Nadell, Pamela S., *Conservative Judaism in America. A Bibliographical Dictionary and Sourcebook*, New York/Westport/London 1988.

Nadler, Allan, *The Faith of the Mithnagdim. Rabbinic Response to Hasidic Rapture*, Johns Hopkins Jewish Studies, Baltimore/London 1997.

Naveh, Joseph, Khirbet al-Muqanna'– Ekron. An Archaeological Survey, *Israel Exploration Journal* 8 (1958), S. 87–100. 165–70.

Necker, Gerold, «Brennende Landschaft der Erlösung». Jüdische Mystik und Messiashoffnung in Mitteleuropa (1200–1500), in: Brugger, Eveline/Keil, Martha (Hg.), *Die Wehen des Messias. Zeitenwenden in der jüdischen Geschichte*, Berlin/Wien 2001, S. 47–66.

Negev, Avraham/Gibson, Shimon (Hg.), *Archaeological Encyclopedia of the Holy Land*, New York/London 2001.

Neher, André, Rabbinic Adumbrations of Non-Violence. Israel and Canaan, in: Lowe, Raphael (Hg.), *Studies in Rationalism, Judaism & Universalism in Memory of Leon Roth*, London/New York 1966, S. 169–196.

Netzer, Ehud, *Die Paläste der Hasmonäer und Herodes' des Großen*, aus dem Englischen übersetzt von Dominique Svenson und Hendrik Svenson-Evers, Mainz 1999.

Neumann, Peter H.A. (Hg.), *Das Prophetenverständnis in der deutschsprachigen Forschung seit Heinrich Ewald*, Darmstadt 1979.

Neusner, Jacob, *Judentum in frühchristlicher Zeit*, aus dem Englischen übersetzt von Wolfgang Hudel, Stuttgart 1988.

Neusner, Jacob, *Life of Yohanan ben Zakkai*, Leiden 1962.

Neusner, Jacob, *Messiah in Context. Israel's History and Destiny in Formative Judaism*, Philadelphia 1984.

Neusner, Jacob. Varieties of Judaism in the Formative Age, in: Green, Arthur (Hg.), *Jewish Spirituality I. From the Bible through the Middle Ages*, World Spirituality 13, London 1986, S. 171–197.

Neusner, Jacob/Chilton, Bruce, *Jewish-Christian Debates. God, Kingdom, Messiah*, Minneapolis 1998.

Neusner, Jacob/Green, William Scott (Hg.), *History of the Jews in the First Century of the Common Era*, Origins of Judaism VI, New York/London 1990.

Neusner, Jacob/Green, William Scott (Hg.), *The Pharisees and Other Sects*, 2 Bände, Origins of Judaism II/1–2, New York/London 1990.

Neusner, Jacob/Green, William Scott/Frerichs, Ernest (Hg.), *Judaisms and Their Messiahs at the Turn of the Christian Era*, Cambridge u.a. 1987.

Niditch, Susan, *From Creation to Cosmos. Studies in Biblical Patterns of Creation*, Chico 1985.

Niditch, Susan, Genesis, in: Newsome, Carol A./Ringe, Sharon H. (Hg.), *The Women's Bible Commentary*, London/Louisville 1992, S. 10–25.

Niditch, Susan, *Oral World and Written Word. Ancient Israelite Literature*, Library of Ancient Israel, Louisville 1996.

Niehr, Herbert, In Search of Yahweh's Cult Statue in the First Temple, in: Toorn, Karel van der (Hg.), *The Image and the Book. Iconic Cults, Aniconism, and the Rise of Book Religion in Israel and the Ancient Near East*, Contributions to Biblical Exegesis and Theology 21, Leuven 1997, S. 73–95.

Noethlichs, Karl Leo, *Das Judentum und der römische Staat. Minderheitenpolitik im antiken Rom*, Darmstadt 1996.

Noort, Ed, *Das Buch Josua. Forschungsgeschichte und Problemfelder*, Erträge der Forschung 292, Darmstadt 1998.

Noort, Ed, *Die Seevölker in Palästina*, Palaestina Antiqua 8, Kampen 1994.

Noth, Martin, *Überlieferungsgeschichtliche Studien. Die sammelnden und bearbeitenden Geschichtswerke im Alten Testament*, Tübingen [3]1967.

Noth, Martin, *Das zweite Buch Mose. Exodus*, Altes Testament Deutsch 5, Göttingen 1959.

Novak, David, *The Image of the Non-Jew in Judaism. An Historical and Constructive Study of the Noahide Laws*, New York 1983.

Oates, Joan, *Babylon*, zweite revidierte Auflage, London/New York 1986.

Oden, Robert, *The Bible Without Theology. The Theological Tradition and Alternatives to It*, San Francisco 1987.

Oegema, Gerbern S., *Der Gesalbte und sein Volk. Untersuchungen zum Konzeptualisierungsprozeß der messianischen Erwartungen von den Makkabäern bis zu Bar Koziba*, Schriften des Institutum Judaicum Delitzschianum 2, Göttingen 1994.

Oeming, Manfred, *Biblische Hermeneutik. Eine Einführung*, Darmstadt 1998.

Oredsson, Dag, *Moats in Ancient Palestine*, Coniectanea Biblica Old Testament Series 48, Stockholm 2000.

Oren, Eliezer D. (Hg.), *The Sea Peoples and Their World. A Reassessment*, University Museum Monographs 108/University Museum Symposium Series 11, Philadelphia 2000.

Ornan, T., *A Man and His Country. The Dayan Collection Catalogue*, Jerusalem 1986.

Ostriker, Alicia Suskin, *The Nakedness of the Fathers. Biblical Visions and Revisions*, New Brunswick 1994.

Otwell, John H., *And Sarah Laughed. The Status of Women in the Old Testament*, Philadelphia 1977.

Otzen, Benedikt, *Judaism in Antiquity. Political Development and Religious Currents from Alexander to Hadrian*, aus dem Dänischen übersetzt von Frederick H. Cryer, Sheffield 1990.

Ovadiah, Asher, Art. Gaza, *The New Encyclopedia of Archaeological Excavations in the Holy Land*, Band 2, S. 464–467.

Pardes, Ilana, *Countertraditions in the Bible. A Feminist Approach*, Cambridge (Massachusetts)/London 1992.

Parkes, James, *The Conflict of Church and Synagogue. A Study in the Origins of Antisemitism*, New York 1969/1985.

Petuchowski, Jakob J. (Hg.), לעבדך באמת *«Dass wir Dir in Wahrheit dienen». Ein jüdischer Gottesdienst für den Sabbatmorgen*, Aachener Beiträge zu Pastoral- und Bildungsfragen. Werkstattbuch 02, Aachen 1989.

Pines, Shlomo, Spinoza's Tractatus Theologico-Politicus and the Jewish Philosophical Tradition, in: Twersky, Isadore/Septimus, Bernard (Hg.), *Jewish Thought in the Seventeenth Century*, Cambridge/London 1987, S. 499–521.

Pitard, Wayne T., *Ancient Damascus. A Historical Study of the Syrian City-State from Earliest Times until Its Fall to the Assyrians in 732 B.C.E.*, Winona Lake 1987.

Plaskow, Judith, *Und wir stehen wieder am Sinai. Eine jüdisch-feministische Theologie*, aus dem Englischen übersetzt, Luzern 1992.

Plaut, W. Gunther (Hg.), *The Haftarah Commentary*, New York 1996.

Plaut, W. Gunter (Hg.), *The Torah. A Modern Commentary*, New York 1981.

Plaut, W. Gunther (Hg.), *Die Tora in jüdischer Auslegung*, aus dem Englischen übersetzt von Annette Böckler, 5 Bände, Gütersloh ab 1999.

Pohlmann, Karl-Friedrich, *Ezechielstudien. Zur Redaktionsgeschichte des Buches und zur Frage nach den ältesten Texten*, Beihefte zur Zeitschrift für die alttestamentliche Wissenschaft 202, Berlin/New York 1992.

Pohlmann, Karl-Friedrich, *Studien zum Jeremiabuch. Ein Beitrag zur Frage nach der Entstehung des Jeremiabuches*, Forschungen zur Religion und Literatur des Alten und Neuen Testaments 118, Göttingen 1978.

Polliack, Meira, Ezekiel 1 and Its Role in Subsequent Jewish Mystical Thought and Tradition, *European Judaism* 32 (1999), S. 70–78.

Porten, Bezalel, *Archives from Elephantine. The Life of an Ancient Jewish Military Colony*, Berkeley/Los Angeles 1968.

Porter, James L., Art. Gath, in: Smith, William (Hg.), *A Dictionary of the Bible*, London 1863, S. 655–656.

Pritchard, James B. (Hg.), *Ancient Near Eastern Texts Relating to the Old Testament*, Princeton [3]1969.

Prudký, Martin, «You Shall Not Make Yourself an Image». The Intentions and Implications of the Second Commandment, in: ders. (Hg.), *The Old Testament as Inspiration in Culture*, Třebenice 2001, S. 37–51.

Qil, Jehuda, *Das Buch Josua* (ספר יהושע), Jerusalem 1994 (Hebräisch).

Rabinowitz, Louis Isaac, Art. Psalms, Book of. In the Liturgy, *Encyclopaedia Judaica*, Band 13, Kol. 1323–1325.

Rad, Gerhard von, *Genesis. A Commentary*, aus dem Deutschen 1956 übersetzt von John H. Marks, Old Testament Library, Philadelphia 1961.

Radday, Yehuda T./Schultz, Magdalena, *Auf den Spuren der Parascha. Ein Stück Tora. Zum Lernen des Wochenabschnitts. Arbeitsmappe I: Bereschít, Beschallách, Kedoschím, Nassó, Ékev*, Frankfurt am Main/Aarau/Salzburg 1989.

Rainey, Anson, The Identification of Philistine Gath. A Problem in Source Analysis for Historical Geography, *Eretz Israel* 12 (1975), S. 63*–76*.

Rakover, Nahum, The «Law» and the Noahides, in: Reventlow, Henning Graf/ Hoffman, Yair/Uffenheimer, Benjamin (Hg.), *Politics and Theopolitics in the Bible and Postbiblical Literature*, Journal for the Study of the Old Testament Supplement Series 171, Sheffield 1994, S. 148–159.

Raphael, Marc Lee, *Profiles in American Judaism. The Reform, Conservative, Orthodox and Reconstructionist Traditions in Historical Perspective*, San Francisco 1984.

Rapoport-Albert, Ada, *Hasidism Reappraised*, Littman Library of Jewish Civilization, London/Portland 1997.

Rawitzki, Ruthi, *Lesen ab dem Anfang* (מבראשית קוראות). *Israelische Frauen schreiben über die Frauen des Buches Genesis*, Tel-Aviv 2001 (Hebräisch).

Reinharz, Jehuda/Shapira, Anita (Hg.), *Essential Papers on Zionism*, New York/ London 1996.

Rendtorff, Rolf, The Paradigm is Changing. Hopes – and Fears, *Biblical Interpretation* 1 (1992), S. 34–53.

Rendtorff, Rolf, *Das Überlieferungsgeschichtliche Problem des Pentateuch*, Beihefte zur Zeitschrift für die alttestamentliche Wissenschaft 147, Berlin/New York 1977.

Reventlow, Henning Graf, The Biblical and Classical Traditions of «Just War», in: ders/Hoffman, Yair/Uffenheimer, Benjamin (Hg.), *Politics and Theopolitics in the Bible and Postbiblical Literature*, Journal for the Study of the Old Testament Supplement Series 171, Sheffield 1994, S. 160–175.

Rice, Anne, *Engel der Verdammten*, Deutsch von Barbara Kesper, Berlin 2001.

Rofé, Alexander, *The Prophetical Stories. The Narratives about the Prophets in the Hebrew Bible, Their Literary Types and History*, aus dem Hebräischen übersetzt von D. Levy, Jerusalem 1988.

Roller, Duane R., *The Building Program of Herod the Great*, Berkeley/Los Angeles/ London 1998.

Romain, Jonathan A./Homolka, Walter, *Progressives Judentum. Leben und Lehre*, aus dem Englischen übersetzt von Annette Böckler, München 1999.

Rosenberg, David/Bloom, Harold, *The Book of J*, New York 1990.

Rosenthal, Gilbert S./Homolka, Walter, *Das Judentum hat viele Gesichter. Die religiösen Strömungen der Gegenwart*, München 1999.

Rosenzweig, Franz, *Jehuda Halevi. Fünfundneunzig Hymnen und Gedichte Deutsch und Hebräisch*, Franz Rosenzweig. Der Mensch und sein Werk. Gesammelte Schriften IV/1, Den Haag 1983.

Roth, B. Cecil, *Die Kunst der Juden*, aus dem Hebräischen übersetzt von Harry Maór, Frankfurt 1963.

Roth, Joel, On the Ordination of Women as Rabbis, in: Greenberg, Simon (Hg.), *The Ordination of Women as Rabbis*, New York 1988, S. 127–187.

Rowlett, Lori L., *Joshua and the Rhetoric of Violence. A New Historicist Approach*, Journal for the Study of the Old Testament Supplement Series 226, Sheffield 1996.

Rowley, H.H., *Apokalyptik, ihre Form und Bedeutung zur biblischen Zeit. Eine Studie über jüdische und christliche Apokalypsen vom Buch Daniel bis zur geheimen Offenbarung*, aus dem Englischen übersetzt von Ingeborg und Rudolf Pesch, Einsiedeln/Zürich/Köln [3]1965.

Sacchi, Paolo, *The History of the Second Temple Period*, Journal for the Study of the Old Testament Supplement Series 285, Sheffield 2000.

Sæbø, Magne, Zum Verhältnis von «Messianismus» und «Eschatologie» im Alten Testament, *Jahrbuch für Biblische Theologie* 8 (1993), S. 25–55.

Safrai, Shmuel, Oral Tora, in: ders. (Hg.), *The Literature of the Sages. First Part: Oral Tora, Halakha, Mishna, Tosefta, Talmud, External Tractates*, Compendia Rerum Judaicarum ad Novum Testamentum 2/3, Assen/Maastricht/Philadelphia 1987, S. 35–119.

Saldarini, Anthony J., *The Fathers according to Rabbi Nathan (Abot de Rabbi Nathan) Version B*, Studies in Judaism in Late Antiquity 11, Leiden 1975.

Samuelson, Norbert M., *The First Seven Days. A Philosophical Commentary on the Creation of Genesis*, USF Studies in the History of Judaism 61, Atlanta 1992.

Sandars, Nancy K., *The Epic of Gilgamesh. An English Version with an Introduction*, London/Baltimore/Victoria ²1972.

Sandmel, Samuel, *The Enjoyment of Scripture. The Law, the Prophets, and the Writings*, London/Oxford/New York 1972.

Saperstein, Marc (Hg.), *Essential Papers on Messianic Movements and Personalities in Jewish History*, New York/London 1992.

Sarachek, Joseph, *The Doctrine of the Messiah in Medieval Jewish Literature*, New York 1932.

Sarfatti, Gad B., The Tablets of the Law as a Symbol of Judaism, in: Segal, Ben-Zion (Hg.), *The Ten Commandments in History and Tradition*, Jerusalem 1990, S. 383–418.

Sarna, Nahum M., Art. Bible. Canon, Text, Editions. Canon, *Encyclopaedia Judaica*, Band 4, Kol. 816–832.

Sarna, Nahum M., *Exploring Exodus*, New York 1986.

Sarna, Nahum M., *The JPS Torah Commentary. Genesis*, Philadelphia/New York/Jerusalem 1989.

Sarna, Nahum M., *On the Book of Psalms. Exploring the Prayers of Ancient Israel*, New York 1993.

Sarna, Nahum M., Art. Psalms, Book of. Number of Psalms, *Encyclopaedia Judaica*, Band 13, Kol. 1306–1307.

Sarna, Nahum M., *Understanding Genesis*, New York 1970.

Sasson, Jack M., Ritual Wisdom? On «Seething a Kid in Its Mother's Milk», in: Hübner, Ulrich/Knauf, Ernst Axel (Hg.), *Kein Land für sich Allein. Studien zum Kulturkontakt in Kanaan, Israel/Palästina und Ebirnâri für Manfred Weippert zum 65 Geburtstag*, Orbis Biblicus et Orientalis 186, Fribourg 2002, S. 294–308.

Schäfer, Peter, *Der Bar Kokhba-Aufstand. Studien zum zweiten jüdischen Krieg gegen Rom*, Tübingen 1981.

Schäfer, Peter, *Geschichte der Juden in der Antike. Die Juden Palästinas von Alexander dem Großen bis zur arabischen Eroberung*, Stuttgart/Neukirchen-Vluyn 1983.

Schäfer, Peter/Becker, H. J. (Hg.), *Synopse zum Talmud Yerushalmi Bd. I/1–2*, Tübingen 1991 (Hebräisch).

Schalit, Abraham (Hg.), *The Hellenistic Age. Political History of Jewish Palestine from 332 B.C.E. to 67 B.C.E.*, World History of the Jewish People 1/6, Jerusalem 1972.

Schalit, Abraham, *König Herodes. Der Mann und sein Werk*, Studia Judaica Forschungen zur Wissenschaft des Judentums 4, Berlin 1969.

Schiffman, Lawrence H., *Reclaiming the Dead Sea Scrolls. The History of Judaism, the Background of Christianity, the Lost Library of Qumran*, Philadelphia/Jerusalem 1994.

Schiffman, Lawrence, *From Text to Tradition. A History of Second Temple and Rabbinic Judaism*, Hoboken 1991

Schmidt, Ludwig, «Du sollst dir kein Bildnis machen». Das zweite Gebot in alttestamentlicher Zeit, in: von der Osten-Sacken, Peter (Hg.), *Wie aktuell ist das Alte Testament? Beiträge aus Israel und Berlin*, Veröffentlichungen aus dem Institut Kirche und Judentum 2, Berlin ³1985, S. 61–66.

Schmidt, Werner H. u.a., *Die Zehn Gebote im Rahmen alttestamentlicher Ethik*, Erträge der Forschung Bd. 281, Darmstadt 1993.

Schniedewind, William M., The Geopolitical History of Philistine Gath, *Bulletin of the American Schools of Oriental Research* 309 (1998), S. 69–77.

Schochet, Jacob Immanuel, *Mashiach. The Principle of Mashiach and the Messianic Era in Jewish Law and Tradition*, New York/Toronto, [3]1992.

Scholem, Gershom, The Crypto-Jewish Sect of the Dönmeh (Sabbatians), in: ders., *The Messianic Idea in Judaism and Other Essays on Jewish Spirituality*, aus dem Deutschen übersetzt von Michael A. Meyer, New York 1971, S. 142–166.

Scholem, Gershom, Art. Frank, Jacob, and the Frankists, *Encyclopaedia Judaica*, Band 7, Kol. 55–72.

Scholem, Gershom, *Die Jüdische Mystik in ihren Hauptströmungen*, Zürich 1957/ Nachdruck: Frankfurt am Main 1967.

Scholem, Gershom, Art. Magen David, *Encyclopaedia Judaica*, Band 11, Kol. 687–697.

Scholem, Gershom, *Sabbatai Sevi. The Mystical Messiah 1626–1676*, aus dem Hebräischen übersetzt von R. J. Zwi Werblowsky, Bollingen Series 93, Princeton 1975.

Scholem, Gershom, Zum Verständnis der messianischen Idee im Judentum, in: ders., *Judaica I*, Frankfurt am Main 1963, S. 7–74.

Scholem, Gershom, *Zur Kabbala und ihrer Symbolik*, Zürich 1960.

Schreiber, Stefan, *Gesalbter und König. Titel und Konzeption der königlichen Gesalbtenerwartung in frühjüdischen und urchristlichen Schriften*, Beihefte zur Zeitschrift für die neutestamentliche Wissenschaft und die Kunde der älteren Kirche 105, Berlin/New York 2000.

Schubert, Kurt, *Die Religion des Judentums*, Leipzig 1992.

Schüngel-Straumann, Helen, On the Creation of Man and Woman in Genesis 1–3. The History and Reception of the Texts Reconsidered, in: Brenner, Athalya (Hg.), *A Feminist Companion to Genesis*, Sheffield 1993, S. 53–76.

Schürer, Emil, *Geschichte des jüdischen Volkes im Zeitalter Jesu Christi*, 3 Bände, Leipzig 1909/Nachdruck: Hildesheim/New York 1970; revidierte und erweiterte englische Übersetzung: Vermes, Geza/Millar Fergus/Goodman, Martin (Hg.), *The History of the Jewish People in the Age of Jesus Christ (175 B.C.–A.D. 135)*, 3 Bände, Edinburgh 1973–1987.

Schwartz, Regina M., *The Curse of Cain. The Violent Legacy of Monotheism*, Chicago/London 1997.

Schwartz, Yossef, Zionismus als säkularer Messianismus. Der Fall deutsch-jüdische Intellektuelle, in: Brugger, Eveline/Keil, Martha (Hg.), *Die Wehen des Messias. Zeitenwenden in der jüdischen Geschichte*, Berlin/Wien 2001, S. 193–212.

Scult, Mel, Schechter's Seminary, in: Wertheimer, Jack (Hg.), *Tradition Renewed. A History of the Jewish Theological Seminary of America. Volume One: The Making of an Institution of Jewish Higher Learning*, New York 1997, S. 43–102.

Segal, M. H., *The Pentateuch, Its Composition and Authorship and Other Biblical Studies*, Jerusalem 1967.

Seger, Joe D., Art. Gath, *Anchor Bible Dictionary*, Band 2, S. 908–909.

Seligmann, Rafael, Genug bemitleidet. Gegen ein deutsches Holocaust-Memorial, in: *Der Spiegel* 3/1995, S. 162.

Seltzer, Robert M., *Jewish People, Jewish Thought*, New York/London 1980.

Seters, John Van, *Abraham in History and Tradition*, New Haven/London 1975.

Seters, John Van, *The Life of Moses. The Yahwist as Historian in Exodus-Numbers*, Louisville 1994.

Shaw, Stanford J., *The Jews of the Ottoman Empire and the Turkish Republic*, New York 1991.

Shekel, Michal, Lech Lecha. What's in a Name? in: Goldstein, Elyse (Hg.), *The Women's Torah Commentary. New Insights from Women Rabbis on the 54 Weekly Torah Portions*, Woodstock (Vermont) 2000, S. 57–62.

Shilhav, Yosseph, Interpretation and Misinterpretation of Jewish Territorialism, in: Newman, David (Hg.), *The Impact of Gush Emunim. Politics and Settlement in the West Bank*, New York 1985, S. 111–124.

Siegert, Folker, Early Jewish Interpretation in a Hellenistic Style, in: Magne Sæbø (Hg.), *Hebrew Bible/Old Testament. The History of Its Interpretation. Volume I: From the Beginnings to the Middle Ages (Until 1300)*, Göttingen 1996, S. 130–198.

Silberman, Lou H., Wellhausen and Judaism, in: Knight, Douglas A. (Hg.), *Julius Wellhausen and His* Prolegomena to the History of Israel, Semeia 25, Chico 1982, S. 75–82.

Silberman, Neil Asher, *A Prophet from Amongst You. The Life of Yigael Yadin. Soldier, Scholar, and Mythmaker of Modern Israel*, New York 1993.

Silberstein, Laurence J./Cohn, Robert L. (Hg.), *The Other in Jewish Thought and History. Constructions of Jewish Culture and Identity*, New York/London 1994.

Silver, Daniel Jeremy, The Twenty-Third Psalm. A Modern Rabbinic Commentary, *Journal of Reform Judaism* 25 (1978), S. 45–53.

Silverman, Morris, *Sabbath and Festival Prayerbook*, New York 1946.

Simkins, Ronald A., Gender Construction in the Yahwist Creation Myth, in: Brenner, Athalya (Hg.), *Genesis. A Feminist Companion to the Bible (Second Series)*, The Feminist Companion to the Bible (Second Series) 1, Sheffield 1998, S. 32–52.

Simon, Uriel, The Place of the Bible in Israeli Society. From National *Midrash* to Existential *Peshat, Modern Judaism* 19 (1999), S. 217–239.

Sklare, Marshall, *Conservative Judaism. An American Religious Movement*, Lanham (Maryland)/London 1985.

Smallwood, E. Mary, *The Jews under Roman Rule. From Pompey to Diocletian*, Studies in Judaism in Late Antiquity 20, Leiden 1981.

Smith, Mark S., *The Early History of God. Yahweh and the Other Deities in Ancient Israel*, San Francisco 1990.

Soggin, J. Alberto, *Einführung in die Geschichte Israels und Judas. Von den Ursprüngen bis zum Aufstand Bar Kochbas*, Darmstadt 1991.

Sorin, Gerald, *A Time for Building. The Third Migration 1880–1920*, The Jewish People in America 3, Baltimore/London 1992.

Soussloff, Katherine M. (Hg.), *Jewish Identity in Modern Art History*, Berkeley/Los Angeles/London 1999.

Speck, Paul, The Apocalypse of Zerubbabel and Christian Icons, *Jewish Studies Quarterly* 4 (1997), 183–190.

Speiser, Ephraim Avigdor, *Genesis*, Anchor Bible 1, Garden City ³1979.

Sperling, S. David (Hg.), *Students of the Covenant. A History of Jewish Biblical Scholarship in North America*, Society of Biblical Literature Confessional Perspectives Series, Atlanta 1992.

Spero, Shubert, King David, the Temple, and the Halleluyah Chorus, *Judaism* 47 (1998), 411–423.

Spinoza, Baruch de, *Theologisch-Politischer Traktat*, auf der Grundlage der Übersetzung von Carl Gebhardt, herausgegeben von Günter Gawlik, Baruch de Spinoza Sämtliche Werke 1, Hamburg 1976.

Sprinzak, Ehud, The Politics, Institutions, and Culture of Gush Emunim, in: Silberstein, Laurence J. (Hg.), *Jewish Fundamentalism in Comparative Perspective. Religion, Ideology, and the Crisis of Modernity*, New Perspectives on Jewish Studies, New York/London 1993, S. 117–147.

Stacey, W. David, The Function of Prophetic Drama, in: Gordon, Robert P. (Hg.), *«The Place Is Too Small for Us». The Israelite Prophets in Recent Scholarship*, Sources for Biblical and Theological Study 5, Winona Lake 1995, S. 112–132; Nachdruck aus Stacey, *Prophetic Drama in the Old Testament*, London 1990, S. 260–282.

Stager, Lawrence E., Art. Ashkelon, *The New Encyclopedia of Archaeological Excavations in the Holy Land*, Band 1, S. 103–112.

Stager, Lawrence E., *Ashkelon Discovered. From Canaanites and Philistines to Romans and Moslems*, Washington, D.C. 1991.

Stager, Lawrence E., The Impact of the Sea Peoples, in: Levy, Thomas E. (Hg.), *The Archaeology of Society in the Holy Land*, New York 1995, S. 332–348.

Stähli, Hans-Peter, *Antike Synagogenkunst*, Stuttgart 1988.

Stegemann, Hartmut, *Die Essener, Qumran, Johannes der Täufer und Jesus*, Freiburg/Br. 1993.

Stemberger, Günter, *Einleitung in Talmud und Midrasch*, München [8]1992.

Stemberger, Günter, *Das klassische Judentum. Kultur und Geschichte der rabbinischen Zeit (70 n.Chr. bis 1040 n.Chr.)*, München 1979.

Stemberger, Günter, *Midrasch. Vom Umgang der Rabbinen mit der Bibel. Einführungen – Texte – Erläuterungen*, München 1989.

Stemberger, Günter, Psalmen in Liturgie und Predigt der rabbinischen Zeit, in: Zenger, Erich (Hg.), *Der Psalter in Judentum und Christentum*, Herders Biblische Studien 18, Freiburg/Basel/Wien/Barcelona/Rom/New York 1998, S. 199–213.

Stemberger, Günter, *Die römische Herrschaft im Urteil der Juden*, Erträge der Forschung 195, Darmstadt 1983.

Stemberger, Günter, *Der Talmud. Einführung – Texte – Erläuterungen*, München 1982.

Stemberger, Günter, Die Umformung des palästinischen Judentums nach 70. Der Aufstieg der Rabbinen, in: Oppenheimer, Aharon (Hg.), *Jüdische Geschichte in hellenistisch-römischer Zeit. Wege der Forschung: Vom alten zum neuen Schürer*, Schriften des Historischen Kollegs Kolloquien 44, München 1999, S. 85–99.

Stern, Ephraim, Art. Zafit, Tel, *New Encyclopedia of Archaeological Excavations in the Holy Land*, Band 4, S. 1522–1524.

Stern, Philip D., I Samuel 15. Toward an Ancient View of the War-Herem, *Ugarit Forschungen* 21 (1989), S. 413–420.

Stinespring, William F., Art. Gath, *Interpreters Dictionary of the Bible*, Band 2, S. 355–356.

Stone, Bryan Jack, The Philistines and Acculturation. Culture Change and Ethnic Continuity in the Iron Age, *Bulletin of the American Schools of Oriental Research* 298 (1995), S. 7–35.

Tadmor, Hayim, *The Inscriptions of Tiglath-Pileser III, King of Assyria*, Jerusalem 1994.

Talmon, Shemaryahu (Hg.), *Jewish Civilization in the Hellenistic-Roman Period*, Journal for the Study of the Pseudepigrapha Supplement Series 10, Sheffield 1991.

Talmon, Shemaryahu, Partikularität und Universalismus in der biblischen Zukunfts-erwartung, in: Falaturi, Abdoldjavad/Strolz, Walter/Talmon, Shemaryahu (Hg.), *Zukunftshoffnung und Heilserwartung in den monotheistischen Religionen*, Ver-öffentlichungen der Stiftung Oratio Dominica. Schriftreihe zur großen Ökumene 9, Freiburg/Basel/Wien 1983, S. 21–48.

*Tanakh. A New Translation of the Holy Scriptures According to the Traditional Hebrew Text*, Philadelphia/Jerusalem 1985.

Tappy, Ron E., *The Archaeology of Israelite Samaria. Volume I: Early Iron Age through the Ninth Century BCE*, Harvard Semitic Studies 44, Atlanta 1992.

Tappy, Ron E., *The Archaeology of Israelite Samaria. Volume II: The Eighth Century BCE*, Harvard Semitic Studies 50, Atlanta 2001.

Taubes, Jacob, *Abendländische Eschatologie*, Beiträge zur Soziologie und Sozial-philosophie 3, Bern 1947.

Tcherikover, Victor, *Hellenistic Civilization and the Jews*, aus dem Hebräischen übersetzt von Shimon Applebaum, New York 1972.

Teubal, Savina J., *Sarah the Priestess. The First Matriarch of Genesis*, Athens (Ohio)/Chicago 1984.

Teugels, Lieve, Midrash in the Bible or Midrash on the Bible? Critical Remarks about the Uncritical Use of a Term, in: Bodendorfer, Gerhard/Millard, Matthias (Hg.), *Bibel und Midrasch. Zur Bedeutung der rabbinischen Exegese für die Bibelwissenschaft*, Forschungen zum Alten Testament 22, Tübingen 1998, S. 43–63.

Thoma, Clemens, Entwürfe für messianische Gestalten in frühjüdischer Zeit, in: Gruenwald, Ithamar/Shaked, Shaul/Strousma, Gedaliahu G. (Hg.), *Messiah and Christos. Studies in the Jewish Origins of Christianity*, Festschrift David Flusser, Texte und Studien zum Antiken Judentum 32, Tübingen 1992, S. 15–29.

Thompson, Thomas L., *Early History of the Israelite People. From the Written and Archaeological Sources*, Studies in the History of the Ancient Near East 4, Leiden/New York/Köln 1992.

Tigay, Jeffrey H., *The Evolution of the Gilgamesh Epic*, Philadelphia 1982.

Toorn, Karel van der (Hg.), *The Image and the Book. Iconic Cults, Aniconism, and the Rise of Book Religion in Israel and the Ancient Near East*, Contributions to Biblical Exegesis and Theology 21, Leuven 1997.

Torrey, Charles Cutler, *Pseudo-Ezekiel and the Original Prophecy*, New Haven 1930/Nachdruck mit einem Prolegomenon von Moshe Greenberg: New York 1970.

Tov, Emanuel, The Septuagint, in: Martin Jan Mulder (Hg.), *Mikra. Text, Trans-lation, Reading and Interpretation of the Hebrew Bible in Ancient Judaism and Early Christianity*, Compendia Rerum Iudaicarum ad Novum Testamentum 2/1, Assen/Maastricht/Philadelphia 1988, S. 161–188.

Tov, Emanuel, *Der Text der Hebräischen Bibel. Handbuch der Textkritik*, aus dem Englischen übersetzt von Heinz-Josef Fabry, Stuttgart/Berlin/Köln 1997.

Trepp, Leo, *Die amerikanischen Juden. Profil einer Gemeinschaft*, Stuttgart 1991.

Trible, Phyllis, Depatriarchalizing in Biblical Interpretation, in: Koltun, Elizabeth (Hg.), *The Jewish Woman. New Perspectives*, New York 1976, S. 217–240.

Trible, Phyllis, *God and the Rhetoric of Sexuality*, Overtures to Biblical Theology 2, Philadelphia 1978.

Tsumura, David Toshio, *The Earth and the Waters in Genesis 1 and 2. A Linguistic Investigation*, JSOT Supplement Series 83, Sheffield 1989.

Tucker, Gordon, Final Report of the Commission for the Study of the Ordination of Women as Rabbis, in: Greenberg, Simon (Hg.), *The Ordination of Women as Rabbis*, New York 1988, S. 5–30.

Twersky, Isadore, *Introduction to the Code of Maimonides (Mishneh Torah)*, Yale Judaica Series 22, New Haven/London 1980.

Uehlinger, Christoph, Anthropomorphic Cult Statuary in Iron Age Palestine and the Search for Yahweh's Cult Images, in: Toorn, Karel van der (Hg.), *The Image and the Book. Iconic Cults, Aniconism, and the Rise of Book Religion in Israel and the Ancient Near East*, Contributions to Biblical Exegesis and Theology 21, Leuven 1997, 97–155.

Uffenheimer, Benjamin, *Early Prophecy in Israel*, aus dem Hebräischen übersetzt von David Louvish, Jerusalem 1999.

Uffenheimer, Benjamin, Some Reflections of Modern Jewish Biblical Research, in: ders./Reventlow, Henning Graf (Hg.), *Creative Biblical Exegesis. Christian and Jewish Hermeneutics through the Centuries*, Journal for the Study of the Old Testament Supplement Series 59, Sheffield 1988, S. 161–174.

Unterman, Jeremiah, *From Repentance to Redemption. Jeremiah's Thought in Transition*, Journal for the Study of the Old Testament Supplement Series 54, Sheffield 1987.

Urbach, Ephraim E., The Role of the Ten Commandments in Jewish Worship, in: Segal, Ben-Zion (Hg.), *The Ten Commandments in History and Tradition*, Jerusalem 1990, S. 161–190.

Urbach, Ephraim E., *The Sages. Their Concepts and Beliefs*, 2 Bände, aus dem Hebräischen übersetzt von Israel Abrahams, Jerusalem 1979.

Ussishkin, David, *The Conquest of Lachish by Sennacherib*, Tel Aviv 1982.

de Vaux, Roland, *Histoire ancienne d'Israël. Des origines à l'installation en Canaan*, Paris 1971.

Vermes, Geza, *An Introduction to the Complete Dead Sea Scrolls*, Minneapolis 2000.

Vieweger, Dieter, *Die literarischen Beziehungen zwischen den Büchern Jeremia und Ezechiel*, Beiträge zur Erforschung des Alten Testaments und des antiken Judentums 26, Frankfurt a.M. 1993.

Volz, Paul, *Die Eschatologie der jüdischen Gemeinde im neutestamentlichen Zeitalter*, Tübingen 1934.

Wakeman, Mary K., *God's Battle With the Monster. A Study in Biblical Imagery*, Leiden 1973.

Weinfeld, Moshe, *The Promise of the Land. The Inheritance of the Land of Canaan by the Israelites*, The Taubman Lectures in Jewish Studies 3, Berkeley/Los Angeles/Oxford 1993.

Weinfeld, Moshe, The Uniqueness of the Decalogue, in: Segal, Ben-Zion (Hg.), *The Ten Commandments in History and Tradition*, Jerusalem 1990, S. 1–44.

Weippert, Helga, *Palästina in vorhellenistischer Zeit*, Handbuch der Archäologie, Vorderasien II/1, München 1988.

Weippert, Manfred, «Heiliger Krieg» in Israel und Assyrien. Kritische Anmerkungen zu Gerhard von Rads Konzept des ,Heiligen Krieges im alten Israel', in: ders., *Jahwe und die anderen Götter*, Forschungen zum Alten Testament 18, Tübingen 1997, S. 71–97 = *Zeitschrift für die Alttestamentliche Wissenschaft* 84 (1972), S. 460–493.

Weippert, Manfred, *Jahwe und die anderen Götter*, Forschungen zum Alten Testament 18, Tübingen 1997.

Weippert, Manfred, *Die Landnahme der israelitischen Stämme in der neueren Diskussion. Ein kritischer Bericht*, Forschungen zur Religion und Literatur des Alten und Neuen Testaments, Göttingen 1967.

Weippert, Manfred, Synkretismus und Monotheismus. Religionsinterne Konfliktbewältigung im alten Israel, in: ders., *Jahwe und die anderen Götter*, Forschungen zum Alten Testament 18, Tübingen 1997, S. 1–24.

Weissbrod, Lilly, Gush Emunim Ideology – From Religious Doctrine to Political Action, *Middle Eastern Studies* 18 (1982), S. 265–275.

Wellhausen, Julius, *Israelitische und jüdische Geschichte*, Berlin [7]1914.

Wellhausen, Julius, *Prolegomena zur Geschichte Israels*, Berlin [6]1905.

Wenger, Beth S., The Politics of Women's Ordination. Jewish Law, Institutional Power, and the Debate over Women in the Rabbinate, in: Wertheimer, Jack (Hg.), *Tradition Renewed. A History of the Jewish Theological Seminary of America. Volume Two. Beyond the Academy*, New York 1997, S. 483–523.

Wengrov, Charles (Hg.), ספר החנוך *Séfer ha Ḥinnuch. The Book of [Mitzvah] Education. Ascribed to Rabbi Aaron haLévi of Barcelona*, 5 Bände, Jerusalem/New York 1978–1991.

Wertheimer, Jack (Hg.), *Jews in the Center. Conservative Synagogues and Their Members*, New Brunswick (New Jersey)/London 2000.

West, Martin, Early Greek Philosophy, in: Boardman, John/Griffin, Jasper/Murray, Oswyn (Hg.), *The Oxford History of the Classical World*, Oxford/New York 1986, S. 113–123.

Westermann, Claus, *Genesis 1–11. A Commentary*, aus dem Deutschen 1974 übersetzt von John J. Scullion, S. J., Minneapolis 1984.

Westermann, Claus, *Das Loben Gottes in den Psalmen*, Göttingen 1961.

Whitelam, Keith W., *The Invention of Ancient Israel. The Silencing of Palestinian History*, London/New York 1996.

Wiesehöfer, Joseph, *Das frühe Persien. Geschichte eines antiken Weltreichs*, Beck'sche Reihe Wissen 2107, München 1999.

Winter, J./Wünsche, A. (Hg.), *Mechilta. Ein tannaitischer Midrasch zu Exodus*, Leipzig 1909.

Wise, Michael/Abegg, Jr., Martin/Cook, Edward, *Die Schriftrollen von Qumran. Übersetzung und Kommentar*, aus dem Englischen übersetzt von Anne Stegmeier, Elke Tomppert und Elizabeth Kellogg Kamleiter, Augsburg 1997.

Wolf, Arnold Jacob, Habad's Dead Messiah, *Judaism* 51 (2002), 109–115.

Wolfson, Harry Austryn, *The Philosophy of Spinoza. Unfolding the Latent Processes of His Reasoning*, Cambridge/London, 1934/1962.

Wood, Bryant G., The Philistines Enter Canaan. Were They Egyptian Lackeys or Invading Conquerors?, *Biblical Archaeology Review* 17 (1991), S. 44–52. 89–92.

Wright, G. Ernest, Fresh Evidence for the Philistine Story, *Biblical Archaeologist* 29 (1966), S. 70–86.

Wünsche, August (Hg.), *Midrasch Tehillim oder die Haggadische Erklärung der Psalmen*, Trier 1892/Nachdruck: Hildesheim 1967.

Yadin, Yigael, *Bar Kochba. Archäologen auf den Spuren des letzten Fürsten von Israel*, aus dem Englischen übersetzt von Hertha Balling, Hamburg 1971.

Yadin, Yigael, *Bar-Kokhba. The Rediscovery of the Legendary Hero of the Last Jewish Revolt against Imperial Rome*, London 1971.

Yadin, Yigael, *The Finds from the Bar Kokhba Period in the Cave of Letters*, Jerusalem 1963.

Yadin, Yigael, *Hazor. The Rediscovery of a Great Citadel of the Bible*, London/ Jerusalem 1975.

Yadin, Yigael, *Masada. Herod's Fortress and the Zealots' Last Stand*, London 1966.

Yadin, Yigael/Greenfield, Jonas C./Yardeni, Ada/Levine, Baruch A. (Hg.), *The Documents from the Bar Kokhba Period in the Cave of Letters. Hebrew, Aramaic and Nabatean-Aramaic Papyri*, Judean Desert Studies, Jerusalem 2002.

Yeivin, Shmuel/Kempinski, Aharon, Art. 'Erani, Tel, *New Encyclopedia of Archaeological Excavations in the Holy Land*, Band 2, S. 417–422.

Yerushalmi, Yosef Hayim, *Zakhor. Jewish History and Jewish Memory*, The Samuel and Althea Stroum Lectures in Jewish Studies, Seattle/London 1982.

Youngblood, Ronald, Counting the Ten Commandments, *Bible Review* 10 (1994), S. 30–35. 50–52.

Yovel, Yirmiyahu, *Spinoza and Other Heretics. The Adventures of Immanence*, Princeton 1989.

Zenger, Erich u.a. (Hg.), *Einleitung in das Alte Testament*, Kohlhammer Studienbücher Theologie 1,1, Stuttgart/Berlin/Köln ²1996.

Zertal, Adam, Has Joshua's Altar Been found on Mt. Ebal? *Biblical Archaeology Review* 11 (1985), S. 26–43.

Zertal, Adam, How Can Kempinski Be So Wrong!, *Biblical Archaeology Review* 12 (1986), S. 43. 49–53.

Zimmerli, Walther, *Ezechiel 1–24*, Biblischer Kommentar Altes Testament XIII/1, Neukirchen/Vluyn 1969.

Zimmerli, Walther, *Ezechiel 25–48*, Biblischer Kommentar Altes Testament XIII/2, Neukirchen/Vluyn 1969.

Zimmerli, Walther, *Ezekiel 1*, aus dem Deutschen übersetzt von R. E. Clements, Hermeneia, Philadelphia 1979.

Zobel, Moritz, *Gottes Gesalbter. Der Messias und die messianische Zeit in Talmud und Midrasch*, Berlin 1938.

Zornberg, Avivah Gottlieb, *Genesis. The Beginning of Desire*, Philadelphia 1995.

Zornberg, Avivah Gottlieb, *The Particulars of Rapture: Reflections on Exodus*, New York 2001.

# Verzeichnis der Erstveröffentlichungen

*Alle bereits an anderer Stelle publizierten Aufsätze des vorliegenden Sammelbandes wurden (z.T. stark) überarbeitet und um Literatur ergänzt.*

## «Als Mann und Frau schuf er sie» – Die Stellung der Menschheit in den Schöpfungsgeschichten der Genesis

Humanity's Place in the Divine Scheme. A Contextual and Gender Sensitive Reading of the Creation Accounts in Genesis, in: Graetz, Michael (Hg.), *Ein Leben für die jüdische Kunst. Gedenkband für Hannelore Künzl*, Heidelberg 2003, S. 49–68.

## «Du sollst dir kein Gottesbildnis machen» – Das zweite Gebot im Judentum

«Du sollst dir kein Gottesbildnis machen». Das zweite Wort vom Sinai im Rahmen der jüdischen Auslegung des Dekalogs, in: Grözinger, Albrecht/Lüpke, Johannes von (Hg.), *Im Anfang war das Wort. Interdisziplinäre theologische Perspektiven*, Veröffentlichungen der Kirchlichen Hochschule Wuppertal, Neue Folge 1, Neukirchen-Vluyn/Wuppertal 1998, S. 40–55.

## Josua und das Judentum

Josué dans le judaïsme, *Foi et vie* 97 (1998), S. 95–110

Joshua, Judaism and Genocide, in: Targarona Borras, J./Sáenz-Badillos, A. (Hg.), *Jewish Studies at the Turn of the 20th Century. Proceedings of the 6th EAJS Congress, Toledo 1998. Volume I: Biblical, Rabbinical and Medieval Studies*, Leiden/Boston/Köln 1999, S. 117–126.

## Die Suche nach Goliaths Heimat – Die Ausgrabung bei Tell eṣ-Ṣafi in Israel

Die Suche nach Gat und die neuen Ausgrabungen auf Tell eṣ-Ṣāfī, in: Knauf, Ernst Axel/Hübner, Ulrich (Hg.), *Kein Land für sich allein. Studien zum Kulturkontakt in Kanaan, Israel/Palästina und Ebirnari für Manfred Weippert zum 65. Geburtstag*, Orbis biblicus et orientalis 186, Fribourg 2002, S. 56–69.

## Ezechiel – Der Prophet und seine Botschaft

«Anti-Judäismus» in der hebräischen Bibel. Der Fall: Ezechiel, *Vetus Testamentum* 46 (1996), S. 169–178

Ezekiel. The Prophet, His Times, His Message, *European Judaism* 32 (1999), S. 117–131.

## Zwischen Tradition und Moderne – Das Konservative Judentum

Zwischen Tradition und Moderne. Das konservative Judentum, *Tradition und Erneuerung* 67 (1996), S. 1–22

## Was verbindet die Glaubenden? Eine jüdische Sicht

Was verbindet die Glaubenden? Eine jüdische Sicht, *Freiburger Rundbrief Neue Folge* 2 (1995), S. 305–307.